# LA
# DÉFENSE DE PARIS

(1870-1871)

PAR

Le Général DUCROT

---

TOME DEUXIÈME
accompagné de 26 cartes en couleur

---

PARIS

E. DENTU, LIBRAIRE-ÉDITEUR,

PALAIS-ROYAL, 15-17-19, GALERIE D'ORLÉANS

—

1876

# LA DÉFENSE
# DE PARIS
(1870-1871)

LIBRAIRIE E. DENTU

DU MÊME AUTEUR :

## LA JOURNÉE DE SEDAN
5ᵉ ÉDITION
Augmentée des ordres de mouvement de l'état-major allemand.
1 vol. gr. in-18 jésus, avec 3 cartes : 2 fr.

## WISSEMBOURG
RÉPONSE A L'ÉTAT-MAJOR ALLEMAND
Brochure gr. in 8°, avec carte : 1 fr.

## LA VÉRITÉ SUR L'ALGÉRIE
Brochure gr. in-8° : 2 fr.

QUELQUES OBSERVATIONS
## SUR LE SYSTÈME DE DÉFENSE DE LA FRANCE
Brochure in-8° : 50 cent.

PARIS. — IMPRIMERIE PAUL DUPONT, 41, RUE JEAN-JACQUES-ROUSSEAU

# LA
# DÉFENSE DE PARIS

## (1870-1871)

PAR

Le Général DUCROT

---

TOME DEUXIÈME

PARIS

E. DENTU, ÉDITEUR

LIBRAIRE DE LA SOCIÉTÉ DES GENS DE LETTRES

PALAIS-ROYAL, 17 ET 19, GALERIE D'ORLÉANS

—

1876

Tous droits réservés.

# DÉFENSE DE PARIS

## LIVRE V

CONTINUATION DES TRAVAUX DE DÉFENSE. — AFFAIRE DU BOURGET. — INSURRECTION DU 31 OCTOBRE. — ENTREVUE DU PONT DE SÈVRES ET PROPOSITIONS D'ARMISTICE.

## PREMIÈRE PARTIE

### CONTINUATION DES TRAVAUX DE DÉFENSE
Fin octobre.)

Dans le premier volume, après avoir exposé les opérations préliminaires immédiatement avant et après le blocus, nous avons montré l'activité déployée pour mettre Paris à l'abri d'une attaque de vive force, nous avons donné le détail de nos ressources de tout genre, nous avons fait connaître par quels travaux multiples, incessants, on parvint à les étendre, à compléter notre matériel, à organiser nos régiments, à donner une certaine homogénéité, une certaine cohésion, aux éléments si disparates, si faibles de la défense.

Ensuite nous avons rapporté les combats, les reconnaissances, les coups de main entrepris chaque jour pour instruire, former, aguerrir nos jeunes soldats.

Nos troupes organisées, Paris à même de faire tête partout à l'ennemi, nous avons expliqué le projet vers lequel tendirent tous nos efforts : rompre le cercle d'investissement en nous jetant sur les lignes allemandes du côté d'Argenteuil.

Cette première partie de notre récit renferme la période de préparation ; nous allons maintenant entrer dans la période active, dans la période d'exécution.

De la défensive nous allons passer à l'offensive ; l'assiégeant renonçant à l'attaque et semblant s'immobiliser dans ses lignes, nous, assiégés, nous allons chercher à forcer ses retranchements...

*Travaux après le 21 octobre.*

Le combat de la Malmaison, qui n'était, nous l'avons vu, que le prologue de notre grande sortie vers le nord-ouest, nous permettait d'étendre notre gauche du côté de Rueil. Nous avions ainsi toute facilité pour établir sur le plateau des Gibets une redoute dont les feux battraient la vallée de la Seine et protégeraient nos colonnes au moment du passage.

Dès le 22 octobre, on commença les travaux des Gibets ; en même temps, une série d'ouvrages et batteries fut entreprise ou terminée, toujours en vue de la même opération, à la Folie, à Charlebourg, au Petit-Colombes, au Petit-Nanterre, à Colombes, à Gennevilliers (1). L'épaisse digue qui longe le fleuve depuis Bezons jus-

---

(1) Quant à la redoute de Gennevilliers, elle était trop peu avancée et trop dominée par les batteries ennemies d'Orgemont et de Sannois pour qu'il fût possible de s'en servir.

qu'à Villeneuve-la-Garenne devait également être utilisée, l'on y préparait de distance en distance des batteries de canons, de mortiers, de fusées.

Longtemps le Gouverneur de Paris et le général Ducrot furent seuls initiés à ce projet de sortie par la Basse-Seine ; mais au moment où l'exécution devint prochaine, il fallut en informer quelques-uns des chefs de service dont la coopération était indispensable, entre autres les commandants du génie, de l'artillerie, et l'ingénieur en chef de la navigation, M. Krantz, spécialement chargé de la construction des ponts.

L'on espérait être prêt pour le 15 ou le 20 novembre ; on pensait, à cette époque, avoir définitivement organisé un corps de 50 à 60,000 hommes, composé de nos meilleures troupes régulières, pourvu d'une nombreuse artillerie, bien servie, bien attelée, bien approvisionnée, où figureraient un certain nombre de pièces de 7, sur la justesse et la portée desquelles on avait de grandes espérances.

Malheureusement il y eut des mécomptes, et à la date du 15, nous étions loin encore d'une préparation complète, surtout en artillerie mobile et artillerie de position.

Cette dernière particulièrement se trouvait très-insuffisante comme nombre, comme calibre.

Le général Guiod, chef du service général de l'artillerie, se préoccupant outre mesure du corps de place et des forts, y immobilisait un matériel exagéré qui certainement eût été employé avec plus de profit dans nos postes extérieurs, et le général Frébaut, commandant l'artillerie de la 2ᵉ armée, ne pouvait obtenir le nécessaire pour armer les ouvrages de la presqu'île de Gennevilliers.

Il en résultait une lutte constante dans laquelle le

commandant de la 2ᵉ armée et le Gouverneur de Paris lui-même étaient trop souvent obligés d'intervenir.

La construction des ouvrages marchait également avec beaucoup de lenteur. Le génie, tout comme l'artillerie, était tenu dans une dépendance fâcheuse vis-à-vis du commandant en chef du service. Le colonel Corbin (commandant le génie du 14ᵉ corps), malgré l'urgence, ne croyait pas toujours pouvoir se soustraire à certaines formalités qui occasionnaient souvent de préjudiciables retards.

Ainsi, lors de l'établissement de la redoute de Charlebourg, le général Ducrot, pour en finir avec les hésitations de la Direction du génie, se vit obligé de prescrire au colonel Corbin et à tout son personnel d'aller s'établir à la redoute même et d'y rester en permanence jusqu'à complet achèvement des travaux.....

Ce n'est pas sans regret que nous revenons sur ces dissentiments, ces rivalités, dont la cause première remonte à d'anciennes habitudes, à de vieilles coutumes, conséquence funeste d'un esprit exagéré de particularisme dans nos armes spéciales... mais nous avons tenu à faire ressortir certains vices d'organisation invétérés dans notre armée et auxquels, malgré de si dures leçons, nous n'avons pas su apporter un remède radical.

Nos travaux dans la presqu'île de Gennevilliers étaient donc loin d'être terminés au 15 et même au 20 novembre; mais, à cette époque, une crue subite de la Seine qui aurait beaucoup augmenté les difficultés de passage, nous fit moins regretter toutes ces lenteurs.

Nous utilisâmes le temps qui nous restait à donner la dernière main à l'instruction, à l'organisation de nos troupes, et à l'achèvement de nos ouvrages, bientôt occupés par le régiment de zouaves et les mobiles de la Côte-d'Or; les zouaves fournissant les postes du moulin des Gibets et de la Folie, les mobiles, ceux de Charlebourg, Petit-Nanterre, Colombes, avec des avant-postes sur les bords de la Seine, en face d'Argenteuil.

Ces régiments étaient soutenus en arrière par les mobiles de Seine-et-Marne, dont les quatre bataillons occupaient tout l'espace entre Villeneuve-la-Garenne et Courbevoie. Cette ligne, un peu étendue, fut renforcée le 28 octobre par trois bataillons d'Ille-et-Vilaine (1er, 2e et 4e) qui vinrent prendre position à Asnières.

Pendant ce temps, un autre bataillon de mobiles, le 4e des Côtes-du-Nord, s'installait à l'usine du rond-point des Bergères, afin de mieux assurer les communications avec le plateau des Gibets (1).

Le même jour (28 octobre), la brigade Paturel (2e de la 2e division du 14e corps) reçut l'ordre de se rendre à Bicêtre et de se mettre à la disposition du général commandant le 13e corps d'armée.

*La brigade Paturel est mise à la disposition du général commandant le 13e corps.*

Le 121e fut cantonné au Petit-Ivry et sur la route de Choisy-le-Roi, au carrefour dit : « la Croix-du-Milieu »; le 122e à Gentilly.

Pour remplacer cette brigade, la 1re division du 14e corps étendit ses cantonnements vers la gauche; couverte par les deux régiments de mobiles établis à Asnières, elle pouvait le faire sans inconvénient.

A la fin d'octobre, le vaste périmètre de Paris se trouvait divisé en 4 grandes zones :

*Positions des troupes autour de Paris à la fin d'octobre.*

1re zone, de Villeneuve-la-Garenne au Point-du-Jour, occupée par le 14e corps, sous les ordres directs du général Ducrot (commandant les 13e et 14e corps);

2e zone, d'Issy à Rosny, 13e corps, général Vinoy

---

(1) Il était remplacé à Neuilly par le 5e bataillon de Seine-et-Oise, placé sous les ordres du général Martenot.

laissé indépendant, les 13ᵉ et 14ᵉ corps agissant sur des terrains trop éloignés ;

3ᵉ zone, de Rosny à Aubervilliers, contre-amiral Saisset ;

4ᵉ zone, d'Aubervilliers à Saint-Denis, général de Bellemare.

### POSITIONS DU 14ᵉ CORPS ; TRAVAUX EXÉCUTÉS.

Le 14ᵉ corps, occupant les mêmes emplacements qu'à la fin de septembre, défendait la Seine depuis Saint-Denis jusqu'au-Point-du-Jour :

La 1ʳᵉ division (d'Hugues) entre Saint-Ouen et Clichy ;

La 2ᵉ division (de Caussade) entre Clichy et Levallois-Perret ;

Une dizaine de bataillons de mobiles à Neuilly et dans le bois de Boulogne ;

La 3ᵉ division (de Maussion) à Boulogne ;

Deux bataillons de mobiles (3ᵉ de l'Aube et 5ᵉ du Loiret) à Billancourt.

Sur la rive gauche, le général Berthaut avec sa brigade (zouaves, 136ᵉ) et plusieurs bataillons de mobiles, gardait les abords du rond-point de Courbevoie et fournissait les postes avancés dans la plaine de Gennevilliers, en se reliant aux mobiles installés à Asnières.

Nous étions ainsi complètement couverts de ce côté, mais le général en chef devait penser au moment où, l'armée exécutant sa sortie, la défense serait confiée à des troupes encore plus inexpérimentées que les siennes.

Voulant faciliter leur tâche en augmentant les points d'appui qu'elles auraient à utiliser, il ordonna de presser les travaux commencés sur la rive droite de la Seine.

De Clichy à l'avenue de Neuilly, cette rive est commandée par le versant opposé, mais des rues parallèles au fleuve permettent d'y établir une solide organisation défensive; protégée en avant par la plaine de Gennevilliers, toute cette zone se trouvait suffisamment à l'abri d'une surprise.

Il n'en était pas de même vers Boulogne; là, au lieu d'être couverts par de nombreux travaux et par le double fossé de la Seine, nous étions seulement à quelques mètres de l'ennemi, dont les batteries de Bellevue, Sèvres, Saint-Cloud pouvaient nous écraser de projectiles. Le fleuve, notre seul rempart, décrivant une courbe concave de notre côté, donnait encore un avantage aux Allemands s'ils tentaient le passage : leurs feux, déjà dominants, très-rapprochés, eussent été convergents, tandis que les nôtres auraient été en contre-bas et divergents.

Préoccupé de l'infériorité dans laquelle se trouvait cette position du bois de Boulogne, le général en chef y fit pousser les travaux avec la plus grande activité (1).

Le parc Rothschild et le village de Boulogne, mis depuis longtemps en état de défense, furent à nouveau fortifiés; on crénela toutes les maisons du bord de l'eau; des ouvertures pratiquées dans les murs, des tranchées creusées dans les terrains découverts, formèrent de nombreuses et faciles communications entre tous les avant-postes.

Une seconde ligne fut établie dans le bois de Boulogne, de la porte des Princes à la porte de l'Hippodrome.

Plusieurs percées dans le village de Boulogne et dans le bois, donnèrent des débouchés; enfin des batteries furent disposées de manière à pouvoir croiser leurs feux sur les points les plus dangereux.

Les mobiles chargés de garder la Seine depuis le pont

---

(1) Voir Croquis n° 2.

de Sèvres jusqu'au Point-du-Jour, exécutèrent des travaux analogues à Billancourt et aux abords de ce village.

### POSITIONS DU 13ᵉ CORPS ; TRAVAUX EXÉCUTÉS.

Sur le front Sud de Paris, le 13ᵉ corps conserva également ses anciennes positions et continua les travaux de défense :

La 3ᵉ division (Blanchard), établie entre les Moulineaux et la Bièvre, acheva les tranchées et batteries reliant les forts de Montrouge, Vanves, Issy ;

La 2ᵉ division (de Maud'huy) garda l'intervalle entre la Bièvre et la Seine. Poursuivant avec ardeur les nombreux travaux du plateau de Villejuif, elle termina les tranchées reliant les Hautes-Bruyères à Cachan; ce dernier village, complétement retranché, forma tête de pont sur la Bièvre.

Vers l'Est, la redoute des Hautes-Bruyères communiqua avec Villejuif et Moulin-Saquet par une sorte de caponnière, présentant de distance en distance des emplacements pour l'artillerie.

Au delà se trouvait encore la tranchée Tripier, qui, extrême ligne de défense, se dirigeait de Cachan vers le Moulin-d'Argent, rejoignait le parc de Vitry et se prolongeait jusqu'à la Seine.

Les Hautes-Bruyères et Moulin-Saquet, les deux importants ouvrages de cette forte position, reçurent une artillerie à longue portée : dans la redoute des Hautes-Bruyères, on plaça 3 canons de 30 de marine et 6 pièces de 24 court, au Moulin-Saquet, 4 pièces de 24, à la batterie Cachan, 4 pièces de 24, ces dernières pièces de gros calibre enfilant la vallée de la Bièvre.

Toute cette artillerie devait battre la route n° 186, et

couvrir de feux Choisy-le-Roi, par où débouchaient la plupart des convois allemands.

La 1$^{re}$ division (d'Exea) et le groupe de mobiles du colonel Reille, défendant l'intervalle entre la Seine et le plateau d'Avron, complétèrent également leurs retranchements.

Un profond fossé partant de la Seine à hauteur de Port-à-l'Anglais couvrit Maisons-Alfort; la construction de la redoute de Saint-Maur, destinée à protéger les abords du plateau de Vincennes, fut poussée avec activité; les positions de Montreau, de Tilmont, les villages de Fontenay-sous-Bois, Nogent, Saint-Maur, Maisons-Alfort déjà fortifiés, virent augmenter leurs moyens de résistance; les tranchées reliant les forts de Nogent et Rosny furent également perfectionnées.

### POSITIONS DES TROUPES DU CONTRE-AMIRAL SAISSET; TRAVAUX EXÉCUTÉS.

Le contre-amiral Saisset, relié par sa droite au colonel Reille, exerçait son commandement sur tout le terrain entre Rosny et le fort d'Aubervilliers.

Les trois forts de Rosny, Noisy, Romainville, occupés par les marins, les redoutes de Noisy, la Boissière, Montreuil, Pantin étaient sous ses ordres, ainsi que toutes les troupes en avant de ces ouvrages.

Afin de coordonner la défense et offrir une plus grande ligne de feux, les trois forts de Rosny, Noisy, Romainville avaient été reliés entre eux par des tranchées et des gabionnades; quelques travaux furent aussi entrepris depuis le fort de Rosny jusqu'au canal de l'Ourcq.

Ne s'en tenant pas à la défensive sur place, le contre-amiral poussait fréquemment des pointes, des reconnaissances, presque chaque jour il gagnait du terrain...

Bientôt les Allemands, refoulés jusqu'à la forêt de Bondy, ne gardèrent dans la plaine que de faibles avant-postes.

### POSITIONS DES TROUPES DU GÉNÉRAL DE BELLEMARE ; TRAVAUX EXÉCUTÉS.

Le commandement du général de Bellemare, s'étendant sur tout le front Nord de Paris, depuis Aubervilliers jusqu'à la Seine, constituait, avec les forts de Saint-Denis (1), de l'Est, d'Aubervilliers, les batteries de Saint-Ouen, « *le commandement supérieur de Saint-Denis.* » Les troupes, formées de plusieurs bataillons de garde mobile de Paris, d'un certain nombre de compagnies de dépôt de divers régiments (2), étaient divisées en trois brigades :

1$^{re}$ brigade (général Lavoignet) :
>34$^e$ de marche ;
>14$^e$, 15$^e$, 16$^e$, 17$^e$, 18$^e$ bataillons de mobiles de la Seine ;
>Francs-tireurs de la Presse.

2$^e$ brigade (colonel Hanrion) :
>Un détachement des fusiliers marins ;
>35$^e$ de marche ;
>1$^{er}$, 2$^e$, 10$^e$, 11$^e$ bataillons de mobiles de la Seine.

3$^e$ brigade (dite de réserve), colonel Pein :
>28$^e$ de marche ;
>12$^e$ et 13$^e$ bataillons de mobiles de la Seine.

Là, comme sur les autres portions du périmètre de

---

(1) La Briche, Double-Couronne.
(2) Ces compagnies servirent à former les 24$^e$, 25$^e$ et 28$^e$ de marche.

Paris, nos soldats ne cessaient d'exécuter des travaux de terrassement.

Une série de tranchées et d'ouvrages passant par le Temps Perdu, le château de Villetaneuse, le moulin de Stains, le Dépotoir, formait une ceinture autour de Saint-Denis, s'appuyant d'un côté à la Seine en face de Villeneuve, de l'autre à l'inondation du Rouillon et du Crould. Le village de la Courneuve, barricadé, crénelé, se reliait par des tranchées au canal de l'Ourcq.

### RÉSUMÉ ET RÉSULTAT DE TOUS NOS TRAVAUX DÉFENSIFS.

Sur le front de notre immense ligne de défense, nous achevions donc de fortifier Paris : partout, à l'Ouest, au Levant, au Nord, au Midi, nous le mettions en état de faire tête à l'ennemi.

Celui-ci, de son côté, ne cessait de rendre chaque jour ses positions plus redoutables, plus inaccessibles... de telle sorte qu'assiégés et assiégeants étaient également invulnérables dans leurs camps... bientôt il devint aussi difficile aux Allemands d'entrer dans Paris, qu'aux Français d'en sortir.

« En dépit du caractère d'exaltation qu'elle a sou-
« vent présenté, dit le capitaine Gœtze, du génie prus-
« sien, la *Défense de Paris* est extrêmement remar-
« quable par la puissance, par la multiplication des
« moyens mis en œuvre et elle peut être mise en
« parallèle avec les *défenses les plus mémorables*
« *dont parle l'histoire. Paris ne pouvait être vaincu*
« *que par la famine...*»

De l'aveu de nos ennemis, Paris, deux mois après la déclaration de guerre, était devenu *imprenable*..... N'était-ce pas quelque chose de l'avoir rendu tel, n'était-ce pas un rôle digne de la Grande Ville de dire à ces armées victorieuses qui avaient tout brisé devant elles depuis le Rhin jusqu'à la Seine : *Vous vous arrêterez là !*....

Non-seulement c'était un beau rôle, mais c'était, y compris la percée que nous projetions et qui rentrait dans le cadre de la Défense, le seul à jouer... car tout en donnant à la France le temps de se reconstituer, de refaire ses forces, de créer de nouvelles armées... nous permettions à l'Europe de se *reconnaitre*, de se *retrouver*. Voyant les progrès des armées allemandes arrêtés, peut-être les puissances finiraient-elles par s'émouvoir de cette lutte gigantesque et se sentir intéressées à prendre une action médiatrice.

A cette même époque, dans l'Etat-major Allemand, où l'on avait cru avoir raison de Paris en un mois, tout au plus, ces idées diverses se faisaient jour, et l'on commençait à craindre de s'être engagé dans une grosse affaire dont on sortirait difficilement... M. de Bismark, par le *Journal Officiel* de Berlin, cherchait à faire entendre raison à l'Allemagne, qui s'impatientait déjà des longueurs du siége.

« Sans doute, disait le *Staatsanzeiger*, on entrerait
« prochainement à Paris... l'efficacité du mur d'enceinte
« et des forts étant diminuée par l'absence de toute
« armée de secours, mais il fallait se persuader que les
« ressources de la grande ville n'étaient pas à mépriser,
« que la tâche des armées allemandes était une des plus
« difficiles dont l'histoire militaire du monde gardât le
« souvenir, que probablement on ne réussirait pas aussi
« vite qu'on le désirerait (1). »

Dans ces derniers jours d'octobre eut lieu l'enlève-

---

(1) C'est à cette même époque que l'administration se décidait enfin à prendre une mesure trop longtemps attendue. Les régiments de marche

ment du Bourget et sa reprise presque immédiate par l'ennemi. Ce fait, peu important en lui-même, faillit avoir de graves conséquences sur l'ensemble de la défense...

# DEUXIÈME PARTIE

## PRISE ET PERTE DU BOURGET

Notre ligne d'occupation à l'est de Saint-Denis s'étendait jusqu'à la Courneuve, où était cantonné le bataillon des francs-tireurs de la Presse (commandant Rolland).

La grande plaine située au delà de ce village était, comme cela arrive souvent dans la mauvaise saison, couverte par les débordements du Crould, et l'inondation suffisait à protéger nos avant-postes de ce côté.

---

furent constitués en régiments de ligne véritables. (Décret du 28 octobre.)

Le 5ᵉ de marche devint le 105ᵉ de ligne, le 6ᵉ de marche le 106ᵉ; de même les 7ᵉ, 8ᵉ, 9ᵉ, 10ᵉ, 11ᵉ, 12ᵉ, 13ᵉ, 14ᵉ, 15ᵉ, 16ᵉ, 17ᵉ, 18ᵉ, 19ᵉ, 20ᵉ, 21ᵉ, 22ᵉ, 23ᵉ, 24ᵉ, 25ᵉ, 26ᵉ, 28ᵉ, 34ᵉ, 35ᵉ, 36ᵉ, 37ᵉ, 38ᵉ, 39ᵉ de marche devinrent les 107ᵉ, 108ᵉ... 138ᵉ, 139ᵉ régiments de ligne.

Les zouaves de marche devinrent le 4ᵉ régiment de zouaves.

Chacun de ces corps, tout en restant sous les ordres d'un colonel ou d'un lieutenant-colonel, soit de l'activité, soit relevé de la retraite, eut dès lors une administration propre; les bataillons, les compagnies, qui avaient concouru à leur formation, en firent définitivement partie et cessèrent de relever de leurs anciens régiments.

Afin d'employer les services des francs-tireurs devenus inutiles à la Courneuve, le général de Bellemare ordonna au commandant Rolland de faire une tentative sur le Bourget, occupé seulement par un faible poste de la garde prussienne.

<small>Position du Bourget.</small>

Ce grand village, station du chemin de fer de Soissons, borde les deux côtés de la route de Lille; il est traversé dans sa partie Sud par le petit cours d'eau de la Mollette; sauf la faible dépression de ce ruisseau, les environs présentent de vastes champs plats et découverts. Les hauteurs de Blanc-Mesnil, Pont-Iblon, Bonneuil, au nord, celles de Garges, Stains, à l'ouest, qui les dominent un peu, étaient alors au pouvoir de l'ennemi. Le Bourget se trouvait ainsi complétement sous le feu des Allemands et en quelque sorte enclavé dans leurs positions, tandis qu'il était trop éloigné des nôtres, surtout vers Romainville, Noisy, pour en recevoir un appui efficace (1).

Très en avant et en flèche par rapport à nos lignes, ce gros bourg était donc difficile à défendre; pour les Prussiens, au contraire, poste avancé de leur ligne d'investissement, il formait au milieu de toutes les eaux marécageuses de la Morée, de la Mollette, du Crould, une tête de pont importante et facile à garder.

<small>Prise du Bourget (28 octobre).</small>

L'attaque étant décidée pour la nuit du 27 au 28 octobre, les grand'gardes établies en avant du fort d'Aubervilliers, de la Courneuve ont ordre de prendre les armes à 3 heures du matin et d'appuyer le mouvement.

Le contre-amiral Saisset, commandant la zone de Saint-Denis, prévenu, qu'avant le jour, le général de Bellemare fera une tentative sur le Bourget, se dispose à le soutenir.

---

(1) Voir Croquis n° 1.

Dès 4 heures du matin, les francs-tireurs de la Presse, au nombre de 250 environ, se jettent sur le village, enlèvent les sentinelles et abordent le premier poste prussien qui fuit en désordre... Poursuivant leurs succès, ils s'avancent rapidement et repoussent l'ennemi de maison en maison.

Mais à hauteur de l'église, la résistance devient plus sérieuse, plus vive; les francs-tireurs, arrêtés dans leur élan, sont obligés d'attendre les renforts amenés en toute hâte par le colonel Lavoignet.

Pendant que deux pièces de 12, placées en avant de la Courneuve, couvrent le flanc gauche de la position, le 134ᵉ de ligne (2ᵉ et 3ᵉ bataillons) s'avance par la droite du village, le 14ᵉ bataillon de la Seine par la gauche, et bientôt, brisant les derniers obstacles, nos troupes arrivent à l'extrémité Nord du Bourget. L'ennemi, refoulé de toutes parts, se retire rapidement, nous laissant ses morts, ses blessés et des prisonniers.

Nos deux pièces de 4 et la mitrailleuse, qui viennent d'arriver de Saint-Denis, se portent en avant sur le chemin du Blanc-Mesnil et précipitent la fuite des Allemands; mais bientôt écrasées par les feux convergents des batteries de Pont-Iblon, elles sont obligées de se retirer.

Pendant que nous enlevons le Bourget, le contre-amiral Saisset, afin d'empêcher un mouvement tournant du côté de la haute Mollette, fait occuper Drancy par le capitaine de frégate Salmon (1).

*Occupation du village de Drancy (28 octobre).*

Pris sans coup férir, ce village est rapidement fortifié par les 8ᵉ bataillon de garde mobile de la Seine,

---

(1) Cet officier avait, depuis le 26 cotobre, le commandement des troupes opérant dans la plaine de Bondy.

1ᵉʳ bataillon de la Loire-Inférieure et les éclaireurs de la Seine (commandant de Poulizac).

**Occupation du Bourget.** La prise du Bourget n'était, en résumé, qu'une affaire d'avant-poste qui avait bien tourné, mieux tourné même que ne l'espéraient ceux qui l'avaient entreprise. Cependant, le général de Bellemare pensa que ce coup de main produirait un effet salutaire sur ses troupes, dont les cantonnements se trouvaient ainsi notablement élargis (1).... Bien décidé à conserver ce village, il ordonna de s'y retrancher, et affecta à son occupation :

1° D'une manière permanente :

Le bataillon de francs-tireurs de la Presse et le 14ᵉ bataillon des mobiles de la Seine ;

2° A relever toutes les 24 heures :

Trois bataillons d'infanterie et quelques pièces d'artillerie.

Cette garnison, qui devait être placée chaque jour sous les ordres d'un colonel commandant l'une des trois brigades de la garnison de Saint-Denis, comprenait, le 28, à midi, en dehors des troupes permanentes, un bataillon et demi du 134ᵉ de ligne, un demi-bataillon du 128ᵉ, le 16ᵉ bataillon de garde mobile de la Seine, avec deux pièces de 4 et une mitrailleuse (2).

Toutes ces troupes, aidées par une section du génie du capitaine Laurent, se mirent immédiatement à cré-

---

(1) Voir aux pièces justificatives, n° I.

(2) Cette infanterie était disposée de la manière suivante :

Dans la partie droite, au haut du village, un demi-bataillon du 14ᵉ mobiles de la Seine ; en arrière, un bataillon du 134ᵉ (2ᵉ), dont une partie s'étendait le long de la Mollette, pour surveiller la plaine vers Blanc-Mesnil.

A gauche de la route était le deuxième demi-bataillon du 14ᵉ mobiles de la Seine, puis le 16ᵉ bataillon de la Seine, et enfin le 3ᵉ bataillon du 134ᵉ. Les compagnies du 128ᵉ étaient en arrière, en réserve, avec mission de garder l'artillerie.

neler les murailles et à élever des barricades sous la direction du colonel Lavoignet.

*Canonnade sur le Bourget (après-midi du 28 octobre).*

Le travail fut bientôt interrompu par un feu violent, venant de trois batteries démasquées au Pont-Iblon, et de deux batteries de campagne sur la route de Dugny au Bourget.

Nos deux pièces de 4, placées derrière une barricade élevée à la hâte en tête de la grande rue, ne pouvant lutter de front contre une artillerie de beaucoup supérieure, se rendirent à Drancy; là, malgré leur faiblesse relative, elles parvinrent, avec un tir d'écharpe, à inquiéter assez le feu de l'ennemi, pour l'obliger à se ralentir, puis à cesser tout-à-fait (4 heures). N'étant plus inquiétés, nos hommes se remirent immédiatement à leurs travaux de défense.

*Dispositions prises pour la défense du Bourget.*

Le Bourget, long village de près d'un kilomètre, étant enfilé et dominé entièrement par les batteries de Pont-Iblon, ne pouvait être fortifié et défendu que sur ses flancs.

Celui de droite, découvert, très-accessible, devait être protégé par un bataillon et deux pièces d'artillerie placées au sud du village; le fort d'Aubervilliers, voyant à petite distance tout l'espace entre Drancy et le Bourget, avait ordre de se tenir prêt à tirer avec ses gros calibres sur toute troupe qui paraîtrait de ce côté, pendant que les forces de Drancy la prendraient en flanc. Sur la gauche, les deux bataillons du 135° de ligne, cantonnés momentanément à la Courneuve, devaient, au premier signal de l'attaque, se porter en avant, droit sur la Mollette, avec deux pièces de 12.

*Observations sur la prise du Bourget.*

Cette opération ayant été en quelque sorte improvisée, le Gouverneur n'avait pas été prévenu. Informé après coup, il se montra médiocrement satisfait... Il fit observer que ce village du Bourget était bien en flèche, bien isolé, qu'il n'avait aucune importance par rapport à notre ligne de défense et au plan général d'opérations, qu'il occuperait beaucoup de monde sans grand avantage..... Ces observations étaient fort justes, et il eût été rationnel d'en tirer la conclusion qu'il fallait au plus vite évacuer cette conquête inutile; mais nous étions entrés dans une voie telle qu'il fallait toujours compter avec l'opinion publique. Or, la population parisienne s'était enflammée immédiatement à la nouvelle du succès des tirailleurs de la Presse, et elle n'eût pas manqué de crier à la trahison, si l'on eût voulu la détromper, et lui faire entendre que ce village du Bourget n'était qu'une cause d'embarras.

Ces considérations d'ordre moral déterminèrent le Gouverneur à accepter le fait accompli; il se borna à prescrire la mise en état de défense de la position.

L'artillerie affectée au corps de Saint-Denis, semblant insuffisante, il offrit d'envoyer quelques pièces de renfort; mais le général de Bellemare déclara qu'il pourrait suffire avec ses seules ressources. Cependant, en faisant l'énumération des troupes employées à l'occupation du Bourget, il fit remarquer que l'étendue de sa ligne, de Saint-Ouen à Aubervilliers, ne lui permettrait pas longtemps d'affecter des forces aussi considérables à ce service, et il ajouta qu'il pensait pouvoir les réduire lorsque les travaux les plus urgents seraient terminés.

*L'attaque de nuit des Allemands sur le Bourget est repoussée.* De ces divers renseignements il semblait résulter que l'on avait fait le nécessaire. Le général de Bellemare vint lui-même au Louvre confirmer le Gouverneur dans cette opinion.

Le soir du 28, vers les huit heures, une attaque infructueuse de l'ennemi justifie ces appréciations. Deux compagnies allemandes, profitant de l'obscurité, s'avancent jusqu'à quelques mètres des murs du village, gardé en cet endroit par la compagnie du 14ᵉ mobiles du capitaine Faurez.

Au qui vive de nos sentinelles, l'ennemi répond : « France! Moblots »... Le capitaine Faurez croit entendre parler allemand... il écoute... regarde..... « Ce « sont des Prussiens, s'écrie-t-il : Feu!... » Par une décharge à bout portant, les mobiles renversent les premiers groupes ennemis ; le reste recule, tourbillonne et s'enfuit, nous laissant nombre de morts et de blessés.

Comme avait lieu cette attaque, arrivait une colonne amenée par le lieutenant-colonel Le Mains pour relever les troupes du village engagées depuis le matin. Ce renfort comprenant deux bataillons et demi du 128ᵉ de ligne, le 12ᵉ bataillon de garde mobile de la Seine, quatre pièces de 4 et une mitrailleuse, prit rapidement position :

Sept compagnies du 128ᵉ en tête du Bourget, sous les ordres du commandant Brasseur : une dans les maisons qui bordent le chemin conduisant au cimetière, quatre à la barricade et dans les maisons voisines, deux sur le côté droit de la route ;

Les autres compagnies du 128ᵉ, aux ordres du commandant Vitalis, dans la Verrerie au sud du village;

Le reste de la garnison en réserve à hauteur de l'église, et dans les premières maisons.

La nuit fut calme, mais dès les premières lueurs du jour, l'ennemi envoie tout à coup sur le Bourget des volées de coups de canon, avec ses dix-huit pièces du Pont-Iblon ; et bientôt 15 à 20,000 hommes se développent dans la plaine... Devant l'imminence d'une attaque, le colonel Martin, de service de jour, fait prendre aux troupes leurs positions de combat; les deux pièces envoyées la veille à Drancy sont rappelées au Bourget pour couvrir la droite du village. Mais, contre

*Canonnade contre le Bourget (29 octobre) 7 h. du matin.*

toute attente... vers une heure, la canonnade cesse, et les colonnes ennemies se retirent sur Gonesse et Blanc-Mesnil (1).

L'on ne s'explique pas le but de cette démonstration... Les Allemands avaient-ils l'intention d'attaquer?... En ont-ils été empêchés par la présence d'un certain nombre de bataillons de garde nationale faisant une promenade militaire aux environs d'Aubervilliers? La chose est possible, car ils purent supposer que ces bataillons arrivaient pour soutenir le Bourget.

Dans la soirée on continua à augmenter les moyens de défense. Le fort d'Aubervilliers qui flanquait la droite du Bourget, fut renforcé de 2 pièces de 30 ; des travaux de tranchée reliant ce village et Drancy furent entrepris.

*Attaque du Bourget par la garde prussienne (30 octobre).*

Cependant les Prussiens étaient bien décidés à nous reprendre le Bourget, leur seul poste d'observation en avant du front de la Garde... Le 30 octobre, à la pointe du jour, des colonnes d'infanterie, 20,000 hommes, se massent sur toute la ligne de Dugny à Nonneville; trois mille chevaux sont sur la route de Bonneuil et de Lille ; des batteries, plus nombreuses encore que la veille, viennent prendre position en avant de Pont-Iblon et commencent à tirer sur le Bourget.

Veulent-ils cette fois entreprendre une attaque sérieuse ou renouveler la canonnade du jour précédent...? Quoi qu'il en soit, le colonel Martin fait prendre à ses troupes leurs postes de combat... il les place de préférence derrière les murs plutôt que dans les maisons, pour ne pas perdre de vue l'ensemble de l'action et éviter autant que possible de décupler l'effet des projectiles.

Les pièces de 4 établies sur le chemin de fer couvrent

---

(1) Cette violente canonnade ne nous avait coûté que 3 blessés.

la droite du village ; les compagnies postées à la Verrerie le long de la Mollette, font retour vers le chemin de fer et gardent l'intervalle entre le Bourget et Drancy. Les compagnies du commandant Brasseur occupent tous les murs de clôture en tête du Bourget... les 14° et 12° mobiles garnissent les maisons à droite et à gauche de la rue... le 3° bataillon du 135° est en réserve, en arrière à gauche du village.

De son côté le capitaine de frégate Salmon se tient prêt à couvrir la droite de la position avec la garnison de Drancy, renforcée par deux bataillons d'infanterie de marine (3° et 4°), et quelques obusiers de montagne.

Vers 7 heures et demie, la canonnade augmente ; le général Hanrion, qui vient prendre le service avec trois compagnies du 138° de ligne et un bataillon du 135°, presse sa marche ; à la Courneuve, il ordonne au colonel de Boisdenemetz de surveiller le flanc gauche du Bourget, puis de sa personne il court au galop vers ce dernier village. Là, le colonel Martin lui apprend que de fortes colonnes ennemies sont en vue et que tout fait présumer une attaque sérieuse.

Aussitôt le général Hanrion envoie son fils, sous-lieutenant d'état-major, hâter l'arrivée de sa colonne (1) ; le colonel Martin fait demander à Saint-Denis du renfort, en artillerie surtout, et informe le Gouverneur.

Le temps presse... d'instant en instant la situation devient plus critique ; bientôt nous sommes assaillis de tous côtés par des masses d'infanterie ; huit bataillons

---

(1) Le jeune Hanrion, sa mission terminée, ne se laissa pas arrêter par le flot des fuyards et des tirailleurs ennemis, qui déjà inondaient le village ; il cherchait son père et arrivait près de l'endroit où il l'avait quitté, quand il tomba frappé de deux balles.
Un officier prussien, témoin de son intrépidité, honora la bravoure de ce jeune officier en lui faisant rendre avec un soin respectueux les derniers devoirs.

de la Garde déployés en trois colonnes avancent rapidement sur le Bourget (1).

La colonne de droite (2 bataillons) marche par Dugny, celle de gauche (2 bataillons) par Blanc-Mesnil, celle du centre (4 bataillons) par le milieu de la chaussée... Les deux colonnes de flanc cherchent à déborder le village... leurs pelotons de tirailleurs, lancés au pas de course, sont appuyés par les soutiens et les réserves, divisés en petits groupes et marchant à la même allure...

L'ennemi sur trois lignes, toujours poussant vers les côtés extérieurs et se servant des moindres abris pour se réunir et se reformer, arrive rapidement à bonne distance et ouvre sur les nôtres un feu très-vif... « Les « vides faits par cette marche oblique sont remplis par « des lignes de pelotons; les ailes s'allongent en même « temps par l'arrivée en échelons de compagnies isolées, « mais toujours en ordre déployé... de sorte que l'atta-« que concentrique est constamment en mesure de dé-« border la ligne ennemie... (2) »

L'aile droite prusienne, tout en dessinant son mouvement enveloppant, reste un peu en arrière; le centre, trop peu déployé, et « s'assujettissant trop à la forma-« tion habituelle.... fait des pertes énormes »; mais l'aile gauche, conduite par le lieutenant-colonel de Waldersée, gagne du terrain; ses lignes d'attaque déployées longues, minces, chargent en tirailleurs.... bientôt elles arrivent jusque sous les murs du Bourget... nos avant-

---

(1) Voir aux pièces justificatives, n° II.

(2) Voir aux pièces justificatives, n° III, extrait du *Mode d'attaque de l'infanterie prussienne dans la campagne de 1870-1871*, par le duc Guillaume de Wurtemberg. Les Prussiens mettaient à l'essai ce jour-là une nouvelle formation de combat, dont les principes venaient d'être arrêtés entre le commandant de la Garde et celui du 9° corps... Rejetant l'ordre en colonne d'attaque on inaugurait l'*ordre déployé soutenu par des tirailleurs*.

postes sont enlevés et un flot d'ennemis fait irruption dans la partie droite du village...

Les mobiles, postés dans les enclos, dans les jardins, ne tiennent pas, les compagnies du 128ᵉ, en réserve près du chemin de fer, lâchent pied...

L'artillerie n'étant plus soutenue se voit forcée d'abandonner le terrain, et nous sommes complétement délogés de l'entrée du village.

A notre gauche, bien que l'attaque ne soit pas aussi énergique.... pressées de front, menacées d'être prises à revers, nos troupes faiblissent également, et malgré les efforts du colonel Martin, du lieutenant-colonel Le Mains, nous ne parvenons pas à arracher aux Allemands les maisons tombées en leur pouvoir.

Nos soldats, partout repoussés, se replient un peu en désordre dans la direction de la Courneuve ; cependant on parvient à en rallier un certain nombre aux compagnies du général Hanrion, établies sur la route de Lille, à quatre cents mètres en arrière du Bourget.

Pendant que l'ennemi envahit les bas côtés du village, en tête se livre un combat de rues des plus acharnés. Le commandant Brasseur avec sept compagnies du 128ᵉ, formées en grande partie des hommes des dépôts de la Garde, lutte avec une extrême énergie contre la colonne du centre du général Budritski.

<small>Lutte dans l'intérieur du village.</small>

Les mobiles du commandant Baroche, entraînés par leur vaillant chef et l'exemple du 128ᵉ, se battent en désespérés... Réfugiés dans les maisons, anciens soldats de la Garde et mobiles arrêtent un instant tous les efforts des Prussiens, qui sont réduits « à enlever habitation par habitation en perçant les murs (1). » Enfin, cernés de

---

(1) Extrait des *Opérations du corps du génie allemand*, par Gœtze, capitaine du génie prussien.

toute part, n'ayant plus de munitions, ils sont obligés de se rendre.

Le commandant Baroche se fait tuer plutôt que de tomber aux mains de l'ennemi...

Quelques-uns de ses officiers, de ses hommes qui l'entourent encore, le pressent de se retirer.

« Non, dit-il froidement, je ne reculerai pas... je ne me rendrai pas... » S'avançant seul sur un groupe ennemi il fait feu de son revolver et tombe percé de coups (1).

Pendant que les renforts ennemis arrivaient successivement par le côté droit du village, le général Hanrion avait plusieurs fois tenté de faire une *contre-attaque,* mais il n'avait pu entraîner ses hommes : nos jeunes soldats étaient démontés; ils avaient, du reste, affaire à forte partie; toute une division de la garde prussienne occupait déjà le Bourget (2).

Enfin, vers 11 heures, le général de Bellemare, jugeant que la position était définitivement perdue, envoya l'ordre au général Hanrion de se replier sur Saint-Denis.

*Tentative sur Drancy.* En même temps que l'ennemi aborde le Bourget, il masque Drancy afin d'empêcher les gros renforts qui s'y trouvaient de prendre part au combat.

Dès le début de l'action, quinze pièces de canon s'établissant derrière le Moleret, à 1,500 mètres environ, canonnent le village; et, dès que la Garde s'est emparée du Bourget, les batteries fixes du Pont-Iblon tournent également leurs feux sur Drancy.

---

(1) Le 2 novembre, M. Souhart, lieutenant d'état-major, avait été envoyé en parlementaire au sujet des blessés du 30 octobre; le lieutenant de la Garde prussienne avec lequel il se rencontra lui dit : « Vous avez « perdu le lieutenant Hanrion et le commandant Baroche, qui s'est fai « tuer bravement après s'être battu bravement. »

(2) Voir aux pièces justificatives, n° II.

Bientôt, franchissant le ruisseau, les quinze pièces de campagne avancent par échelons, suivies à quelques centaines de mètres par l'infanterie.

Devant cette redoutable attaque, le capitaine de frégate Salmon ne peut opposer que des obusiers de montagne; faute d'attelage, on n'a pu lui envoyer l'artillerie mobile des forts.... Mais les longs murs qui couvrent Drancy vers le nord, le parc Ladoucette, solidement organisé, offrent à notre infanterie de bons appuis; les Prussiens, malgré leur nombreuse artillerie, n'osent lancer leurs colonnes et se bornent à une violente canonnade qui nous fait peu de mal.

Après l'évacuation du Bourget, le vice-amiral La Roncière Le Noury informa, par télégramme, le Gouverneur : « qu'il avait une forte réserve à Petit-« Drancy et à Bobigny, que Drancy était mis en « état de défense, qu'on y était fortement barricadé « et crénelé, que le capitaine de frégate Salmon, qui y « commandait, était très-solide, mais que de toute ma-« nière, il ne le laisserait pas passer la nuit dans le « village, où il pouvait être enlevé par les grandes masses « ennemies qui étaient en vue. »

Le Gouverneur répondit « que le Bourget était en « pointe en avant de notre ligne de défense, que depuis « sa reprise par les Allemands, le village de Drancy « l'était bien davantage encore; il doutait que notre « monde pût y passer la nuit; cependant si les forts « pouvaient soutenir efficacement Drancy, il prescrivait « d'y rester jusqu'à la nuit. »

En conformité de ces instructions, le vice-amiral La Roncière voyant les renforts ennemis arriver, et n'ayant pour toute artillerie que 6 obusiers de montagne, donna l'ordre aux troupes de Drancy de rentrer à Bobigny.

Cette affaire nous avait coûté de 11 à 1,200 hommes, la plupart prisonniers :

128e, 557 hommes tués, blessés ou prisonniers ;

14e mobiles de la Seine, environ 300 hommes tués, blessés ou prisonniers ;

12e mobiles de la Seine, environ 200 hommes tués, blessés ou prisonniers.

Les officiers du 128e tués, blessés ou prisonniers sont :

MM. **Brasseur**, chef de bataillon.
    **Fournier**, capitaine.
    **Verluythen**, d°.
    **Jauge** d°.
    **Mongeot,** d°.
    **Grandineau,** d°.
    **Laffitte,** lieutenant.
    **Corta,** d°.
    **Grisey,** d°.
    **Lemercier,** d°.
    **Marchand,** d°.
    **Moussier,** sous-lieutenant.
    **Magnien,** d°.
    **Wallet,** d°. (1)

---

(1) Il a été impossible d'établir les pertes des mobiles.

# Prise du Bourget
## Par la Garde prussienne (30 Octobre 1870)

## DÉFENSE DE PARIS.

## PERTES DES ALLEMANDS AU COMBAT DU BOURGET
(30 octobre 1870).

| RÉGIMENTS. | OFFICIERS ||| TROUPE |||
|---|---|---|---|---|---|---|
| | TUÉS | BLESSÉS | DISPARUS | TUÉS | BLESSÉS | DISPARUS |
| 2ᵉ régiment de grenadiers de la Garde. . . | 1 | 1 | » | 11 | 41 | 1 |
| 4ᵉ   dᵒ   dᵒ   dᵒ   (1). | 6 | 2 | » | 6 | 35 | » |
| État-major de la 3ᵉ brigade de la Garde (2). | » | 3 | » | » | » | » |
| 3ᵉ régiment de grenadiers de la Garde (3). | 7 | 9 | » | 50 | 204 | 11 |
| 1ᵉʳ  dᵒ   dᵒ   dᵒ  . . | » | » | » | 4 | 40 | 4 |
| Bataillon de tirailleurs de la Garde. . . . | 2 | 2 | » | 7 | 25 | » |
| Dᵒ   de pionniers de la Garde . . . . | » | » | » | » | 5 | » |
| Totaux. . . . . . | 16 | 17 | » | 78 | 350 | 16 |
| TOTAL GÉNÉRAL. . . . . . . . . . | 477 ||||||

(1) Colonel tué.
(2) Général blessé.
(3) Colonel tué.

## DÉFENSE DE PARIS.

*Observations sur la perte du Bourget.*

La prise du Bourget avait eu un grand retentissement dans Paris. C'était la première position enlevée aux Allemands ; s'exagérant l'importance de cette affaire, on en avait fait une véritable victoire.

Que ce village eût plus ou moins de valeur au point de vue stratégique, qu'il fût ou non difficile à garder, peu importait... c'était un succès, et sans doute il allait être suivi d'attaques analogues sur les autres points de l'enceinte.

Aussi, lorsque fut connue la perte de ce village, s'éleva-t-il une véritable explosion de colère ; on accusa les chefs militaires, le Gouvernement ; et nous verrons bientôt quelle fâcheuse influence exerça cet événement.

# TROISIÈME PARTIE

## DÉSORDRES INTÉRIEURS DANS PARIS
### INSURRECTION DU 31 OCTOBRE

### CHAPITRE PREMIER.

#### DÉSORDRES INTÉRIEURS DANS PARIS.

*L'ennemi du dedans.*

A l'extérieur l'action militaire engagée de tous côtés arrêtait l'ennemi au pied de nos retranchements... mais cet ennemi n'était pas le seul que nous eussions à combattre... A l'intérieur, derrière nos remparts, nous avions la Révolution, adversaire non moins redoutable, car le Gouvernement de la Défense nationale qui en était issu, après s'en être difficilement séparé, ne pouvait se résoudre à l'anéantir.

Sans parler des mille faits qui se produisaient chaque jour, des pillages commis par des francs-tireurs, gardes nationaux, mobiles; laissant de côté les arrestations illégales, ordonnées et opérées par le premier venu, nous allons dire un mot de quelques manifestations populaires dont la journée du 31 octobre n'a été que la suite et la conclusion.

Au milieu de cette masse ouvrière de Paris, probe, honnête, travailleuse, qui a supporté avec tant de patriotisme les rudes privations du siége, existe, trop nombreuse malheureusement, une populace, lie des bas-fonds de la grande ville, où bouillonnent sans cesse des ferments de paresse et de haine... aux gages de tous les fauteurs d'émeute, de tous les entrepreneurs d'insurrection, cette tourbe est constamment prête à se jeter dans la rue.

*L'insurrection et l'ennemi intérieur.*

M. de Bismark comptait beaucoup sur cette partie de la population parisienne; dans l'entrevue de Ferrières, il avait dit à M. Jules Favre : « Si dans quelques jours « nous n'avons pas pris Paris, vous serez emportés par « un mouvement populaire. »

Les journaux allemands, commentant les paroles du Grand Chancelier, répétaient sur tous les tons: « Paris « deviendra plus faible chaque jour..., le prolétariat fi- « nira par se soulever contre les riches... »

On ne peut s'empêcher de reconnaître que nos ennemis ont vu juste. Du reste, les révolutions enfantant toujours de nouvelles révolutions, il était facile de prévoir que celle du 4 Septembre ne serait pas la dernière (1)..

<small>Manifestations.</small> Chaque jour avait sa manifestation : tantôt c'était « une promenade patriotique » à la statue de Strasbourg, tantôt on se rendait à l'Hôtel-de-Ville, au Louvre, pour demander, au nom de la volonté du Peuple, une mesure militaire ou civile...

Le 22 septembre, des bandes armées viennent offrir leur appui au Gouvernement, à condition que vis-à-vis de la Prusse, on aura une attitude énergique, qu'on organisera « *la levée en masse, les barricades* (2). »

A la même date (22 septembre), Vermorel et un autre citoyen, suivis d'une foule nombreuse, demandent au Gouvernement, représenté dans la personne de M. de Rochefort, la destruction de la Préfecture de Police : « Si on ne leur obéit pas, ils brûleront la Préfecture le lendemain. »

Le 26 septembre, les Maires de Paris et 180 chefs de bataillon de la garde nationale réclament la levée en masse, et l'envoi en province de commissaires civils.

Une autre fois on manifesta pour manifester... « c'était « POUR RIEN, » au dire des procès-verbaux du Gouver-

---

(1) Depuis longtemps, M. de Bismark pensait à mettre la Révolution dans son jeu... jeu où, suivant sa propre expression, il manie si habilement « *les dés de fer du Destin.* »

Tout le monde se souvient de son mot caractéristique, lors de sa visite d'adieux à l'hôtel du quai d'Orsay, en septembre 1862 : « Le *libé-* « *ralisme* n'est qu'une *niaiserie* qu'il est toujours facile de mettre à la « raison ; mais la RÉVOLUTION est une **force**..... Il faut savoir s'en « servir... »

(2) MM. Simon, Ferry, Arago, Rochefort, haranguèrent cette députation conduite par Gaillard père et Lermina : « Nous ménageons aux « Prussiens, dit M. Jules Simon, une guerre qu'ils ignorent, la *guerre* « *des barricades ;* (en montrant Rochefort) nous avons choisi l'homme « que voilà, dévoué à la République et au Pays. » M. Arago ajoutait : « Si Paris a été la Sodome de l'Empire, il sera la Saragosse de la Ré- « publique, et si la Saragosse ne suffit pas, la torche en main, nous « ferons, moi à votre tête, de Paris un Moscou... » (Extrait du rapport de M. Chaper.)

nement... « M. Jules Ferry constate que Paris s'ennuie;
« il faut l'occuper... »

D'abord plus ridicules que menaçantes, les manifestations ne tardèrent pas à prendre un caractère fort inquiétant.

Le 5 octobre, le major Flourens, sorte de fou dangereux, ayant la monomanie de l'émeute, vient, à la tête de dix bataillons de la garde nationale de Belleville, demander au Gouvernement de la Défense :

1° de faire exécuter des sorties à la garde nationale; 2° d'armer ses bataillons de chassepots; 3° de changer le personnnel réactionnaire dans les administrations publiques; 4° de procéder aux élections municipales...

Les membres du Gouvernement, parlant à tour de rôle, qui pour la question militaire, qui pour la question politique, discutèrent longuement chacun de ces points, et ce ne fut pas sans peine que l'on parvint à se débarrasser des Bellevillois et de leur chef...

Dans la séance du 7 octobre, le général Trochu appuie sur la gravité de la situation : « Le Gouvernement, « dit-il, a reçu une atteinte de la manifestation de « M. Flourens; il ne peut continuer à rester *sous le coup* « *des menaces;* il lui faut démontrer sa fermeté, car il « sera abandonné sans cela, et de ceux qui veulent in« directement le renverser et de ceux qui veulent le dé« fendre... » Le général Trochu constate que M. Flourens s'est fait, de major de rempart qu'il était... *colonel* et qu'il aspire maintenant à se faire Gouverneur de Paris. Si M. Flourens persiste dans ses prétentions, il cassera sa prétendue élection de colonel (1)...

Malheureusement aucune décision ne fut prise...

<small>Devant ces manifestations si souvent répétées, le G<sup>al</sup> Trochu demande une énergique répression.</small>

---

(1) Espérant en finir avec les demandes de Flourens, qui voulait à toute force être « *colonel,* » le Gouverneur lui avait donné, quelques jours auparavant, le titre de « *major de rempart.* »

**La Commune.** Les élections municipales demandées par tous les organisateurs de manifestations, étaient devenues le mot d'ordre des émeutiers. Ces élections municipales, en donnant la Commune, devaient tout simplifier, tout sauver...

Avec la Commune, disaient les sectaires du Jacobinisme et du Socialisme : les Blanqui, les Flourens, les Millière, les Eudes, les Ranvier, les Razoua, etc., etc... on aurait des généraux, des hommes, de la poudre, des canons, des approvisionnements, on ferait lever le siége, on chasserait les Prussiens, on ramènerait dans les murs de la grande cité le travail, la prospérité, la paix...

Et toute la foule de répéter... « La Commune! il nous faut la *Commune!*... »

En imaginant cette idée de Commune, les chefs de factieux avaient fait un coup de maître... Inutile de dire qu'ils ne tenaient nullement au principe de la représentation municipale. Mais ils voulaient la Commune parce que c'était le chemin le plus court, le plus sûr pour arriver au Pouvoir... Convaincus d'avoir la majorité dans ces élections, ils savaient, à n'en pas douter, que le Gouvernement de la Défense, né d'un coup de main et d'une acclamation de la rue, ne pourrait durer un jour, une heure, devant une *Commune* sortie d'élections régulières... et lorsque le Gouvernement de la Défense, sentant tout le danger, refusait de consentir à cette Commune, les Blanqui, Flourens, Millière etc... leur répondaient : « Au temps où vous étiez dans l'opposition, « vous-mêmes, vous déclariez que c'était une iniquité « de refuser à Paris un Conseil municipal librement « élu.... »

Le Gouvernement, on le voit, était très-embarrassé, il l'était d'autant plus, qu'il avait la prétention « d'offrir « au *Monde* un spectacle sans analogue dans ses mu-

« railles, une multitude de près de deux millions cinq
« cent mille hommes en proie aux privations les plus
« dures, à d'indicibles souffrances, à de fiévreuses agi-
« tations, et à laquelle cependant toute liberté de pen-
« ser, d'écrire, de parler, de se réunir, était laissée (1). »

Les membres de la Défense, voulant administrer une forteresse assiégée comme une ville en temps de paix, faisant de la politique au lieu d'appliquer la loi militaire, trop occupés à présenter « au Monde » toutes les beautés d'un Gouvernement et d'un peuple libres, oubliant presque la *Patrie* pour la *République*, devaient voir grandir chaque jour les difficultés et les périls... Le 8 octobre, ils faillirent être emportés par la tourmente. Affaire du 8 octobre.

Quatre mille gardes nationaux en armes descendent de Charonne, Belleville, Ménilmontant et envahissent la place de l'Hôtel-de-Ville... aux cris de *Vive la Commune !*

Les membres du Gouvernement sont bloqués, le rappel est battu de tous côtés, le hasard fait que les bons bataillons de la garde nationale arrivent les premiers sur la place de l'Hôtel-de-Ville ; ils s'entendent avec un régiment de mobiles bretons qui se trouvait là : tous marchent en avant ; en un instant la place est balayée et les membres du Gouvernement sont délivrés.

Dans le public on était irrité de ces troubles toujours renaissants, de ces tentatives criminelles de quelques misérables... on voulait un exemple, on demandait à grands cris une répression prompte, énergique... Indignation publique.

Malgré l'opinion, le Gouvernement ne peut cependant encore se décider à agir ; il ne paraît même s'émouvoir que sur de nouvelles et graves révélations de M. de Ké- L'arrestation de Flourens et de Blanqui est votée.

---

(1) J. Favre, *Gouvernement de la Défense nationale*, p. 187.

ratry, préfet de police, venant annoncer, au milieu de la séance du 10 octobre au soir : « que, dans une réu-
« nion présidée par Flourens, Blanqui... douze chefs
« de bataillon ont signé une résolution tendant au ren-
« versement du Gouvernement, à la constitution de la
« Commune.... Le Préfet de police réclame énergique-
« ment l'arrestation de Flourens, Blanqui, Millière. »
Le général Trochu appuie avec vivacité cette motion.
« Il ne peut, dit-il, faire face aux combinaisons et aux
« fatigues militaires et se voir chaque jour exposé à des
« menaces, à des algarades intérieures, qui rendent
« toute défense impossible... il rappelle la série d'ennuis
« suscités par ce qu'il appelle la faiblesse du Gouver-
« nement, il en conclut qu'il faut mettre un terme à une
« situation qui le forcerait à se démettre de la Prési-
« dence du Conseil... »

M. Jules Favre demande grâce pour Millière, MM. Ferry, Arago, Simon intercèdent en faveur de Blanqui... néanmoins, l'arrestation de Flourens est décidée à l'unanimité moins la voix de Rochefort; celle de Blanqui l'est également moins les voix de Rochefort et d'Arago...

<small>Nouvelle faiblesse du Gouvernement.</small>

Malheureusement, le lendemain on n'osa faire ces arrestations. Le général Tamisier, commandant de la garde nationale, ne crut pas devoir prêter main-forte au Préfet de police, et, après un échange de lettres entre le Gouverneur, le général Tamisier et M. de Kératry, il fut décidé *qu'on ne ferait rien*, malgré les pressantes sollicitations de ce dernier... qui, voyant ses efforts inutiles, donna immédiatement sa démission... M. Edmond Adam le remplaça...

La crainte d'une collision avait arrêté le Gouvernement... on savait les bataillons de Flourens les mieux armés de Paris, on les croyait dévoués à sa personne, et, pour éviter un conflit intérieur, on résolut de ne rien faire...

« Après une bataille perdue ou gagnée dans la rue, « disait-on au Louvre, l'ennemi entrerait dans Paris... » Perdue, cela était possible, très-probable même... mais une victoire sur l'insurrection ne faisait qu'augmenter nos forces en diminuant d'autant celles de l'ennemi... on n'hésitait pas à reconnaître en plein conseil « que « l'argent de la Prusse était pour beaucoup dans l'agi- « tation qui tourmentait Paris » et on refusait d'anéantir ces alliés stipendiés de l'ennemi que l'on avait sous la main !

Après la journée du 8 octobre, Paris fut relativement calme ; il n'y eut plus de manifestations, ou du moins elles cessèrent d'avoir ce caractère provoquant, hostile, des manifestations antérieures... Le Gouvernement se félicitait de sa *clémence*... et dans la séance du 29 octobre, MM. Rochefort et Arago déclaraient que jamais la population n'avait été plus tranquille et animée de meilleurs sentiments... « Quant à la Commune, disaient- « ils, personne n'y songe plus. »

*Les émeutiers n'attendent qu'une occasion pour renverser le Gouvernement de la Défense.*

Sans doute ces deux membres du Gouvernement n'avaient pas eu connaissance de la grande réunion publique tenue la veille, 28 octobre (rue Aumaire) et dans laquelle Ledru-Rollin, jetant le feu de son éloquence à un immense et fébrile auditoire, s'écriait : « Je me « rappelle que c'est la grande Commune qui a sauvé de « l'étranger le sol sacré de la Patrie... Lyon l'a déjà « instituée... Resterez-vous en arrière de Lyon, vous « Parisiens, qui avez toujours marché à la tête de la Ré- « volution ?... »

Le calme n'était donc même pas apparent ; du reste, tous les promoteurs, les organisateurs d'émeute n'attendaient qu'une circonstance, qu'une *crise favorable* pour renverser le Gouvernment de la Défense nationale. Le 4 septembre, les hommes de l'ancienne gauche avaient trouvé l'*occasion bonne* pour renverser l'Empire; les hommes de la nouvelle gauche étaient bien décidés à profiter de l'occasion qui se présenterait pour renverser le Gouvernement de la Défense.

Nos malheurs, toujours de plus en plus grands, n'allaient pas tarder à leur fournir *cette crise si impatiemment attendue*.

## CHAPITRE II.

### ARRIVÉE DE M. THIERS A PARIS.

*M. Thiers arrive à Paris (30 octobre).*

Le 30 octobre M. Thiers était rentré dans Paris ; son arrivée coïncidait avec le bruit de la capitulation de Metz, dont la première nouvelle avait paru dans le journal *Le Combat* du 27 octobre, avant qu'aucun avis ne fût parvenu au Gouvernement (1). Tout au contraire les dernières dépêches faisaient penser que la résistance durerait plus longtemps.

Aussi l'autorité n'hésita pas à faire démentir l'article du journal radical (2).

---

(1) Voici l'article du *Combat*, journal de Félix Pyat :

« Le plan de Bazaine.

« Fait vrai, sûr et certain, que le Gouvernement de la Défense natio-
« nale retient par devers lui comme un secret d'État, et que nous
« dénonçons à l'indignation de la France comme un crime de haute
« trahison :
« Le maréchal Bazaine a envoyé un colonel au camp du roi de Prusse
« pour traiter de la reddition de Metz et de la paix, au nom de S. M.
« l'empereur Napoléon III. »

(2) Voir aux pièces justificatives, n° IV, le procès-verbal des séances du Gouvernement de la Défense nationale.

Mais le fait n'était que trop vrai, et M. Thiers le confirmait officiellement en arrivant à Paris.

Dans ses entretiens avec les membres du Gouvernement de la Défense nationale, M. Thiers fit connaître le résultat négatif de ses visites aux cours et chancelleries étrangères.

Il laissa entrevoir avec beaucoup de ménagements que la forme républicaine était peu sympathique aux monarchies de l'Europe et qu'il n'y avait à compter sur aucune intervention directe.

Cependant il exprima l'espérance que M. de Bismark ferait certaines concessions qui rendraient peut-être possible un armistice, et permettrait la formation d'une Assemblée nationale chargée de traiter définitivement de la paix.

Le Gouvernement déclarait ne pouvoir négocier qu'aux deux conditions suivantes :

1° Armistice, pendant lequel toute facilité de communication serait laissée avec l'extérieur;

2° Ravitaillement proportionné à la durée de l'armistice, c'est-à-dire que si cet armistice durait quinze jours, on laisserait entrer dans la place pour quinze jours de vivres.

D'un autre côté, M. Thiers faisait connaître que M. de Bismark, sans vouloir s'engager d'une manière catégorique, avait donné à entendre que le minimum d'exigences de la Prusse serait :

La cession de l'Alsace et une indemnité de 2 milliards.

Dans toutes ses entrevues officielles avec les membres du Gouvernement ou particulières avec le général Trochu, M. Jules Favre et d'autres personnes considérables, M. Thiers insistait beaucoup pour qu'on acceptât ces conditions, affirmant que tout ce qu'il avait vu de l'organisation des armées de province était de nature à ne laisser aucun doute sur le résultat final de la lutte, que si on s'obstinait à la continuer, l'ennemi allait envahir nos riches provinces du Nord et de l'Ouest, s'emparer de tout notre matériel naval, et, qu'en définitive, après ces pertes immenses qui nous coûteraient encore des flots de sang, nous en serions réduits à abandonner l'Alsace, la Lorraine et à payer une indemnité de 5 milliards.

M. Thiers soutenait son opinion avec beaucoup de vivacité, au grand déplaisir du général Trochu et de la plupart des membres du Gouvernement de la Défense qui ne partageaient pas sa manière de voir, et se faisaient, sans doute, beaucoup d'illusions encore ; ils redoutaient surtout l'effet produit sur une population en délire, au moment où on lui ferait entrevoir la triste réalité.

*Propositions d'armistice.*

Cependant on avait fini par se mettre à peu près d'accord le matin du 31 octobre, et il était convenu que M. Thiers repartirait dans l'après-midi, porteur des propositions suivantes :

« Armistice de quinze jours avec ravitaillement ;

« Faculté laissée au Gouvernement de la Défense nationale de communiquer avec l'extérieur pour préparer la formation d'une Assemblée nationale, chargée de négocier la paix et dans laquelle l'Alsace et la Lorraine seraient représentées. »

A midi, le général Ducrot fut prévenu que M. Thiers arriverait vers 3 heures, à la Porte-Maillot ; de là, il devait être conduit au pont de Sèvres, où l'ennemi faciliterait son passage pendant une suspension d'armes consentie à cet effet.

## CHAPITRE III.

### INSURRECTION DU 31 OCTOBRE.

La nouvelle de l'arrivée de M. Thiers n'avait pas tardé à se répandre dans la ville. On commentait sa venue, coïncidant avec la reddition de Metz et la reprise du Bourget.....

*Paris apprend en même temps la reprise du Bourget, l'arrivée de M. Thiers, la reddition de Metz.*

La foule émue, nerveuse, surexcitée, groupant ensemble ces trois faits, ne voyait partout que défaillance, lâcheté, trahison... Pour elle : « on avait sacrifié volontairement des soldats au Bourget, afin de jeter le désespoir dans toute l'armée; Bazaine était d'accord avec le Gouvernement qui entretenait des intelligences avec quelque prétendant; Thiers, agent des orléanistes, travaillait à la paix pour le compte de la monarchie de Juillet... etc... »

Ces accusations insensées, absurdes, augmentées, amplifiées, courent les rues, les carrefours... Dès 8 heures du matin les délégués des vingt arrondissements se réunissent place de la Corderie; entraînés par Millière et Lefrançais, ils décident : l'envahissement de l'Hôtel-de-Ville, la déchéance du Gouvernement; la création d'une Commission provisoire chargée de procéder à la nomination de la Commune.

Aussitôt ces résolutions prises, les délégués, suivis d'une foule énorme criant : « Vive la Commune ! Pas d'armistice ! » se dirigent sur la place de l'Hôtel-de-Ville, qui est envahie de toutes parts.

*Envahissement de la place de l'Hôtel-de-Ville.*

A 9 heures la démonstration prend un tel caractère que le Préfet de police, M. Edmond Adam, se rend chez le Gouverneur et demande des instructions...

Devant la gravité des nouvelles, le général Trochu

envoie l'ordre au général Tamisier de réunir quinze à vingt bataillons, partie sous les armes, partie de piquet, afin de parer aux éventualités...

Mais il était difficile de trouver des bataillons sur lesquels on pût compter... il y avait à craindre qu'en voulant envoyer à l'Hôtel-de-Ville des défenseurs de l'ordre on ne fît qu'augmenter le nombre des émeutiers... la plupart des bataillons de la garde nationale désiraient des élections nouvelles; presque tous, trompés par les bruits mis en circulation, croyaient que le Gouvernement voulait l'armistice, et sans être complétement d'accord avec les insurgés, ils penchaient plutôt du côté de ces derniers que du côté du Gouvernement de la Défense.

Néanmoins, les ordres donnés, les gardes nationaux obéissent; mais au lieu de marcher par bataillon, ils se dirigent en masse sur l'Hôtel-de-Ville, où ils affluent par toutes les rues avoisinantes... Ils se mêlent, se confondent avec les émeutiers, augmentant ainsi le désordre et la confusion.

Le poste de l'Hôtel-de-Ville, renforcé le matin et comprenant trois compagnies de mobiles du 1er bataillon de l'Indre, sous les ordres du commandant Dauvergne, était, à proprement parler, la seule troupe sur laquelle on pouvait compter.

Le reste n'était qu'une masse confuse de gardes nationaux, de curieux, qui, s'ils n'étaient pas hostiles, étaient indifférents, irrésolus et surtout peu décidés à empêcher le désordre par la force.

Vers midi la foule étant devenue de plus en plus nombreuse, de plus en plus agitée, le général Tamisier, accouru place de Grève, expédie à l'état-major de la garde nationale l'ordre d'envoyer de nouveaux bataillons.

En même temps, M. Jules Ferry, préfet de la Seine,

télégraphie à tous les membres du Gouvernement qu'un mouvement sérieux menace l'Hôtel-de-Ville...

*Arrivée des membres du Gouvernement.*

Il était midi et demi quand M. Jules Favre reçut cette dépêche devant M. Thiers, prenant congé de lui aux Affaires Étrangères ; après avoir donné à ce dernier les moyens de regagner Versailles, il se rendit à l'Hôtel de Ville, où tous les membres du Gouvernement, les ministres eux-mêmes, successivement prévenus, s'étaient réunis...

Non-seulement ils n'avaient amené aucune escorte, aucune troupe (1), mais les trois compagnies de mobiles, chargées de la garde intérieure de l'Hôtel-de-Ville, reçurent l'ordre de s'opposer à l'envahissement, « sans tirer un coup de fusil ! »

*Les portes de l'Hôtel-de-Ville sont forcées par la populace.*

Sur la place, la foule augmente d'instant en instant, ce n'est plus qu'une masse immense, compacte, où toute circulation devient impossible... Des drapeaux, des pancartes énormes dominent toutes les têtes ; on y lit : *Vive la République ! Pas d'armistice ! la Commune ! Mort aux lâches ! La levée en masse !*

Les membres du Gouvernement essayent tour à tour de parler à ce flot humain d'où s'échappent continuellement des cris, des clameurs, mais leurs voix se perdent dans un trouble inexprimable... Ils sont obligés de se retirer... Cet insuccès donne de l'audace aux émeutiers ; quelques-uns escaladent la grille du côté de la rue de Rivoli, enfoncent les portes, pénètrent dans le jardin, dans la cour, le rez-de-chaussée... sans que la garde nationale fasse la moindre tentative pour les en empêcher.

---

(1) M. Picard seul, en homme avisé, n'était nullement convaincu de l'utilité de cette réunion sur un point devenu le rendez-vous de la sédition ; il prétendait qu'on allait se faire prendre dans une souricière, et le fait est qu'il parvint à s'évader en temps opportun.

(2 heures)
Les mobiles veulent repousser les envahisseurs.

Le nombre des envahisseurs ne tarde pas à augmenter ; bientôt la foule enlève d'assaut les escaliers... Le général Trochu s'avance dans la grande salle restée libre ; il veut haranguer les insurgés... « Pas d'armistice ! Vive la Commune ! » vocifère-t-on de toutes parts...

Le commandant Dauvergne, voyant que ses mobiles vont être débordés, les porte en avant et tire son sabre... Saisi au collet, il est traîné sous la voûte, ses soldats se précipitent, tombent sur les émeutiers à coups de crosse et délivrent leur chef...

Le général Trochu, voulant quand même éviter une collision, donne l'ordre au commandant Dauvergne de rentrer avec ses hommes dans la caserne Napoléon... Les mobiles se retirent en se frayant un passage à la baïonnette... Jusqu'alors eux seuls avaient opposé quelque résistance à l'envahissement des étages supérieurs... Après leur départ, la populace, devenue maîtresse, se rue partout... Le colonel Chevriaux, chargé de la garde de l'Hôtel-de-Ville, n'ayant plus rien à opposer à l'émeute, vint annoncer que la garde nationale mettait la crosse en l'air et qu'il lui était impossible de protéger plus longtemps les membres du Gouvernement.

Les maires, sous la présidence d'Etienne Arago, décident de donner satisfaction aux émeutiers en proclamant la Commune.

Cependant ceux-ci, réunis en conseil, continuent à discourir sur ce qu'il y aurait à faire.

Les maires des vingt arrondissements, convoqués le matin par M. Étienne Arago, délibéraient aussi dans une salle voisine... Quelques-uns de ces derniers étaient ouvertement favorables à l'émeute... La plupart désiraient une Commune, tous étaient mécontents du Gouvernement... A l'unanimité ils déclarèrent que pour calmer l'émotion populaire, il fallait accorder les élections municipales...

Cette proposition est portée immédiatement aux membres du Gouvernement par M. Étienne Arago, qui les supplie d'avoir égard aux circonstances présentes, et de donner satisfaction à la demande de la municipalité soutenue par toute la population parisienne.

« M. Picard fait une proposition se subdivisant en trois parties :

« 1° Le Gouvernement se met aux voix;

« 2° Les conseillers municipaux sont élus ;

« 3° Aucune décision sur l'armistice ou sur la paix ne sera prise sans que la population ait été consultée...

« M. Arago déclare qu'à aucun titre il n'accepterait la première proposition de M. Picard; il n'accepterait en principe que les élections municipales.

« M. Ferry espère concilier les deux opinions en accordant les élections municipales, avec facilité pour les membres du Gouvernement de présenter leur candidature:

« M. le général Trochu fait remarquer que si l'on procède à ces élections avec tant de précipitation, on verra éclater les désordres qui ont gâté les élections des officiers de la garde nationale.

« M. Étienne Arago observe que c'est là une erreur, les maires actuels devant, à son avis, presque tous être réélus.

« M. Picard croit, en effet, que ces élections pourront bien être un peu désordonnées, mais mieux vaut ce désordre partiel que le désordre général qui est menaçant.

« M. Ferry propose que l'on déclare qu'il y aura des élections *municipales* sans en fixer la date...

« Ont voté pour : Arago, Picard, Favre, Ferry, Pelle-

<small>Délibération du Gouvernement (1).</small>

---

(1) Extrait des procès-verbaux du gouvernement de la Défense, séance du 31 octobre, 3 h. 1/4 du soir.

tan. — Ont voté contre : Trochu, Garnier-Pagès, Jules Simon (4 heures). »

M. Étienne Arago quitte aussitôt le Conseil et s'empresse d'aller annoncer la décision du Gouvernement à la foule. Il pense que devant cette concession, elle se retirera paisiblement, que tout va rentrer dans l'ordre... mais on ne le laisse pas parler, les insurgés qui viennent de faire irruption dans la salle des maires, lui arrachent le décret... l'injurient, le bousculent... C'est à grand'peine qu'il parvient à se dégager et à regagner la salle du Conseil, où les membres du Gouvernement continuaient toujours leurs délibérations...

« M. Picard, renouvelant sa proposition, demande qu'on fasse voter sur chacun des membres du Gouvernement.

« MM. Favre et Ferry s'opposent à cette proposition. M. Ferry persiste à croire que les membres du Gouvernement doivent prendre part, comme candidats, aux élections municipales...

« MM. Favre et Arago repoussent cette idée comme impraticable.

« M. Ferry déclare qu'il lui paraît certain que la municipalité élue voudra être Gouvernement; en conséquence il croit que tous les membres devraient en être élus par scrutin de liste pour tout Paris.

« M. Picard insiste pour que le Gouvernement lui-même se soumette à l'élection... »

A ce moment les clameurs, les cris deviennent tels qu'il est impossible de s'entendre... Force est aux membres du Gouvernement de cesser toute discussion.

<small>Envahissement de la salle du Conseil. — Les membres de la Défense sont faits prisonniers.</small>

Le flot des émeutiers menaçant d'envahir la salle du Conseil, on s'enferme à clef; mais au bout de quelques secondes, la foule se rue en frappant à coups redoublés; la porte cède, et donne accès à une multitude désordonnée d'hommes du peuple, de gardes nationaux qui vocifèrent l'injure, la menace; à leur tête sont les chefs de bataillon Chassin, Cyrille, Maurice Joly, Lefrançais... ils demandent la *Commune*, la constitution d'un cabinet sous la présidence de M. Dorian...

Debout, les membres du Gouvernement protestent avec indignation contre l'odieuse violence dont ils sont l'objet... Les émeutiers leur imposent brutalement silence... et les déclarent prisonniers... Flourens et ses tirailleurs de Belleville se joignent bientôt aux premiers envahisseurs, en criant « *La déchéance! vive la Commune!* » Tout galonné, botté, éperonné.... le major de rempart monte sur la table du Conseil pour mieux vociférer... « Je vois encore, dit le général Trochu, Flourens monté
« sur la table et lisant les noms des membres du nou-
« veau gouvernement...C'était un tumulte indescriptible,
« on ne s'entendait pas...J'étais à deux mètres de Jules
« Favre, qui, à ce moment, apostrophait ces hommes avec
« la plus rare énergie, leur reprochant d'avoir ruiné la
« défense et leur disant: Vous êtes des scélérats et vous
« resterez des scélérats!... » On ne l'écoutait pas... on disait à M. Dorian... « Nous ne vous entendons pas, sur la table! sur la table!... »

Dès lors, l'Hôtel-de-Ville est aux mains de l'insurrection. « Félix Pyat erre, flairant le vent du succès,
« Delescluze se pose en arbitre, en médiateur... Blanqui
« s'enferme dans un cabinet; il agit en chef de Gouver-
« nement; il envoie à la préfecture de police, au minis-
« tère des finances; il expédie même des ordres aux
« commandants des forts et aux gardiens des portes de
« Paris... (1) »

L'émeute, complétement maîtresse de l'Hôtel-de-Ville, procède a la formation d'un nouveau Gouvernement.

Tous, chefs et soldats de l'émeute, cherchent à s'en-

---

(1) *La Guerre de France*, par M. de Mazade.

tendre pour constituer par acclamation un Gouvernement provisoire; ils dressent des listes, sur lesquelles figurent les noms de Dorian, Victor Hugo, Louis Blanc, Flourens, Blanqui, Pyat, Delescluze, Ledru-Rollin, etc... Ces listes ne sont pas toutes les mêmes... chacun fait la sienne... Bientôt, la place de l'Hôtel-de-Ville est inondée de petits billets roulés, jetés par les fenêtres, ils voltigent en l'air... ce sont les noms des membres du Gouvernement qui se succèdent.

L'envahissement de l'Hôtel-de-Ville ayant un peu distendu les flots pressés de la foule, il n'est pas difficile de s'y glisser... M. Picard parvient à se faufiler de groupe en groupe... et gagne à la hâte le ministère des finances (5 heures).

*Dispositions prises par M. Picard.*
A l'intérieur de Paris on savait bien qu'il y avait une manifestation à l'Hôtel-de-Ville, mais on était loin de se douter que tous les membres du Gouvernement, général Trochu, ministres, membres de la Défense, commandant de la garde nationale, étaient prisonniers de l'émeute...

M. Picard, échappé des mains des insurgés, prend de promptes dispositions : dès son arrivée au ministère, il y fait venir des bataillons qu'il tient pour fidèles ; il en dirige aux affaires étrangères, au *Journal officiel*, au télégraphe, etc... Comme il expédiait ces instructions, se présente dans son cabinet M. Roger (du Nord), accouru de la place Vendôme ; il lui apprend qu'à l'État-major de la garde nationale, à la Place, règne la plus grande confusion... personne n'ose donner d'ordres, personne n'ose en provoquer.

M. Picard prescrit de faire battre la générale et commande au général Schmitz d'appuyer, avec les mobiles casernés au Louvre, la garde nationale qui va marcher sur l'Hôtel-de-Ville.

# DÉFENSE DE PARIS. 47

Il prévient également le général Soumain, commandant la Place, que les généraux de Liniers et Corréard ont l'ordre de réunir leurs divisions de mobiles sur la place de l'Opéra, et de se tenir prêts à marcher (1).

Enfin, voyant que la situation s'aggravait de plus en plus, il télégraphie au général Ducrot de venir conférer avec lui au ministère des finances.

Cependant un certain nombre de bataillons de garde nationale avaient répondu aux convocations faites dans l'après-midi, et déjà vers cinq heures, la place Vendôme était encombrée par une foule en armes...

*Le 106e bataillon de garde nationale se décide à marcher sur l'Hôtel-de-Ville.*

Le colonel Ferri-Pisani, chef d'état-major de la garde nationale, allait d'un officier à l'autre, les exhortant à soutenir la cause de l'ordre... Beaucoup hésitaient, les uns déclaraient qu'il leur répugnait de prendre part à une effusion de sang, d'autres consentaient à marcher, mais sans armes, certains faisaient mettre la crosse en l'air ou se déclaraient ouvertement pour la Commune.

Sur ces entrefaites arrive M. Charles Ferry, annonçant que les membres du Gouvernement couraient un grand danger (2).

Le colonel Ferri-Pisani fait à nouveau un énergique appel aux hommes de bonne volonté, et le 106e bataillon, commandé par M. Ibos, se déclare prêt à aller à l'Hôtel-de-Ville pour délivrer le Gouvernement (3).

---

(1) La lettre de M. Picard était ainsi conçue :
« Les généraux de Liniers et Corréard mettront immédiatement leurs « bataillons de mobiles à la disposition du général Soumain, pour aller « délivrer le Gouvernement, prisonnier à l'Hôtel-de-Ville. »
*Postscriptum.* « On ne tirera que sur un ordre exprès. »
(2) M. Charles Ferry, frère de M. Jules Ferry, était capitaine de garde nationale.
(3) « Comme le 106e se disposait à venir sans armes à l'Hôtel-de-Ville, afin de faire preuve de ses intentions pacifiques, un bataillon, dont j'ai oublié le numéro, conduit par un chef qui, je crois, a été condamné de-

On se met en marche au son du tambour. En avant du bataillon marchent le colonel Ferri-Pisani, le commandant Ibos et M. Charles Ferry. Un certain nombre de gardes nationaux des autres bataillons sont entraînés et l'on arrive ainsi à l'Hôtel-de-Ville.

On enfonce une porte de derrière, les tambours battent la charge, et le 106e fait irruption dans la cour. Au milieu de cette masse de gardes nationaux, il est impossible de distinguer ceux qui ont envahi l'Hôtel-de-Ville, de ceux qui veulent le délivrer... Battant toujours la charge, le 106e s'ouvre un passage, gagne rapidement l'escalier et arrive près de la salle où sont détenus les membres du Gouvernement.

La porte est forcée... mais la salle est tellement pleine, que le colonel Ferri-Pisani, le commandant Ibos avec 5 ou 6 de ses hommes, peuvent seuls y pénétrer... Au milieu du bruit, au milieu de la cohue de cette

---

puis, pendant le siège, pour malversations, vint à passer sur la place Vendôme. Je l'arrêtai et lui demandai où il allait. Le chef de bataillon, avec une déférence hautaine, me répondit qu'ils allaient à l'Hôtel-de-Ville. Sur mon interrogation s'ils allaient y défendre le Gouvernement, il me fut répondu, non sans nuance d'ironie, que si je pouvais leur promettre la Commune (car dès ce jour-là le mot était trouvé), le bataillon serait avec le Gouvernement. Je dis, naturellement, que je n'avais rien à promettre et fis une harangue, la plus chaleureuse que je pus, sur l'horreur de ces dissensions devant les Prussiens.

« Le chef de bataillon, toujours poli, mais hautain, me répondit, au nom du bataillon, qu'ils étaient touchés de cet appel à une conciliation patriotique, et qu'ils allaient précisément à l'Hôtel-de-Ville pour faire prévaloir les idées de conciliation. Là-dessus, le bataillon fit par le flanc droit et se dirigea sur l'Hôtel-de-Ville au bruit de ses tambours.

« Je revins aux gardes nationaux du 106e, témoins de la scène, et leur dis que puisque des gens si conciliants allaient à l'Hôtel-de-Ville avec leurs fusils, nous aurions l'air des derniers des hommes, en y allant les mains dans nos poches. Les fusils furent repris; je me mis à leur tête, ayant Charles Ferry à côté de moi, en criant et faisant crier : Vive la République, et en ne cessant pas de faire battre le tambour, ce qui est la seule manière d'étourdir les gens et de les faire marcher dans ces moments de confusion. » (Extrait des notes du colonel Ferri-Pisani.)

foule qui s'étouffait, on s'aperçoit à peine de leur entrée (1).

Quelques instants après, la porte cède de nouveau, un certain nombre de gardes du 106ᵉ se faufilent auprès de leur chef; on s'injurie, on se pousse avec les Tibaldiens, mais sans en venir aux mains...

Flourens, toujours sur sa table, continue à faire et à défaire des gouvernements, pendant que ses acolytes les crient à la foule...

« Quand nos gardes nationaux, dit le commandant Ibos, sont entrés une seconde fois... il y eut des cris, les Tibaldiens étaient les plus acharnés; ils voulaient toujours faire feu... Je demandai à Flourens de descendre de sa table... sur son refus, je montai à côté de lui et pris la parole... Nous avons bataillé assez longtemps... Tout à coup, la moitié de la table s'est renversée, et nous avons chaviré... »

Une heure se passe dans cette confusion... cependant les émeutiers trouvaient le temps long; ces harangues, ces discours commençaient à les lasser : « Il faut en « finir, disaient-ils, assurons-nous des membres du « Gouvernement. » — « A Mazas, à Mazas ! » crie-t-on de toute part. — « Oui, dit Flourens, conduisons-les à « Mazas. »

C'en était fait des prisonniers si on les emmenait, inévitablement ils seraient fusillés en route. Le commandant Ibos paie d'audace; il fait filer plusieurs de ses hommes autour de la table; le général Trochu est enlevé, entraîné vers l'escalier, avant que les Bellevillois aient eu le temps de se reconnaître. Certains, cependant, essaient de s'opposer au passage... mais le

*Le général Trochu et M. J. Ferry sont délivrés des mains des insurgés (8 h. du soir).*

---

(1) Le colonel Ferri-Pisani, dont l'uniforme éveille les soupçons, est seul mis en état d'arrestation.

groupe des gardes du 106ᵉ auquel s'est accroché M. Jules Ferry, fait une trouée et bientôt le général Trochu avec son collègue de la Défense disparaît dans la foule à la faveur de la nuit (8 heures).

Les autres membres du Gouvernement n'ont pu suivre assez rapidement ; ils sont rejetés dans la salle avec le général Le Flô, le général Tamisier et le colonel Montagut...

<small>Départ de M. Thiers de Paris.</small>

M. Thiers, nous l'avons vu, était présent quand M. Jules Favre apprit par un télégramme de M. Ferry que l'Hôtel-de-Ville était menacé... son inquiétude s'accrut encore au reçu d'une dépêche du Gouverneur lui annonçant qu'il ne pourrait l'accompagner au pont de Sèvres... la journée devenant orageuse, ajoutait le général Trochu, il l'invitait à ne pas s'attarder à Paris...

M. Jules Favre chercha bien à tranquilliser M. Thiers en lui disant qu'on était accoutumé à ces alertes, et que celle-ci ne serait pas plus dangereuse que les autres...

Mais il n'en resta pas moins inquiet. Son départ fut un peu hâté, car il fallait assurer sa sortie de la ville, et, à 2 heures, il se mettait en route pour la Porte-Maillot, quartier général du commandant des 13ᵉ et 14ᵉ corps ; il était accompagné de MM. Paul de Rémusat et Cochery.

De tous les événements de la journée, rien n'avait encore transpiré en dehors de l'enceinte, si ce n'est la vague rumeur d'une agitation sur la place de l'Hôtel-de-Ville.

Tout fonctionnait d'ailleurs comme d'habitude ; la garde nationale faisait ses exercices quotidiens ; le général Ducrot avait vu passer, avenue de Neuilly, se rendant dans la presqu'île de Gennevilliers, quelques-uns des meilleurs bataillons qui s'exerçaient à la marche.

## DÉFENSE DE PARIS.

Vers 3 heures et demie arriva la voiture de M. Thiers. M. de Rémusat entra immédiatement dans le cabinet du général Ducrot; il paraissait un peu impressionné et demanda que l'on pressât le départ, M. Thiers étant désireux de rentrer à Versailles avant la nuit.

*Arrivée de M. Thiers à la Porte-Maillot.*

Toutes les dispositions étaient prises à l'avance, et le chef d'état-major, général Appert, avec quelques cavaliers d'escorte, conduisit immédiatement M. Thiers jusqu'au parc Rothschild, où se tenait le général de Maussion, chargé de la garde du pont de Sèvres, et de l'organisation du passage en pareille circonstance.

Pendant que les hommes montaient à cheval, le général Ducrot s'était approché de la voiture de M. Thiers; il le trouva fort nerveux, très-impatient de se mettre en route... A peine quelques paroles furent-elles échangées...

Au retour de son chef d'état-major, qui tout en cheminant, avait pu causer avec M. Thiers, le général apprit la cause de cette inquiétude, de cette émotion; reconnu au moment où il traversait Paris, M. Thiers avait été insulté et menacé par la populace, connaissant déjà l'agitation de la place de l'Hôtel-de-Ville; il avait lieu de craindre une véritable émeute qui amènerait infailliblement la rupture des négociations.

Ce fut là pour le général Ducrot le premier indice des événements intérieurs; peu d'instants après le retour du général Appert, environ vers 5 heures, il avait la confirmation de ces tristes nouvelles par deux honorables habitants de Paris, MM. Dolfus et de Borda, venant exprès à son quartier général pour lui annoncer que la foule avait envahi l'Hôtel-de-Ville, prononcé la déchéance du Gouvernement de la Défense nationale et institué un nouveau gouvernement.

*Le géna¹ Ducrot apprend l'envahissement de l'Hôtel-de-Ville (5 heures).*

Ces Messieurs ne pouvaient préciser encore la composition exacte des membres, car différentes listes avaient été jetées par les fenêtres de l'Hôtel-de-Ville ; sur toutes cependant étaient les noms de Blanqui, Flourens, Dorian, Trochu ; ce dernier continuant à conserver le commandement des troupes.

Ces nouvelles mirent le général Ducrot dans une très-grande anxiété, car MM. Dolfus et de Borda ne pouvaient lui donner aucun détail sur la manière dont les choses s'étaient passées ; ils ignoraient si les anciens membres du Gouvernement de la Défense nationale s'étaient retirés volontairement, si le Gouverneur de Paris avait consenti à entrer dans la nouvelle combinaison, ou si les chefs de l'insurrection s'étaient emparés du pouvoir par surprise.

Il y avait dans Paris un général commandant la Place, un ministère de la guerre, composé d'un nombreux personnel, un état-major général du Ministre et du Gouverneur, un état-major général de la garde nationale, des commandants de secteurs, des généraux commandant des groupes de mobiles... Evidemment, il incombait à ces différents services de provoquer les mesures nécessaires pour réprimer l'émeute, si émeute il y avait, et délivrer le Gouverneur et les membres du Gouvernement de la Défense s'ils étaient prisonniers.

Dans tous les cas les dispositions à prendre ne pouvaient être du ressort du général commandant les 13ᵉ et 14ᵉ corps, dont toutes les troupes étaient en dehors de Paris et en face de l'ennemi.

Puis le général Trochu avait si souvent répété qu'il fallait bien se garder d'user de la force matérielle envers la population parisienne, que le jour où la force morale ne suffirait plus, tout serait perdu... qu'il était vraiment impossible au général Ducrot d'intervenir sans être certain que l'action du Gouverneur se trouvait absolument paralysée et que sa personne était en danger.

Cependant, pressé d'avoir des renseignements circonstanciés, il envoya ses aides de camp et ses officiers d'ordonnance dans toutes les directions, et particulièrement vers l'Hôtel-de-Ville ; enfin, comme mesure de précaution, il fit prendre les armes à une division d'infanterie, atteler une batterie de 12, une batterie de mitrailleuses, et donna l'ordre de masser toutes ces troupes aux abords de la Porte-Maillot, prêtes à entrer en ville au premier signal.

Bientôt les officiers envoyés en reconnaissance revinrent avec des nouvelles d'un caractère grave, mais peu concluantes.

Les uns avaient été au Ministère de la guerre, les autres à l'État-Major général du Gouverneur, à la Place de Paris, à l'État-Major de la garde nationale ; ils avaient constaté partout une extrême inquiétude, un grand désarroi, et lorsqu'ils avaient provoqué des ordres, on leur avait répondu que l'on ne pouvait en donner, le ministre de la guerre et le Gouverneur étant toujours à l'Hôtel-de-Ville.

Les choses en étaient là, lorsque arriva le télégramme de M. Ernest Picard, ainsi conçu :

*Télégramme de M. Picard au général Ducrot (6 h. 1/2).*

« Le ministre des finances prie le général Ducrot de
« vouloir bien passer au Ministère des finances pour
« affaires urgentes. »

Cette invitation n'était pas faite pour diminuer les anxiétés du général. Comment M. Picard était-il en liberté ? Que pouvait avoir le ministre des finances à traiter avec le général Ducrot ? N'était-ce pas une fausse dépêche, n'était-ce pas un piége ?... En venant seul dans Paris, le général ne s'exposait-il pas à subir le même sort que le général Trochu et les membres du Gouvernement ?

Après un instant de réflexion, le général donna l'ordre à son aide de camp de se rendre auprès de M. Picard et de lui dire que si l'intervention des troupes paraissait nécessaire, il était prêt à entrer dans Paris avec elles, pour marcher sur l'Hôtel-de-Ville et en chasser les insurgés. Mais il ne voyait pas la nécessité d'aller, au préalable, conférer au Ministère des finances, et il priait M. Picard de s'expliquer catégoriquement.

Au moment où l'officier envoyé par le général Ducrot arriva au ministère des finances (7 heures 1/2), il trouva un grand mouvement de va-et-vient ; on y entrait, qui pour recueillir des nouvelles, qui pour prendre des ordres.

<small>Ordre donné par M. Picard, ministre des finances, à l'aide de camp du général Ducrot.</small>

Le ministre était dans son cabinet, entouré de beaucoup de personnes ; il accueillit l'aide de camp avec empressement, et, dès les premiers mots d'explication, il s'écria : « Mais oui certainement, c'est à la tête de ses
« troupes que le général Ducrot doit entrer dans Paris ;
« de mon côté, je fais battre en ce moment le rappel
« pour réunir les bons bataillons de la garde nationale,
« car la situation devient à chaque instant plus critique ;
« allez le dire en toute hâte au général. »

En sortant de chez M. Picard, cet officier pensa qu'il gagnerait du temps en envoyant une dépêche au quartier général ; il courut au Louvre et informa le chef d'état-major du Gouverneur de la décision du ministre des finances, en le priant de la faire connaître par télégramme au général Ducrot.

Le général Schmitz était toujours fort inquiet et sans nouvelles précises du Gouverneur ; quelques officiers avaient cherché à se mettre en communication avec lui, ils n'avaient pas réussi ou n'étaient pas revenus.

Il approuva l'idée de télégraphier au général Ducrot ; le commandant écrivit sous sa dictée, et le général fit porter la dépêche au poste télégraphique du Gouverneur (1) (7 h. 3/4).

Ils causèrent ensemble quelques instants encore... Le général Schmilz ayant fait observer au commandant qu'il rencontrerait sans doute des difficultés pour sortir de Paris, vu les ordres donnés pour intercepter toute communication avec le dehors, l'aide de camp du général Ducrot, bien que muni d'un laisser-passer permanent, le pria de vouloir bien lui donner un laisser-passer spécial (2).

Au Louvre, la confusion était grande et semblait s'accroître d'instant en instant... Des officiers de garde nationale entraient et sortaient, les uns donnant ou cherchant des nouvelles, les autres provoquant des ordres qui manquaient absolument, probablement parce que le général commandant la garde nationale était lui-même détenu à l'Hôtel-de-Ville.

Enfin, le commandant sortit pour remonter à cheval (8 h. 1/2). Il était sur le perron lorsque le général Trochu entra dans la cour au milieu d'une foule énorme, dans laquelle l'élément garde nationale dominait.

*Le Gouverneur rentre au Louvre (8 h. 1/2).*

Le général était nu-tête, sa casquette lui avait été enlevée dans la bagarre, et remplacée par un képi de garde national, afin de faciliter sa sortie de l'Hôtel-de-Ville.

---

(1) *L'aide de camp du général Ducrot au général Ducrot, Porte-Maillot.*

« Par ordre de M. Picard, c'est avec des troupes que vous devez venir prendre le commandement. »

(2) Des ordres avaient, en effet, été expédiés aux commandants des secteurs pour qu'ils eussent à fermer les portes de la ville. Émanaient-ils des maires ou de Blanqui ?

Connaissant l'agitation qui régnait à l'Hôtel-de-Ville, plusieurs commandants de secteurs crurent devoir demander au général Schmitz confirmation de la dépêche.... C'est ainsi que le chef d'état-major avait été informé de ces instructions données en dehors du commandement.

Immédiatement le commandant s'approchant du Gouverneur, l'informa qu'il venait d'expédier au général Ducrot l'invitation d'entrer dans Paris avec ses troupes, et lui demanda s'il avait quelqu'autre instruction à lui faire parvenir.

Le Gouverneur manifesta un certain étonnement...
« Mais pas du tout! s'écria-t-il, pas du tout! s'il en est
« temps encore, courez pour arrêter cette dépêche...
« sous aucun prétexte il ne faut faire intervenir la force
« en pareil cas. »

Le commandant se rendit aussitôt au bureau télégraphique et retira sa dépêche qui n'était pas encore passée, bien qu'elle fût déposée depuis un certain temps.

Cela fait, il remonta à cheval et reprit le chemin de a Porte-Maillot; arrivé au quartier général, il fut fort surpris d'apprendre que le général était entré dans Paris avec ses troupes.

Voici ce qui avait motivé cette détermination :

Nous l'avons vu, le général Ducrot, après avoir expédié ses aides de camp et officiers d'ordonnance dans toutes les directions pour avoir des nouvelles précises, s'était mis en mesure d'entrer dans Paris si la marche des événements rendait la chose indispensable.

Parmi les officiers envoyés à la découverte se trouvait le brave commandant Franchetti, plus que tout autre capable de remplir une pareille mission; intrépide, intelligent, plein de ressources d'esprit, très-connu de tout Paris, très-populaire par suite du rôle brillant de ses éclaireurs, il était parti en disant au général : « Je ne
« reviendrai pas sans vous apporter des renseignements
« circonstanciés et de visu sur ce qui se passe à l'Hôtel-
« de-Ville. » Il avait tenu parole.

Le général achevait de dîner avec son état-major, lorsque le commandant Franchetti entra dans la salle; il

s'approcha du général et lui dit bas à l'oreille : « Le Gou-
« verneur, les membres du Gouvernement de la Dé-
« fense nationale sont prisonniers à l'Hôtel-de-Ville et
« gardés à vue par des gredins capables de tout... »

Le général se leva immédiatement en disant :
« Messieurs, à cheval, nous entrons dans Paris, prévenez les troupes. » (7 h. 1/2 environ).

Tout le monde était prêt ; les chevaux sellés, bridés, attendaient dans la cour ; en quelques minutes, on fut en mouvement. Le général laissait derrière lui son chef d'état-major, le général Appert, avec mission de sur- veiller tout ce qui se passerait du côté de l'ennemi exté- rieur et de parer aux incidents qui pourraient se produire ; il devait également se mettre en relation avec son gé- néral en chef, et dans le cas où ce dernier aurait besoin de renfort, le faire appuyer par le général de division Berthaut, dont le quartier général était au rond-point de Courbevoie et qui avait été invité à prendre d'avance ses dispositions.

*Le général Ducrot entre dans Paris avec ses troupes.*

Le général Ducrot n'avait aucun ordre à donner dans Paris ; cependant, vu les circonstances, il prescrivit au colonel L'Hotte, commandant le 1$^{er}$ dragons, caserné au quai d'Orsay, de faire monter son régiment à cheval et de s'établir sur la place de la Concorde où il se join- drait aux troupes entrant dans la ville.

Cet ordre fut porté par le capitaine de Néverlée, qui, après avoir rempli sa mission, passa au Gouvernement pour prendre les nouvelles et annoncer la prochaine ar- rivée du général Ducrot.

Il y vit le Gouverneur, qui le renvoya aussitôt pour ar- rêter le mouvement des troupes et donner l'ordre au général de venir de sa personne au Louvre (1).

---

(1) « Je devais, dit le général dans sa déposition devant la Commis-

Le capitaine de Néverlée rencontra son général près de la barrière de l'Étoile, et lui communiqua les instructions du Gouverneur. Le général Ducrot dut, à son grand regret, s'y conformer... Les troupes rétrogradèrent, avec ordre de se masser près de la Porte-Maillot, en dehors de l'enceinte, et de se tenir toujours prêtes à rentrer en ville au premier signal ; un bataillon fut laissé à l'intérieur pour garder la porte et assurer les communications.

Le général se rendit rapidement au Louvre ; en passant sur la place de la Concorde, il trouva le 1$^{er}$ dragons, et prescrivit au colonel de faire mettre pied à terre, et d'attendre des ordres.

*Le général Ducrot arrive chez le Gouverneur.*

Au moment où le général Ducrot entra dans le cabinet du Gouverneur, vingt ou trente personnes se pressaient autour de lui, causant et discutant avec beaucoup d'animation.

L'opinion dominante était qu'il fallait éviter les moyens extrêmes, parlementer, attendre au lendemain pour prendre des mesures de rigueur, et surtout tâcher de faire mettre en liberté J. Favre, J. Simon, Emmanuel Arago, le ministre de la guerre et les autres membres du Gouvernement de la Défense nationale restés entre les mains des insurgés.

Le général Ducrot, prenant la parole, déclara qu'il

---

sion d'enquête sur la journée du 31 octobre, descendre les Champs-Élysées ; arrivé à la place de la Concorde, diviser mes troupes en deux colonnes pourvues chacune de trois canons de 12 et de trois mitrailleuses, et marcher sur l'Hôtel-de-Ville par la rue de Rivoli et les quais. En cas de rencontre des gardes nationaux de l'ordre, et je l'espérais bien, je les emmenais avec moi. Si, en continuant ma marche, je me heurtais à des groupes hostiles, je les dispersais avec les mitrailleuses, j'enveloppais l'Hôtel-de-Ville, et je sommais les gredins qui l'occupaient de se rendre ; s'ils refusaient, les pièces de 12 enfonçaient les portes et j'aurais eu promptement raison de toute résistance. »

fallait tout de suite agir énergiquement, écraser les insurgés et délivrer par la force leurs prisonniers. En remettant au lendemain, on s'exposait à trouver devant soi les bandes de Flourens, Delescluze, Tibaldi, etc... organisées, renforcées... Peut-être faudrait-il longtemps avant de s'en rendre maître; à la lutte extérieure on ajoutait ainsi les horreurs de la guerre civile...

« En ce moment, continua le général, vous n'avez
« affaire qu'à une poignée de factieux; nombre de gardes
« nationaux, sous l'impression d'une juste indignation,
« vous sont favorables; une autre partie, bien qu'hési-
« tante encore, sera certainement entraînée par votre
« action immédiate... demain elle sera du côté des in-
« surgés. Attendre serait une lâcheté et une folie. »

Le général de Chabaud-Latour approuva hautement les paroles du général, et supplia le Gouverneur d'agir avec vigueur sans perdre une minute.

Quelques autres personnes appuyèrent dans le même sens et imposèrent silence aux conseillers trop prudents dont l'opinion avait d'abord pris le dessus.

Le Gouverneur, tout en étant convaincu, insista vivement pour que la garde nationale seule fût employée à réprimer l'émeute.

Sur ces entrefaites se présenta le commandant Vabre, de la garde nationale (1). Dans la soirée, cet officier était allé à l'Hôtel-de-Ville pour se rendre compte du mouvement, et en était sorti à l'aide d'un laisser-passer signé « Blanqui. »

On pouvait, grâce à ce laisser-passer, faire pénétrer dans l'Hôtel-de-Ville un certain nombre d'hommes énergiques et mettre un terme à cette situation.

---

(1) Cet officier commandait un excellent bataillon qui était aux avant-postes d'Asnières.

Mais ce moyen ne parut pas suffisant, et, sur les nouvelles observations présentées par le général Ducrot et le commandant Vabre, le Gouverneur consentit à faire intervenir comme réserve quelques-uns des bataillons de la garde mobile présents dans Paris, notamment le 3º bataillon du Finistère et le 1ᵉʳ bataillon de l'Indre établis à la caserne Napoléon.

En résumé, il fut convenu que la garde nationale s'organiserait place Vendôme, qu'elle marcherait par la rue de Rivoli sur l'Hôtel-de-Ville, et qu'au moment où elle s'en approcherait, les mobiles du Finistère et de l'Indre entreraient dans l'intérieur par les souterrains communiquant avec la caserne.

Le chef d'état-major du Gouverneur restait chargé de donner les ordres de détail indispensables pour assurer l'exécution de ce plan général ; mais les transmissions étaient très-difficiles, le service de la garde nationale, déjà mal assuré, se trouvait complétement désorganisé par l'absence de son chef, le général Tamisier.

La cour du Louvre, la rue de Rivoli étaient encombrées par une foule d'officiers : tous protestaient de leur dévouement, ne demandaient qu'à marcher... maudissant les infâmes qui menaçaient de nous jeter dans les horreurs d'une guerre civile en face de l'ennemi, ils se plaignaient amèrement du manque d'ordre, de direction...

Ces plaintes n'étaient que trop fondées... on risquait fort de n'arriver à rien si l'on ne donnait pas immédiatement à tous ces hommes de bonne volonté un chef unique capable de les commander et de les conduire.

Convaincu de cette nécessité le général Ducrot remonta vers le Gouverneur qui était entré dans sa salle à manger ; il lui fit observer que la garde nationale ne s'organisait pas faute de chef, qu'il était urgent de suppléer, au général Tamisier, retenu à l'Hôtel-de-Ville (1). Tout en se rendant à ces raisons, le général Trochu était fort embarrassé d'improviser un commandant de la garde nationale dans de pareilles conditions... le général Ducrot lui proposa de désigner, au moins à titre provisoire, M. Roger du Nord, lieutenant-colonel à l'état-major de la garde nationale, dont l'énergie et les sentiments patriotiques étaient de nature à inspirer confiance à tout le monde.

Le Gouverneur consentit et trouvant dans le vestibule le colonel Roger du Nord, il lui offrit le commandement. Celui-ci ayant accepté, le général Trochu l'emmena sur le perron, et le présenta à la foule comme le nouveau chef de la garde nationale... faisant appel au patriotisme et au dévouement de tous, il prononça quelques paroles chaleureuses qui furent couvertes des cris de « Vive le Gouverneur ! vive la France ! » et le colonel Roger du Nord, serrant la main du général Trochu, descendit rapidement les escaliers en s'écriant : « En avant, mes amis, en avant ! » La foule entière se précipita à sa suite...

*Le colonel Roger est nommé provisoirement commandant de la garde nationale.*

Arrivé place Vendôme, le nouveau commandant cherche à réunir quelques bataillons, puis se rend auprès du général Soumain commandant la place, pour l'informer « qu'il vient d'être nommé chef intérimaire de la garde nationale en l'absence du général Tamisier, et qu'il va marcher sur l'Hôtel-de-Ville. » — « Partez vite, lui dit le « général Soumain, on ne vous abandonnera pas ; nous « avons ici des bataillons de mobiles qui vont vous sui-« vre; le général Corréard réunit ceux de la rive gau-« che, le général de Liniers ceux de la rive droite,

---

(1) Si nous entrons dans de minutieux détails, c'est que, notre dire ayant été controversé, nous tenons à préciser.

« tout va être prêt ; marchez, vous serez soutenu (1). »

Environ trois quarts d'heure après la proclamation de M. Roger du Nord comme chef de la garde nationale par le général Trochu, M. Jules Ferry entra dans le cabinet du Gouverneur, où se trouvait encore un assez grand nombre de personnes (9 heures 1/2).

Il parut désagréablement surpris en apprenant cette nomination; M. Roger du Nord, à tort ou à raison, passait pour un monarchiste très-dévoué à la famille d'Orléans, et, aux yeux de M. J. Ferry, les inconvénients de ce caractère politique l'emportaient sans doute, même dans la circonstance actuelle, sur les avantages que pouvaient présenter ses qualités de commandement.

<small>M. Jules Ferry prend le commandement de la garde nationale.</small>

Ce qui est certain, c'est qu'après quelques instants de conversation avec le Gouverneur, M. J. Ferry sortit rapidement de la salle, et, rejoignant le colonel Roger du Nord sur la place Vendôme, il lui fit connaître qu'en sa qualité de Préfet de la Seine, membre du Gouvernement, il prenait le commandement de la garde nationale... M. Roger du Nord s'inclina et le colonel Ferri-Pisani ayant procédé à la reconnaissance de M. J. Ferry comme chef de la garde civique, les bataillons se mettent en mouvement... (2)

---

(1) Extrait de la déposition du général Soumain devant la Commission d'enquête du 4 septembre : « Quelque temps après, ajoute le général, « M. Jules Ferry me demandait de marcher. — Non, répondis-je, je ne « suis pas commandant de la garde nationale, je suis un général de divi- « sion prêt à recevoir des ordres et à les faire exécuter, mais avec la « troupe, et comme je n'ai pas reçu l'ordre de faire marcher la troupe, je « ne bouge pas. Je vous donnerai seulement des officiers d'état-major « pour vous aider dans votre mission. »

(2) Le colonel Ferri-Pisani, échappé de l'Hôtel-de-Ville à la tombée de la nuit, grâce à l'intervention du commandant Franchetti, était revenu à son poste, place Vendôme. Lorsque se présenta M. Jules Ferry, il procéda à sa reconnaissance comme chef de la garde nationale.

« Je puis dire que je la fis retentissante ; après deux roulements, je criai du haut de l'escalier, à la foule des officiers, que M. Jules Ferry

A hauteur du Louvre, le colonel Ferri-Pisani, se détachant de la colonne, vint informer le Gouverneur que la garde nationale marchait vers l'Hôtel-de-Ville, conduite par M. Jules Ferry, puis, s'adressant au général Ducrot :

« Mon général, dit-il, vous devriez bien vous mettre « à notre tête. » — « Je suis tout prêt, si le Gouver- « neur veut me laisser marcher avec mes troupes... « mais avec la garde nationale seule, jamais, cela n'est « pas mon affaire, je m'exposerais inutilement à quel- « que algarade ridicule. »

« Non, non ! pas de troupes, reprit le général « Trochu, je ne veux employer que la garde nationale « seule. »

Le colonel Ferri-Pisani se retira et alla rejoindre la colonne.

Il s'était écoulé près de deux heures, lorsqu'une personne envoyée par M. Jules Ferry apporta au général Trochu la nouvelle qu'on allait mettre les membres du Gouvernement de la Défense en liberté, qu'on avait

<small>Le général Trochu est informé d'une transaction avec les insurgés.</small>

---

<small>membre du Gouvernement de la Défense, prenait le commandement de la garde nationale, et que tous les bons citoyens allaient marcher derrière lui à l'Hôtel-de-Ville. Ma joie et mon enthousiasme avaient l'air de dire qu'enfin la victoire allait nous appartenir. Ils furent partagés et par ceux qui m'entendaient et par la multitude de la place, à qui je fis annoncer la nouvelle par des officiers précédés de tambours et de torches.... Partir en ordre de la place Vendôme, il ne fallait pas y songer. Il fallait déterminer un courant. Les tambours et les cris : Vive la République ! Vive Jules Ferry, général en chef de la garde nationale ! et puis un groupe en marche rapide, tels étaient les seuls moyens ; ils nous réussirent parfaitement ; le long serpent de la foule se déroula derrière nous et nous suivit. Les bataillons que nous rencontrions dans la rue de Rivoli, au lieu de parlementer avec eux, nous les étourdissions tout de suite par nos cris, notre tambour et nos démonstrations de triomphe. Ils entraient domptés dans le serpent. C'est pendant cette marche que je me détachai un instant du cortège, car c'était plutôt un cortège qu'une troupe, et que j'entrai dans l'hôtel du Gouverneur. » (Extrait des notes du colonel Ferri-Pisani.)</small>

transigé avec les insurgés... (1) Le général Ducrot se récria fort, disant qu'il était déplorable d'accepter des conditions posées par l'émeute, alors qu'on était maître des événements ; que cette transaction était impossible, et qu'il fallait dire à M. Jules Ferry que ses engagements étaient nuls et non avenus.

« Il faut en finir, ajouta-t-il, la garde nationale est
« dans la rue, elle s'impatiente, il faut aller à l'Hôtel-
« de-Ville. »

Le Gouverneur se rendit à cet avis... l'on s'apprêtait à partir, lorsqu'entra le général Le Flô. Il raconta que toute la journée il était resté sous les menaces des émeutiers... plusieurs fois il avait été mis en joue, et il avait pu s'échapper grâce à la panique produite par l'arrivée des mobiles... quant aux membres du Gouvernement, ils étaient toujours prisonniers et exposés à un grave danger... (2)

---

(1) « Pour moi, dit le colonel Ferri-Pisani, pendant la nuit, je n'ai pas quitté la place, et ne suis pas monté à l'Hôtel-de-Ville, où Jules Ferry et Edmond Adam allaient continuellement pour négocier la reddition. Je ne sais pas ce qui s'est passé dans ces conférences ; mais ce qui est certain, c'est qu'en bas, nous n'avons jamais douté qu'il n'y eût une convention d'amnistie, de conciliation et même de réconciliation. C'est dans ce sens que j'ai reçu tous les ordres pour faire écouler les quatre mille hommes de l'Hôtel-de-Ville. On ne nous a jamais parlé d'autre chose, sur la place. C'est sous cette impression, qu'à 4 ou 5 heures du matin, j'ai reçu le général Tamisier au haut du grand escalier, des mains de Dorian, Blanqui et Flourens, qui le tenaient presque embrassé, et que je les ai remerciés avec effusion, comme des gens avec qui on est parvenu à s'entendre. »

(2) Nous avons vu que vers 9 heures, le Gouverneur avait décidé que la garde nationale attaquerait par la place de l'Hôtel-de-Ville, pendant que les mobiles de la caserne Napoléon attaqueraient par les souterrains. Un peu plus tard, une autre opinion ayant prévalu, le nouvel ordre envoyé aux mobiles leur prescrivait seulement d'occuper la place Lobau, « de façon à fermer le carré que les bataillons de l'ordre formaient autour de l'Hôtel-de-Ville. »

Vers minuit, les deux bataillons de l'Indre et du Finistère étaient en bataille entre le quai et la rue de Rivoli. — Ne recevant aucun ordre et devant les nouvelles les plus alarmantes, M. de Legge, commandant des

Presque aussitôt Rochefort apparut (1) :

« Qu'est-ce qu'il y a, demanda-t-il, où allez-vous ? —
« Nous allons à l'Hôtel-de-Ville. — Pourquoi faire ? —
« Pour faire cesser ce qui s'y passe. — Mais mon Dieu !
« cela n'en vaut pas la peine ; c'est une plaisanterie, ce
« n'est rien du tout, on attache à cela beaucoup trop
« d'importance. »

Le général Le Flô se leva vivement : « Oh ! monsieur,
« dit-il, vous trouvez que c'est une plaisanterie ? Si
« vous aviez été comme moi au bout de la baïonnette et
« des fusils de ces gredins-là, vous trouveriez que c'est
« une bien mauvaise plaisanterie ! »

Cet incident vidé, le Gouverneur sortit pour monter à cheval... Beaucoup trouvaient que cette démarche était imprudente... le général Trochu pouvait recevoir un coup de pistolet... mais il y a des circonstances où il faut braver ces chances-là.

*Le Gouverneur monte à cheval pour aller à l'Hôtel-de-Ville, (2 h. du matin).*

Le Gouverneur, suivi de son aide de camp, le commandant Bibesco, se mit en marche avec le général Ducrot, entouré de presque tout son état-major particulier.

---

mobiles du Finistère, prend sur lui de pénétrer avec deux compagnies par le souterrain de la caserne Napoléon dans l'intérieur de l'Hôtel-de-Ville..... Il se rend facilement maître de la grande cour, et fait main basse sur un grand nombre d'insurgés..... Au milieu de la confusion produite par cette attaque, le général Le Flô parvient à s'échapper.....

Craignant qu'une lutte dans l'intérieur du palais ne soit le signal du massacre des membres du Gouvernement restés prisonniers, il court aux mobiles, leur donne l'ordre de cesser tout mouvement en avant, de se maintenir dans les positions conquises, et d'attendre les ordres qu'il enverra après s'être rendu compte de la situation extérieure. — (Voir aux pièces justificatives, n° V, le récit du commandant de Legge.)

(1) Rochefort n'avait pas assisté à la séance du Gouvernement. Entré dans l'Hôtel-de-Ville sur les 3 heures, il fut salué par les cris de : Vive Rochefort ! A bas Rochefort ! Vainement il chercha à haranguer la foule, disant que le Gouvernement de la Défense nationale délibérait sur la nomination de la Commune.... que le soir une affiche ferait connaître le jour des élections, etc.... Mais, hué et bousculé, il s'était esquivé et on ne le revit plus de la journée à l'Hôtel-de-Ville.....

On s'avança au milieu de la foule : ce fut un triomphe ; « Vive Trochu ! » criait-on de toutes parts ; les tambours battaient aux champs ; partout l'émotion fut si grande qu'elle se propagea jusqu'à l'Hôtel-de-Ville, bien avant l'arrivée du cortége. Les coquins prirent peur, et beaucoup commencèrent à s'enfuir.

Sur la place de l'Hôtel-de-Ville, l'ovation fut la même... quelques cris de « vive la Commune ! » se firent entendre, mais ils furent étouffés par ceux de « vive Trochu ! » (1).

<small>Les membres du Gouvernement sont délivrés.</small> Là, on apprit que les membres du Gouvernement venaient d'être délivrés, et que l'Hôtel-de-Ville était entièrement en notre pouvoir (2).

---

(1) Aux abords de l'Hôtel-de-Ville la foule était si compacte qu'il devint impossible d'avancer ; un chef de bataillon de la garde nationale, M. Vabre (plus tard colonel de l'Hôtel-de-Ville) prit le cheval du Gouverneur par la bride et lui fraya péniblement un passage ; c'était une cohue indescriptible... les gardes nationaux vociféraient, gesticulaient, les uns acclamaient le Gouverneur et lui tendaient les bras, les autres le menaçaient du poing et criaient vive la Commune, ceux-ci étaient généralement en faible minorité, sauf cependant derrière l'Hôtel-de-Ville, aux abords du pont Louis-Philippe.

Là, les manifestations hostiles prirent un caractère tellement menaçant que la situation devint assez critique pendant quelques moments ; mais l'état-major qui accompagnait le Gouverneur l'entoura de fort près, et grâce à quelques coups de pied et au piaffement des chevaux, on parvint à franchir ce pas difficile. Sur la place de l'Hôtel-de-Ville le triomphe recommença et atteignit son apogée dans la rue de Rivoli et sur la place Vendôme.

(2) Ainsi que nous l'avons vu, conformément aux ordres du ministre de la guerre, les mobiles gardaient toutes les issues donnant sur la place Lobau, se contentant de faire prisonniers les émeutiers bloqués dans les salles du rez-de-chaussée.

Pendant ce temps, les pourparlers continuaient... M. Dorian et Delescluze allaient des émeutiers à MM. Jules Ferry et Edmond Adam. Les membres du Gouvernement devaient être relâchés, à condition que les insurgés ne seraient pas inquiétés ; que des élections seraient faites le lendemain... Ce qui était accepté était démenti quelques instants après... De nouvelles propositions étaient faites, et, malgré divers avis, ces messieurs ne voulaient pas comprendre que toute transaction était illusoire... que Flourens et les autres n'étaient plus en état de faire respecter une

Vers 3 heures et demie, l'on était rentré au Louvre. En quittant le Gouverneur, le général Ducrot manifesta l'espoir que prompte justice serait faite; — « Certaine-
« ment, dit le Gouverneur, il faut un exemple. »

« Mais l'essentiel, ajouta le général Ducrot, est que
« cela soit vite fait; les mobiles ont pris un certain
« nombre de ces misérables, les cours martiales nous
« donnent le moyen de les faire juger; il faut que dès
« demain on en passe quelques-uns par les armes. »

Le Gouverneur, complétement décidé à agir, ordonna au chef d'escadron Bibesco, son aide de camp, de se rendre immédiatement à l'Hôtel-de-Ville, et d'y faire réunir la cour martiale; comme il partait, le général Ducrot engagea encore cet officier à user de son influence pour amener une prompte répression.

Le général rentra ensuite à son quartier général de la Porte-Maillot, vers 5 heures.

---

convention... Enfin, un long intervalle s'étant écoulé sans qu'on eût de nouvelles de l'Hôtel-de-Ville, M. Jules Ferry perdit patience, et vers une heure et demie, il donna l'ordre au commandant de Legge d'ouvrir la porte pour laisser entrer la garde nationale. Quelques compagnies des 106e et 17e bataillons pénétrèrent dans l'Hôtel-de-Ville; la porte refermée, ces compagnies, M.-J. Ferry en tête, montèrent vers la salle du conseil, pendant que, suivant les ordres reçus, les mobiles restaient dans la cour, prêts à les soutenir. Mais bientôt l'hésitation s'étant manifestée chez les gardes nationaux, les mobiles sont appelés : une compagnie du Finistère se porte en avant, et, baïonnette croisée, achève de gravir l'escalier en culbutant les émeutiers.

Les mobiles, arrivés jusqu'à la porte de la salle du Conseil, s'arrêtent, conformément à leur consigne; ils forment la haie, et laissent entrer les gardes nationaux qui les ont suivis, et en tête desquels marche M. Jules Ferry.

Devant cette brusque attaque, les Bellevillois, jetant leurs armes, s'enfuient de tous côtés; un grand nombre sont faits prisonniers par le commandant de Legge... beaucoup par le commandant Dauvergne.

Tous les ôtages sont ainsi délivrés, et avec eux les chefs de l'insurrection.... Chose extraordinaire, ils semblaient se protéger mutuellement....

(Voir aux pièces justificatives, n° VI, la déposition du commandant de Legge, et VI bis, la déposition du commandant de Crisenoy.)

68  DÉFENSE DE PARIS.

*Journée du 1er novembre.*

Mais il était si préoccupé qu'il revint à 10 heures du matin. Quel ne fut pas son étonnement, son chagrin, en apprenant que tous les hommes arrêtés avaient été mis en liberté! L'ordre en avait été donné par M. Jules Ferry (1); et quand le commandant Bibesco s'était présenté à l'Hôtel-de-Ville, tous les prisonniers venaient d'être relâchés.

Dans sa marche contre l'Hôtel-de-Ville, M. Jules Ferry s'était montré énergique, mais il avait cru devoir entrer en pourparlers avec les insurgés, et avait pris quelques engagements imprudents.

*Séance du Gouvernement du 1er novembre.*

Pendant que le général Ducrot était au Louvre, le Gouvernement discutait au ministère des affaires étrangères l'arrestation des chefs du mouvement insurrectionnel.

Plusieurs membres affirmaient, M. Dorian entr'autres, que des promesses avaient été faites pendant la nuit, et qu'ils se considéraient comme liés par leur parole. D'autres observaient qu'assurer le bénéfice de l'impunité à des coupables dont la tentative avait mis la cité à deux doigts de sa perte, c'était la négation de toute justice, que c'était une sorte d'insulte faite à la garde nationale dont on pourrait ainsi lasser le dévouement.

Enfin, M. le Procureur général et M. le Procureur de la République, appelés et consultés, proposaient de

---

(1) Après l'évacuation de l'Hôtel-de-Ville, il ne restait plus dans la salle du Trône que MM. Jules Ferry et Étienne Arago. Le commandant de Legge vint leur demander ce qu'il devait faire de ses prisonniers. « Il faut les relâcher, dit M. Jules Ferry. — Mais je les ai pris les armes à la main, et leurs fusils étaient chargés. — Encore une fois, il n'y a pas de motif pour garder ceux-là, puisqu'on a laissé partir les autres. » Et M. Ferry se rendit lui-même dans les caves, renouvela l'ordre de lâcher les prisonniers, et les fit partir par la porte Lobau. (Voir aux pièces justificatives, n°s VII et VIII.)

Le préfet de police, M. Edmond Adam, ouvrit également les portes de la Conciergerie aux gens qui y étaient détenus.

déployer, *à l'avenir*, la plus grande vigueur, mais ils étaient d'avis de ne poursuivre personne pour la sédition de la veille (1).

Malgré M. Picard demandant que satisfaction fût donnée à la garde nationale, malgré le général Trochu réclamant un exemple immédiat, la proposition de MM. les Procureurs Leblond et Didier, mise aux voix, fut adoptée par 6 voix contre 4 (2).

Il ne devait pas y avoir d'arrestations!

Ainsi, en présence de l'ennemi, quelques émeutiers s'étaient emparés de l'Hôtel-de-Ville, avaient fait prisonniers les membres du Gouvernement réunis en Conseil, les avaient gardés comme otages, entre la vie et la mort pendant douze heures, et lorsqu'enfin la force était venue au secours du droit, lorsque par la force on avait réussi à délivrer les prisonniers et arrêter les factieux!... il fallait tout oublier, cesser toute poursuite, sous prétexte qu'une convention avait été conclue... Cette convention accordée par des gens qui n'avaient pas leur liberté d'action, n'était-elle pas sans valeur, sans autorité?

Étant donnée la situation, l'extrême rigueur était cependant l'unique moyen d'arrêter l'audace toujours croissante des révolutionnaires... L'impunité, les concessions, mettant au grand jour notre faiblesse, notre

---

(1) Voir aux pièces justificatives : Procès-verbal de la séance du 1er novembre, 9 heures du matin. — Pièce n° IX.

(2) Voir aux pièces justificatives : Séance du 2 novembre, 10 heures du soir, pièce n° X. Rochefort « même » s'était exprimé en ces termes : « L'attentat commis hier à l'Hôtel-de-Ville est si considérable qu'aucune répression ne *saurait être assez rigoureuse;* il est venu là des hommes qui avaient abandonné leur poste devant l'ennemi pour renverser violemment le Gouvernement chargé de la Défense nationale... je suis donc d'avis de *sévir avec la dernière rigueur* ou de ne rien FAIRE ABSOLUMENT. »

*Nouvelles tentatives d'insurrection dans la journée du 2 novembre.* impuissance, devaient fatalement nous conduire à de nouvelles calamités.

La preuve n'allait pas se faire attendre. Dès le 2 novembre, on apprenait que les chefs du parti démagogique, amnistiés la veille, se préparaient à renouveler leurs tentatives criminelles. Devant une telle impudeur, une telle insolence, le Gouvernement prit, le soir même, la décision par 6 voix contre 4, de faire des arrestations en cas de flagrant délit; et le 3 novembre, vingt-trois individus étaient arrêtés pour participation à la journée du 31 octobre. Livrés aux conseils de guerre à la fin de décembre, jugés pendant les premiers préliminaires de la paix, ils furent acquittés; cependant la plupart de ces hommes ont marqué durant la période sanglante de la Commune... Mais trois mois s'étaient écoulés... au milieu de si grands et de si nombreux malheurs, on avait oublié le 31 octobre; la répression, inévitable le lendemain, était devenue moins facile alors qu'il n'y avait plus nécessité absolue de faire un exemple, alors que tous les gens pris les armes à la main avaient été relâchés, les éléments de l'instruction dispersés, alors que le Gouvernement de la Défense avait perdu tout prestige, toute autorité morale (1).

---

(1) Les noms des 22 individus arrêtés le 31 octobre sont les suivants : 1. Maurice Joly; 2. Tridon; 3. Cyrille; 4. Goupil; 5. Jaclard; 6. Bauer; 7. Lefrançais; 8. Genard; 9. Johannard; 10. Pillot; 11. Vermorel; 12. Tibaldi; 13. Ranvier; 14. Félix Pyat; 15. Eudes; 16. Levrault; 17. Flourens; 18. Jules Vallès; 19. Millière; 20. Blanqui; 21. Razoua; 22. Mégy...

Les influences les plus diverses et les plus *étranges* travaillèrent à obtenir la liberté de beaucoup de ces accusés...

« Je me suis trouvé en lutte ouverte, dit M. Cresson, avec le *garde des sceaux*, M. Emmanuel Arago, qui demandait la mise en liberté de Pyat... me soutenant que Pyat était étranger à l'affaire du 31 octobre, qu'on s'était trompé, et il invoquait le témoignage de différentes personnes, notamment de M. Charles Ferry, de M. JULES FERRY, de *M. Hérold*... je refusai la mise en liberté... l'affaire fut portée devant le Gouverne-

Dès le 1ᵉʳ novembre, le Gouvernement prenait le parti de demander à la population de Paris s'il jouissait encore de sa confiance; un décret fixa le plébiscite à la date du 3 novembre.

*Plébiscite du 3 novembre.*

Le résultat ne pouvait être douteux, car si l'on renversait le Gouvernement du 4 septembre, on tombait entre les mains des émeutiers du 31 octobre.

Le plébiscite donna 560,000 voix au Gouvernement de la Défense nationale, 60,000 voix à ses adversaires.

## CHAPITRE IV.

### ENTREVUE DU PONT DE SÈVRES ET PROPOSITION D'ARMISTICE.

(5 novembre.)

Pendant que ces tristes événements se passaient dans Paris, M. Thiers, à Versailles, discutait l'armistice. Les

*Négociations avec le quartier général allemand.*

---

ment... Là, le GARDE DES SCEAUX s'étonna que le préfet de police OSAT (c'est l'expression dont il s'est servi) s'opposer à la mise en liberté de FÉLIX PYAT...

« M. le *Procureur de la République* Didier se présenta un jour dans mon cabinet. — Je venais d'arrêter Eudes et l'on allait arrêter Levrault. Ce magistrat me déclara qu'il était DÉPLORABLE que je continuasse ces arrestations. — Je demandai pourquoi? — Il me répondit que cela faisait une *situation politique* excessivement DIFFICILE AU PARQUET..

« M. Didier me réclama les mandats qui n'avaient pu encore *être exécutés*... Je les refusai... M. Didier sortit mécontent en me disant qu'il était très-étonné que je lui refusasse des mandats *qu'il obtiendrait facilement du juge d'instruction* (M. Querenet).

« ... L'autorité judiciaire a cru pouvoir permettre à différentes reprises des sorties à plusieurs prisonniers... Ranvier est sorti deux fois, et il a profité de cette permission pour aller dans les clubs déclarer que le Gouvernement *n'avait pas le courage* de le FUSILLER, mais qu'il aurait, lui, le courage de FUSILLER le GOUVERNEMENT.

« Après ces faits, je reçus une lettre du *procureur général*, M. Leblond, dans laquelle il me demandait la mise en liberté de *Ranvier*. »

(Déposition de M. *Cresson*, préfet de police [2 novembre au 10 février], devant la commission d'enquête parlementaire sur les actes du Gouvernement de la Défense nationale.)

négociations étaient en bonne voie, tout faisait pressentir un dénoûment heureux, lorsque le jeudi matin, 3 novembre, M. de Bismark annonça la chute du Gouvernement de la Défense nationale et son remplacement par la Commune, à la tête de laquelle se trouvaient Flourens et Blanqui.

Devant l'étrangeté et l'imprévu de cette nouvelle, M. Thiers ne voulut pas y croire et demanda à envoyer son secrétaire à Paris.

M. de Bismark ayant consenti, le soir même M. Cochery rapportait un journal officiel prouvant que le Gouvernement venait d'être consolidé par un plébiscite.

Les négociations reprirent aussitôt, elles continuèrent dans la journée du lendemain, puis il fut convenu que M. Thiers se rendrait à Paris le 5 novembre pour s'entretenir avec les membres du Gouvernement de la Défense.

Dans la nuit du 4, M. Thiers avertit le général Trochu qu'il serait au pont de Sèvres le 5 à 9 heures du matin; il le priait d'y venir avec M. Jules Favre pour conférer avec lui, car il craignait, en traversant Paris, de provoquer de nouvelles agitations.

Cette mesure n'était pas inutile, la surexcitation des esprits était même telle encore, que le Gouverneur crut ne pas devoir quitter la ville pour se rendre à cette conférence; il désigna le général Ducrot afin de l'y représenter.

*Entrevue du pont de Sèvres entre M. Thiers, M. Jules Favre et le général Ducrot.*

A neuf heures du matin, M. Thiers arrivait au rendez-vous.

Il commença par exposer qu'il avait fait connaître à M. de Bismark les conditions demandées par le Gouvernement de la Défense Nationale, que ces conditions avaient été assez bien accueillies, particulièrement celles relatives à la représentation des départements occupés par l'ennemi.

Le Chancelier ne s'était pas prononcé d'une manière aussi positive sur ce qui concernait l'armistice avec ravitaillement; cependant il avait laissé entrevoir que l'on pourrait également s'entendre sur ce point. Mais désirant prendre les ordres précis du Roi, il avait remis la solution de ce second point à une nouvelle conférence qui devait avoir lieu le 3 novembre.

Dans la nuit même du 2 au 3, M. de Bismark avait fait demander M. Thiers pour l'informer des événements qui se passaient à Paris : « Je suis désolé, lui avait-il
« dit, il n'est plus possible de continuer ces négocia-
« tions, car vous êtes désormais sans pouvoirs, puisque
« le gouvernement que vous représentez n'existe plus ;
« son chef, le Gouverneur de Paris, est emprisonné, et
« un gouvernement insurrectionnel, dont la composition
« n'est pas encore connue, est installé à l'Hôtel-de-
« Ville. »

M. Thiers fit observer « que rien jusqu'alors ne prou-
« vait l'authenticité des renseignements recueillis par les
« avant-postes allemands... qu'il pouvait y avoir eu une
« émeute, une tentative de révolte, mais qu'il était per-
« mis d'espérer que le Gouvernement de la Défense avait
« triomphé. En sortant de Paris il avait laissé la garde
« nationale dans d'excellentes dispositions, et, suivant
« toutes probabilités, elle ne pouvait manquer de venir à
« bout de l'insurrection. Il termina en insistant pour qu'on
« lui permît d'envoyer une personne de confiance à Paris.

« Cette autorisation fut accordée, et M. Cochery ne
« tarda pas à apporter des pièces officielles constatant le
« rétablissement de l'ordre et le triomphe de l'autorité...
« Aussitôt les négociations furent reprises... Mais les
« dispositions des négociateurs allemands semblaient
« tout à fait modifiées; ce n'étaient plus les mêmes hom-
« mes ; autant le Roi et M. de Bismark avaient paru con-

« ciliants dans la première entrevue, autant, après la
« nouvelle de l'insurrection, ils se montraient intraitables.

« Il est certain qu'ils n'avaient plus la même confiance
« dans la solidité et la durée du Gouvernement de la Dé-
« fense nationale ; ils considéraient sa chute comme
« très-prochaine et comptaient sur l'anarchie qui suivrait
« pour avoir bon marché de Paris...

« Bref, ajouta M. Thiers, il ne faut plus songer à obte-
« nir l'armistice avec ravitaillement, le Roi le repousse
« d'une manière absolue. Sa Majesté concède la repré-
« sentation des départements envahis, dans l'Assemblée
« à élire pour traiter de la paix, et cela parce qu'on s'é-
« tait déjà entendu sur ce point pendant la première con-
« férence ; elle accorde aussi l'armistice sans ravitaille-
« ment et d'une durée strictement suffisante pour pouvoir
« procéder aux élections et à la réunion d'une Assem-
« blée...

« Je sens combien sont dures de pareilles exigences,
« et dans quelle situation critique elles placent le Gou-
« vernement qui va se trouver aux prises avec une po-
« pulation aveugle et exaltée...

« Cependant, s'il m'était permis de donner un conseil,
« ou plutôt d'exprimer une opinion personnelle, je dirais
« que la sagesse et le patriotisme commandent d'accep-
« ter ces conditions, si dures qu'elles soient.

« L'armistice avec ou sans ravitaillement vous permet
« de nommer une Assemblée qui, j'en suis convaincu,
« sera amenée à conclure la paix, car je ne crois pas,
« remarquez bien que ce sont mes propres appréciations,
« — appréciations qui résultent de ce que j'ai vu sur
« mon passage, — je ne crois pas, dis-je, que la situa-
« tion du pays et des armées soit telle que l'on puisse
« poursuivre la guerre avec quelques chances de succès.
« Continuer la lutte, c'est amener infailliblement l'inva-

« sion de la Normandie, de nos riches provinces du Nord,
« peut-être la destruction de nos forces navales... en un
« mot, c'est la ruine complète de la France.

« Le Roi n'a pas fait connaître encore d'une manière
« précise à quelles conditions il accorderait la paix ;
« néanmoins j'ai lieu de penser qu'il n'ira pas au delà
« de la concession de notre Alsace et d'un subside de
« deux milliards... évidemment c'est beaucoup ; c'est
« un lourd et douloureux sacrifice ! Mais si l'on ne sait
« pas s'arrêter, ce sacrifice ne fera que s'aggraver. De
« nouvelles invasions, de nouveaux désastres viendront
« s'abattre sur nous, et les demandes de l'ennemi, as-
« treint à de plus grandes charges, iront toujours en
« augmentant. Peut-être finira-t-il par demander l'Al-
« sace, la Lorraine, cinq milliards... ou plus encore !...
« Dans l'état où nous sommes, je le répète, il serait pru-
« dent de traiter, même avec ces dures exigences. C'est
« une opinion personnelle, je ne veux l'imposer à per-
« sonne... croyez-le bien, je ne me dissimule pas les diffi-
« cultés que rencontrera le Gouvernement à faire accepter
« par la population parisienne, des conditions aussi pé-
« nibles. »

M. Jules Favre répondit qu'en présence de l'exaltation des esprits, il serait absolument impossible de proposer une semblable convention, qu'il ne fallait même pas songer à en parler.

Le général Ducrot fit observer qu'il connaissait assez le caractère et les idées du Gouverneur pour être certain qu'il n'adhérerait jamais à de pareilles conditions, lesquelles d'ailleurs n'étaient vraiment pas acceptables dans la situation présente.

« L'armistice sans ravitaillement, ajoutait le général,
« serait une sorte de capitulation, ou du moins elle nous
« y conduirait fatalement ; or, nous avons encore des vi-

« vres pour longtemps, nous possédons des armes, des
« munitions, un matériel puissant, des troupes nom-
« breuses qui s'améliorent chaque jour, en un mot tout
« ce qu'il faut pour résister énergiquement ; — dans ces
« conditions nous n'avons pas le droit de capituler...
« Notre devoir est de faire durer la défense de Paris le
« plus longtemps possible, afin de donner à la France,
« le temps, les moyens d'organiser de nouvelles armées.
« Si, dans cette lutte suprême, les ruines matérielles du
« Pays augmentent, ses ruines morales diminueront
« dans une proportion inverse. Nous sommes aujour-
« d'hui sous l'accablement des épouvantables désastres
« de Sedan et de Metz... Eh bien! la continuation
« de la lutte peut nous relever de ces affreux mal-
« heurs! »

« Général, dit M. Thiers, vous parlez comme un soldat,
« c'est très-bien, mais vous ne parlez pas comme un
« homme politique. » — « Monsieur, je crois également
« parler en homme politique ; une grande nation comme
« la France se relève toujours de ses ruines *matérielles ;*
« elle ne se relève jamais de ses ruines morales. En
« continuant à défendre pied à pied le sol de la Patrie,
« notre génération souffrira peut-être davantage, mais
« nos enfants bénéficieront de l'honneur que nous aurons
« sauvé. »

— « Enfin, que croyez-vous? qu'espérez-vous? Est-ce
« que vous comptez sur les armées extérieures pour
« délivrer Paris? » — « Non, je n'y compte pas le
« moins du monde. » — « Eh bien! vous croyez-vous
« donc assez forts pour débloquer Paris? » — « Pas da-
« vantage. Je pense que nous pourrons peut-être faire
« passer un corps de 50 à 60,000 hommes qui, à un
« moment donné, ira prêter un énergique appui aux
« armées de l'extérieur; mais quant à débloquer Paris,

« cela me semble peu probable. Ce que je puis affirmer, « c'est que nous combattrons honorablement, et que « nous chercherons à faire le plus de mal possible à « l'ennemi. Et un jour viendra peut-être, où, fatigué, « épuisé, découragé, il finira par nous offrir des con- « ditions plus acceptables. Dans tous les cas, nous au- « rons fait notre devoir (1). »

Après deux heures de pénible entretien, entretien qui eut lieu près du pont de Sèvres, dans une pauvre maison abandonnée, dévastée, où nous n'avions même pas trouvé un siége, M. Thiers nous quitta pour retourner au quartier général allemand. M. Jules Favre s'était chargé de prendre les ordres du Gouvernement et de les transmettre le lendemain à Versailles par l'intermédiaire de M. Cochery.

Dans la soirée, sur la demande de M. Jules Favre, le général Ducrot fut admis à la séance du Gouvernement, afin de corroborer par ses souvenirs personnels le récit de l'entrevue.

*Le Gouvernement refuse les conditions du quartier général allemand.*

Le conseil décida à l'unanimité qu'on ne pouvait accepter l'armistice sans ravitaillement; une note rédigée dans ce sens fut confiée à M. Cochery, qui la porta à M. Thiers dans la journée du 6 (2); celui-ci, après en avoir donné connaissance à M. de Bismark, devait quit-

---

(1) « Osera-t-on nier, dit le général Ducrot dans son discours à la cé- « rémonie anniversaire de Champigny... que cette longue résistance de « Paris, si imprévue, si extraordinaire, ait sauvé l'honneur des armes, « nous ait mérité le respect de nos adversaires, nous ait conquis les sym- « pathies de l'Europe entière?... Comment avons-nous perdu le bénéfice « de cette glorieuse défense, de ces lourds sacrifices?... Comment, en « un instant, notre malheureux pays est-il devenu un objet d'épouvante, « d'horreur pour le monde entier?... Par le crime abominable de misérâ- « bles *patricides*, oui, patricides, car il faut bien trouver un mot nou- « veau pour exprimer un forfait sans précédent dans l'histoire! »

(2) Voir aux pièces justificatives, n° XI.

ter Versailles, et se rendre à Tours pour se mettre à la disposition de la Délégation (1).

*L'armistice et le 31 octobre.*

Ainsi toutes les négociations se trouvaient rompues... ce qui était possible avant le 31 octobre était devenu impossible après cette néfaste journée...

« Il est aujourd'hui de notoriété, dit le général Tro-
« chu, dans une proclamation du 14 novembre, il est de
« notoriété que la Prusse avait accepté les conditions
« du Gouvernement de la Défense pour l'armistice pro-
« posé par les puissances neutres, quand la fatale jour-
« née du 31 octobre est venue compromettre une situa-
« tion qui était honorable et digne, en rendant à la
« politique prussienne ses espérances et ses exigences ! »

Dans son rapport, M. Thiers affirme également que l'insurrection changea l'armistice avec ravitaillement en armistice sans ravitaillement...

Si l'on ne s'est pas fait illusion, si en réalité nous avions pu obtenir un ravitaillement proportionnel, il est évident que tout changeait de face... au point de vue militaire, au point de vue politique...

Pendant ces vingt-cinq à trente jours de trêve, Paris achevait d'organiser, de compléter ses moyens de défense... le siége se trouvait en quelque sorte reculé d'un mois; la province avait tout le temps de former des soldats, d'acheter des armes, des munitions... N'étant plus obligé de s'en rapporter au moyen bien imparfait des messages par voie aérienne, les opérations entre Paris et la province étaient combinées, arrêtées à l'avance; il y avait unité de vues, unité de commandement.

Enfin, la France se donnait un pouvoir régulier, également autorisé pour la paix ou pour la guerre... ce gouvernement quel qu'il fût n'étant pas enfermé dans Paris,

---

(1) Voir aux pièces justificatives, le rapport adressé par M. Thiers aux représentants des grandes puissances, n° XII.

libre d'agir, hors des atteintes de l'ennemi, devenait une force, une puissance avec laquelle il fallait compter.

A la reprise des hostilités, Paris n'était plus qu'une grande place assiégée... sa capitulation n'entraînait pas la capitulation de la France entière! la faute commise par le Gouvernement en se laissant enfermer eût été réparée : « ces considérations étaient tellement décisives qu'elles ne pouvaient entrer en balance avec la facilité donnée aux assiégeants de renforcer leurs lignes d'investissement, de compléter leur matériel de siége et d'augmenter par de nouvelles levées leurs armées d'occupation. Quand on songe à la saison dans laquelle on entrait et qui a toujours été considérée avec raison comme plus favorable à la défense qu'à l'invasion, les avantages de l'armistice semblent plus certains encore. »

Pendant cette trêve momentanée, notre situation politique se modifiait.

La France, tombée dans le *piége* que la Prusse lui avait tendu, était considérée, par le seul fait qu'elle avait déclaré la guerre, comme ayant recherché, voulu la guerre.

Avec l'armistice, les hostilités étaient arrêtées, une sorte de phase pacifique s'ouvrait pendant laquelle les rôles se trouvaient virtuellement changés...

En faisant de la cession de nos provinces, une question *sine quâ non* de paix, la Prusse semblait en quelque sorte déclarer une nouvelle guerre... et dès lors nous ne combattions plus que pour la défense du sol...

Sans faire trop de fond sur l'Europe, tout en étant convaincu qu'elle était résolue à ne s'occuper de la France que dans les limites où l'intérêt français se confondait expressément avec le sien propre... il y avait là un bénéfice de situation morale qui très-certainement aurait influencé en notre faveur.

Ainsi, avant le 31 octobre, une perspective honorable, avantageuse même, s'ouvrait pour nous... quand tout-à-coup la Révolution s'était jetée au travers des négociations et de sa main maudite avait tout compromis, tout renversé.

La Prusse, qui ne semblait plus espérer en la démagogie, reprit confiance et devint plus exigeante, plus dure que jamais; rejetant l'armistice avec ravitaillement, elle ne nous accordait plus qu'une simple trêve de vingt-cinq jours.

Pendant tout ce temps nous ne devions recevoir aucun approvisionnement, vivre de nos seules et uniques ressources présentes... c'était nous livrer pieds et poings liés, nous faire captifs... Évidemment nous ne pouvions accepter de semblables conditions et ne devions plus songer qu'à nous défendre avec la dernière énergie.

# LIVRE VI

PLAN DE SORTIE PAR LA BASSE-SEINE. — ORGANISATION DES ARMÉES. — NOUVEAU PLAN ADOPTÉ.

## PREMIÈRE PARTIE

### PRÉPARATION DU PLAN DE SORTIE PAR LA BASSE-SEINE.

NOS TRAVAUX OFFENSIFS ET DÉFENSIFS.

Les préparatifs de notre sortie par la Basse-Seine se poursuivaient activement.

On travaillait sans relâche aux redoutes et batteries de la presqu'île de Gennevilliers; de nombreux postes reliaient entre eux tous ces ouvrages. De fréquentes reconnaissances poussées vers la Seine entre le chemin de fer de Rouen et Argenteuil fouillaient les îles et les abords du fleuve...

Dans la crainte d'une surprise, nous avions organisé de ce côté un service de surveillance; chaque jour un officier de l'état-major général ou de notre état-major particulier, était de service; la nuit il visitait les grand'-

gardes, petits-postes, sentinelles, vedettes, et nous informait sur l'heure du moindre événement (1).

---

(1) Depuis que ces lignes sont écrites, il a paru divers ouvrages allemands qui prouvent que nous avions raison de nous méfier d'une surprise, car l'intention de l'ennemi était bien tout d'abord de s'emparer de la presqu'île de Gennevilliers ; nos travaux incessants, nos reconnaissances, n'ont pas peu contribué à lui faire abandonner ce projet.

Dans son ouvrage : *Opérations du Génie allemand*, M. Gœtze, capitaine du génie prussien, dit :

« ..... A la fin de septembre, lorsque l'inondation, tendue devant le front de la Garde, commença à devenir un obstacle de quelque valeur, le grand quartier général prescrivit à l'armée de la Meuse de s'étendre vers sa droite, et signala comme très-désirable l'occupation de la région de Colombes et de Gennevilliers ; ces dispositions avaient pour objet de renforcer la liaison de l'armée de la Meuse avec l'aile gauche de la 3e armée, et de préparer pour l'avenir le bombardement convergent qu'on avait l'intention de diriger sur les ouvrages de Saint-Denis avec une portion du parc de siège. En conséquence de ces instructions, divers officiers du génie firent une reconnaissance de la presqu'île dans la nuit du 3 au 4 octobre, et constatèrent qu'elle n'était que très-faiblement occupée.

« On commença aussitôt les préparatifs d'un passage de la Seine, on renforça la garnison d'Argenteuil, qui fut portée à 2 bataillons, 2 batteries, et 1 compagnie de pionniers, et l'on avança la ligne des avant-postes jusqu'à Épinai.

. . . . . . . . . . . . . . . . . . . . . . . . . . . . . .

« Le commandant de l'armée de la Meuse ajourna provisoirement, avec l'agrément du grand quartier général, la prise de possession de la presqu'île de Gennevilliers, et décida que le passage de la Seine n'aurait lieu qu'après l'arrivée des pièces de siège. En attendant, il prescrivit d'établir, au sud de la butte d'Orgemont et à Argenteuil, trois batteries, pour donner des feux sur la redoute de Gennevilliers et sur toute la presqu'île.

« Vers le 10 octobre, on voulut réparer le pont d'Argenteuil, mais le feu de l'ennemi fit suspendre l'opération.....

« En même temps, on préparait des ponts de radeaux et de tonneaux pour compléter les ressources des équipages réglementaires.

. . . . . . . . . . . . . . . . . . . . . . . . . . . . . .

« Les défenseurs de Paris, *informés sans doute de notre intention de passer la Seine*, déployèrent, vers le milieu d'octobre, une grande activité dans la presqu'île de Gennevilliers, et couvrirent Argenteuil d'obus à diverses reprises, ce qui obligea d'interrompre sur ce point les travaux des ponts.

« Le 18 notamment, l'ennemi ouvrit un feu violent avec 24 à 30 pièces

Le service dans la presqu'île était des plus pénibles ; il fallait non-seulement fournir de nombreux postes avancés, mais encore des milliers de travailleurs aux divers ouvrages et batteries en construction ; les troupes de la plaine de Gennevilliers ne pouvaient suffire et bientôt l'on se vit obligé d'établir un roulement entre les régiments placés sur les deux rives de la Seine.

<small>Les mobiles de la Côte-d'Or et d'Ille-et-Vilaine sont remplacés dans la presqu'île de Gennevilliers par la brigade Bocher</small>

Les mobiles de la Côte-d'Or et d'Ille-et-Vilaine furent relevés le 3 et le 4 novembre et remplacés par la brigade Bocher (1re de la 2e Division du 14e Corps).

Le 119e de ligne prit position à Charlebourg, au fort du Moulin, à Colombes, à la Garenne ; à ce dernier point s'installa également le bataillon de francs-tireurs de la 2e division, qui, de concert avec les éclaireurs de la Seine (colonel Joinville, 527 hommes), fut chargé, sous la direction du lieutenant-colonel Cholleton, du service des embuscades.

Le 120e, cantonné à Asnières, avec le général Bocher, fournissait tous les postes entre Villeneuve-la-Garenne et le chemin de fer d'Argenteuil.

La brigade Bocher fut remplacée, près de Levallois-Perret, par la brigade Paturel (2e de la 2e Division) revenue du front Sud de Paris ; les mobiles de la Côte-d'Or et d'Ille-et-Vilaine s'installèrent sur la rive droite de la Seine à l'Est de Neuilly.

A l'Ouest de la presqu'île, le régiment de zouaves avait un bataillon à la redoute de la Folie ; les deux autres fournissant la garde du Moulin des Gibets.

---

de place et de campagne, et obligea nos batteries de campagne à se retirer.

. . . . . . . . . . . . . . . . . . . .

« Le 23 octobre, on renonça définitivement au passage de la Seine, et tous les préparatifs furent arrêtés. »

Ces bataillons furent reliés entre eux par les francs-tireurs des Ternes (400 hommes) qui, le 4 novembre, vinrent s'établir au rond-point de la Boule à Nanterre.

*Organisation de la défense dans la presqu'île de Gennevilliers.*

La défense de la presqu'île de Gennevilliers et de ses abords se trouvait ainsi divisée en trois commandements : 1° de Villeneuve au chemin de fer de Rouen, général Bocher, avec le 120° de ligne ; 2° du chemin de fer de Rouen à la route de Pontoise, lieutenant-colonel Cholleton, avec le 119°, les francs-tireurs de la 2° division du 14° corps, et les éclaireurs du colonel Joinville ; 3° de la route de Pontoise au Mont-Valérien, général de Bellemare (1) avec sa brigade (4° zouaves, 136° de ligne, Morbihan), et les francs-tireurs des Ternes.

Plusieurs fois l'ennemi avait envoyé des reconnaissances dans cette plaine de Gennevilliers, et le 8 novembre encore une de ses patrouilles fut signalée sur la rive gauche. Comme il importait essentiellement d'empêcher les Allemands de connaître notre projet, que nos travaux nombreux lui eussent facilement dévoilé, le général Bocher reçut l'ordre de renforcer les avant-postes entre Bezons et Argenteuil, en les étendant à droite, de manière à se relier avec ceux de la redoute de Villeneuve fournis par la garnison de Saint-Denis.

Le 9 novembre, le 120° de ligne tout entier alla prendre une position plus avancée aux environs de Bois-Colombes ; il fut remplacé à Asnières par le 37° régiment de mobiles (2°, 3° et 4° bataillons du Loiret), nouvellement organisé sous le commandement du colonel de Montbrison. (2).

---

(1) Le général de Bellemare, remplacé comme commandant supérieur du corps de Saint-Denis par le général Berthaut (1er novembre), avait été nommé au commandement de la brigade de ce dernier ; le 4 novembre, il s'installait à Courbevoie.

(2) Philippe de Montbrison, capitaine de dragons démissionnaire, s'était

Ce régiment fut, deux jours après, complété par le 5ᵉ bataillon du Loiret, venu de Billancourt.

En même temps le 31ᵉ régiment de garde mobile (1ᵉʳ, 2ᵉ, 5ᵉ bataillons du Morbihan) était constitué à Puteaux sous le commandement du lieutenant-colonel Tillet.

*Armement de la presqu'île de Gennevilliers*

La redoute du Moulin des Gibets (1) avait reçu son armement : 2 canons de 16 centimètres de la marine et 4 pièces de 24 court ; ces pièces tirant à barbette, permettaient de concentrer successivement tous les feux sur un seul et même point.

La redoute de la Folie était armée de :

2 pièces de 30 en fonte de la marine,
2 canons de 24 de siége,
2 canons de 12 de siége,

battant tout le terrain entre Carrières-Saint-Denis et Argenteuil.

---

mis, au début de la guerre, à la tête d'une des ambulances de la Société de secours aux blessés ; c'est dans cette situation qu'il se trouvait sur le champ de bataille de Sedan, où il rendit de grands services à l'armée. Mais, après notre désastre, comprenant que les circonstances exigeaient plus encore de son dévouement, il reprit du service actif, et fut attaché à l'état-major particulier du général Ducrot. Il se distingua spécialement à l'affaire de la Malmaison, où il prit la direction d'un des groupes de mobiles engagés dans le parc.

Lorsque vint le moment d'organiser en régiments les bataillons de mobiles des départements, le général Ducrot lui fit accepter, non sans peine, car il était aussi modeste que brave, le commandement du régiment du Loiret. Il en eut bientôt fait une troupe excellente, qui prit une part des plus brillantes aux combats de la Marne et au combat de Buzenval, le 19 janvier. C'est dans cette dernière journée que Montbrison tomba mortellement frappé à la tête de son régiment, près de la porte du Longboyau.

Encore jeune, comblé par tous les dons de la fortune, sans aucune ambition personnelle, il se dévoua par pur patriotisme et avec une abnégation complète.

Au milieu de tant de braves gens qui succombèrent dans cette lutte désespérée, la figure de Montbrison apparaît comme l'une des plus nobles et des plus sympathiques.

(1) Voir croquis nᵒ 2.

Il y avait place également pour 2 pièces de campagne.

Cette redoute, protégée en avant par la tranchée profonde du chemin de fer de Saint-Germain, et sur les côtés, par les carrières qui entourent la manufacture de produits chimiques, était fermée à la gorge par les bâtiments de l'usine mis en état de défense.

La redoute de Charlebourg, construite en avant du chemin de fer de Rouen, sur la route de Pontoise, était aussi puissamment armée.

La redoute du Petit-Nanterre et le fort du Moulin établis à peu de distance du pont de Bezons, pouvaient recevoir quelques pièces, avec de petites garnisons.

Il y avait une batterie à l'Ouest de Gennevilliers, une autre à l'Est de ce village, dans le parc de la Reine-Henriette.

Toutes ces batteries qui dirigeaient leurs feux, les unes à l'Ouest de la presqu'île de Houilles, les autres à l'Est, battaient également le versant d'Orgemont, de Sannois, de Cormeil.

De plus, comme nous l'avons dit, entre Bezons et Villeneuve, des emplacements avaient été préparés pour recevoir des canons, des mortiers, des fusées, qui devaient intercepter complétement les routes suivies par les colonnes allemandes arrivant d'Enghien et de Sannois.

Enfin les quelques plis de terrain de la rive gauche de la Seine entre Colombes et Nanterre avaient été étudiés avec un soin extrême, et aménagés pour recevoir les batteries de campagne chargées de coopérer au passage du fleuve.

*Derniers préparatifs en vue du passage de la Seine à Bezons.*

Pour communiquer entre tous ces ouvrages, nous avions trois grandes voies à peu près couvertes des vues de l'ennemi :

1° La route assez rapprochée du fleuve qui va de Gennevilliers à Nanterre en passant par Colombes, et se trouve presque dans toute sa longueur masquée par un mouvement de terrain parallèle à la Seine ;

2° La voie qui suit le chemin de fer d'Asnières à Nanterre ;

3° La route allant de Gennevilliers à Asnières, Courbevoie et Nanterre.

Au delà de Charlebourg une vaste tranchée permettait de rejoindre à couvert la digue commençant à Bezons, et derrière laquelle hommes et voitures pouvaient circuler en toute sécurité.

Par cette même voie nous comptions faire arriver les embarcations qui devaient être mises à l'eau dans le petit bras formé par l'île Marante ; une voûte construite sous la digue, à peu près à hauteur du centre de l'île, nous donnait la facilité de les faire passer et de les amener jusqu'au bord du fleuve ; quelques tirailleurs jetés dans l'île assuraient le reste de l'opération.

Un certain nombre de compagnies d'élite débarquant sur la rive droite envahissaient le village de Bezons, et en chassaient les postes ennemis.

En même temps le chemin de fer amenait rapidement tout le matériel de pontage ; une partie, descendue à Charlebourg, était conduite sur voitures au bord du fleuve près du pont de Bezons, l'autre menée directement près de la Seine non loin du pont des Anglais.

Les premières troupes de débarquement auraient occupé Carrières-Saint-Denis, Houilles, Bezons, trois points qui, formant une sorte de tête de pont, permettaient à l'armée de se concentrer en parfaite sécurité, et de se porter rapidement sur les hauteurs de Cormeil.

Comme nous l'avons vu, l'ennemi, comptant sur le double obstacle que présentait la Seine, avait peu de monde de ce côté : des hauteurs de Montmorency jusqu'à Chatou, le 4° corps seul formait toute la ligne d'investissement; il eût été certainement facile de percer ce mince cordon avant l'arrivée des renforts très-éloignés et contraints à franchir d'étroits défilés...

---

# DEUXIÈME PARTIE

## RÉPARTITION DES TROUPES DE LA DÉFENSE
### EN TROIS ARMÉES.

En même temps que s'achevaient les nombreux travaux qui devaient coopérer à notre offensive, nous poursuivions activement l'organisation de notre armée, et, le 6 novembre, paraissait à l'*Officiel* la nouvelle répartition des *troupes de la Défense*.

---

### FORMATION DE TROIS ARMÉES

COMMANDANT EN CHEF : GÉNÉRAL **TROCHU**, *Gouverneur de Paris.*

Chef d'état-major général, général **SCHMITZ**.
Sous-chef d'état-major général, général **FOY**.
Commandant supérieur de l'artillerie, général **GUIOD**.
Commandant supérieur du génie, général **DE CHABAUD LA TOUR**.
Intendant général, intendant général **WOLF**.

*Ouvrages construits dans la plaine de Gennevilliers en vue du plan de sortie par la basse.-Seine.*

............. *Voies de communication entre ces divers ouvrages.*

## PREMIÈRE ARMÉE.

Commandant en chef : général **CLÉMENT-THOMAS**.

Chef d'état-major général, colonel MONTAGUT.
266 bataillons de garde nationale sédentaire.
Légion de cavalerie, colonel QUICLET.
Légion d'artillerie, colonel SCHŒLCHER.

## DEUXIÈME ARMÉE.

Commandant en chef : général **DUCROT**.

Chef d'état-major général, général APPERT.
Sous-chef d'état major, lieutenant-colonel WARNET.
Commandant de l'artillerie, général FRÉBAULT.
Commandant du génie, général TRIPIER.
Intendant général, intendant général WOLF, chargé spécialement du service de la 2e armée.

### 1er CORPS D'ARMÉE.

Commandant en chef : général **VINOY**.

Chef d'état-major général, général DE VALDAN.
Commandant de l'artillerie, général DUBEXI.
Commandant du génie, général DUPOUET.
Intendant militaire, intendant VIGUIER.

1re *Division*. — Général DE MALROY :
    1re Brigade, général **Martenot**.
    2e Brigade, général **Paturel**.

2e *Division*. — Général DE MAUD'HUY :
    1re Brigade, colonel **Valentin**.
        Groupe de gardes mobiles de province.
    2e Brigade, général **Blaise**.

3e *Division*. — Général BLANCHARD :
    1re Brigade, colonel **Comte**.
        Groupe de gardes mobiles de province.
    2e Brigade, général **de La Mariouse**.

## 2ᵉ CORPS D'ARMÉE.

COMMANDANT EN CHEF : GÉNÉRAL **RENAULT**.

Chef d'état-major général, général FERRI-PISANI.
Commandant de l'artillerie, général BOISSONNET.
Commandant du génie, colonel CORBIN.
Intendant militaire, intendant BAILLOD.

1ʳᵉ *Division*. — Général DE SUSBIELLE :
   1ʳᵉ Brigade, colonel **Bonnet**.
   2ᵉ Brigade, général **Lecomte**.

2ᵉ *Division*. — Général BERTHAUT :
   1ʳᵉ Brigade, général **Bocher**.
   2ᵉ Brigade, colonel **Boutier**.

3ᵉ *Division*. — Général DE MAUSSION :
   1ʳᵉ Brigade, général **Courty**.
   2ᵉ Brigade, général **Avril de Lenclos**.

## 3ᵉ CORPS D'ARMÉE.

COMMANDANT EN CHEF : GÉNÉRAL **D'EXEA**.

Chef d'état-major général, colonel DE BELGARRIC.
Commandant de l'artillerie, général PRINCETEAU.
Commandant du génie, colonel RAGON.
Intendant militaire, intendant DE PRÉVAL.

1ʳᵉ *Division*. — Général DE BELLEMARE :
   1ʳᵉ Brigade, colonel **Fournès**.
   2ᵉ Brigade, colonel **Colonieu**.

2ᵉ *Division*. — Général MATTAT :
   1ʳᵉ Brigade, général **Faron**.
     Groupe de gardes mobiles de province
   2ᵉ Brigade, général **Daudel**.

*Division de cavalerie.*

Commandant, général DE CHAMPÉRON :
Chef d'état-major, chef d'escadron **de Rosmorduc**.

1re Brigade, général **de Gerbrois**.
2e Brigade, général **Cousin**.
Régiment de gendarmerie à cheval, colonel **Allavène**.

## TROISIÈME ARMÉE
(Sous le commandement spécial du Gouverneur de Paris).

1re *Division*. — Général **SOUMAIN**, *commandant la 1re division militaire* :

Chef d'état-major, lieutenant-colonel **Péchin**.

   1re Brigade, général **Dargentolle**.
   2e Brigade, général **de La Charrière**.

2e *Division*. — Vice-amiral DE **LA RONCIÈRE LE NOURY**, *commandant en chef des marins et de la circonscription de Saint-Dénis*, avec son état-major constitué :

   1re Brigade, colonel **Lavoignet**.
   2e Brigade, colonel **Hanrion**.
   3e Brigade, capitaine de frégate **Lamotte-Tenet**.

3e *Division*. — Général DE **LINIERS** :

Chef d'état-major, commandant **de Morlaincourt**.

   1re Brigade, colonel **Filhol de Camas**.
   2e Brigade, colonel **de Chamberet**.

4e *Division*. — Général DE **BEAUFORT** :

Chef d'état-major, commandant **Lecoq**.

   1re Brigade, général **Dumoulin**.
   2e Brigade, capitaine de frégate **d'André**.

5e *Division*. — Général **CORRÉARD** :

Chef d'état-major, commandant **Vial**.

   1re Brigade, lieutenant-colonel **Champion**.
   2e Brigade, colonel **Porion**.

6e *Division*. — Général D'**HUGUES** :

Chef d'état-major, commandant **d'Elloy**.

   1re Brigade, capitaine de frégate **de Bray**.
   2e Brigade, colonel **Bro**.

7e *Division*. — Contre-amiral **POTHUAU**, avec son état-major constitué :

1re Brigade, lieutenant-colonel **Le Mains**.
2e Brigade, capitaine de vaisseau **Salmon**.

*Cavalerie.*

1re Brigade, général **de Bernis**.
2e Brigade, lieutenant-colonel **Blondel**.

Trois armées étaient donc créées :

La 1re, composée de 266 bataillons de marche de la garde nationale, placée sous les ordres du général Clément-Thomas ;

La 2e, formée des troupes de ligne et de quelques régiments de mobiles, sous le commandement du général Ducrot ;

La 3e, composée presque entièrement de mobiles, sous les ordres du Gouverneur.

Le commandement supérieur de Saint-Denis pouvant disposer de trois brigades, passait entre les mains du vice-amiral de La Roncière Le Noury.

La deuxième armée était formée de trois corps d'armée commandés par les généraux Vinoy, Renault, d'Exea.

*Nomination du général Vinoy au commandement de la 3e armée.*

Le général Vinoy se trouvait ainsi maintenu sous les ordres directs du général Ducrot. Or, le général Vinoy, étant beaucoup plus ancien de service et de grade que le général Ducrot, pouvait s'en trouver froissé.

Cette situation délicate existait bien, il est vrai, depuis le jour où le général Ducrot avait été appelé au commandement en chef des 13e et 14e corps ; mais jusqu'alors elle avait présenté peu d'inconvénient. Les deux corps ayant toujours été maintenus à grande distance, le général Vinoy était resté, en fait, absolument indépendant du général en chef, qui, pour éviter tout conflit, s'était soigneusement abstenu de faire acte d'autorité, tant que les circonstances ne l'avaient pas exigé.

Mais il ne pouvait plus en être ainsi dorénavant ; les trois corps composant la deuxième armée devaient marcher ensemble pour coopérer à une grande action, du succès de laquelle allait dépendre le sort de Paris et du Pays...

Tout s'effaçait devant cette pensée, et pour éviter des difficultés possibles, le général Ducrot fit remarquer au Gouverneur que l'on ne comprenait pas pourquoi il s'était réservé le commandement direct de la troisième armée, commandement qui semblait revenir de droit au général Vinoy.

En le lui confiant, il donnerait une légitime satisfaction à un homme qui s'était fait, incontestablement, une haute situation dans l'armée et dans la population parisienne ; cette mesure concilierait tous les intérêts et serait bien accueillie par tout le monde.

Le Gouverneur reconnut la justesse de ces observations et le général Vinoy, nommé au commandement de la troisième armée, fut remplacé au 1$^{er}$ corps par le plus ancien des divisionnaires, le général Blanchard.

Sur la proposition du général Ducrot, la division de Maud'huy fut détachée de la deuxième armée et adjointe au commandement du général Vinoy, afin que ce dernier eût un noyau solide au milieu de son armée de mobiles.

Le *Journal Officiel* du 8 novembre annonça la composition définitive des armées.

## COMPOSITION NOUVELLE DE L'ARMÉE DE PARIS.
(8 Novembre 1870.)

**Première armée. — Général CLÉMENT-THOMAS.**

(Rien de changé à l'organisation du 6 novembre 1870.)

**Deuxième armée. — Général DUCROT.**

Chef d'état-major, général APPERT.
Sous-chef, lieutenant-colonel WARNET.
Commandant de l'artillerie, général FRÉBAULT.
Commandant du génie, général TRIPIER.
Intendant général, intendant WOLF.

ÉTAT-MAJOR PARTICULIER DU GÉNÉRAL DUCROT.

Maillard (1), colonel d'artillerie de marine, aide de camp.
Bossan, chef d'escadron d'état-major, aide de camp.
De Chabannes, capitaine d'état-major, aide de camp.
De Néverlée, capitaine de cuirassiers, officier d'ordonnance.
De Gaston, capitaine aux mobiles du Bas-Rhin.
De Berthier, capitaine de hussards, démissionnaire.
De Louvencourt, lieutenant de hussards, démissionnaire (capitaine de mobiles).
De Beaulieu, lieutenant des mobiles de Seine-et-Oise.
Franchetti, lieutenant de cavalerie, démissionnaire, commandant l'escadron des Éclaireurs de Paris.
Faverot de Kerbrech, capitaine de cavalerie.
Massin, capitaine aux dragons de l'Impératrice.
Steiner, lieutenant aux lanciers de la Garde.
Tripier, lieutenant aux mobiles de Seine-et-Marne.

---

(1) Le colonel Maillard, directeur de la fonderie de Nevers, au moment où le général Ducrot passa dans cette ville, lui fit ses offres de service, qui furent acceptées avec empressement. C'est ainsi qu'il se trouva compris dans notre état-major particulier dès le début du siège et jusqu'à la dernière heure, il nous seconda avec un zèle, un dévouement, dont nous sommes heureux de lui témoigner ici notre reconnaissance.

# DÉFENSE DE PARIS.

Sarazin, docteur (1), médecin-major, chef de l'ambulance du quartier général.

### État-major général de la deuxième armée.

**Général APPERT**, *chef d'état-major général.*

**Warnet**, lieutenant-colonel, sous-chef d'état-major général.
**Vosseur**, chef d'escadron d'état-major.
**De Batz**, chef d'escadron d'état-major.
**Lambert**, commandant de gendarmerie, prévôt du 13e corps.
**Salneuve**, chef d'escadron d'état-major, parti en novembre 1870.
**Clarinval**, chef d'escadron d'état-major, parti en novembre 1870.
**Fayet**, capitaine d'état-major.
**Delamarre**, capitaine d'état-major.
**De L'Enferna**, capitaine d'état-major.
**De Courson**, capitaine d'état-major.
**De La Combe**, lieutenant de vaisseau.
**Masson**, chef d'escadron d'état-major, venu en décembre.
**De Salignac-Fénelon**, capitaine de chasseurs à cheval, venu en décembre.
**De Croutte de Saint-Martin**, lieutenant de cavalerie, venu en décembre.
**Ledal**, lieutenant de mobiles, venu en décembre.
**Coquelle**, lieutenant de mobiles, venu en décembre.
**Goyau**, vétérinaire.

### 1er Corps d'armée. — Général BLANCHARD.

Chef d'état-major, colonel FILIPPI.

---

(1) Au moment où la guerre éclata, le docteur Sarazin était répétiteur à l'École de santé militaire, et professeur agrégé à la faculté de Strasbourg; réclamant, dès le premier jour, un emploi actif, il fut nommé chef de l'ambulance de la 1re division du 1er corps de l'armée du Rhin. C'est en cette qualité qu'il assista à la bataille de Frœshwiller, et fut pris dans ce village, au milieu de son ambulance en flammes. Remis en liberté quelques jours après, en vertu des stipulations de la convention de Genève, il nous rejoignit au camp de Châlons; nommé chef de l'ambulance du 1er corps, il assista à la bataille de Sedan. Parvenu à nous rejoindre à Paris, il rendit, pendant toute la durée du siége, les plus grands services à l'armée, non-seulement comme habile et dévoué chirurgien, mais encore dans les négociations dont il fut chargé, à diverses reprises, auprès des Allemands, pour assurer le relèvement de nos blessés et l'ensevelissement de nos morts.

Commandant de l'artillerie, général D'UBEXI.
Commandant du génie, général DUPOUET.
Intendant, intendant VIGUIER.

### 1re Division. — Général de MALROY.

Chef d'état-major, chef d'escadron **Bidot**.

1re Brigade, général MARTENOT :

    1er, 2e, 4e bataillons d'Ille-et-Vilaine, colonel de **Vigneral**.
    1er, 2e, 3e, 4e bataillons de la Côte-d'Or, colonel **de Grancey**.

2e Brigade, général PATUREL :

    121e de ligne, lieutenant-colonel **Maupoint de Vandeuil**.
    122e de ligne, lieutenant-colonel **Barbe**.

### 2e Division. — Général de MAUD'HUY.

Chef d'état-major, **Meusnier**, chef d'escadron.

1re Brigade, général VALENTIN :

    109e de ligne, colonel **Miquel de Riu**.
    110e de ligne, colonel **Mimerel**.
    2e, 3e, 4e, 5e bataillons du Finistère, colonel **de la Villebret**.

2e Brigade, général BLAISE :

    111e de ligne, lieutenant-colonel **Scholler**.
    112e de ligne, lieutenant-colonel **Lespieau**.

### 3e Division. — Général FARON.

Chef d'état-major, lieutenant-colonel **Boudet**.

1re Brigade, colonel COMTE :

    113e de ligne, lieutenant-colonel **Pottier**.
    114e de ligne, lieutenant-colonel **Vanche**.
    1er, 2e, 3e, bataillons de la Vendée, lieutenant-colonel **Aubry**.

2e Brigade, général DE LA MARIOUSE :

    35e de ligne, lieutenant-colonel **Martinaud**.
    42e de ligne, lieutenant-colonel **Charpentier**.

## DÉFENSE DE PARIS.

### 2ᵉ Corps d'armée. — Général RENAULT.

Chef d'état-major, général FERRI-PISANI.
Artillerie, général BOISSONNET.
Génie, colonel CORBIN.
Intendant, intendant BAILLOD.

#### 1ʳᵉ *Division*. — Général DE SUSBIELLE.

Chef d'état-major, colonel **Sautereau**.

1ʳᵉ Brigade, général DE LA CHARRIÈRE :
- 115ᵉ de ligne, lieutenant-colonel **Benedetti**.
- 116ᵉ de ligne, lieutenant-colonel **Panier des Touches**.

2ᵉ Brigade, général LECOMTE :
- 117ᵉ de ligne, lieutenant-colonel **Montaru**.
- 118ᵉ de ligne, lieutenant-colonel **de Beaufort**.

#### 2ᵉ *Division*. — Général BERTHAUT.

Chef d'état-major, **Régnier**, chef d'escadron.

1ʳᵉ Brigade, général BOCHER :
- 119ᵉ de ligne, lieutenant-colonel **Cholleton**.
- 120ᵉ de ligne, lieutenant-colonel **Hecquet**.

2ᵉ Brigade, colonel DE MIRIBEL :
- 2ᵉ, 3ᵉ, 4ᵉ, 5ᵉ bataillons du Loiret, colonel **de Montbrison**.
- 1ᵉʳ, 4ᵉ, 5ᵉ bataillons de la Seine-Inférieure, 2ᵉ bataillon de la Drôme, colonel **Balette**.

#### 3ᵉ *Division*. — Général DE MAUSSION.

Chef d'état-major, **Carré**, chef d'escadron.

1ʳᵉ Brigade, général COURTY :
- 123ᵉ de ligne, lieutenant-colonel **Dupuy de Podio**.
- 124ᵉ de ligne, lieutenant-colonel **Sanguinetti**.

2ᵉ Brigade, général AVRIL DE L'ENCLOS :
- 125ᵉ de ligne, lieutenant-colonel **Jourdain**.
- 126ᵉ de ligne, lieutenant-colonel **Neltner**.

### 3ᵉ Corps d'armée. — Général d'EXEA.

Chef d'état-major, colonel de BELGARRIC.
Artillerie, général PRINCETEAU.
Génie, colonel RAGON.
Intendant, DE PRÉVAL.

#### 1ʳᵉ *Division*. — Général DE BELLEMARE.

Chef d'état-major, **Beaugeois**, chef d'escadron.

1ʳᵉ Brigade, colonel FOURNÈS :
- 4ᵉ zouaves, lieutenant-colonel **Méric**.
- 136ᵉ de ligne, lieutenant-colonel **Allard**.

2ᵉ Brigade, colonel COLONIEU :
- 1ᵉʳ, 2ᵉ, 3ᵉ, 4ᵉ bataillons de Seine-et-Marne, lieutenant-colonel **Franceschetti**.
- 1ᵉʳ, 2ᵉ, 5ᵉ bataillons du Morbihan, lieutenant-colonel **Tillet**.

#### 2ᵉ *Division*. — Général MATTAT.

Chef d'état-major, **Montels**, chef d'escadron.

1ʳᵉ Brigade, colonel BONNET :
- 105ᵉ de ligne, colonel **Galland**.
- 106ᵉ de ligne, colonel **Du Guiny**.

2ᵉ Brigade, général DAUDEL :
- 107ᵉ de ligne, lieutenant-colonel **Tarayre**.
- 108ᵉ de ligne, lieutenant-colonel **Coiffé**.

Groupe de mobiles, colonel REILLE :
- 1ᵉʳ, 2ᵉ, 3ᵉ bataillons du Tarn, 3ᵉ de Seine-Inférieure.

#### *Division de cavalerie*. — Général de CHAMPÉRON.

Chef d'état-major, **Rosmorduc**, chef d'escadron.

1ʳᵉ Brigade, général DE GERBROIS :
- 1ᵉʳ régiment de marche de dragons.
- 2ᵉ régiment de marche de dragons.

2ᵉ Brigade, général COUSIN :

    1ᵉʳ de chasseurs.
    9ᵉ de chasseurs.
    1ᵉʳ régiment de gendarmerie, colonel **Allavène**.

---

### Troisième armée. — Général VINOY.

Chef d'état-major général, général de VALDAN

#### 1ʳᵉ *Division*. — Général SOUMAIN.

1ʳᵉ Brigade, général DARGENTOLLE :

    Garde républicaine à pied.
    Régiment de gendarmerie, 1ʳᵉ légion de gendarmerie.
    Gendarmerie de l'Est.

2ᵉ Brigade :

    Forestiers.
    Douaniers.
    Dépôt du 29ᵉ de ligne.
    Dépôt du 59ᵉ de ligne.

#### 2ᵉ *Division*. — Général DE LINIERS.

Chef d'état-major, **de Morlaincourt**, chef d'escadron.

1ʳᵉ Brigade, colonel FILHOL DE CAMAS :

    1ᵉʳ, 2ᵉ, 3ᵉ, 4ᵉ bataillons des Côtes-du-Nord.
    1ᵉʳ, 2ᵉ, 3ᵉ bataillons de l'Hérault.

2ᵉ Brigade, colonel de CHAMBERET :

    1ᵉʳ, 2ᵉ, 3ᵉ, 4ᵉ, 5ᵉ, 6ᵉ bataillons de Seine-et-Oise.

#### 3ᵉ *Division*. — Général DE BEAUFORT-D'HAUTPOUL.

Chef d'état-major, **Lecoq**, chef d'escadron.

1ʳᵉ Brigade, général DUMOULIN :

    1ᵉʳ, 2ᵉ, 3ᵉ bataillons de l'Aube.
    1ᵉʳ, 2ᵉ, 3ᵉ bataillons de Saône-et-Loire.

2ᵉ Brigade, capitaine de frégate D'ANDRÉ :
> 2ᵉ, 3ᵉ, 4ᵉ bataillons de l'Ain.
> 1ᵉʳ, 2ᵉ, 3ᵉ bataillons de la Vienne.

### 4ᵉ Division. — Général CORRÉARD.

Chef d'état-major, **Vial**, chef d'escadron.

1ʳᵉ Brigade, lieutenant-colonel CHAMPION :
> 1ᵉʳ, 2ᵉ, 3ᵉ bataillons de la Loire-Inférieure.
> 1ᵉʳˢ bataillons de l'Aisne, de l'Indre, du Puy-de-Dôme.

2ᵉ Brigade, colonel PORION :
> 1ᵉʳ, 2ᵉ, 3ᵉ, 5ᵉ bataillons de la Somme.
> 1ᵉʳ bataillon de la Marne.

### 5ᵉ Division. — Général D'HUGUES.

1ʳᵉ Brigade, capitaine de frégate DE BRAY :
> 5ᵉ bataillon d'Ille-et-Vilaine.
> 6ᵉ, 7ᵉ, 8ᵉ bataillons de la Seine.

2ᵉ Brigade :
> 137ᵉ de ligne.
> 4ᵉ bataillon de la Vendée.
> 1ᵉʳ bataillon du Finistère.

### 6ᵉ Division. — Contre-amiral POTHUAU.

Chef d'état-major, **Besaucèle**, chef d'escadron.

1ʳᵉ Brigade, lieutenant-colonel LE MAINS :
> 128ᵉ de ligne.

2ᵉ Brigade, capitaine de vaisseau SALMON :
> Troupes de marine.

### Cavalerie. — Général BERTIN DE VAUX.

1ʳᵉ Brigade, général **de Bernis**.
2ᵉ Brigade, lieutenant-colonel **Blondel**.

La deuxième armée se composait ainsi définitivement de trois corps d'armée :

1ᵉʳ Corps (général Blanchard), comprenant trois divisions (de Malroy, de Maud'huy, Faron) ;

2ᵉ Corps (général Renault), fort également de trois divisions (de Susbielle, Berthaut, de Maussion) ;

3ᵉ Corps (général d'Exea), comprenant seulement deux divisions d'infanterie (de Bellemare, Mattat) avec un groupe de mobiles (colonel Reille) et une division de cavalerie (de Champéron).

Toutes ces troupes restèrent dans leurs cantonnements, les unes complétant la défense des positions dont elles devaient laisser la garde à la troisième armée, les autres poussant activement les travaux qui devaient aider à l'exécution du plan de sortie.

# TROISIÈME PARTIE

## PLAN DU GOUVERNEMENT DE TOURS

### CHAPITRE PREMIER.

LE PLAN DE SORTIE PAR LA BASSE-SEINE EST REPOUSSÉ PAR LA DÉLÉGATION DE TOURS.

« Nous avions, dit le général Trochu, un plan très-simple, très-pratique, très-hardi, et j'en parle avec une liberté d'esprit d'autant plus entière, que la pensée en appartient à mon vaillant collaborateur, le général Ducrot, et qu'elle lui fait le plus grand honneur...

« C'est un principe que lorsqu'une armée doit prononcer un effort dans une direction donnée, il faut que cet effort ait lieu là où il n'est pas attendu. Eh bien! dans l'immense périmètre de la place de Paris, une seule direction répondait à cette condition, une seule, et c'est, j'imagine, pour cela que jusqu'ici elle n'a pas été aperçue et que personne n'en a parlé : c'est la direction de Paris au Havre par Rouen...

« De ce côté, les deux bras de la Seine formant la presqu'île de Gennevilliers, opposent à toute sortie des obstacles assez sérieux pour que l'ennemi s'y prépare moins que de tous les autres côtés du périmètre, et, en effet, à l'époque dont je parle, l'ennemi, dans cette zone qui a pour base la Seine, d'Argenteuil à Chatou, et pour sommet Cormeil, n'avait fait là aucun dispositif défensif qui parût redoutable, et il n'avait pas massé là des troupes considérables... Cette direction offrait bien d'autres avantages : sur tout son parcours, elle était flanquée à gauche et protégée par le fleuve ; à droite, elle pouvait l'être par la petite armée qui s'était organisée à Lille, et qui, descendant par Amiens, venait s'établir sur son flanc droit... En outre, l'occupation de l'ennemi, ne dépassant pas alors la ligne de Pontoise à Mantes, en un jour, après un seul combat probablement, l'armée pouvait être portée en dehors de l'occupation prussienne, cheminer à marches forcées sur Rouen, grand centre de ravitaillement, et de là, sur la mer, base d'opération universelle, puisqu'elle met l'armée en contact avec toutes les ressources du pays... Telle était la combinaison militaire autour de laquelle ont tourné *pendant deux mois*, sans que personne le sût, tous les efforts de la Défense de Paris.

« La veille du jour marqué pour l'entreprise, cinquante mille hommes devaient traverser bruyamment Paris, se porter à hauteur des forts de l'Est, et menacer, par un effort sérieux, bien qu'il ne dût pas être poussé à fond, les lignes de retraite de l'ennemi et son quartier général de Bondy...

« Cinquante autres mille hommes, choisis en officiers et en soldats... devaient, le lendemain, dans la nuit, quand l'attention de l'armée prussienne aurait été attirée par la fausse attaque et quand l'ennemi aurait fait dans cette direction ses premières concentrations, cinquante autres mille hommes, dis-je, devaient se réunir dans la presqu'île de Gennevilliers, passer le fleuve à la pointe du jour, sous un feu d'artillerie qui commandait la plus grande partie de la zone à franchir, s'élever, après un seul combat, jusqu'aux hauteurs de Cormeil, traverser l'Oise, arriver à Rouen, puis à la mer... »

Cette combinaison, autour de laquelle « *tournèrent* » pendant deux mois tous les efforts de la Défense... combinaison longuement exposée déjà (1) et que ces lignes du Gouverneur résument si parfaitement dans son ensemble...

Ce plan, jetant l'élite de nos soldats, de nos marins, sur les points les plus faibles de la ligne d'investissement, donnant à Paris « *sa propre armée de secours,* » « armée qui, une fois hors des murs, allait devenir le
« noyau, l'âme de tous les novices rassemblés sur les
« divers points de notre malheureux pays... »

Ce plan enfin, qui unissait Paris à la France... nous allons voir avec quel dédain il va être rejeté par la Délégation de Tours...

Le 14 octobre, le général Trochu avait chargé M. Ranc

---

(1) Voir le tome I, pages 316 et suivantes.

se rendant à Tours, d'exposer à M. Gambetta notre projet de sortie par la Basse-Seine.

Ne voulant rien communiquer d'écrit, de peur que l'ennemi n'en eût connaissance, le Gouverneur avait donné seulement des indications verbales... « Au moins,
« ajoutait-il, faudrait-il arriver à ce que nos opérations
« ne fussent pas tout-à-fait contradictoires, et j'ai le
« devoir de dire au Gouvernement de Tours, sous le
« sceau d'un secret dont la révélation serait dangereuse,
« comment les opérations sont réglées, etc..., etc... »

Plusieurs fois le général Trochu et M. Jules Favre revinrent dans leurs dépêches sur le plan de sortie par la Basse-Seine :

*19 octobre 1870 : Jules Favre au Gouvernement, Tours....* « Le général Trochu m'a expliqué ce matin
« tous ses plans, M. Ranc vous en a porté ce qui est né-
« cessaire, et vous savez comment opérer ; faites-le tout
« de suite. Nous devons d'ici à vingt jours être en me-
« sure de passer sur le corps de l'ennemi. »

*23 octobre :* « Vous êtes l'âme de la défense ; vous
« ne pouvez la diriger techniquement, il faut donc un
« général chargé du commandement en chef. Nous
« avons cru que ce rôle revenait de droit à Bourbaki,
« qui connaît le plan du général... Il faut se concentrer
« sur un point, d'où l'on pourra marcher, en se proté-
« geant et en se nourrissant, sur Paris, qui doit être
« l'objectif. C'est en cela que le plan du général me
« paraît excellent. Il faut s'efforcer de le mettre à
« exécution.

« Si Bourbaki ne veut pas prendre le commandement,
« il faut qu'il combine son action dans le Nord avec la
« nôtre et la vôtre. — Je crois que vous pouvez mettre
« sur l'échiquier, au point convenu, 60 ou 80,000 hom-

« mes, que Bourbaki peut converger sur ce point avec
« 20 ou 25,000 hommes ; une bataille gagnée, tout est
« sauvé. »

*25 octobre :* « Tâchez de vous ranger au point con-
« venu ; donnez-nous des détails dont vos dépêches
« manquent... Nous pouvons agir efficacement dans
« quinze jours ; il faut que vous ayez, à ce moment,
« 120,000 hommes de vos meilleures troupes au point
« convenu. »

Le 10 novembre, le général Trochu ne recevant aucune réponse, écrivit à M. Gambetta :

*Gouverneur de Paris à M. Gambetta.*

10 novembre 1870.

Nous sommes sans nouvelles de Tours depuis le 26 octobre et d'autant plus inquiets que l'ennemi fait répandre dans nos camps des nouvelles sinistres sur l'état des départements.

Votre silence rend aussi la situation du Gouvernement difficile devant la population de Paris, qui croit que nous lui cachons des nouvelles.

Je reviens aux affaires militaires ; il est d'un haut et puissant intérêt que vous ayez une armée sur la Basse-Seine, s'appuyant sur Rouen, approvisionnée et cheminant avec précaution sur la rive droite. — Dites cela à Bourbaki qui doit se porter là très-rapidement, et s'il ne le fait pas, envoyez-y par des voies rapides un gros détachement de l'armée de la Loire.

Si rien de tout cela n'est possible, j'agirai seul du 15 au 18 courant, mais c'est périlleux...

Général Trochu.

Lettres, dépêches, messages, rien ne put faire prendre en considération le *plan de sortie de la Basse-Seine* par la Délégation... on ne le discuta même pas.

« Ce n'est que par hasard, raconte M. de Freycinet, que M. Gambetta parla un jour de cette communication du Gouvernement de Paris... on en *causa* un *instant* au milieu de beaucoup d'autres sujets de conversation... et depuis lors, M. de Freycinet « N'A PLUS ENTENDU PARLER DE CETTE AFFAIRE. »

« A entendre M. Gambetta, autant qu'il s'en souvient, il n'avait vu là (sortie par la Basse-Seine) qu'une simple conversation, car, dit-il, on ne pouvait prendre cela pour un plan ; il était question, en effet, dans cette conversation, d'opérer une sortie par les petits plateaux... Cela... s'appelle comme cela... » (1)

« Il est un troisième plan, dit encore M. de Freyci-
« net, dans son ouvrage, *la Guerre en Province*, dont je
« n'aurais pas jugé utile de parler, car il n'a pas fait
« l'objet d'une véritable discussion, si le général Trochu
« ne l'avait développé dans son discours du 13 juin en
« paraissant y attacher une certaine importance. Selon
« le Gouverneur de Paris nous aurions dû envoyer nos
« meilleures troupes du côté de Rouen, leur faire traver-
« ser la Seine, pour de là les ramener sur Paris, en
« suivant la rive droite. J'avoue que je n'avais jamais
« cru à l'adoption délibérée d'une telle combinai-
« son, etc. » (2)

Enfin, le général d'Aurelle, invité par M. de Freycinet à donner le meilleur moyen de joindre l'armée de Paris, ayant répondu : « Il serait nécessaire pour cela que je
« fusse au courant de *ce qui se passe à Paris et des*
« *instructions du Gouverneur,* » M. Gambetta lui écrivit : « Je vous prie de méditer un projet d'opérations
« ayant pour suprême objectif Paris ; je ne peux ac-
« cepter que cette préparation implique pour vous

---

(1) *La Guerre de France*, Ch. de Mazade, p. 186.
(2) De Freycinet, *la Guerre en Province*, p. 78, 79, etc...

« la connaissance préalable des projets du général Tro-
« chu. »

« Quand on songe, dit M. Chaper, que c'était un avocat, aidé d'un ingénieur, aussi profondément ignorants l'un que l'autre des éléments les plus simples de l'art de la guerre, qui jugeaient de la valeur des plans de nos généraux, « sans même en faire l'objet d'une véri-
« table discussion, » et qu'ils y substituaient leurs combinaisons personnelles, on ne peut se défendre d'un sentiment de surprise, de douleur et d'indignation ! Comment, livré à de telles mains, notre pauvre pays n'eût-il pas achevé de succomber ! »

## CHAPITRE II.

### DES DEUX PLANS RATIONNELS POUVANT ÊTRE ADOPTÉS PAR LA DÉLÉGATION DE TOURS.

### *Premier Projet.*

L'armée qui se formait derrière la Loire, 150,000 hommes environ, pouvait tenter de délivrer Paris, objectif suprême des efforts de la France, de trois manières différentes.

La première, demandée avec instance par le Gouvernement de Paris, consistait à faire exécuter à l'armée de la Loire un grand mouvement du sud au nord derrière un rideau de troupes couvrant tout l'espace entre Beaugency, Châteaudun, Nogent-le-Rotrou...

Ce mouvement facilité par la voie ferrée : Tours, le Mans, Alençon, Caen, jetait dans le Calvados 100,000 hommes environ; soit par mer, soit par la ligne de fer Lisieux-Bernay, cette armée venait s'établir en avant de Rouen sur le plateau de l'Andelle et dans la forêt de Rouvray, où nos 60,000 hommes de Paris allaient les rejoindre après avoir brisé la ligne d'investissement de la presqu'île d'Argenteuil.

Ces 160,000 hommes donnaient la main aux 25 ou 30,000 de l'armée du Nord, et nous avions ainsi une concentration de près de 200,000 hommes entre Rouen et Amiens; ce seul fait eût produit, est-il besoin de le dire, un effet moral des plus puissants.

Déjà enflammés par ce premier avantage, nous serions venus très-probablement à bout des corps de l'armée assiégeante lancés à notre poursuite, eussent-ils été appuyés par le corps de Manteuffel, qui alors marchait sur la Somme.

Ce succès obtenu, nous montions vers le Nord par Amiens, Péronne, Saint-Quentin, et prenant pour nouvelle base d'opération le réseau de nos forteresses de Picardie, de Flandre, nous nous jetions par Laon, Reims et Châlons sur les lignes d'opération de l'armée allemande.

C'était un horizon nouveau qui s'ouvrait, une seconde phase de la guerre qui se dessinait, où peut-être la fortune nous serait revenue... une bataille gagnée sur les derrières de l'armée assiégeante la mettait dans une situation tellement critique, que la seule crainte d'une si terrible aventure l'aurait sans doute déterminée à quitter Paris.

N'aurions-nous pas réussi à rompre la ligne d'investissement par la presqu'île d'Argenteuil, que l'armée de la Loire en avant de Rouen n'en continuait pas moins à jouer un rôle très-important.

Après avoir donné la main à l'armée du Nord, elle se jetait sur le corps de Manteuffel s'il continuait à pousser sur Amiens, et en venait facilement à bout; dès lors, prenant toujours pour base nos places de Picardie, de Flandre, les armées de la Loire et du Nord poussaient des attaques, des pointes, par Reims et Châlons sur la grande ligne d'opération de l'ennemi.

Devant de semblables forces accumulées sur les flancs et les derrières des Allemands, il aurait été impossible au Prince Frédéric-Charles de s'avancer sur la Loire... forcé de protéger la grande ligne Paris-Strasbourg, il eût été retenu en Champagne.

Les arrivages de matériel, les approvisionnements seraient devenus plus lents, plus difficiles par toute cette vallée de la Marne, théâtre d'engagements, de combats incessants (1).

Cette combinaison, bien qu'inférieure à la première, arrivait probablement au même but, et déterminait les Allemands à abandonner la partie autour de Paris (2).

### Deuxième projet.

L'armée de la Loire voulait-elle opérer seule sans se concerter avec Paris, tout en s'enlevant des chances de succès, elle pouvait encore agir d'une manière efficace.

Au lieu de faire le mouvement du sud au nord, cette armée se portait de l'ouest à l'est; laissant un rideau devant Orléans, Gien, Clamecy, elle gagnait par les

---

(1) « La perte de la ligne d'opération est tellement inquiétante, qu'elle rend criminel le général qui s'en rend coupable. » (*Mémoires de Napoléon.*)

(2) Ce premier projet était tellement rationnel, qu'il avait été entrevu par l'ennemi. Dans l'instruction du comte de Moltke au chef d'état-major de la 2e armée, nous lisons cette phrase :

... « Il semble que l'armée de la Loire cherche aujourd'hui à tourner vers l'Ouest la position qu'elle n'ose aborder de front. »

voies ferrées Sancerre, Chagny, Dijon, le massif du Morvan, où toutes les immenses ressources du Midi venaient rapidement s'accumuler.

Là, dans cette vaste forteresse naturelle, à cheval sur les bassins de la Seine et de la Saône, maîtres de tous les débouchés, routes et vallées, nous tombions par Châtillon, Tonnerre, Auxerre, sur les grandes lignes d'opération de l'armée assiégeante.

Par Langres, Chaumont, Neufchâteau ou par Gray, Vesoul, Lure, nous pouvions également lancer des colonnes mobiles sur le versant occidental des Vosges jusqu'à Belfort.

La seule occupation du massif du Morvan immobilisait forcément l'armée du Prince Frédéric-Charles, en Champagne et en Haute-Lorraine.

Les rives de la Loire n'étaient pas envahies et nos pointes sur les derrières de l'armée de Paris rendaient sa situation si inquiétante, si difficile qu'elle se fût peut-être décidée à se retirer...

Tel était le deuxième plan; restait un troisième : marcher directement sur Paris *par l'Orléanais et le plateau de la Beauce.*

## Troisième Projet.

Il n'est que trop facile de démontrer combien ce projet adopté par la Délégation de Tours était frappé d'impuissance (1).

---

(1) Le Prince Frédéric-Charles comptait que nous ferions cette faute. « Les ordres, dit-il, en parlant de l'armée française de la Loire, étaient fixés le 15 pour la marche sur Étampes... ils ont été révoqués le lendemain... mais nous avons vu bien des choses extraordinaires dans cette guerre, et des *ordres d'avocat* pourraient bien enjoindre de nouveau à l'armée de la Loire de marcher sur Paris *coûte que coûte.* »
(Extrait des projets d'opération du Prince Frédéric-Charles, vers le milieu de novembre.)

Tout d'abord Orléans nous était-il bien nécessaire? Une fois maîtres de cette ville, nous trouvions-nous, au point de vue défensif, dans de meilleures conditions? Située tout entière sur la rive droite et au saillant du fleuve sans aucune espèce de fortification, il fallait, pour la garder et la défendre, placer une armée en avant d'elle... on n'avait plus le fossé de la Loire devant soi, on l'avait derrière soi... En cas de retraite, notre armée, obligée sous le feu de l'ennemi de repasser ce grand et large fleuve, courrait risque d'être prise ou détruite. — Enfin l'occupation d'Orléans entraînait presque forcément nos armées à marcher directement sur Paris par le plateau de la Beauce...

En dehors de toute considération stratégique, n'y avait-il pas témérité à pousser nos bataillons improvisés dans ces immenses champs nus, découverts... où les solides et nombreuses armées allemandes pouvaient déployer leurs formidables moyens d'action?

Nos jeunes conscrits d'un mois à peine, sans appui, sans refuge, comme perdus au milieu de ces vastes plaines ouvertes de toutes parts, ne devaient-ils pas être balayés au premier choc un peu sérieux?

Ceci établi, prenons la situation après la bataille de Coulmiers (9 novembre) et examinons les positions de l'ennemi...

Von der Tann était à Toury (10 lieues nord d'Orléans), où il recevait de nombreux renforts, une division d'infanterie et deux divisions de cavalerie; toutes ces forces (40,000 h.), placées sous les ordres du duc de Mecklembourg-Schwerin, manœuvraient entre la ligne Chartres et Etampes.

D'un autre côté, le prince Frédéric-Charles accourait à marches forcées de Metz, avec 100,000 hommes. Vers le

14 novembre déjà ses têtes de colonnes débouchaient sur Fontainebleau à hauteur d'Etampes...

Ainsi la ligne Chartres-Etampes-Fontainebleau entre Seine et Eure pouvait être considérée comme la ligne de concentration des forces allemandes... et c'est sur cette ligne même de concentration qu'on poussait l'armée de la Loire ! Elle allait attaquer de front... les 40,000 hommes de Mecklembourg, les 100,000 hommes du Prince Frédéric-Charles, le tout soutenu en arrière par l'armée du Siége...

Les victoires remportées, si brillantes qu'elles fussent, n'amenaient donc que la réunion compacte de toutes les forces allemandes au lieu de les diviser et de les rompre...

La retraite de Von der Tann ne venait-elle pas démontrer l'inanité d'une semblable attaque de front ?... Il avait suffi au commandant du 1$^{er}$ corps bavarois de faire une dizaine de lieues pour voir arriver à son secours une division de l'armée de Paris.

Enfin cette attaque de front par l'Orléanais et la Beauce, bien que mauvaise de tous points, pouvait cependant, dirigée, conduite d'une certaine manière, amener des résultats relativement moins déplorables que ceux qui se sont produits :

L'aile droite (Mecklembourg), forte de 40,000 hommes, se tenait à l'ouest dans les environs de Chartres...

L'aile gauche (Prince Frédéric-Charles), composée de 100,000 hommes, s'avançait par l'est dans les environs de Fontainebleau.

En se portant droit à l'ouest sur les 40,000 hommes de Mecklembourg, il était permis de penser qu'avec 150,000 ou 200,000 hommes, nous aurions un succès facile qui, relevant le moral de notre armée, nous permettrait peut-être une marche sur Paris. Il y avait là quelque chance si l'on agissait rapidement, mais tant il est vrai que les grandes fautes d'ensemble engendrent toujours des fautes d'exécution et de détail, l'armée de la Loire opéra tout différemment.

Elle se porta droit à l'est (direction Fontainebleau) sur les masses considérables du Prince Frédéric-Charles.. Celui-ci arrivait à marches forcées... Nous devions tout faire pour l'éviter... On est allé à sa rencontre comme si on voulait lui épargner la moitié du chemin.

Si nous nous sommes laissé entraîner à ces digressions, c'est qu'il était bon de démontrer que notre plan de sortie par *la Basse-Seine* avec la coopération de l'armée de la Loire n'était pas aussi chimérique que le gouvernement de Tours semble l'avoir pensé (1).

---

(1) Un des derniers documents allemands donnera une idée de la manière dont le *plan de la Délégation* était apprécié par nos adversaires

« Cette idée fixe des Français de délivrer Paris en attaquant *directe-* « *ment* l'armée d'investissement, idée *qui touchait presque à la dé-* « *mence*, facilita et simplifia beaucoup la tâche des Allemands. Ils pu- « rent ainsi, à leur gré et suivant les besoins du moment, augmenter « ou restreindre l'étendue du théâtre de la guerre : nulle part ils n'é- « taient tenus d'être en force, excepté devant Paris, où ils devaient tou- « jours se trouver en état de parer à toutes les éventualités; le succès « final ne pouvait dès lors faire le moindre doute.

« Grâce au désir *aveugle* de délivrer directement la capitale, la guerre « se maintint pendant des mois entiers, au grand avantage des Alle- « mands, sur un terrain très-limité, ce ne fut que tout à la fin, lorsque « de nombreuses défaites eurent fait perdre tout espoir de délivrer di- « rectement Paris, qu'on essaya une entreprise d'un nouveau genre (celle « de Belfort). Si elle eût réussi, elle aurait certainement reculé de beau- « coup l'heure du dénouement.

« Le meilleur moyen, sinon de délivrer immédiatement la capitale, du « moins de diminuer les forces qui la bloquaient, eût été d'employer les « troupes dont on pouvait disposer à entraver les communications alle- « mandes. »

(Extrait des remarques du lieutenant général prussien *Von Hanneken* sur la défense de la France en 1870-1871.)

# QUATRIÈME PARTIE

## NOUVEAU PLAN DE SORTIE

(L'armée doit chercher à percer les lignes ennemies dans la direction Sud.)

### CHAPITRE PREMIER.

#### NOUVELLES DU SUCCÈS DE COULMIERS.

*Premier indice d'un succès de l'armée de la Loire.*

Toute notre attention, tous nos efforts étaient tournés vers notre projet de sortie dans la direction de Rouen.

Le 14 novembre, le général Trochu, dans une chaleureuse proclamation, énumérait tous les nombreux travaux de la Défense... et laissait deviner qu'une grande sortie longuement préparée allait être tentée.

« Il ne serait pas digne, disait-il, de la France... et
« le monde ne comprendrait pas que la population et
« l'armée, après s'être si énergiquement préparées à
« tous les sacrifices, ne sussent pas aller plus loin,
« c'est-à-dire souffrir et combattre jusqu'à ce qu'elles ne
« puissent plus ni souffrir ni combattre... » (1)

Quand le jour même, la nouvelle d'une victoire sur la Loire se répandit dans Paris.

Nous avions eu le premier indice de ce succès par un Français, qui, traversant les lignes ennemies, était ar-

---

(1) Voir aux pièces à l'appui, n° 15.

rivé à nos avant-postes de Créteil. Cet homme venait de Valenton, où, depuis le commencement du siége, les Allemands l'employaient comme guide (1).

Ses nouvelles étaient si importantes, elles avaient un tel cachet de sincérité, qu'on l'avait fait conduire immédiatement auprès du Gouverneur.

Mis en présence du général Trochu, il déclara que depuis trois jours une grande agitation régnait chez nos ennemis... qu'ils paraissaient fort inquiets... tous prononçaient le mot d'Orléans... la garnison de Valenton avait été de beaucoup réduite, il en était de même dans les villages voisins... et tout faisait présumer que ces troupes se dirigeaient vers le sud.

Ces renseignements étaient bien de nature à soulever de graves préoccupations... Que s'était-il passé ? Les Allemands avaient-ils éprouvé une défaite vers Orléans, ou seulement notre armée de la Loire devenait-elle assez nombreuse, assez menaçante, pour contraindre l'ennemi à dégarnir une portion du cercle d'investissement ? Dans les deux cas une reconnaissance offensive était indiquée du côté du sud.

Mais, à la veille de tenter un effort vers le nord-ouest, il ne nous était guère possible d'entreprendre une grande action sur un point diamétralement opposé.... Un tel engagement ne pouvait avoir que peu d'importance au point de vue de notre projet de sortie et fatiguerait inutilement nos troupes que nous avions tant d'intérêt à ménager pour le coup décisif.

C'est au milieu de ces incertitudes qu'arriva, le 14 novembre, une dépêche de M. Gambetta annonçant *Première dépêche annonçant le succès de Coulmiers*

---

(1) Cet homme, nommé Ernest Moll, était fermier chez M<sup>me</sup> Ferrière, à Valenton.

le succès de l'armée de la Loire à Coulmiers (1). Cette dépêche n'étant ni assez explicite, ni assez concluante, on convint d'attendre des nouvelles plus complètes avant de prendre un parti.

Cependant déjà quelques membres du Gouvernement exprimaient l'idée qu'il fallait marcher immédiatement vers le sud au devant de l'armée de la Loire... A les entendre, il semblait qu'on n'avait qu'à se jeter sur les lignes ennemies pour donner la main aux vainqueurs de Coulmiers. La forêt de Fontainebleau, disait-on, devait être le rendez-vous des deux armées.

« Paris, dit le général Trochu, vit dans le succès de
« Coulmiers, non pas un accident heureux, mais une
« marque, un présage certain de nos victoires de l'ave-
« nir... A partir de ce jour se forma dans la population,
« dans la garde nationale, dans la presse, dans la mu-
« nicipalité de Paris, dans le Gouvernement surtout,
« l'esprit que voici : « Il faut sortir de Paris, marcher
« au devant de l'armée victorieuse et résoudre ainsi le
« grand problème qui pèse sur le pays... » .

Le général Ducrot, lui, persistait plus que jamais dans la pensée de porter ses efforts vers Rouen, où tout avait été préparé avec le soin que nous savons, où l'armée, grâce au concours de la marine, devait trou-

---

(1) *Gambetta à Trochu.*

Tours, 11 novembre 1870.

L'armée de la Loire, sous les ordres du général d'Aurelle de Paladines, s'est emparée d'Orléans après une lutte de deux jours. Nos pertes, tant en tués que blessés, n'atteignent pas 2,000 hommes. Celles de l'ennemi sont plus considérables. Nous avons fait plus d'un millier de prisonniers, et le nombre augmente par la poursuite. Nous nous sommes emparés de deux canons modèle prussien, de plus de vingt caissons de munitions attelés et d'une grande quantité de fourgons et voitures d'approvisionnements. La principale action s'est concentrée autour de Coulmiers, dans la journée du 9. L'élan des troupes a été remarquable, malgré le mauvais temps.

ver d'immenses approvisionnements, et où bientôt elle verrait arriver de nombreux renforts.

Dans la direction Sud, au contraire, nous ne trouvions qu'un pays épuisé, ravagé par l'ennemi, des plaines nues, découvertes, sans appuis pour l'offensive, sans abris pour la défensive, où l'infériorité de notre artillerie, notre peu de cavalerie, le manque de solidité de nos troupes nous donnaient tout de suite un désavantage des plus marqués.

Enfin, dernière considération, nous tombions de ce côté sur une armée d'élite, commandée par le prince Frédéric-Charles (1).

Le 18 novembre, une deuxième dépêche ayant donné de nouveaux détails sur l'affaire d'Orléans, ses conséquences et la position de l'armée de la Loire, l'opinion, cette terrible opinion que le Gouvernement subissait au lieu de la diriger, s'accentua de plus en plus en faveur d'une action vers le Sud (2).

*Deuxième dépêche.*
*(18 novembre.)*

---

(1) Voir croquis n° 4.

(2)     *Gambetta à Jules Favre.*

              Tours, 13 novembre 1870.

Nous vous avons annoncé notre mouvement offensif sur Orléans, qui a été repris après deux jours de marche, pendant lesquels deux gros combats ont été livrés à Bacon et à Coulmiers, où nous avons fait 2,500 prisonniers, tout compte fait, et où nos troupes ont fait preuve du plus vigoureux élan. Nous occupons fortement les approches de la ville en avant de la route de Chartres et de Paris. Nous sommes couverts sur notre droite par la forêt d'Orléans, occupée par le général Des Pallières, dont les grand'gardes vont jusqu'à Artenay; notre centre à Chevilly, Cercottes et Gidy; notre gauche aux Ormes jusqu'aux environs de Saint-Péravy. Avec le concours des ouvriers et des ingénieurs des quatre départements limitrophes, sous la direction du génie, on a élevé des fortifications passagères, des redoutes en terre, qui sont armées de pièces de 19 servies par des marins; ces retranchements permettent de repousser un retour offensif probable des Prussiens, lequel paraît devoir être formidable, car ils massent entre Chartres, Toury, Étampes et Pithiviers, des forces énormes pour nous barrer le chemin de Paris. Peut-

*Le projet de sortie par la Basse-Seine est abandonné. 19 novembre.)*

L'engouement devint tel que le Gouverneur, abandonnant le premier projet, décida que tous les efforts seraient immédiatement reportés dans cette nouvelle direction.

« Il fallut, dit le général Trochu, marcher au devant de l'armée de la Loire, laquelle, sans tenir aucun compte des efforts accumulés dans la *direction de Rouen*, s'annonçait venant à Paris par la *direction d'Orléans*. Ce fut là, dans l'esprit de Paris, la date d'un véritable vertige ; on considéra que, pour battre l'armée prussienne, il ne s'agissait que de renouveler l'effort qui avait créé le succès de Coulmiers... On me somma avec violence, M. Gambetta surtout, de ne plus penser à autre chose qu'à sortir de Paris en allant au devant de l'armée de la Loire. »

Cette appréciation du général Trochu semble, à première vue, en opposition avec la dernière partie de la dépêche de M. Gambetta du 13 novembre...

Mais, comme le dit M. Chaper dans son rapport (1), « d'autres dépêches postérieures à celle du 13 novem- « bre, dépêches dont le texte ne nous est pas connu, « et contredisant évidemment celle-là », vinrent annuler cette sorte de concession faite par M. Gambetta au pro-

---

être jugerez-vous opportun de les inquiéter vivement dans cette direction, ou mieux d'essayer du côté de la Normandie une vigoureuse trouée qui vous permettra de faire sortir de Paris, désormais inexpugnable, 200,000 hommes qui ne sont plus nécessaires à la défense, et qui, en tenant la campagne, feraient contre-poids aux forces que le prince Frédéric-Charles amène de Metz.

A ce sujet, je vous dirai que vos trois derniers ballons ont été saisis par les Prussiens, ce qui nous laisse sans nouvelles et dans les plus vives angoisses sur votre état. Lancez un nouveau ballon à l'aide duquel vous nous ferez connaître par chiffres, et d'une manière tout à fait précise, jusqu'à quel jour vous pouvez aller, au point de vue des vivres. La connaissance de cette échéance fatale nous est indispensable pour agi avec sagesse et maturité.

(1) Page 151.

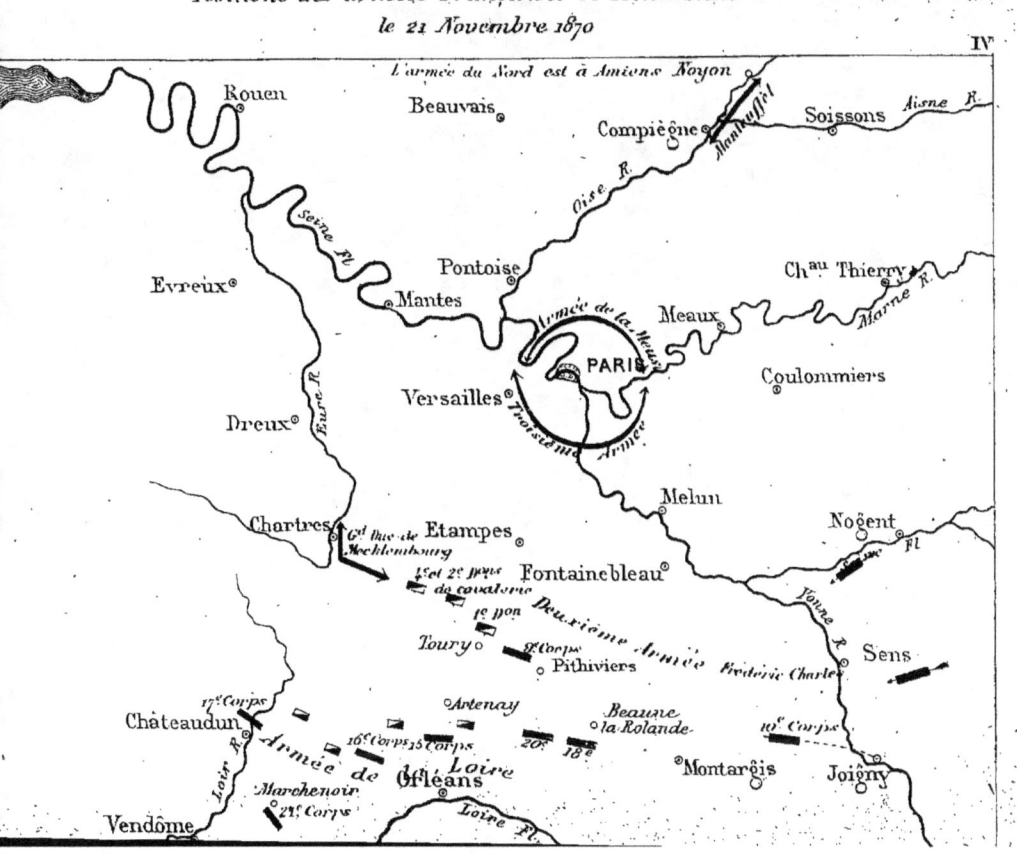

jet de marche sur la Basse-Seine... Le fait est indiscutable, il ressort de plusieurs lettres ou dépêches dont nous donnons les extraits ci-joint...

Le général Trochu à Gambetta, 24 novembre :

« Je reçois aujourd'hui votre lettre sans date, je la
« crois d'hier 23; elle confirme bien péniblement pour
« moi mes craintes au sujet de l'armée de la Loire... »

Jules Favre à Gambetta, 2 décembre 1870 :

« L'ardeur de tous est inexprimable ; à trois heures,
« nous recevions au Gouvernement votre dépêche du 30,
« elle nous a comblés de joie... »

Jules Favre à Gambetta, 3 décembre 1870 :

« Demain ou après-demain ils (nos généraux) agiront
« sur un autre point, mais ils ne perdent pas de vue
« votre dépêche ; l'annonce de votre marche en avant a
« causé partout dans la ville, à l'armée, un enthousiasme
« indescriptible ; courage donc, en avant ! Venez à nous,
« nous allons à vous (1) ! »

## CHAPITRE II.

### NOUVEAU PLAN ADOPTÉ.

La résolution prise dans la journée du 19 de marcher au devant de l'armée de la Loire fut notifiée le 20 au général Ducrot, toute liberté d'action lui étant laissée.

Il s'agit, dit le Gouverneur, de percer les lignes d'investissement vers le Sud, de manière à donner la main à l'armée de la Loire, en marche d'Orléans sur Paris, et cela le plus promptement possible.

Il fallait donc, bouleversant notre combinaison mili-

---

(1) Voir aux pièces justificatives, n° 16.

taire, autour de laquelle avaient « gravité » pendant deux mois tous les efforts de la Défense de Paris, nous retourner soudain du Nord au Sud, faire traverser à notre immense matériel, artillerie, équipages de ponts, voitures, ambulances, etc... la ville de Paris, encombrée, coupée de barricades et ne donnant que des débouchés restreints (1).

Il fallait abandonner tous nos travaux, redoutes, batteries, épaulements... en construire d'autres sur des positions non déterminées dont l'étude était encore à faire... Il fallait enfin renoncer à une opération préparée depuis longtemps, et dans laquelle on avait mis toute sa confiance, toutes ses espérances... « *C'était dur.* » C'était difficile... et, dès les premiers instants, le désappointement du général commandant la 2ᵉ armée ne fut pas moindre que son embarras...

Nous dirigeant vers Orléans, le nouveau champ de bataille était naturellement indiqué entre la Marne et la Bièvre; toute cette zone présentait, nous le savons, de nombreux obstacles; dès nos premiers pas nous nous heurtions à une formidable ligne de défense passant par L'Hay, Chevilly, Thiais, Choisy-le-Roi, Montmesly, renforcée encore depuis nos sanglants combats du 30 septembre; derrière cette première ligne, s'en trouvait une deuxième par Fresnes, Rungis, Orly, Villeneuve-le-Roi, Villeneuve-Saint-Georges, Valenton et Boissy-Saint-Léger.

En poussant de ce côté nous attaquions le taureau par les cornes. Avec nos soldats improvisés, c'était une rude besogne...

Reconnaissance du général Ducrot sur le front Sud.

Quoi qu'il en fût, dès le 21, le général Ducrot vint

---

(1) La plupart des portes étaient obstruées ou rétrécies.

sur le terrain reconnaître les avant-postes ennemis, et arrêter les dispositions à prendre.

Parti de Bicêtre, il visita Moulin-Saquet, le Moulin-d'Argent, les ouvrages en avant de Vitry et sur le chemin de fer d'Orléans, puis il passa la Seine au pont d'Ivry et remonta jusqu'à Créteil (1).

Après un premier examen, le général, s'arrêtant à l'idée de faire effort sur les lignes ennemies par les deux rives de la Seine, donna l'ordre de renforcer les batteries fixes établies dans la partie Sud de la presqu'île de Saint-Maur, en avant de Créteil, de Maisons-Alfort, sur le chemin de fer de Lyon et en avant de Vitry, de manière à battre toute la ligne Bonneuil, Montmesly, Choisy-le-Roi.

Notre première action devait se porter sur Montmesly, Bonneuil; l'ennemi chassé de ces positions, on s'y établirait solidement... le versant Sud de Montmesly, mamelon qui domine toute la plaine entre Seine et Marne, serait armé d'une puissante artillerie. *Premier projet. Contre Choisy-le-Roi.*

De là, marchant rapidement sur le carrefour Pompadour, on attaquerait vigoureusement Choisy-le-Roi par les deux rives de la Seine. Maître de ce point stratégique, nœud des communications allemandes, on pourrait tourner la première ligne de défense, s'emparer de Thiais, et faire effort sur Orly et Villeneuve-le-Roi.

---

(1) Le village de Créteil était occupé définitivement depuis le 13 novembre par une compagnie du 106ᵉ de ligne et le 3ᵉ bataillon de garde mobile de la Vienne, commandant de Lastic.

Le 17, ces troupes avaient été remplacées par deux bataillons des mobiles du Tarn, colonel Reille, qui avaient laissé la garde du plateau de Montreuil à la division d'Hugues, nouvellement constituée.

Le bataillon de la Vienne était retourné aux baraques du camp de Saint-Maur.

Le 20, le 3ᵉ bataillon du Tarn avait également quitté Montreuil pour venir prendre position à Maisons-Alfort, à la place des mobiles de la Vienne, rentrés dans Paris.

A la vérité, un pareil projet présentait de bien grandes difficultés, car, ce premier succès obtenu, on se trouvait pris entre les défenses de Rungis et de Vissous à l'Ouest, celles de Valenton et Villeneuve-Saint-Georges à l'Est, et celles d'Ablon au Sud; enfin, on allait se heurter aux réserves accourues de Versailles et de tous les points environnants.

*Deuxième projet. Plan d'attaque des hauteurs de Champigny et Villiers.*

Rentré à son quartier général de la Porte-Maillot, le général Ducrot était tout à ces réflexions, les yeux sur sa carte, lorsque entra le colonel de Miribel, qui, de chef d'état-major général de l'artillerie, venait de passer au commandement d'une brigade de garde mobile.

La conversation roula sur les *difficultés* de la nouvelle entreprise.

Le colonel de Miribel émit l'opinion qu'une tentative entre la Bièvre et la Seine était peut-être bien aventurée, puisque sur ce point l'ennemi avait réuni des forces considérables afin de conserver ses communications entre les deux rives du fleuve... Il est probable, au contraire, ajouta-t-il, qu'il est moins sur ses gardes dans la partie comprise entre Noisy-le-Grand et Chennevières, car, de ce côté, il se croit suffisamment couvert par la Marne. Si, profitant de tout notre matériel de ponts préparé pour franchir la Seine, nous surprenions le passage de la Marne, il serait possible de s'établir sur les plateaux de la rive gauche avant l'arrivée des renforts ennemis. Ce premier succès obtenu, nous pourrions nous porter rapidement dans la direction Est pour nous rabattre ensuite vers le Sud.

L'idée de tourner les formidables positions de Boissy-Saint-Léger et de Villeneuve-Saint-Georges en franchissant la Marne à hauteur du plateau de Vincennes parut au général Ducrot une heureuse inspiration.

Dans cette zone, en effet, comme nous l'avons vu en

examinant les champs de bataille possibles autour de Paris, entre Nogent et la presqu'île de la Marne, la rivière forme un rentrant très-favorable à l'établissement des ponts... Cette opération était rendue d'autant plus facile que là nous étions couverts des vues de l'ennemi par les parcs de Poulangis, du Tremblay et par de nombreux bouquets d'arbres; un peu plus en amont, un deuxième rentrant, non loin de Neuilly-sur-Marne, présentait également un très-bon point de passage... La presqu'île de Marne, dans laquelle nous avions déjà construit plusieurs ouvrages, protégerait notre droite, pendant que le plateau d'Avron fournirait un excellent flanquement pour notre gauche.

Une fois la rivière franchie, aidés de nombreuses batteries sur la rive droite, nous pouvions espérer nous emparer de Chennevières, Noisy-le-Grand, et, dès lors, occuper un front suffisant pour développer l'armée.

En résumé, sur tout ce terrain il nous était beaucoup plus facile de rompre la ligne d'investissement qu'entre la Bièvre et la Marne.

Sa décision prise, le général se rendit près du Gouverneur, et lui fit part de son nouveau projet, qui fut approuvé de tous points.

On se mit à l'œuvre aussitôt, et dès le 22 novembre, le général, accompagné des généraux Frébault, Tripier, de l'ingénieur Ducros, se rendait au fort de Nogent et dans la presqu'île de Saint-Maur, pour reconnaître le terrain, préciser les points de passage, les rampes d'accès, l'emplacement des troupes, en un mot arrêter tous les détails d'exécution.

Dans la matinée du 23, le général en chef dictait lui-même à son secrétaire, M. Victor de Lesseps, tous les ordres de préparation et de mouvement; pour mieux assurer le secret jusqu'à la dernière heure, il laissait en blanc les noms des lieux et les numéros des divisions (1).

---

(1) Nous donnons ce détail, parce qu'on a prétendu que les états-majors avaient été souvent indiscrets, et que, par suite, l'ennemi avait connu à l'avance nos projets. Or, dans le cas actuel, le général en chef, les généraux Frébault, Tripier, les ingénieurs Krantz et Ducros, étaient seuls dans la confidence; et ce n'est, d'ailleurs, comme on peut le voir, qu'à la date du 21, que le plan a été définitivement arrêté.

# LIVRE VII

## BATAILLES DE LA MARNE
### (CHAMPIGNY — BRY — VILLIERS)

---

## PREMIÈRE PARTIE

---

### PRÉPARATIFS DES BATAILLES DE LA MARNE

---

#### CHAPITRE PREMIER.

ORDRES DE MOUVEMENT POUR LA 2ᵉ ARMÉE (1).

#### 3ᵉ CORPS.

Division **Bellemare**. — La brigade **Colonieu** ira camper, **dimanche 27**, auprès des redoutes **de la Boissière et de Montreuil**. Dans la soirée du **lundi 28, à 5 heures**, elle ira se masser **entre Rosny et Fontenay**, derrière la route qui joint ces deux points; elle sera rejointe dans la même soirée par l'autre brigade de la division **Bellemare (Fournès)**, qui s'embarquera aux gares des stations de **Courbevoie** et **Porte-Maillot**. Cette seconde brigade descendra à la gare du chemin de fer de ceinture à **Charonne**, traversera **Montreuil**, **le plateau de Tilmont**, et s'établira à la

---

(1) Tous les mots écrits en caractères distincts n'ont été ajoutés qu'au dernier moment, afin que le secret le plus absolu fût conservé sur la direction de l'opération, même dans l'état-major du général en chef.

droite de la brigade **Colonieu**, sa droite à **la redoute de Fontenay**, et sa gauche dirigée vers **le fort de Rosny**.

L'artillerie de cette division quittera **Vincennes** dans la journée, et viendra prendre position sur **le plateau de Tilmont**.

Une batterie de 12, destinée à rester **au plateau d'Avron**, sera envoyée **lundi** au fort de **Rosny**, à la disposition du colonel **Stoffel**.

Le groupe Reille et la division **Mattat** quitteront leurs positions le **lundi soir** ; la division **Mattat** viendra se masser dans la partie Est du **bois**, derrière le chemin de fer de **Saint-Maur à Vincennes**, avec son artillerie divisionnaire.

Le groupe Reille passera la Marne à **Port-Créteil** et viendra, pendant la nuit, s'établir derrière **le Tremblay**, en passant entre **Poulangis et la Marne**.

La réserve d'artillerie du 3ᵉ corps se placera dans le **champ de manœuvre**, le long du bois, entre **l'obélisque et la Faisanderie**, ayant soin de laisser libre toute la partie Sud **du champ de manœuvre**.

## 2ᵉ CORPS.

La division **Berthaut**, relevée **lundi** de ses positions, se massera à la nuit, la brigade **Bocher** à la station de **Charlebourg**, la brigade **Miribel** aux stations de **Bois-Colombes et Asnières** : elle débarquera à la station de **Saint-Mandé**, et s'établira dans le bois, la gauche **au château de Vincennes**, la droite, vers le **polygone**, ayant soin de ne pas dépasser la lisière du bois. Les 3 batteries de cette division passeront par le pont **d'Asnières, les Batignolles**, prendront **le boulevard extérieur à la statue Moncey**, suivront jusqu'au **boulevard Magenta**, prendront ce dernier, le **boulevard du Prince-Eugène, la barrière du Trône**, la grande route de **Vincennes**, et viendront s'établir derrière la gauche de la division.

**Dimanche 27**, après la soupe du matin, à 9 heures, la division **Susbielle** se mettra en route pour venir s'établir, la droite à **Charenton**, la gauche à **Saint-Mandé**, ne dépassant pas la route tombant perpendiculairement sur **la Marne**, qui relie ces deux points.

La 2ᵉ brigade commencera son mouvement à 9 heures, entrera dans **Paris** par la porte Dauphine, suivra **l'avenue de l'Impératrice, les Champs-Élysées, le quai jusqu'à la caserne Napoléon, la rue et le faubourg Saint-Antoine**, en obliquant ensuite à droite pour se rendre à sa position.

La 1ʳᵉ brigade se mettra en route à 11 heures, entrera par la porte des **Ternes**, **suivra les boulevards jusqu'à la Bastille**, et prendra la route de **Charenton** à droite, en entrant dans le **faubourg Saint-Antoine**.

L'artillerie de la division suivra la route de la 1<sup>re</sup> brigade, et ne partira que le **lundi** après la soupe. Un emplacement lui sera préparé à l'avance par le général **Susbielle**.

Division de Maussion. — **Dimanche**, après la soupe du matin, elle s'embarquera aux gares d'**Auteuil** et du **Point-du-Jour**, débarquera aux gares de **Bercy** et **Charenton**, et s'établira en dehors **des fortifications**, entre le chemin de fer **de Lyon et la Seine**.

Son artillerie partira également après la soupe, suivra les quais **de la rive droite**, sortira par la porte de **Bercy**, et ralliera la division. Le **lundi soir**, elle viendra prendre position dans le **bois de Vincennes**, entre l'avenue de Fontenay, les Minimes et l'obélisque. La réserve d'artillerie du 2<sup>e</sup> corps se placera dans le **bois au sud du château de Vincennes**; elle fera son mouvement le lundi, dès six heures du matin, par **l'avenue de Neuilly, les Champs-Élysées et la rue de Rivoli**.

## 1<sup>er</sup> CORPS.

Division **Faron**. — Elle quittera ses positions le **lundi** après la soupe du matin, entrera dans **Paris par la porte d'Orléans**, suivra **la rue militaire au pied du rempart**, passera la Seine au pont **Napoléon**, reprendra **la rue militaire jusqu'à la route de Charenton**, tournera à droite, se dirigera par **Charenton et Saint-Maurice**, et se placera dans **le bois de Vincennes** face à l'est, sa droite à la Marne, sa gauche dans la direction de l'obélisque, ne dépassant pas **la lisière du bois**. Son artillerie au fond **du polygone**, près **des buttes**. — Ce mouvement s'exécutera par brigade.

Division **de Malroy**. — Le général de division fera reconnaître, à la réception du présent ordre, la route la plus courte et la plus commode pour aller se placer en seconde ligne, derrière la division **Faron**, établie comme il est indiqué ci-dessus.

Elle ne commencera son mouvement que **lundi** à nuit close; son artillerie partira le **lundi** matin à 5 heures; elle rentrera dans **Paris**, suivra **la rue militaire en dedans du rempart**, et viendra s'établir **au polygone de Vincennes**, à côté de l'artillerie et de la division **Faron**, près des buttes.

La réserve d'artillerie du **1<sup>er</sup> corps** exécutera son mouvement **mardi 29 novembre**, à 5 heures du matin, pour venir se ranger derrière **les divisions** d'infanterie de son corps dans **le champ de manœuvres.**

### RÉSERVE D'ARTILLERIE ET PARC.

Les batteries de combat s'achemineront, dès le point du jour, sur la route de **Nogent**; la tête de colonne s'arrêtera au rondpoint dit : **la Porte-Nogent**. Le parc sera attelé et attendra des ordres de mouvement.

### SERVICES ADMINISTRATIFS.

Tous les services administratifs seront réunis au **Champ-de-Mars, dimanche**, après les distributions. L'instruction du général Appert donnera le détail.

### CAVALERIE.

Dans la matinée du 29, toute la cavalerie, par les itinéraires qui seront tracés en temps opportun, viendra se masser **dans le champ de manœuvre de Vincennes**, à hauteur de l'**Obélisque**, derrière le **1er corps**; deux batteries d'artillerie à cheval seront attachées à cette division, et viendront se placer entre les deux brigades. Elle formera un détachement composé des éclaireurs Franchetti, d'un escadron du régiment de gendarmerie à cheval, d'un escadron du 13e dragons, qui sera placé à gauche de la division de cavalerie. Une section d'artillerie sera spécialement affectée au service de ce corps d'éclaireurs.

### Équipages de ponts.

Le 24 novembre au soir, les ponts de la Seine seront repliés et dirigés sur Asnières (rive gauche).

Vendredi, dans la journée, le matériel de ponts sera chargé sur les voitures et parqué sur la place du marché, à Asnières.

Samedi, les pontonniers achèveront de s'organiser.

Dimanche soir, l'équipage de ponts (destiné à jeter le pont) se rendra, par le meilleur itinéraire, au quai de Bercy (rive droite en dedans des fortifications). Lundi soir, cet équipage se dirigera sur Joinville-le-Pont et jettera un pont sur la Marne.

L'équipage de marche partira d'Asnières mardi matin vers 7 heures, suivra le boulevard Magenta et celui du Prince-Eugène, passera par la barrière du Trône, et se placera en colonne sur l'avenue de Vincennes, derrière le parc d'artillerie, et se portera ensuite derrière le fort de Nogent, où il attendra des ordres.

---

### ORDRE DE MOUVEMENT
#### POUR LES JOURNÉES DU 28 et du 29 novembre 1870.

Dans la nuit du 28 au 29, seront réunis :

A gauche **du fort de Rosny** : la division **d'Hugues** et son artillerie divisionnaire ; en avant **du fort**, 3,000 marins, 200 sapeurs du génie ou auxiliaires ; à droite **du fort**, la division **Bellemare**, avec son artillerie divisionnaire, et trois batteries de 12, tirées de la réserve du 3ᵉ **corps d'armée**.

En arrière de la division **d'Hugues**, deux batteries de 12 de campagne (ou de siége), 6 pièces de 24 court, 6 pièces de 7 ; 1,500 pelles, 1,500 pioches, 200 haches, 20 scies (dites passe-partout), 20 masses, 50 dames, 8 sacs de poudre de 15 kilogrammes chacun, 20,000 sacs à terre, le tout sur des voitures bien attelées.

#### JOURNÉE DU 29.

Dès le point du jour, les colonnes d'infanterie, précédées de nombreux tirailleurs, envahiront **le plateau d'Avron** ; la division **d'Hugues**, par le nord, en longeant **le bord du plateau** jusqu'au **château d'Avron**, qui sera immédiatement occupé, ainsi que le parc, et mis en sérieux état de défense ; la division **Bellemare**, par le sud, en longeant le bord du plateau jusqu'à **l'Éperon Sud**.

Les marins, en traversant **le plateau** dans toute sa longueur, **de l'ouest à l'est**, s'arrêteront à l'éperon extrême situé à **l'est**, et s'y retrancheront.

Dans le cas où l'ennemi occuperait **le plateau**, et particulièrement le château, l'action de l'infanterie serait préparée par une vive canonnade **du fort de Rosny** et de l'artillerie des divisions **d'Hugues** et de **Bellemare** ; les tirailleurs de ces divisions chercheraient à gagner du terrain pendant la canonnade, en s'avançant à mi-côte, de manière à déborder et à envelopper l'ennemi.

Les premiers bataillons logés sur **le plateau** seront suivis par les batteries de 4 et par les mitrailleuses, qui se mettront en batterie aux **trois saillants Nord, Est, Sud**.

Ces dispositions prises contre tout retour offensif de l'ennemi, une batterie de 12 de campagne prendra position sur le plateau ; deux batteries resteront en batterie dans le bas, à l'angle saillant formé par le chemin de **Neuilly-sur-Marne à Montreuil**, au point coté 48 sur la carte d'état-major.

Un régiment de la division **Bellemare (Seine-et-Marne)** restera à la garde de ces batteries, qui auront pour principaux objectifs **Maison-Blanche, Ville-Evrard** et **Bry-sur-Marne**. Puis viendront les 6 pièces de 7, qui traverseront **le plateau** de l'ouest à l'est, et se mettront en batterie entre les **éperons Sud et Est**; enfin, les pièces de 24, deux à **l'éperon Nord**, au-dessus de **Villemonble** et **Gagny**, quatre à **l'éperon Est**, prenant pour objectifs principaux **Neuilly-sur-Marne, Noisy-le-Grand, Gournay, Villiers**, et le plateau qui s'étend entre ce village et **Bry-sur-Marne**.

Si l'ennemi évacue **Neuilly-sur-Marne** sous l'action de notre artillerie, le régiment de **Seine-et-Marne** l'occupera, et les batteries s'avanceront jusqu'à la route nationale, et mettront en batterie près du village, de manière à mieux battre **Villiers** et la partie Ouest du plateau.

Toute la division **Bellemare** suivra alors le mouvement; elle descendra vers **la Marne**, formée par régiments en colonne à intervalles de 30 pas, le régiment de gauche prenant pour direction le clocher du village de **Neuilly-sur-Marne**. Dans cet ordre, elle gagnera le village, et se massera derrière, abritée sur son flanc gauche et sur son front par les nouvelles maisons qui bordent la route nationale. Toute son artillerie l'aura précédée, et se sera mise en batterie parallèlement à la route, de manière à couvrir de ses feux **Villiers** et **Noisy**, ainsi que la partie du plateau comprise entre ces villages.

En même temps, s'effectuera l'établissement d'un pont avec le matériel amené par les remorqueurs et par l'équipage réglementaire placé à **Nogent**.

Le pont établi, la division passera sur la rive gauche, et se dirigera sur **Noisy-le-Grand** et les premières pentes du plateau, qu'elle occupera solidement.

Toute son artillerie divisionnaire, plus les 2 batteries de 12 placées dans le bas, passera **la Marne** avec elle, moins cependant la batterie de 12, qui, dès le commencement de l'action, aura été placée sur **le plateau**, et devra y rester pour l'armement définitif de cette position (**Avron**).

L'artillerie, échelonnée à droite et à gauche de la route de **Champs**, battra le village de **Champs**, le bois de **Grâce, Gournay**, **et la route de Chelles à Neuilly**.

## 3ᵉ CORPS.

Dans la journée du 28, les troupes du corps d'**Exea** (moins la division **Bellemare**), se sont massées dans la partie Est du **bois de Vincennes**.

Dans la nuit du 28 au 29, elles passent la Marne aux deux premiers ponts de bateaux placés au bas de **Nogent** (infanterie et artillerie en même temps).

L'infanterie se formera en colonnes serrées par brigade, l'artillerie divisionnaire, entre la 1ʳᵉ et la 2ᵉ brigade de la division **Mattat**; l'artillerie de réserve, entre la 2ᵉ brigade de la division **Mattat** et la brigade **Reille**, cette dernière appuyée au **viaduc du chemin de fer**.

Aussitôt la formation terminée, et sur l'ordre du général en chef, le mouvement commencera dans l'ordre suivant :

Les **trois** brigades passant sous le **chemin de fer**, et s'échelonnant par la gauche, remonteront **la Marne** ; la brigade **Reille** passant entre le village de **Bry-sur-Marne** et la rivière ; la 2ᵉ brigade de la division **Mattat** enlevant le village de **Bry** et l'occupant fortement ; la 1ʳᵉ brigade gravissant le plateau par la route de **Villiers**, et prenant position à gauche de la route de **Joinville à Villiers**, sur le bord du plateau.

L'artillerie, suivant le bord de la rivière, ou traversant le village de **Bry**, si la route est libre, dépassera **Bry**, et se mettra en batterie entre la route de **Noisy-le-Grand** et la Marne, de manière à battre ce village et celui de **Villiers**.

Après une vive canonnade sur **Noisy-le-Grand**, les trois brigades s'élanceront sur le village, de front et par les deux flancs ; elles en chasseront les défenseurs et s'y établiront solidement.

Une brigade, avec la meilleure partie de l'artillerie, se portera dans la direction de **Champs** jusqu'à la pointe du plateau, à hauteur de **Gournay**.

La division **Bellemare**, qui, pendant ce temps, aura passé la rivière, arrivera en seconde ligne comme réserve, et, gravissant les pentes du plateau à l'ouest de **Noisy**, tournera le village, et s'établira sur le bord du plateau, sa gauche appuyée au village.

L'artillerie du **3ᵉ corps** s'échelonnera sur le bord du plateau, entre les villages de **Noisy** et de **Bry**.

Deux batteries de 12 traverseront le premier village, iront se mettre en batterie à droite et à gauche de la route de **Champs**, pour battre ce village et celui de **Gournay**.

## 2ᵉ CORPS.

Dans la nuit du 28 au 29, les trois divisions du 2ᵉ corps viennent se masser derrière **les redoutes de la Gravelle et de la Faisanderie**, et descendent vers les **ponts de bateaux établis sur la Marne**, savoir : la division **Berthaut**, en passant à gauche de la **Faisanderie**, et prenant la route de **Joinville**; elle descendra au bord de la Marne par les deux escaliers correspondant aux 3ᵉ et 4ᵉ ponts.

Son artillerie divisionnaire passera par le même chemin et le même **pont** que l'artillerie du 3ᵉ **corps**, et immédiatement après l'artillerie de réserve.

La division **de Susbielle** suivra le bord de **la Marne**, passera entre **cette rivière** et le fort de **la Gravelle**, descendra vers le **pont de chevalets**, et traversera **la rivière sur ce pont et les autres routes disponibles en amont du pont de pierre**; elle sera suivie par son artillerie divisionnaire.

La division **de Maussion** suivra le même itinéraire que la division **de Susbielle**; elle sera suivie de son artillerie divisionnaire et de l'artillerie de réserve du 2ᵉ **corps**.

Les trois divisions se formeront, sur la **rive gauche de la Marne**, en colonnes serrées par brigade, l'artillerie divisionnaire entre les deux brigades de chaque division; la division **de Susbielle** à droite de la route n° 45, entre la **Fourche de Champigny et la Marne**; la division **de Maussion**, dans le même ordre, à gauche de cette route; la division **Berthaut**, en seconde ligne, derrière la ferme de **Poulangis et le Tremblay**; la réserve d'artillerie, à gauche de la division **Berthaut**.

La formation terminée, et sur l'ordre du général en chef, l'artillerie de la division **Berthaut** et celle de la division **de Maussion** mettront en batterie entre la route de **Villiers** et celle de **Champigny**, pour battre ce dernier village et la tête du plateau de **Chennevières**. Après une canonnade suffisante, la division Berthaut s'avancera, une brigade à gauche du **chemin de fer**, une brigade à droite, et se portera sur le village de **Villiers**, par l'ouest et le sud;

En même temps, la division **de Susbielle** se portera sur le village de **Champigny**, qu'elle aura préalablement battu avec son artillerie, l'abordera de front, et débordera par sa gauche, cherchant à gagner le bord du plateau de **Chennevières**.

Trois batteries de 12 et les batteries divisionnaires placées entre le **chemin de fer** et le village de **Champigny**, appuieront le mouvement, tirant sur le village de **Cœuilly** et le bord du plateau.

La division **de Maussion**, passant entre les batteries, débordera la division **de Susbielle** et cherchera à enlever le village de **Cœuilly**, en l'abordant de front avec sa 1re brigade, et le tournant par la gauche avec la seconde, en même temps que la division **Berthaut** fera un effort sur le village de **Villiers**.

La division **Berthaut**, en possession du village de **Villiers**, poussera une brigade en avant entre la grande route et **le chemin de fer**, jusqu'à hauteur de la **Grenouillère** et des bois **Saint-Martin**.

Aussitôt que l'artillerie pourra arriver sur le plateau, elle s'établira pour battre le village de **Chennevières** et les **parcs de Cœuilly et de la Lande** qui, vraisemblablement, seront occupés par l'ennemi.

Après une sérieuse canonnade sur **Chennevières** et l'occupation de **Cœuilly** et de **Villiers** par les divisions **de Maussion** et **Berthaut**, la division **de Susbielle** se portera sur **Chennevières**, qu'elle tâchera d'enlever, et s'y établira solidement.

En même temps que la division **de Susbielle** fera effort sur **Chennevières**, la division **de Maussion** poussera dans le parc de **Cœuilly**, la 1re brigade au sud, dans la direction de **la ferme des Bordes**, où elle cherchera à s'établir, et la 2e brigade à l'est, dans la direction du château de **la Lande**, où elle cherchera également à s'établir. Elle se reliera par des tirailleurs avec la droite de la division **Berthaut** dans la direction des bois Saint-Martin; alors notre artillerie s'établissant au nord et au sud de **Chennevières**, nous assurera la possession du plateau, et le 2e corps devra se borner à tenir solidement dans les positions de **Villiers**, **Cœuilly**, **Chennevières**, **Château de la Lande**, fermes des bois Saint-Martin et des Bordes, sans chercher à gagner du terrain en avant.

### 1er CORPS.

Aussitôt que le mouvement du 2e corps le permettra, la division **Faron** se placera derrière **la Gravelle**, et la division **de Malroy** derrière la **Faisanderie**. La division **Faron**, passant à droite de **la redoute de Gravelle**, traversera le village de **Joinville**, descendra la rampe **en aval du pont** et traversera **la rivière sur le pont des équipages réglementaires qui aura été jeté pendant la nuit en aval du pont de pierre**. Elle se massera entre la Marne **et la route de Champigny** en colonnes par brigade; elle sera suivie par son artillerie divisionnaire qui se formera entre les deux brigades.

La division **de Malroy** suivra la division **Berthaut** par le même itinéraire, et se formera derrière le 2ᵉ **corps**, aussitôt que le terrain sera dégagé.

Lorsque le 2ᵉ et le 3ᵉ corps seront établis sur les plateaux de **Chennevières** et de **Villiers**, le 1ᵉʳ corps suivra leur mouvement en passant entre **Villiers-sur-Marne** et **Noisy-le-Grand**, la division **Faron** en première ligne, la division **de Malroy** en deuxième. Les objectifs du 1ᵉʳ corps seront **la Grenouillère** et la ferme de la **Haute-Maison**, au sud-est de **Noisy-le-Grand**.

CAVALERIE.

Dans la matinée du **29**, toute la cavalerie franchira **la Marne aux ponts d'amont**, derrière les batteries de combat de la grande réserve d'artillerie.

Le détachement d'éclaireurs suivra le mouvement de la division **Mattat**, et passera **la Marne** immédiatement après elle ; il se formera à sa gauche si le terrain le permet (1).

SERVICES ADMINISTRATIFS.

Tous les services administratifs de divisions, corps d'armée et armée seront réunis sur le terrain **de manœuvre entre le château et le polygone de Vincennes**, dans la matinée du **29** ; à cet effet, ils partiront du Champ-de-Mars à 8 heures, **franchiront la Marne sur les ponts disponibles**, après le passage de tous les combattants, et lorsque ceux-ci seront solidement établis sur **les plateaux de Villiers et de Chennevières**.

Si cette première partie de l'opération est réussie, notre ligne de bataille devra s'étendre de **Chennevières** à la route de **Noisy-le-Grand** à hauteur **de Gournay**, passant par **la ferme des Bordes, la ferme des Bois-Saint-Martin, la Grenouillère et la Haute-Maison**. Il devra y avoir là un temps d'arrêt pendant lequel la cavalerie, l'artillerie, l'équipage de pont et tout le convoi se masseront sur le plateau de **Villiers**, l'artillerie et l'équipage de pont suivant la route de **Bry** et de **Noisy-le-Grand**, les services administratifs et le convoi la route de **Villiers** et de **Malnoue** ; la cavalerie occupant le centre du plateau entre le coude du **chemin de fer** et **Noisy-le-Grand**.

Après ce temps d'arrêt, la marche continuera ; la division de

---

(1) Ce détachement d'éclaireurs, aux ordres du commandant Faverot de Kerbrech, officier d'ordonnance du général en chef, se composait de : un escadron du 14ᵉ dragons et un escadron du régiment de gendarmerie à cheval.

Susbielle, abandonnant **Chennevières**, se portera vers la ferme des **Bordes**, et de là vers le village de **Malnoue**.

La division de **Maussion** poussera vers le parc de **la Lande** et le **Plessis-Saint-Antoine**, observant le village de **Combaut**, l'occupant même si l'ennemi ne s'y trouve pas en force.

La division **Berthaut** abordera le village de **Malnoue** par l'ouest, en même temps que la division de **Susbielle** par le sud. Le **1er corps** se portera sur le parc de **Lasard** et le bois de **Lognes**, le **3e corps** sur le village de **Champs** et le bois de **Grâce**.

Enfin, comme derniers objectifs, l'armée se dirigera : le **2e corps** sur **Emérainville**; le **1er corps** sur **Baubourg** et **Lognes**, le **3e corps** sur **Torcy**.

La cavalerie, appuyée par quatre batteries d'artillerie établies entre **Saint-Thibaut-des-Vignes** et **Gouvernes**, poussera jusqu'à **Lagny** pour en détruire les ponts et observera la **Marne**.

Le lendemain nous nous dirigerons sur **Crécy**, **Quincy**, **Pégy**; le jour suivant l'armée pourrait être réunie sur le plateau qui domine **Coulommiers** au nord; de là, suivant les circonstances, on se dirigerait sur **Bray** ou sur **Nogent**.

Il est entendu que si une division, par suite d'une résistance trop vive, ne pouvait atteindre son objectif, les divisions latérales qui auraient été plus heureuses, devraient tourner leurs efforts sur ledit objectif, particulièrement leur artillerie, si toutefois cet objectif a une importance capitale, comme le village de **Villiers** par exemple. Pour les points secondaires, qui ne barreraient pas les routes ou ne les domineraient pas, on devrait se contenter de les masquer par un feu d'artillerie suffisant et les colonnes les tourneraient et continueraient leur route (1).

27 novembre 1870.

*Signé :* Général Ducrot.

*Résumé du plan de sortie par le Sud.*

Ainsi, le 29 novembre, toute la deuxième armée devait, dès le point du jour, franchir la Marne entre Joinville et Bry, soutenue en arrière par l'artillerie des

---

(1) Bien d'autres ordres de détail furent donnés; on s'en rendra compte en parcourant le journal des opérations, pièce justificative n° XIII.

Une section d'artillerie à cheval avait été constituée sous les ordres du sous-lieutenant Fortoul pour être à la disposition du général en chef (Voir aux pièces justificatives n° XXII).

forts et batteries de position de Nogent, à droite par la puissante artillerie de Saint-Maur, à gauche par les batteries du plateau d'Avron, dont la prise ne semblait pas devoir présenter grande difficulté.

Le 3ᵉ corps (général d'Exea) (division Mattat et brigade Reille seulement) passant aux ponts de Nogent, s'emparerait du village de Bry, et prendrait position sur le bord du plateau, entre Villiers et Noisy-le-Grand.

L'attaque de ce dernier village ne devait avoir lieu qu'après l'entrée en ligne de la division de Bellemare ; cette division, après avoir servi de soutien aux troupes du contre-amiral Saisset, devait, Avron occupé, s'emparer de Neuilly-sur-Marne, et franchir la rivière au coude de la Plâtrière.

Le 2ᵉ corps, général Renault, passant la Marne aux ponts de l'île Fanac, aurait à enlever les premières positions entre le chemin de fer de Mulhouse et Champigny, et s'établirait : la division de Susbielle aux fours à chaux, à Champigny, puis à Chennevières ; la division de Maussion près du chemin de fer, face à Cœuilly ; la division Berthaut à gauche de la ligne de Mulhouse, menaçant Villiers.

Le 1ᵉʳ corps, général Blanchard, formerait réserve.

Les premières positions conquises, toutes nos colonnes devaient se jeter à la fois sur les villages de Noisy-le-Grand, Villiers, Cœuilly, Chennevières. Maîtres de tout ce terrain, nous pouvions nous déployer en une longue ligne de bataille de Gournay à Chennevières, sur laquelle nous attendions l'arrivée de notre cavalerie, artillerie, et de tout notre matériel.

La concentration faite, on pousserait en avant, la gauche appuyée à la Marne, jusqu'à hauteur de Lagny, objectif extrême de la journée.

L'ordre du général en chef donnait comme objectif

ultérieur Bray ou Nogent-sur-Seine. Il était impossible d'indiquer ce qu'il conviendrait de faire au delà de cette zone. Le général Ducrot ne partageant pas la confiance des membres du Gouvernement de la Défense nationale dans les succès de l'armée de la Loire, doutait fort, malgré les promesses de M. Gambetta, « que le 6 dé- « cembre cette armée bivouaquerait dans *la forêt de Fontainebleau*. » Comprenant combien la situation de l'armée de Paris serait compromise si elle arrivait seule au rendez-vous, il était fermement résolu à ne pas prendre cette direction avant d'avoir obtenu des renseignements précis sur la position des corps ennemis.

Si, en arrivant à Bray ou Nogent, il apprenait que la forêt de Fontainebleau était occupée par les Allemands, il descendait vers le sud, se couvrant à droite par la rivière de l'Yonne, et bientôt il gagnait la forêt d'Othe, qui présentait une première position défensive excellente. De là, on arrivait facilement dans le Morvan. A l'abri dans cette grande forteresse naturelle, l'on pouvait, suivant les circonstances, rester sur la défensive, ou se jeter sur les lignes d'opération de l'ennemi.

Quoique le général en chef eût donné dans ses ordres les plus nombreux, les plus minutieux détails, tout cependant n'avait pas été prévu. Comment pouvait-il en être autrement? Cinq semaines d'études et de travaux incessants avaient à peine suffi pour préparer notre sortie vers Rouen; au dernier moment, ce premier projet ayant été bouleversé de fond en comble, cinq jours seulement nous avaient été accordés pour en concevoir un nouveau et tout disposer pour son accomplissement.

Nous disons accordés, parce que la plupart des membres de la Défense, dans leur ignorance absolue des choses de la guerre, s'imaginaient qu'il suffisait d'ordonner pour que l'exécution fût assurée. Sans se préoc-

*Vu la précipitation du projet, quelques détails d'exécution sont forcément omis.*

cuper des difficultés inouïes qui allaient nous assaillir, ils ne cherchaient qu'à donner le plus tôt possible satisfaction à la fébrile impatience des Parisiens, dont les imaginations s'exaltaient chaque jour davantage :

« ...... Ils viennent à nous, disait-on, allons à eux. Il
« faut faire immédiatement une sortie. En avant ! Nous
« sommes quatre cent mille, et quatre cent mille hommes
« passent toujours. »

Aussi notre prétendue inaction était-elle taxée d'indifférence, de faiblesse, voire plus encore.

Sous cette pression universelle, le Gouverneur se vit forcé de fixer au 29 le commencement des opérations.

Du 23 au 28 novembre, il fallut donc déterminer les points de passage, préparer les ponts, les rampes d'accès, armer toutes les rives de la Marne, depuis Charenton jusqu'à Avron, sur une étendue de plus de deux lieues; il fallut accumuler dans cette direction tous les canons disponibles, amener notre immense matériel, débarrasser les routes, les cours d'eau. Enfin, il fallut remplacer aux avant-postes tous les corps de la 2ᵉ armée, distribuer les vivres, les munitions, etc. « Ce fut, dit le général Trochu, un travail immense que je croyais à peine possible » (1).

---

(1) Nous lisons dans le rapport de M. l'ingénieur en chef Krantz (pièce justificative nᵒ XIV) :

« Dans les premiers jours de novembre, je fus mandé au conseil de guerre, où le Gouverneur exposa le plan de campagne si impatiemment attendu par la population parisienne. Il s'agissait de forcer les lignes ennemies par la presqu'île d'Argenteuil. Cette opération exigeait que l'armée franchît la Seine en plusieurs points aux environs de Bezons.

. . . . . . . . . . . . . . . . . . . . . . . . . . . . . . . . . . .

« Pendant que je m'occupais en toute diligence à réunir le personnel et le matériel nécessaires pour l'exécution des ordres que j'avais reçus, le plan de campagne projeté subissait de graves modifications. Après mûres réflexions, il fut résolu que l'attaque projetée aurait lieu vers

Malgré les plus grands efforts, malgré le zèle et le dévouement de tous, bien des choses restaient encore à faire dans la soirée du 28 ; il en est une surtout que nous tenons à signaler.

*Observations sur le pont de Joinville.*

Les matériaux du pont de Joinville, détruit au moment de l'investissement, avaient obstrué en partie le lit de la rivière ; des arbres, des débris de toutes sortes, s'accumulant chaque jour sur ces ruines, avaient formé un véritable barrage ; et sous la seule arche restée libre s'était produit un courant assez fort ; dans l'état normal de la rivière, le passage, cependant, ne présentait aucune difficulté ; mais la moindre crue pouvait augmenter la vitesse du courant dans d'énormes proportions et rendre le remorquage sinon impossible au moins

---

l'Est, et que l'armée franchirait la Marne, sous la protection de nos forts, dans la presqu'île comprise entre Petit-Bry, Joinville et Champigny.

« Dans cette nouvelle combinaison, tout ce qui concernait les passages et les travaux d'appropriation en aval du pont de Joinville fut confié à MM. les ingénieurs en chef Ducros et Duverger.

« Toute la partie en amont du pont de Joinville me fut réservée, et je dus me préparer :

« 1° A remplacer le pont de chevalets construit par le génie militaire dans le bras de droite, en amont de Joinville ;

« 2° A jeter deux ponts : l'un d'infanterie, l'autre d'artillerie, aux pointes amont de l'île Fanac, en face de la ferme de Poulangis ;

« 3° Deux autres ponts aux pointes aval de l'île de Beauté ;

« 4° Enfin, deux autres ponts à 1,200 mètres en aval de Neuilly, au coude que fait la Marne en ce point. Ces deux derniers ponts devaient être transportés sur essieux et suivre la route nationale de Strasbourg.

« Cette partie du programme reçut, la veille de l'exécution, une dernière modification. Il fut décidé que les deux ponts de Neuilly seraient fournis par les équipages de l'armée, et que je descendrais les miens à 150 mètres en aval de Bry-sur-Marne. Mais il me restait toujours six ponts complets à construire, plus ce demi-pont de Joinville.

« Enfin, comme corollaire à ce travail principal, je dus faire exécuter les rampes et chemins d'accès des ponts, débarrasser le bassin du canal Saint-Maur, la rivière et la route n° 45 des énormes abatis d'arbres qui y avaient été accumulés. Deux de mes compagnies d'ouvriers auxiliaires d'artillerie furent chargées de ce travail. »

Voir en outre aux pièces justificatives, n° XIII, le journal des marches et opérations militaires.

fort difficile. Il eût été prudent de déblayer les autres arches ; cela ne fut pas fait, le temps manqua. Du reste, on pouvait craindre d'attirer l'attention de l'ennemi, qui, des hauteurs de Chennevières, dominait toute cette partie de la Marne.

Nous verrons quel résultat désastreux entraîna l'inexécution de ce travail.

*Des commandements spéciaux sont désignés pour le plateau d'Avron et la presqu'île de Saint-Maur.*

Le plateau d'Avron et la presqu'île de Saint-Maur, en pointe dans les lignes ennemies, formaient comme les deux bastions de notre front d'attaque ; appelés à jouer lors du passage de la Marne un rôle des plus importants, il y avait nécessité de constituer pour ces deux positions d'Avron et de Saint-Maur un commandement spécial chargé de diriger, dans le sens général de l'opération, toutes les ressources en matériel et en personnel dont on disposait sur ces parties de la ligne de bataille.

Sur la proposition du général Ducrot, le commandement du plateau d'Avron, des forts de Rosny, de Noisy et des batteries qui en dépendaient fut donné au contre-amiral Saisset, auquel était adjoint le colonel Stoffel, chargé de diriger toute l'artillerie d'Avron ; le commandement de la presqu'île de Saint-Maur, du fort de Nogent, des redoutes de la Faisanderie, de Gravelle et de Saint-Maur, ainsi que des ouvrages annexes, fut confié au général Favé.

En ce qui concerne le premier, la mesure ne souleva aucune difficulté, l'amiral était déjà en possession des forts de Rosny et de Noisy ; mais il en fut autrement pour le général Favé, dont le commandement exceptionnel dut être constitué aux dépens du général Pélissier, qui avait sous ses ordres toute l'artillerie de la rive droite.

Connaissant l'ensemble du projet, les points d'appui de droite et de gauche de notre ligne de bataille, nous allons maintenant examiner en détail les divers ouvrages qui furent construits en vue de cette gigantesque opération, ayant soin de distinguer ceux qui entraient dans le premier projet, c'est-à-dire dans le plan d'attaque par la vallée de la Haute-Seine.

## CHAPITRE II.

### OUVRAGES CONSTRUITS EN VUE DES COMBATS DE LA MARNE (1).

### Entre la Seine et la Marne.

A. — Épaulement pour 4 pièces de marine battant les terrains qui bordent la Seine près de Choisy-le-Roi, et le village de Choisy (ne fut pas armé faute de matériel).

B. — Très-fort épaulement avec embrasures pour 6 pièces de 12 destinées à battre la route de Gex, le carrefour Pompadour et le terrain compris entre ce carrefour et Créteil.

CC. — Deux batteries de 2 pièces de 24 chacune battant le carrefour Pompadour (armées avec du 12, faute de matériel).

D. — Redoute armée de 2 pièces de 24 court et de 6 pièces de 12 de siége, battant le carrefour Pompadour, la ferme de l'Hôpital et le Montmesly; à la droite de cet ouvrage des embrasures pour 6 pièces de campagne; on y plaça du 12 de siége.

E. — Deux épaulements pour 2 pièces chacune, tirant vers le carrefour Pompadour (ne furent pas armés).

F. — Trois batteries de 2 pièces de 12 de siége, tirant sur Montmesly.

---

(1) Voir croquis n° III.

Tous ces ouvrages E, F, étaient construits dans le parc de l'archevêque à Créteil, et défilés des vues de l'ennemi.

G. — Épaulement pour 2 pièces destinées à battre les flancs de Montmesly et l'île Saint-Julien, ainsi que Bonneuil.

H. — Batterie de 2 pièces ayant des vues analogues, mais découvrant mieux le cours de la Seine.

### Dans la presqu'île Saint-Maur :

I. — Batterie de 6 pièces de 24, battant Montmesly, Bonneuil, l'île Barbière.

K. — Épaulement pour 6 pièces de 12 de campagne.

k. — Épaulement pour 6 pièces de campagne.

L. — Dans le bois des Moines, batterie de 6 pièces avec traverses, découvrant Bonneuil et Montmesly; deux de ces pièces étaient dirigées sur le ravin du Morbras et la route montant à Ormesson.

M. — Batterie de 4 pièces battant les flancs du plateau d'Ormesson et la vallée du Morbras.

N. — Batterie de 6 pièces de 12 voyant le village de Chennevières et ses abords.

La position N ayant paru au général Favé très-favorable pour soutenir l'attaque du village de Chennevières, il avait fait ouvrir dans le long mur de clôture du parc une quarantaine d'embrasures non démasquées, avec l'intention d'y apporter au besoin un grand nombre de pièces qui couvriraient de feux non-seulement Chennevières, mais les pentes courant de ce village à Champigny.

Q, R. — Deux batteries de 4 pièces voyant Champigny, Cœuilly, Villiers; elles portaient le nom de batteries du Réservoir; la batterie haute, armée de 2 pièces de 24 court et de 2 pièces de 12 de siége ; la batterie basse de 6 pièces de 12 de siége.

P. — Redoute de Saint-Maur ; commencée depuis septembre, elle devait être armée de 2 pièces de 30 de marine tirant sur Champigny, Cœuilly, Villiers ; de 4 pièces de 24 battant Cœuilly, Chennevières, et de 3 pièces de 12 de siége dirigées sur Champigny.

L'ouvrage de Gravelle ayant peu de vue sur le théâtre de l'action, on transporta la plus grande partie de ses pièces dans la redoute de Saint-Maur ; trois seulement furent laissées sur la face droite pour tirer sur Montmesly. La redoute de la Faisanderie étant mal établie pour battre les points d'attaque, on transporta aussi une partie de son armement sur une terrasse, derrière la redoute de Saint-Maur.

Au fort de Nogent plusieurs pièces de gros calibre furent déplacées et mises sur le front voyant Villiers et la plaine de Champigny.

### A Nogent :

S. — Batterie de 6 pièces de 12 plongeant sur le Plant et Champigny.

T. — Batterie (maison La Follotte) de 2 pièces de 16 de la marine et de 4 pièces de 12 battant le terrain en avant de Champigny.

U. — Batterie (maison de Salm) de 3 pièces de 12 ayant les mêmes objectifs.

V. — Batterie (maison du maréchal Vaillant) de 3 pièces de 12 découvrant les environs de Bry-sur-Marne.

X. — Batterie de 4 pièces ayant les mêmes vues.

De nombreux épaulements construits sur le chemin de

fer de Saint-Maur, entre la Faisanderie et Nogent, prolongeaient en quelque sorte la défense du plateau de Vincennes, et complétaient le cercle de feux qui battait toute la presqu'île de Poulangis.

Dans le presqu'île de Saint-Maur, indépendamment des bouches à feu placées dans la redoute, le général Favé disposait de :

2 Canons de 16 de la marine et 4 canons de 12 de siége tirés de la redoute de la Faisanderie, et servis par les canonniers du capitaine Piron ;

6 Canons de 12 de campagne, batterie mobile du capitaine Donato ;

6 Canons de 12 de campagne, batterie mobile du capitaine Brasilier ;

6 Canons de 4 de campagne, batterie mobile du capitaine André ;

2 Canons de 24 de siége et 7 canons de 12 de siége servis par la batterie du capitaine Pichot, qui furent placés à la redoute du Réservoir (1).

En résumé, 400 pièces de position (les canons des forts compris), devaient balayer notre front d'attaque et tracer la route à nos têtes de colonnes.

La majeure partie de ces batteries élevées en quelques jours, en quelques heures, donne une idée de la fièvre d'énergie qui, animant tous les esprits, avait permis de vaincre les difficultés les plus considérables.

*Matériel de pontonnerie.*

Dès que la résolution définitive avait été arrêtée de se porter sur la Marne (23 novembre), MM. les ingé-

---

(1) Deux officiers supérieurs d'artillerie avaient été donnés comme auxiliaires au général Favé, le lieutenant-colonel Morel et le commandant Pachon. Le premier fut chargé de la direction des batteries du fort et du village de Nogent; quant au commandant Pachon, il resta auprès du général pour le seconder dans la presqu'île de Saint-Maur.

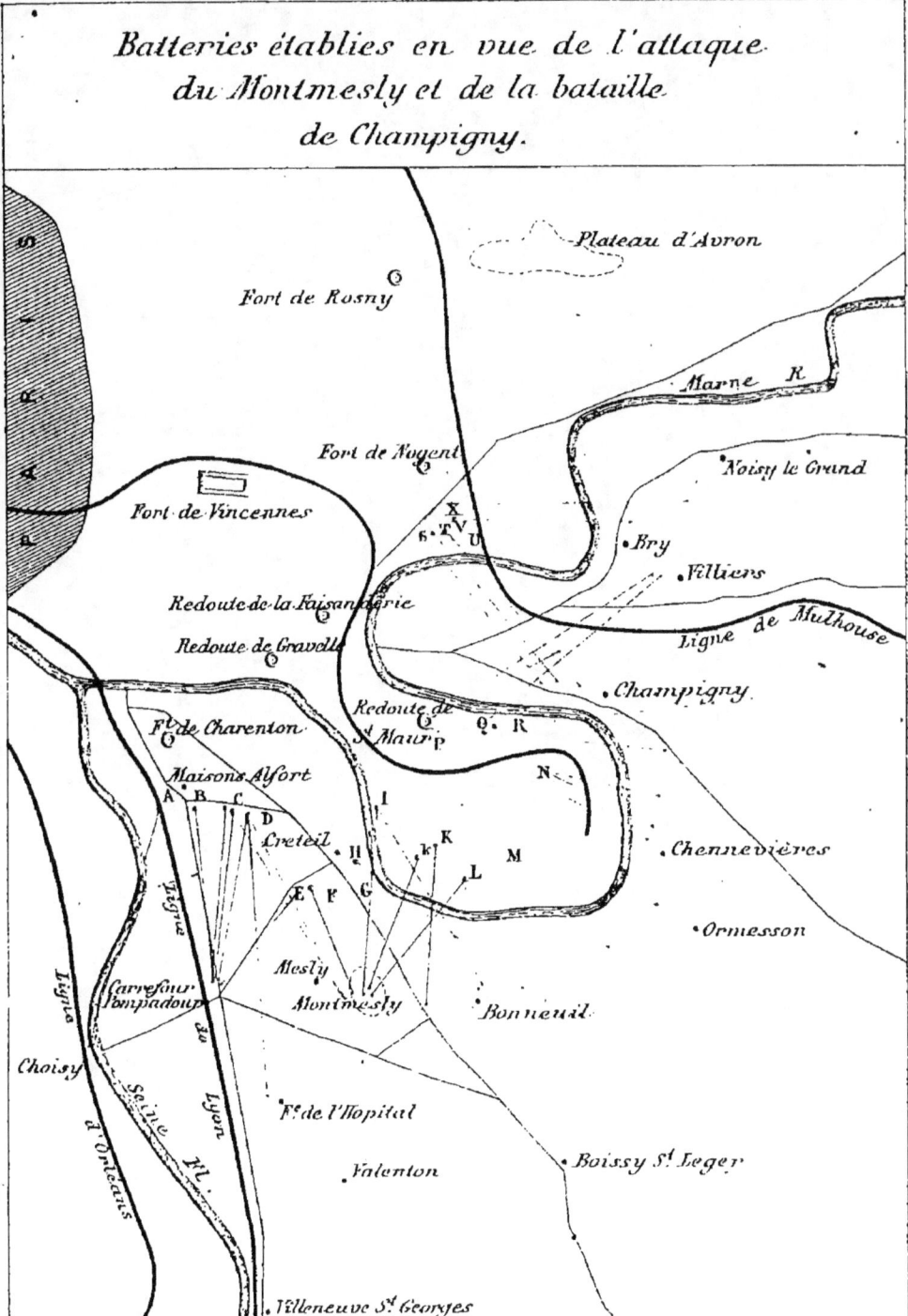

# DÉFENSE DE PARIS.

nieurs Krantz et Ducros s'étaient mis immédiatement à l'œuvre avec la plus grande activité...

Tout l'immense matériel de pontonnerie, préparé à Gennevilliers, en aval de Paris, fut conduit en amont. Le 28 au soir, il était rassemblé près du canal de Saint-Maur.

On aménagea 54 pontons, pour le passage de l'artillerie, avec leurs poutres de guindage, poutrelles, tabliers, etc.; ces ponts mesuraient, sans les tabliers, 234 mètres (1).

Un grand nombre de batelets fut mis en réquisition pour les ponts de l'infanterie. Le jour de la bataille, 180 de ces embarcations donnaient une longueur de 342 mètres (2). Enfin, on réunit un certain nombre de bateaux pour les premières compagnies de débarquement chargées de protéger l'établissement des ponts.

Le nombre des ancres, cordages, agrès, gaffes, avirons, était considérable, et devait suffire amplement à tous les besoins.

## CHAPITRE III.

### DÉMONSTRATIONS QUI DOIVENT SECONDER L'EFFORT PRINCIPAL.

En dehors de l'action par Avron et la presqu'île de Saint-Maur, ailes extrêmes de notre ligne de bataille,

---

(1) « La distance des pontons était d'axe en axe de 6 mètres; ils pouvaient déplacer, sans s'enfoncer à plus de 20 centimètres, un volume de 9 mètres environ. Leur stabilité était donc plus grande que celle des bateaux de pontonniers modèle 1822. » (M. Krantz.)

(2) Ces bateaux avaient $7^m70$ de long, $1^m75$ de large au milieu, et $0^m70$ de hauteur totale; pontés sur une largeur de 3 mètres, et juxtaposés à 15 centimètres près, ils formaient d'excellents ponts, sur lesquels les cavaliers et les voitures légères pouvaient passer.

des diversions sur tout le périmètre devaient seconder l'effort principal.

Au nord, le vice-amiral de La Roncière le Noury avait ordre de s'emparer du village d'Épinai, pendant qu'une démonstration serait faite à sa droite, en avant du fort d'Aubervilliers.

Au sud, le général Vinoy devait attaquer le village de L'Hay en même temps que la Gare aux bœufs de Choisy-le-Roi.

Au nord-ouest, le général de Beaufort ferait une fausse attaque, en avant du Mont Valérien, sur Buzenval et la Malmaison; dans la presqu'île de Gennevilliers, le général de Liniers devait faire le simulacre de jeter un pont sur la Seine à l'île Marante.

Tout cet ensemble d'opérations, arrêté entre le Gouverneur et le général commandant la deuxième armée, est résumé dans une série d'ordres et dans le journal de marches et opérations de la 2ᵉ armée.

Ces documents, insérés aux pièces justificatives, donneront une idée des nombreux mouvements exécutés pour reporter sur le sud l'action projetée tout d'abord dans la direction de la basse Seine (1).

---

(1) Voir aux pièces justificatives, nᵒˢ XIII et XIX.

# DEUXIÈME PARTIE

## CONCENTRATION DE LA 2ᵉ ARMÉE
### ET OPÉRATIONS DU 29 NOVEMBRE

### CHAPITRE PREMIER.

LA 2ᵉ ARMÉE SE CONCENTRE SUR LE PLATEAU DE VINCENNES.
DERNIERS PRÉPARATIFS.

Dans les journées des 27 et 28 novembre, la 2ᵉ armée, relevée dans ses positions par les troupes de la 3ᵉ et par des bataillons de garde nationale, se dirige sur le plateau de Vincennes et ses abords.

Disséminés sur l'immense pourtour de l'enceinte, tous les corps du général Ducrot viennent converger sur ce point, l'infanterie par le chemin de fer de ceinture, l'artillerie par les routes ordinaires.

Ces mouvements, généralement exécutés avec beaucoup d'ordre et de précision, permirent de transporter en 48 heures, 80,000 hommes avec leur artillerie, d'une extrémité à l'autre de Paris.

Dans la soirée du 28, la 2ᵉ armée tout entière bivaquait sur la rive droite de la Marne (1).

#### 1ᵉʳ corps (général BLANCHARD).

La 3ᵉ division (général Faron), venue de Montrouge

---

(1) Voir croquis n° 8.

et Issy, était dans le bois de Vincennes, face à l'est, la gauche aux buttes, la droite vers Gravelle.

La 1ʳᵉ division (général de Malroy) dans le bois, en arrière de la division Faron; sa 1ʳᵉ brigade (général Martenot) venait de la presqu'île de Gennevilliers; sa 2ᵉ (général Paturel), de Vitry-sur-Seine.

La réserve d'artillerie du 1ᵉʳ corps, près des buttes.

(La 2ᵉ division de ce corps, général de Maud'huy, avait, comme nous l'avons vu, été définitivement attachée à la 3ᵉ armée.)

### 2ᵉ corps (général RENAULT).

La 1ʳᵉ division (général de Susbielle), arrivant de Levallois-Perret, était établie face à l'est, entre Charenton et Saint-Mandé.

La 2ᵉ division (général Berthaut), venue de Neuilly, était dans le bois, aux abords de la Capsulerie, sa gauche au château de Vincennes, sa droite vers les buttes.

La 3ᵉ division (général de Maussion), partie de Boulogne, était sur deux lignes, entre le lac des Minimes et Fontenay-sous-Bois.

La réserve d'artillerie du 2ᵉ corps, près du château de Vincennes.

### 3ᵉ corps (général d'EXEA).

La 1ʳᵉ division (général de Bellemare) qui arrivait de Courbevoie et de la Porte-Maillot, était sur le plateau de Tilmont, sa droite à la redoute de Fontenay, sa gauche aux redoutes de Montreuil et de la Boissière.

La 2ᵉ division (général Mattat), venue de Charenton, se trouvait établie dans la partie Est du bois de Vincennes, au delà du chemin de fer de Joinville.

# DÉFENSE DE PARIS.

Les mobiles Reille, partis de Créteil, avaient pris position en arrière de Joinville.

La réserve d'artillerie du 3ᵉ corps était dans le champ de manœuvres, au sud de l'Obélisque.

Tous les services administratifs se trouvaient réunis dans le Champ de Mars.

Les bateaux destinés à faire les divers ponts entre Bry et Joinville formaient une flottille réunie dans le canal de Saint-Maur. L'équipage de marche était sur l'avenue de Vincennes, à l'entrée du bois.

Près du fort de Rosny se trouvaient concentrées les troupes chargées de l'occupation d'Avron, 3,000 marins et la division d'Hugues.

Dans la soirée du 28 novembre le général en chef s'installa au village de Nogent. Là, dans un conseil de guerre, auquel étaient présents les généraux avec leurs chefs d'état-major, il fit un résumé de ses ordres de mouvement distribués la veille aux différents chefs de corps :

*Conseil de guerre au village de Nogent.*

### RÉSUMÉ DES ORDRES DU 29 NOVEMBRE.

#### *3ᵉ Corps.*

L'opération s'ouvrira par la prise du plateau d'Avron qui, tout en donnant à notre gauche un point d'appui équivalant à celui de la presqu'île de Saint-Maur à notre droite, menacera au loin les positions de l'ennemi et les routes suivies par ses convois à Gagny, à Chelles, à Gournay. Cela fait, un régiment (Seine-et-Marne) enlèvera Neuilly-sur-Marne. La division de Bellemare, suivant le mouvement, établira toute son artillerie dans la plaine de manière à canonner vigoureusement la ligne Villiers, Noisy-le-Grand. Les ponts une fois établis, la division de Bellemare franchira la Marne et se portera sur Noisy-le-Grand. — Cependant le reste du 3ᵉ corps (division Mattat et brigade Reille) passera la Marne aux deux premiers ponts de bateaux placés au-dessous de Nogent. — Remontant la Marne, ces trois brigades enlèveront Bry et la hauteur; de là on canonnera Noisy et Villiers.

Après un feu soutenu la division Mattat et la brigade Reille se jetteront sur Noisy en combinant leur attaque avec celle du général de Bellemare. Attaquée de front et sur ses deux ailes, il est probable que cette forte position tombera en notre pouvoir.

Noisy enlevé, toute notre artillerie s'échelonnant entre les villages de Noisy et Bry, foudroiera Villiers, clef de la position et objectif principal du 2ᵉ corps.

### 2ᵉ Corps.

Les trois divisions du 2ᵉ corps (Susbielle, Maussion, Berthaut), après avoir franchi la Marne au-dessous du plateau de Vincennes, se formeront face aux hauteurs de Champigny et de Villiers... La division de Susbielle, à droite de la route n° 45, entre la Fourche de Champigny et la Marne, la division Berthaut à gauche de la même route, près du Tremblay, la division de Maussion en réserve en arrière de Poulangis...

Après une vive canonnade les divisions marcheront en avant... La division Berthaut se portera sur Villiers, une brigade à gauche du chemin de fer, une brigade à droite. Cette position, attaquée ainsi par l'Ouest et par le Sud, devra l'être en même temps à l'Est et au Nord par le 3ᵉ corps lorsqu'il aura enlevé Noisy.

Vers la droite, la division de Susbielle, après avoir pris Champigny, cherchera à gagner la hauteur de Chennevières... Trois batteries de 12 et les batteries divisionnaires établies entre le chemin de fer et Champigny, appuieront le mouvement en tirant sur le village de Cœuilly et la tête du plateau.

La division de Maussion, passant entre ces batteries et débordant par la gauche la division de Susbielle, cherchera à enlever le village de Cœuilly en l'abordant de front avec sa première brigade et le tournant par la gauche avec sa deuxième.

Après l'occupation de Cœuilly et de Villiers par les divisions de Maussion et Berthaut, la division de Susbielle fera effort sur Chennevières. La division de Maussion poussera dans le parc de Cœuilly, cherchant à se rallier sur sa gauche à la division Berthaut, qui, dépassant Villiers, s'avancera dans le bois Saint-Martin...

Alors notre artillerie s'établissant au Nord et au Sud de Chennevières, nous assurera la possession du plateau et le 2ᵉ corps devra se borner à tenir solidement dans la position de Villiers,

Cœuilly, Chennevières, château de la Lande, ferme et bois Saint-Martin et des Bordes, sans chercher à gagner du terrain en avant.

### 1ᵉʳ *Corps.*

Le 1ᵉʳ corps (division Faron, division de Malroy), servira tout d'abord de soutien et de réserve...

Lorsque le 2ᵉ et le 3ᵉ corps seront établis sur les plateaux de Chennevières et de Villiers, le 1ᵉʳ corps suivra leur mouvement en passant entre Villiers-sur-Marne et Noisy-le-Grand, la division Faron en première ligne, la division de Malroy en deuxième ligne...

Cette première partie de l'opération ayant réussi, notre ligne de bataille devra s'étendre de Chennevières à la route de Noisy-le-Grand (à hauteur de Gournay) en passant par la ferme des Bordes, la ferme de Bois-Saint-Martin, la Grenouillère et la Haute-Maison.

Là il y aura un temps de halte pendant lequel la cavalerie, l'artillerie, l'équipage de ponts et tout le convoi se masseront sur le plateau de Villiers; l'artillerie et l'équipage de ponts suivant la route de Bry et de Noisy-le-Grand; les services administratifs et le convoi suivant la route de Villiers et de Malnoue...

La cavalerie occupant le centre du plateau entre le coude du chemin de fer de Mulhouse et Noisy-le-Grand.

Après ce premier moment d'arrêt, la marche en avant continuera. La division de Susbielle, abandonnant Chennevières, se portera vers la ferme des Bordes et vers le village de Malnoue. La division de Maussion poussera vers le parc de la Lande et le Plessis-Saint-Antoine, observant le village de Combaut.

La division Berthaut abordera le village de Malnoue par l'ouest en même temps que la division de Susbielle par le sud.

Le 1ᵉʳ corps se portera sur le bois de Lognes.

Le 3ᵉ corps sur le village de Champs et le bois de Grâce.

L'armée continuera sa marche vers l'Est, couverte par la cavalerie qui, avec 4 batteries d'artillerie, courra jusqu'à Lagny, détruira les ponts et observera les rives de la Marne.

Bientôt atteignant le Grand-Morin nous nous établirons sur le plateau de Coulommiers; de là, suivant les circonstances, nous nous dirigerons sur Bray ou sur Nogent, etc...

Le général en chef, après avoir complété et expliqué certaines parties de ses ordres, donna les dernières instructions (1). Il insista particulièrement sur la nécessité de tenir au début de l'action les troupes bien groupées dans la main de leurs chefs, en les faisant précéder d'un petit nombre de tirailleurs d'élite, et de brusquer les attaques, de manière à profiter du premier instant de surprise pour enlever rapidement les principales positions de l'ennemi. Le rôle de tirailleurs était dévolu aux diverses compagnies franches organisées dans chaque bataillon avec nos meilleurs cadres et nos meilleurs soldats.

Ces dispositions se trouvaient commandées par le peu d'instruction et le manque de solidité de nos troupes. Si l'on avait voulu employer les méthodes de combat dispersé commandées aujourd'hui par la perfection et la rapidité du tir, on se serait exposé dès le début à voir les hommes se coucher, s'embusquer derrière les moindres obstacles, et entamer des tireries dans lesquelles on aurait fait une consommation inutile de munitions, et qui auraient laissé à l'ennemi tout le temps nécessaire pour faire arriver ses renforts (2).

L'action de l'artillerie devant être des plus importantes, le Gouverneur avait fixé dans un ordre particulier le rôle qu'elle aurait à remplir.

ORDRE.

Paris, le 28 novembre 1870.

Le 29 au jour, dès que les objectifs seront bien visibles, les forts et les batteries de position ouvriront un feu très-lent, mais

---

(1) Voir aux pièces à l'appui, n° XX.

(2) Nous entrons dans ces explications, parce que des théoriciens peu expérimentés dans les choses de la guerre, nous ont reproché avec une certaine amertume les instructions données par nous sur la manière d'engager nos troupes.

continu et soigneusement pointé, sur les premières positions de l'ennemi, savoir :

Sur la Maison-Blanche, Ville-Évrard, Neuilly-sur-Marne, Bry-sur-Marne, le bois du Plant, bois l'Huillier, village de Champigny, pointe nord du plateau de Chennevières, à l'ouest et au-dessus de Cœuilly.

Pendant ce temps, les diverses colonnes s'avanceront, sans cependant se trop démasquer, et surtout sans gêner l'action de l'artillerie, et elles disposeront leurs tirailleurs, qui resteront couchés ou embusqués; après une canonnade d'une heure et demie environ, sur l'ordre donné par le général Ducrot, il sera tiré du fort de Nogent (bastion Sud-Ouest) cinq fusées de couleur. Pendant le tir des forts et batteries de position, l'artillerie de campagne, placée sur la rive droite de la Marne et dans la Boucle, aura reconnu ses emplacements, les occupera et entrera en action. Au signal des cinq fusées, le feu dirigé sur Neuilly-sur-Marne, Bry, les bois du Plant et l'Huillier, le village de Champigny cessera immédiatement; les colonnes, précédées de leurs tirailleurs, s'élanceront sur leurs premiers objectifs; après dix minutes d'arrêt, notre artillerie reprendra son feu avec une grande vivacité sur Noisy-le-Grand, Villiers, Cœuilly, Chennevières. Le feu durera exactement une heure, montre en main, puis il cessera, et les colonnes s'élanceront sur ces seconds objectifs.

A partir de ce moment, nos batteries devront chercher à bien suivre le mouvement des troupes, en les observant avec de bonnes longues-vues; elles se borneront à les soutenir sur leurs flancs, et en fouillant le terrain en avant à une certaine distance, de manière à ne pas les inquiéter.

Il est bien entendu que si les batteries ennemies en position et en rase campagne ouvraient le feu, toute notre artillerie concentrerait sur elles son action, et nos colonnes ne s'avanceraient que quand le feu de l'ennemi serait à peu près éteint; alors notre propre artillerie recommencerait à battre les objectifs désignés.

Paris, le 28 novembre 1870.

Le Gouverneur de Paris,<br>
Signé : Trochu.

Pour compléter ces mesures, deux décrets avaient été rendus par le Gouvernement de la Défense nationale.

Le premier, qui conférait au général Ducrot, s'il parvenait à franchir les lignes ennemies, le commandement en chef de l'armée de Paris et de l'armée de la Loire réunies.

Le second, qui transmettait le commandement en chef au général d'Exea « au cas où le général Ducrot, commandant la deuxième armée, serait tué à l'ennemi, ou « se trouverait hors d'état, par suite de blessure ou de « maladie, d'exercer son commandement. »

Ces deux décrets, datés du 27 novembre, avaient été signés par tous les membres du Gouvernement de la Défense nationale et par le ministre de la guerre (1).

<small>Le 28 au soir tout est prêt.</small>

« Le 28 au soir, dit M. Chaper, tout était prêt; les « troupes étaient averties qu'elles allaient avoir à livrer « une bataille, probablement plusieurs, à faire une longue expédition d'où le sort du pays dépendait; on leur « avait donné des vivres pour six jours, 108 cartouches « par homme; personne n'emportait de bagages, pas « même une couverture, les officiers et les généraux pas « plus que les autres. Toutes les voitures que l'on emmenait étaient chargées de cartouches et de munitions « d'artillerie. Le Gouverneur avait quitté la ville et porté « son quartier général au fort de Rosny, car il voulait « voir de près les événements et prendre sa part des « périls; avant de s'éloigner, il avait adressé à la population une proclamation qui annonçait l'effort si vivement désiré par l'opinion publique. Le Gouvernement « faisait afficher en même temps un appel à la concorde « et l'ordre du jour admirable adressé par le général « Ducrot à son armée. »

CITOYENS,

<small>Proclamation du Gouvernement de la Défense nationale.</small>

L'effort que réclamaient l'honneur et le salut de la France est engagé. Vous l'attendiez avec une patriotique impatience que vos chefs militaires avaient peine à modérer. Décidés comme vous à

---

(1) Voir aux pièces justificatives, n° XXI.

débusquer l'ennemi des lignes où il se retranche, et à courir au-devant de vos frères des départements, ils avaient le devoir de préparer de puissants moyens d'attaque. Ils les ont réunis ; maintenant ils combattent ; nos cœurs sont avec eux. Tous, nous sommes prêts à les suivre, et, comme eux, à verser notre sang pour la délivrance de la patrie.

A cette heure suprême où ils exposent noblement leur vie, nous leur devons le concours de notre constance et de notre vertu civique. Quelle que soit la violence des émotions qui nous agitent, ayons le courage de demeurer calmes. Quiconque fomenterait le moindre trouble dans la cité, trahirait la cause de ses défenseurs et servirait celle de la Prusse. De même que l'armée ne peut vaincre que par la discipline, nous ne pouvons résister que par l'union et l'ordre.

Nous comptons sur le succès, nous ne nous laisserons abattre par aucun revers... Cherchons surtout notre force dans l'inébranlable résolution d'étouffer, comme un germe de mort honteuse, tout ferment de discorde civile.

CITOYENS DE PARIS,
SOLDATS DE LA GARDE NATIONALE ET DE L'ARMÉE,

*Proclamation du Gouverneur.*

La politique d'envahissement et de conquête entend achever son œuvre. Elle introduit en Europe et prétend fonder en France le droit de la force. L'Europe peut subir cet outrage en silence ; mais la France veut combattre et nos frères nous appellent au dehors pour la lutte suprême.

Après tant de sang versé, le sang va couler de nouveau. Que la responsabilité en retombe sur ceux dont la détestable ambition foule aux pieds les lois de la civilisation moderne et de la justice ! Mettant notre confiance en Dieu, marchons en avant pour la patrie.

SOLDATS DE LA DEUXIÈME ARMÉE DE PARIS,

*Ordre du jour du général Ducrot.*

Le moment est venu de rompre le cercle de fer qui nous enserre depuis trop longtemps et menace de nous étouffer dans une lente et douloureuse agonie. A vous est dévolu l'honneur de tenter cette grande entreprise : vous vous en montrerez dignes, j'en ai la conviction.

Sans doute, vos débuts seront difficiles ; nous aurons à surmonter de sérieux obstacles ; il faut les envisager avec calme et résolution, sans exagération comme sans faiblesse.

La vérité, la voici : dès vos premiers pas, touchant nos avant-postes, nous trouverons d'implacables ennemis, rendus audacieux et confiants par de trop nombreux succès. Il y a donc là à faire un vigoureux effort; mais il n'est pas au dessus de vos forces; pour préparer notre action, la prévoyance de celui qui vous commande en chef a accumulé plus de 400 bouches à feu, dont deux tiers au moins du plus fort calibre; aucun obstacle matériel ne saurait y résister ; et pour vous élancer dans cette trouée, vous serez plus de 150,000, tous bien armés, bien équipés, abondamment pourvus de munitions, et, j'en ai l'espoir, tous animés d'une ardeur irrésistible.

Vainqueurs dans cette première période de la lutte, votre succès est assuré, car l'ennemi a envoyé sur les bords de la Loire ses plus nombreux et ses meilleurs soldats ; les efforts héroïques et heureux de vos frères les y retiendront.

Courage donc et confiance ! Songez que, dans cette lutte suprême, nous combattons pour notre honneur, pour notre liberté, pour le salut de notre chère et malheureuse patrie, et, si ce mobile n'est pas suffisant pour enflammer vos cœurs, pensez à vos champs dévastés, à vos familles ruinées, à vos sœurs, à vos femmes, à vos mères désolées !

Puisse cette pensée vous faire partager la soif de vengeance, la sourde rage qui m'animent, et vous inspirer le mépris du danger !

Pour moi, j'y suis bien résolu, j'en fais le serment devant vous, devant la nation tout entière : je ne rentrerai dans Paris que mort ou victorieux; vous pourrez me voir tomber, mais vous ne me verrez pas reculer. Alors ne vous arrêtez pas, mais vengez-moi.

En avant donc ! en avant, et que Dieu nous protège ! (1)

---

(1) Cet ordre du jour a été l'objet de quelques éloges et de beaucoup de critiques... Il ne nous appartient pas d'apprécier les uns et les autres ; mais nous pouvons affirmer que ces quelques phrases furent dictées spontanément et d'un seul trait dans la matinée du 27 novembre : elles exprimaient avec une parfaite sincérité et une chaleureuse émotion les sentiments qui remplissaient notre cœur à ce moment suprême !

Un écrivain distingué et impartial, M. Ch. de Mazade, a dit dans son *Histoire de la Guerre de France* : « On ne comprend plus entièrement « cet ordre du jour, lorsqu'on est sorti de cette fournaise ; mais replacé « à son vrai moment, dans son vrai cadre, il résumait la soif de ven- « geance, la sourde rage qui enflammaient tous les cœurs généreux « dans ce moment d'exaltation patriotique... »

Rien n'est plus vrai, à coup sûr.

Le texte original porte une seule rature : c'est le mot *désolé* substitué au mot *outragé*. — En effet, lorsque nous en donnions lecture au Gou-

« La lecture de ces proclamations, dit M. Chaper,
« la pensée des événements qui se préparaient avaient
« fait une impression profonde, et ceux qui ont passé
« dans Paris cette époque terrible oublieront difficile-
« ment la nuit du 28 au 29 novembre 1870 et l'émotion
« poignante avec laquelle on attendait le lever du jour
« et les premiers bruits du combat. »

## CHAPITRE II.

### CRUE DE LA MARNE. — LES PONTS NE PEUVENT ÊTRE ÉTABLIS LE 29 NOVEMBRE AU MATIN.

Tout le monde comprenait que le sort de Paris, de la France, allait se décider!... La confiance, l'enthousiasme, emplissaient les cœurs, quand un événement imprévu vint, au dernier moment, arrêter l'élan de tous...

Le général Ducrot voulant encore, une dernière fois, s'assurer que rien ne manquait aux préparatifs du len-

*Le général Ducrot*

---

verneur de Paris et à son chef d'état-major général, dans la soirée du 27, ils nous firent observer que rien dans la conduite de nos implacables ennemis n'autorisait, jusqu'alors, cette accusation d'outrage envers les femmes. — Soit, répondîmes-nous, et, séance tenante, nous substituâmes le mot *désolé* au mot *outragé*.

Mais le Gouverneur ayant demandé la suppression de la phrase par laquelle nous nous engagions à ne rentrer dans Paris que mort ou victorieux, nous nous y refusâmes tout d'abord, et comme il insistait en faisant ressortir qu'un pareil engagement était bien téméraire, et pourrait entraîner à de véritables actes de folie, nous lui dîmes : « Dans la par-
« tie qui va s'engager, se joue le sort de Paris, de la France tout en-
« tière... chacun doit être décidé à donner sa vie contre un tel enjeu ;
« pour mon compte personnel, j'y suis fermement résolu, et il faut que
« je fasse passer ce sentiment dans le cœur de mes soldats!... »

Ceux-là seuls qui étaient dans le rang au moment de la lecture de cet ordre peuvent apprécier si notre but fut réellement atteint... Ceux-là seuls également qui combattaient avec nous au plateau de Villiers peuvent dire s'il a dépendu de notre volonté que nos engagements ne fussent remplis !...

demain; se rendit, vers les 10 heures du soir, sur les bords de la Marne : les rampes d'accès étaient presque terminées, le matériel entier de pontonnerie, de batellerie, rassemblé dans le canal de Saint-Maur, les vapeurs chauffés et prêts à partir... Les accessoires, cordages, agrès, poutrelles, se trouvaient aménagés aux abords du pont de Joinville...

Tout allait donc au mieux...

Cependant, en suivant la berge, le général avait fait remarquer que l'eau semblait clapoter davantage..., que des débris, des branches d'arbres étaient entraînés par le courant. Une crue se manifestait évidemment; mais elle n'avait aucun caractère de gravité. Rassuré par les ingénieurs, le général reprit le chemin de Nogent, où il avait établi son quartier-général.

A onze heures du soir environ, les dernières dispositions prises, M. l'ingénieur en chef Krantz donna l'ordre de faire avancer les bateaux.

Malgré la force du courant, le souterrain de Saint-Maur fut rapidement traversé, et on déboucha en aval du pont de Joinville.

La flottille remise en ordre, on attaqua le passage dans le petit bras de la Marne.

*La Persévérance,* commandée par le capitaine Rieunier, prit la tête, et s'engagea avec son convoi sous la seule arche libre du pont. Mais la crue, grandissant rapidement, avait augmenté le courant, déjà très-violent (1).

« Une véritable barre s'était produite à l'amont. Re« jetée contre les piles, *la Persévérance* fut obligée de « se retirer. On força le feu, on chargea les soupapes, « on largua un peu les amarres du convoi pour le

---

(1) « Dès 9 heures du soir, des îles découvertes pendant la journée étaient envahies par les eaux. » (Rapport de M. Chaper.)

« rendre moins rigide, et on s'engagea une deuxième
« fois sous le pont.

« Le bateau vint de nouveau heurter les piles, mais
« il gagnait visiblement du terrain, quand trois pontons
« sombrèrent avec les hommes qui les montaient.

« Cet accident obligea le remorqueur à rétrograder ;
« on força encore la vapeur, on chargea les soupapes à
« outrance, et après avoir remis de l'ordre dans le con-
« voi, le bateau parvint à franchir la barre.

« Mais il était déjà trop tard ; on avait perdu un
« temps précieux ; il n'y avait plus de doute... on ne
« parviendrait pas à faire passer les convois et placer
« les ponts avant le jour... » (1)

Désespéré, M. Krantz informa immédiatement de cette situation le Gouverneur et le général de Chabaud-Latour ; puis il courut au fort de Nogent annoncer au général Ducrot qu'il était impossible, malgré les plus énergiques efforts, de faire franchir à la flottille le pont de Joinville, et qu'il ne fallait pas compter sur l'établissement des ponts pour l'heure convenue (2 heures du matin).

<small>Le général Ducrot est informé que les ponts ne pourront pas être construits avant le jour.</small>

Grande fut l'anxiété du général en chef, qui voyait ainsi toutes ses combinaisons déjouées.

Cependant, il s'agissait de prendre les résolutions commandées par les circonstances, il n'y avait pas un instant à perdre... Le général Ducrot monte à cheval, et se rend près du Gouverneur, au fort de Rosny.

<small>Conseil au fort de Rosny. (29 novembre, 3 h. du matin.)</small>

L'embarras était extrême !

Tous les corps, échelonnés de Charenton à Nogent, devaient rompre avant le jour... On ne pouvait changer les ordres de mouvement... le temps manquait. Mais, avant tout, le Gouverneur tenait à engager l'action,

---

(1) Extrait du rapport de M. Krantz. — Voir aux pièces justificatives, n° XIV.

car il redoutait pour les troupes, et plus encore pour la population parisienne, le fâcheux effet de cette nouvelle déception.

L'on examina si, transformant l'opération, il ne serait pas possible de porter nos efforts sur Chelles, Montfermeil, le parc du Raincy.

Après une étude attentive, après avoir entendu M. Ferdinand Duval (1), les agents voyers et forestiers qui étaient réunis autour de nous, il fut reconnu qu'une attaque de ce côté présenterait des difficultés insurmontables.

En effet, dans cette région, la vallée de la Marne, marécageuse en temps ordinaire, était alors inondée sur plusieurs points; tout l'espace entre Gournay et le chemin de fer se trouvait complétement couvert d'eau. La chaussée de la route de Strasbourg, formant un véritable défilé au milieu de ce marais, avait été coupée et barricadée près de Gournay; battu par les feux croisés de Champs, de la butte de Chelles, de Montfermeil, cet étroit passage était infranchissable.

Sur la gauche de la vallée, les hauteurs du Raincy, semées d'obstacles de tout genre, carrières, bois, murs, etc., fortifiées par plusieurs ouvrages de campagne, étaient au moins aussi inaccessibles.

Et même réussirions-nous à enlever ces positions du Raincy et de Montfermeil, que, notre objectif étant la forêt de Fontainebleau, il fallait toujours franchir la rivière, et dans de bien plus mauvaises conditions. Car, opérant notre passage en amont, les forts ne nous soutenaient plus, et nous nous trouvions pris entre deux feux par les troupes accourues du Nord de Paris et celles qui occupaient la rive gauche.

---

(1) M. Ferdinand Duval, aujourd'hui Préfet de la Seine, était spécialement chargé du service topographique.

Il était à la vérité possible encore d'établir des ponts en aval de Joinville, puisque toute la flottille avait franchi le canal de Saint-Maur; mais en ce point, la Marne se retourne tout à coup vers l'Est, la route et le cours de la rivière étant complétement vus des hauteurs de Chennevières, nos ponts auraient été balayés par l'artillerie; enfin, raison principale, nous n'avions de ce côté qu'un unique débouché : la grande rue de Joinville; c'était, en réalité, comme si nous n'avions eu qu'un seul pont... toute la journée aurait à peine suffi pour effectuer le passage.

Cette combinaison, pas plus que l'attaque sur le Raincy, ne pouvait donc être acceptée.

Faire rebrousser chemin à toute l'armée en la faisant passer par les portes et les rues de Paris pour la porter sur une autre extrémité et sur un nouveau champ de bataille eût été trop long, et réellement impossible, nos points d'appui n'auraient pas été préparés; de plus c'était marcher à l'encontre de l'armée de la Loire.

Aucun de ces projets n'étant réalisable, on décida que nous persisterions dans notre premier plan, en y apportant seulement quelques modifications nécessitées par ce fatal retard de vingt-quatre heures :

La deuxième armée reçut donc l'ordre de rester sur le plateau de Vincennes, à l'exception du 3ᵉ corps qui alla prendre position dans la plaine au Nord de Rosny, afin de couvrir la gauche d'Avron et d'empêcher un retour offensif de l'ennemi.

Nous discutâmes ensuite s'il convenait de contremander les diversions ordonnées vers Épinai, Buzenval, Choisy-le-Roi et dans la presqu'île de Gennevilliers.

Après un sérieux examen il fut décidé que nous laisserions s'exécuter ces diverses opérations.

L'attention des Allemands se trouvant déjà éveillée

*Il est décidé que les diversions auront lieu quand même le 29 au matin* par l'agglomération de la 1ʳᵉ armée autour de Vincennes et sur les bords de la Marne, il était probable que si rien ne se produisait sur les autres parties du périmètre, de nombreuses réserves arriveraient sur les plateaux de Villiers et de Chennevières, directement menacés. Si, au contraire, des diversions avaient lieu dans la matinée vers Saint-Denis, le Mont-Valérien, en avant de Bicêtre, l'ennemi pourrait croire que nos feux nombreux et tout ce grand mouvement de troupes aux environs de Vincennes n'étaient qu'une ruse de guerre... Dans tous les cas les forces ennemies engagées sur ces points éloignés seraient détournées du véritable objectif.

Quand on veut exécuter un grand passage de rivière ou toute autre opération de guerre analogue, on peut faire deux sortes de démonstrations pour donner le change à l'ennemi.

La première a lieu quelques heures seulement avant la véritable action, la deuxième vingt-quatre heures avant ou plus encore.

L'une est une démonstration tactique, l'autre une démonstration stratégique.

Le 28 au soir, il était décidé que les troupes de la 3ᵉ armée, du Mont-Valérien et de Saint-Denis, opérant presque en même temps que la 2ᵉ armée, feraient des démonstrations tactiques; le 29 au matin, après la crue, on transforma simplement ces démonstrations tactiques en démonstrations stratégiques.

On peut contester le bien fondé de ce changement, mais ce qui est certain, c'est que si le contre-ordre n'a pas été expédié avant le jour, ce n'est pas par oubli ou négligence, comme on l'a prétendu, mais par suite d'un plan rationnel, sérieusement étudié et longuement discuté.

Que les sacrifices fussent faits la veille de l'affaire

principale ou le jour même, peu importait, du moment où ils concouraient également au but commun.

Plus tard le général Trochu revint sur cette première détermination, et, vers les huit heures, il envoyait au général Vinoy, à l'amiral de La Roncière le Noury, au commandant du Mont-Valérien, avis du retard apporté dans le passage de la Marne et de l'ajournement de l'opération : chacun restant libre d'apprécier ce qu'il convenait de faire suivant le degré d'avancement et les résultats des actions entamées.

Ce retard de vingt-quatre heures nous porta grand préjudice, car non-seulement il nous contraignit à modifier nos combinaisons, mais la vue de forces imposantes sur le plateau de Vincennes amena l'ennemi à précipiter la concentration qui, d'après les ordres du grand quartier général, ne devait avoir lieu que le 30 à midi.

*Conséquences de ce retard de vingt-quatre heures.*

Nous lisons, en effet, dans les ouvrages officiels allemands :

« Dans le courant de novembre, la division wurtem-
« bergeoise était spécialement chargée de la garde de
« tout le terrain entre la Marne et la Haute-Seine ; le
« général d'Obernitz, commandant la division, avait
« son quartier-général au château du Piple.

« La 1<sup>re</sup> brigade, général-major de Reitzenstein, oc-
« cupait les positions de Villiers, Cœuilly et Chenne-
« vières ; ses avant-postes étaient au Bois-du-Plant et à
« Champigny.

« La 2<sup>e</sup> brigade, général-major de Starkoff, occupait
« le centre, c'est-à-dire la ligne Bonneuil-Ormesson-
« Sucy, et avait ses avant-postes à Bonneuil.

« La 3<sup>e</sup> brigade, colonel de Hügel, occupait la ligne
« Montmesly-la Folie.

« Depuis le commencement du mois, cette division
« était appuyée à droite par la 24<sup>e</sup> division d'infanterie

« (saxonne), qui avait reçu l'ordre de se placer à che-
« val sur la Marne pour servir de réserve à la division
« wurtembergeoise d'un côté, et à la 23ᵉ division d'in-
« fanterie de l'autre. Ses cantonnements étaient en ar-
« rière de Noisy-le-Grand, où elle n'avait que des avant-
« postes; la ligne de sentinelles avancées était établie
« le long de la Marne jusqu'à Bry.

« D'après des nouvelles de sources différentes, et
« d'après les observations faites par leurs avant-postes,
« les Allemands avaient été amenés à penser qu'une
« grande sortie de Paris se préparait pour la fin de no-
« vembre; et, suivant divers indices, cette sortie devait
« s'exécuter vers le sud ou le sud-est.

« En conséquence, le 26 novembre, le Prince Royal
« de Prusse ordonnait à la 7ᵉ brigade d'infanterie du
« 2ᵉ corps d'armée de se porter vers Villeneuve-Saint-
« Georges et Montgeron occupant les deux rives de la
« Seine (1). Le 28, la prise d'Amiens rendant impro-
« bable une trouée vers le nord, les prévisions d'une
« sortie vers le sud-est se confirmèrent de plus en plus.
« Aussi le 29, le grand quartier général allemand expé-
« diait la dépêche suivante au Prince Royal de Prusse,
« commandant la 3ᵉ armée stationnée au sud de Paris,
« ainsi qu'au Prince Royal de Saxe, commandant l'ar-
« mée de la Meuse, laquelle occupait le nord et le nord-
« ouest de la place :

« *D'après les renseignements que nous recevons de*
« *la 2ᵉ armée (Frédéric-Charles), il faut redouter*
« *une attaque sérieuse contre la division wurtember-*
« *geoise. La prise d'Amiens, qui a eu lieu hier,*
« *rend vaine toute tentative dirigée par le nord.*
« *Faites par conséquent soutenir la division wur-*

---

(1) Voir croquis n° 5.

« *tembergeoise par toutes les troupes disponibles.*

« Au reçu de ce télégramme, le Prince de Prusse fit
« passer sur la rive droite de la Seine, aux abords de Vil-
« leneuve-Saint-Georges, toute la 7ᵉ brigade (du 2ᵉ corps).

« Le commandant de l'armée de la Meuse, faisant une
« nouvelle répartition de ses forces, ordonna au 4ᵉ corps
« de s'étendre à gauche jusqu'à Montmorency; à la
« Garde d'appuyer jusqu'à Sevran, et à la 23ᵉ division
« d'appuyer jusqu'à la Marne; il prescrivit, en outre, à
« la 24ᵉ division d'infanterie de passer en entier sur la
« rive gauche de la Marne, et d'occuper le terrain de-
« puis Noisy-le-Grand jusqu'à Champigny. De cette ma-
« nière, la division wurtembergeoise, appuyée à son
« aile gauche par la 7ᵉ brigade d'infanterie, n'aurait plus
« à couvrir que la ligne de Champigny à Valenton. Ces
« changements devaient être exécutés le 30 à midi. »

Ainsi le 29 novembre, au moment où nous devions
attaquer, la division wurtembergeoise formait un mince
cordon depuis Villiers jusqu'à la Seine près de Villeneuve-Saint-Georges; une brigade saxonne, à sa droite,
fournissait les avant-postes de Bry et de Noisy-le-Grand,
mais le gros des troupes se trouvait à Gournay, prêt à
se porter d'un côté ou de l'autre de la Marne suivant la
direction de l'attaque. Le reste du corps saxon s'étendait jusqu'au delà du canal de l'Ourcq et se trouvait
ainsi fort éloigné de notre objectif.

Le 29, au début de l'action, nous ne devions donc
avoir affaire, entre Noisy-le-Grand et Chennevières, qu'à
une brigade wurtembergeoise et quelques bataillons
saxons.

Le 30, au contraire, par suite de la concentration or-
donnée entre la Seine et la Marne, nous allions rencontrer sur le même terrain, entre Noisy-le-Grand et
Chennevières, outre la brigade wurtembergeoise, une

brigade saxonne complète (la 48ᵉ), et bientôt la 47ᵉ brigade, qui avait reçu l'ordre d'occuper Chelles et d'appuyer à la Marne...

## CHAPITRE III.

### OCCUPATION DU PLATEAU D'AVRON.

(29 novembre).

*Composition des troupes aux ordres du contre-amiral Saisset.*

Pendant que la deuxième armée s'apprêtait à franchir la Marne, le contre-amiral Saisset avait pris ses dispositions pour s'emparer du plateau d'Avron (1).

Les troupes placées sous ses ordres se composaient :

1° De la division d'Hugues, réunie à Montreuil et aux environs, comprenant :

3 bataillons des mobiles de la Seine ;

1 bataillon des mobiles d'Ille-et-Vilaine ;

1 bataillon des mobiles de la Vendée ;

21ᵉ bataillon de chasseurs à pied ;

137ᵉ régiment de marche ;

7ᵉ bataillon de guerre de la garde nationale ;

3 batteries divisionnaires ;

2° De 3,000 marins.

3° D'un certain nombre de batteries aux ordres du colonel Stoffel :

8 pièces de 24 court de siège ;

2 pièces de 16 centimètres de marine ;

Une batterie de 12 de campagne, de la division de Bellemare ;

18 pièces de 12 de siège ;

Une batterie de 7 (canons de 12 transformés) ;

Une batterie de canons à balles, de gros calibre.

---

(1) Ce chapitre est tiré en grande partie de l'ouvrage *la Marine au Siège de Paris*, par le vice-amiral de La Roncière le Noury.

*Positions Françaises et Allemandes le 26 Novembre 1870.*

Le génie qui devait accompagner les colonnes était sous le commandement du lieutenant-colonel Devèze.

Ces troupes, rompant dans la soirée du 28 novembre, seraient appuyées dès le 29, au point du jour, par la division de Bellemare, qui, avec son artillerie divisionnaire, avait l'ordre d'occuper, dans la nuit du 28 au 29 novembre, les positions entre Rosny et la redoute de Fontenay ; 3,000 gardes nationaux mobilisés, sous les ordres du général d'Hugues, formeraient troisième ligne.

*Ordre de combat.*

Pendant la nuit, le contre-amiral Saisset devait se mettre en marche avec ses 3,000 marins, munis d'outils pour débroussailler le plateau et y ouvrir des voies. Appuyé par le 137ᵉ de ligne, il pousserait jusqu'à l'extrémité de l'éperon Est.

Cependant, deux bataillons de mobiles prendraient position aux château et parc d'Avron.

Dix compagnies de travailleurs, porteurs de gabions, de fascines, et suivies de voitures d'outils, élèveraient rapidement des travaux défensifs du côté du Raincy et de Gagny ; en même temps, elles prépareraient la construction de cinq batteries sur les emplacements suivants :

La 1ʳᵉ, à l'est des carrières, tirant sur Ville-Évrard et Noisy-le-Grand, tout en se défilant le plus possible des feux du Raincy ;

La 2ᵉ, à mi-distance entre les carrières et l'extrémité du plateau ;

La 3ᵉ et la 4ᵉ, sur l'éperon même, pour battre les carrières de Chelles ;

La 5ᵉ, au-dessus de Villemomble, battant Gagny.

Le colonel Stoffel avait ordre d'armer les épaulements, aussitôt que les travaux seraient suffisamment avancés.

La gauche de cette position étant sous le feu direct du Raincy, les pièces disponibles seraient placées près du parc d'Avron, de manière à battre avantageusement l'artillerie ennemie.

Le colonel Stoffel, d'accord avec le contre-amiral Saisset, devait également faire toute diligence pour que les batteries, principalement celles de 24 et de 12 de siége, fussent en position dès le point du jour du 29, et prêtes à appuyer l'armée du général Ducrot.

Afin de ne pas être arrêtés par des obstacles imprévus, des reconnaissances préliminaires seraient exécutées sur toutes les voies qui conduisent au plateau ; pendant la marche, chaque convoi de pièces serait précédé d'un détachement destiné à frayer le chemin.

Défense expresse était faite d'allumer toute espèce de feu pendant la durée des deux premières nuits d'opération.

*Les troupes du contre-amiral Saisset se mettent en marche vers leurs positions de rendez-vous. (28 novembre, 4 heures du soir.)*

Le 28, dès 4 heures du soir, toutes les troupes du contre-amiral Saisset se mettent en marche vers leurs positions de rendez-vous : les marins fusiliers et l'infanterie de Romainville et de Noisy sur les glacis du fort de Rosny ; les troupes du général d'Hugues en arrière de ce fort.

Favorisés par une brume épaisse, le contre-amiral Saisset, le lieutenant-colonel Devèze et le colonel Stoffel peuvent se rendre une dernière fois sur le plateau et régler l'emplacement de chacun.

*Le contre-amiral Saisset avance l'heure de l'attaque.*

*Prise du plateau d'Avron.*

L'amiral Saisset ayant acquis, pendant cette reconnaissance, la certitude que l'ennemi n'occupait pas le plateau d'Avron, modifie les instructions qu'il a reçues. Au lieu de se mettre en marche le 29 au matin, il commence son mouvement dès la nuit close.

La position est enlevée sans coup férir, les pièces

sont rapidement amenées, et dès la pointe du jour une partie est déjà en batterie.

Cette prise anticipée eût été incontestablement un grand avantage si le passage de la Marne s'était effectué le 29... après le retard imposé par la crue de la rivière, elle devint, au contraire, un inconvénient ; nos troupes, nos batteries établies sur le plateau appelèrent l'attention de l'ennemi. Mais il n'était plus possible de reculer, et l'installation se compléta pendant la journée du 29.

Six batteries s'établirent sur l'éperon sud-est du plateau, battant la Marne, ainsi que les versants de Villiers, Noisy-le-Grand, le pont de Gournay, Chelles et Montfermeil :  *On s'installe sur le Plateau.*

1° Batterie Labarthe, lieutenant de vaisseau, composée de 6 pièces de 12 de siége ;

2° Batterie Ardisson, lieutenant de vaisseau, composée de 4 pièces de 24 rayées de siége, et 2 pièces de 16 centimètres de marine ;

3° Batterie Marquis, lieutenant de vaisseau, composée de 4 pièces de 24 rayées de siége.

(Les deux batteries n° 2 et n° 3 sous la direction de M. Kiesel, lieutenant de vaisseau.)

4° Batterie Guibaud, lieutenant de vaisseau, 6 pièces de 12 de siége;

5° Batterie Orgillet, 6 canons de 7 se chargeant par la culasse ;

6° Batterie Tannery, 6 mitrailleuses.

(Ces deux dernières batteries servies par les volontaires du corps-franc d'artillerie.)

Dans la matinée, une troisième batterie (6 pièces de 12 de siége), servie par le corps-franc (batterie n° 7), vint prendre position à gauche de la batterie de 7.

Sur l'éperon nord-est une autre batterie de marine

(n°. 8) et deux batteries armées par l'artillerie de la garde nationale mobilisée devaient battre les abords de Livry, le Chesnay, le Raincy, le dépotoir et le pont de la Poudrette.

En arrière, sur le plateau, se trouvaient deux batteries attelées de réserve, sous les ordres du commandant David, la 3ᵉ et la 6ᵉ du 21ᵉ.

Les épaulements des batteries 1, 2, 3, 4, 8 avaient été préparés par les marins, ceux des batteries 5, 6, 7, furent élevés par les artilleurs du corps-franc.

Les pièces de position avaient reçu un premier approvisionnement de cent coups par pièce.

L'amiral Saisset, informé au point du jour que l'opération principale était remise au lendemain, prescrivit que tout le monde restât à son poste et attendît des ordres... vers midi, le général Trochu étant venu examiner la position, manifesta l'intention d'attaquer immédiatement les hauteurs du Raincy; il ordonna même de préparer des emplacements de batteries près de Beauséjour; mais ce projet fut bientôt abandonné, et la journée se passa à compléter les premiers travaux.

## CHAPITRE IV.

### ATTAQUE DE L'HAY (1).

( 29 Novembre. )

*Importance stratégique du village de L'Hay.* — Le village de L'Hay, situé sur le versant oriental de la Bièvre, forme un point stratégique d'une grande valeur; dominant et enfilant la vallée depuis Antony jusqu'à Arcueil, il se trouve à peu près à égale distance du plateau de Châtillon, de la Seine et de Paris.

---

(1) Voir croquis n° 6.

La possession de ce village, où viennent converger les routes de Villacoublay, Villejuif, Choisy-le-Roi, nous rendant maîtres de tout le terrain entre Thiais et Sceaux, permettait de gêner les communications ennemies depuis le plateau de Villacoublay jusqu'à Choisy-le-Roi.

De plus, par l'attaque de ce point, on apportait une utile diversion aux efforts que la 2ᵉ armée devait faire sur la rive droite de la Seine.

La prise de L'Hay était des plus difficiles : ce village se trouve contourné dans ses parties Est et Nord par la conduite d'eau souterraine de la Vanne ; cette levée de terre de 1 mètre de hauteur environ formant véritable enceinte, avait été reliée, par les Prussiens, à la Bièvre au moyen de tranchées ; dans sa partie Est ce retranchement était flanqué par un petit ouvrage voisin de la route de Chevilly ; sur tout le reste de la ligne, des angles, des crochets, sortes de tambours naturels, donnaient des feux croisés et augmentaient encore la résistance.

*Défenses tactiques de L'Hay.*

Derrière cette première ligne continue, des maisons isolées, des enclos, des parcs, un cimetière, des barricades aux carrefours présentaient autant de positions à enlever successivement avant d'arriver sur la place de l'Église, au centre du village, où l'ennemi avait organisé un réduit formidable, ainsi que dans les parcs Dubois et Chevreuil.

Du côté Ouest, L'Hay pouvant être tourné par les pentes qui dominent la Bièvre, les Allemands y avaient établi plusieurs lignes de défense ; les divers chemins creux descendant à la rivière se trouvaient organisés en retranchements, avec gradins pour fusillade et franchissement, rampes et passages pour l'artillerie, etc... de distance en distance étaient préparés quelques appuis pour pièces de campagne.

Le village de L'Hay formait donc une position redoutable, qui ne pouvait être tournée ni par les pentes de la Bièvre, ni du côté de la route de Chevilly ; il fallait attaquer de front et à découvert tous ces obstacles successifs. C'était une rude tâche pour des soldats de trois mois.

*Dispositions d'attaque.*
L'opération confiée au colonel Valentin, commandant la 1re brigade de la division de Maud'huy, doit s'exécuter de la manière suivante :

Le 110e de ligne, lieutenant-colonel Mimerel, établi avant le jour dans les tranchées au delà des Hautes-Bruyères, doit s'avancer en six colonnes; en deuxième ligne, sous le commandement du lieutenant-colonel Lespieau, le 2e bataillon des mobiles du Finistère, le 2e bataillon du 112e de ligne ; ces troupes également défilées dans la tranchée Tripier, sont appuyées à droite par le 3e bataillon du 112e de ligne et le 4e bataillon du Finistère établis à la Maison-Blanche, à gauche par le 1er bataillon du 109e de ligne derrière la ferme de la Saussaye.

En réserve, aux Hautes-Bruyères, le 1er bataillon du 112e ; entre les Hautes-Bruyères et Villejuif, les 2e et 3e bataillons du 109e ; à Villejuif et Moulin-Saquet le 111e de ligne.

Le fort de Bicêtre, le fort de Montrouge, les Hautes-Bruyères, Moulin-Saquet, la batterie Millaud, la batterie de 12 installée à droite des Bruyères, la batterie de la tenaille de Villejuif doivent couvrir de feux La Rue, Rungis, Fresnes, Bagneux, Bourg-la-Reine, Sceaux, L'Hay et Chevilly.

Toute cette artillerie sera secondée par deux batteries de mitrailleuses, l'une dans l'ouvrage Millaud, l'autre (4e du 9e) entre les Hautes-Bruyères et Villejuif, par deux batteries de 4 (3e et 4e du 2e) placées à gauche des Hautes-Bruyères, et une de 4, à hauteur de la tranchée Tripier, contre la route de Fontainebleau ; ces dernières batteries chargées de s'opposer à l'arrivée des renforts ennemis, ne doivent ouvrir le feu qu'au moment où l'infanterie entrera dans le village de L'Hay.

Chacune des six colonnes de première ligne a un objectif déterminé. *Objectifs des diverses colonnes.*

La colonne n° 1, commandant Bernard, partant de l'angle du parc de Cachan, doit suivre le chemin de Cachan à L'Hay, chercher à tourner la barricade B par la gauche et se diriger vers la place de l'Église. *Deux colonnes de droite. (1er bataillon du 110e.)*

La colonne n° 2, capitaine Puig, s'ébranlant cinq minutes après la première, passera entre le village et la Bièvre, tournera le parc A et s'avancera jusqu'à la route de Sceaux.

Ces deux colonnes, une fois dans L'Hay, s'établiront le plus solidement possible dans les maisons bordant les routes de Bourg-la-Reine.

La colonne n° 3, commandant Roblastre, et la colonne n° 4, capitaine Pérennès, doivent marcher sur le centre du village et s'emparer de la place de l'Église, où elles organiseront un réduit. *Deux colonnes du centre. (2e bataillon du 110e.)*

La colonne n° 5, capitaine Fabre, et la colonne n° 6, commandant Cristiani de Ravaran, se portant à droite et à gauche de la route de Villejuif à L'Hay, enlèveront le cimetière et la barricade voisine; maîtresses de la position, elles s'installeront solidement au carrefour D, de manière à résister aux retours offensifs qui pourraient venir par les routes de Chevilly, de La Rue, les parcs Chevreuil et Dubois. *Deux colonnes de gauche. (3e bataillon du 110e.)*

L'attaque doit commencer un peu avant le jour, afin que nos colonnes parviennent jusqu'aux premiers obstacles à la faveur de l'obscurité, sans être exposées au feu des murs crénelés, comme au 30 septembre.

Les directions ont été reconnues par les officiers chefs de colonne, afin d'éviter toute confusion.

<small>Les colonnes se portent en avant.
(6 h. du matin.)</small>

A 6 heures du matin, les différents objectifs battus par les forts et batteries de position, nos troupes sortent des tranchées et s'élancent hardiment sur L'Hay.

La 1<sup>re</sup> colonne se perd un instant et oblique trop vers la Bièvre ; mais bientôt ramenée sur sa route elle enlève les premières tranchées ennemies.

La 2<sup>e</sup> chasse les avant-postes prussiens des bords de la Bièvre, s'empare de la maison E ; mais arrêtée par le feu des tranchées, elle remonte vers la gauche, enlève les maisons qui sont sur la route de Cachan à L'Hay, en G, et se joint à la 1<sup>re</sup>.

Ces deux colonnes unissent leurs efforts contre la barricade ; écrasées par un feu très-vif des maisons et des tranchées voisines, elles ne peuvent avancer et sont obligées de s'abriter derrière des constructions sur la route de Cachan.

La 3<sup>e</sup> colonne refoule les grand'gardes prussiennes ; franchissant la levée de la Vanne, elle s'engage bravement dans un dédale de maisons, de jardins, d'enclos qui sont successivement enlevés.

Mais les pertes augmentent d'instant en instant, les balles arrivent de toutes parts... Nos officiers, malgré tout leur courage, ne peuvent entraîner leurs hommes ; il faut s'arrêter et attendre des renforts.

La 4<sup>e</sup> colonne, conduite avec la plus grande énergie, dépasse toutes les autres, déloge à la baïonnette un poste ennemi installé à quelque distance du village, s'empare des tranchées, des premières maisons, des jardins ; mais bientôt prise de flanc par le feu du cimetière, des enclos et des murs... elle est criblée de projectiles ; le capitaine Pérennès tombe frappé à mort... Nos soldats n'étant plus entraînés par leur vaillant chef ne peuvent aborder le centre du village.

La 5<sup>e</sup> colonne marche droit vers le cimetière ; accueillie par ce même feu de mousqueterie qui vient de repousser la colonne Pérennès, il lui est impossible d'avancer; néanmoins le lieutenant Chevé, avec sa section se jetant au milieu de la fusillade, essaye de tourner le cimetière et la barricade C ; en quelques instants la plupart de ses soldats sont atteints, lui-même tombe blessé... et bientôt cette poignée d'hommes se voit obligée de rétrograder jusqu'au premier abri.

La 6ᵉ colonne se précipite contre le parc H ; malgré un feu des plus meurtriers, elle parvient à franchir la levée de la Vanne ; l'intrépide lieutenant de Laumière pénètre même dans le parc, entraînant quelques hommes avec lui, mais il ne peut s'y maintenir, et la 6ᵉ colonne, décimée, ayant perdu son chef, le commandant Cristiani de Ravaran, se retire derrière la levée.

Bien que tous les avant-postes prussiens eussent été refoulés, bien que les tranchées, les premières maisons fussent en notre pouvoir, nous n'avions pu nous emparer d'aucun point important... le cimetière, les barricades, les parcs, restaient encore aux mains des Allemands, dont le nombre ne cessait d'augmenter... Pendant presque toute la durée de l'action, leurs renforts purent monter librement par les routes de Sceaux et de Bourg-la-Reine... ces débouchés étant insuffisamment battus par la batterie Millaud qui n'avait pas reçu les mitrailleuses annoncées. A 7 heures seulement ces troupes de soutien furent quelque peu inquiétées par trois canons à balles que le général de Maud'huy avait envoyés à la maison Millaud pour remplacer la batterie vainement attendue.

De Fresnes, de Rungis, accouraient également de nouvelles troupes, et toute la ligne de tranchées entre L'Hay et Chevilly se trouva bientôt garnie d'une nuée de tirailleurs qui prenaient de flanc nos colonnes déjà vivement éprouvées par le feu direct venant des parcs, des enclos et des maisons du village.

Tout en parvenant, malgré cette terrible fusillade, à se maintenir sur les positions conquises, le 110ᵉ de ligne n'en est pas moins cruellement éprouvé (7 h. 1/2) (1).

*La deuxième ligne se porte en avant.*

Sa première ligne compromise, le colonel Valentin fait avancer la deuxième (2ᵉ bataillon du 112ᵉ, 2ᵉ et 4ᵉ bataillons du Finistère), sous les ordres du lieutenant-colonel Lespieau.

Ces bataillons doivent marcher rapidement sur L'Hay sans faire feu ; parvenus à une centaine de mètres, ils essayeront d'enlever les parcs, le cimetière et toute la partie ouest du village.

A l'arrivée de ces troupes fraîches on tente un nouvel effort... tout le monde se porte en avant, quelques maisons, quelques enclos sont encore enlevés... Mais des murs, des tranchées, des barricades, pleut une grêle de balles ; le lieutenant-colonel Mimerel est blessé, officiers, soldats couvrent le sol de leurs blessés et de leurs morts... Nous sommes obligés de nous arrêter.

Le colonel Valentin, voyant qu'il ne peut briser la résistance acharnée de l'ennemi, envoie au commandant en chef de la 3ᵉ armée un billet au crayon (7 h. 50 m.) :

« Tout est engagé, moins une compagnie de mobiles
« appuyée à la route de L'Hay aux Bruyères ; la droite
« et le centre sont entrés dans L'Hay ; la gauche tient
« encore ; il ne reste donc plus qu'une compagnie en
« réserve. »

Aussitôt le général Vinoy adresse au Gouverneur la dépêche suivante :

« Nous sommes dans L'Hay, quoique vigoureusement

---

(1) L'on n'avait pu se retrancher convenablement, car les outils annoncés n'étaient pas arrivés, et les colonnes avaient dû se mettre en route à l'heure dite sans attendre davantage.

« défendu. Le génie n'a pas envoyé les outils que j'avais
« demandés. Il sera peut-être difficile de s'y maintenir.
« Les réserves ennemies arrivent. »

De tous côtés, en effet, les Allemands accourent sur le lieu du combat : de nombreuses batteries prennent rapidement position à Chevilly, La Rue, Bourg-la-Reine, Sceaux, derrière L'Hay ; malgré cette pluie de fer, nos soldats tiennent ferme et n'abandonnent le terrain que sur l'ordre de retraite donné par le commandant de la 3ᵉ armée, au reçu de la dépêche ci-jointe du Gouverneur (8 h. 35) :

Retraite.

« Prévenez Vinoy, La Roncière, Beaufort, Liniers,
« que la grande opération est ajournée par suite de crue
« de la Marne et rupture du barrage. La suite de leur
« opération doit se mesurer sur cet incident. Ils seront
« juges ; adresez leur cette dépêche. »

Le colonel Valentin replie ses troupes sous la protection des forts et de plusieurs batteries de campagne échelonnées le long des tranchées.

Pour mieux appuyer la gauche un peu en l'air et exposée aux feux de Chevilly, le général de Maud'huy porte en avant une batterie de 4 qui, avec une batterie de position, tient l'ennemi en respect et l'oblige à rester derrière ses murailles. Mais les Allemands, sans quitter leurs créneaux, nous tuent encore beaucoup de monde, en fusillant de loin nos soldats obligés, avant de gagner leurs tranchées, de parcourir plus d'un kilomètre sur un terrain complétement nu et découvert... Cependant, nous parvenons, sans trop de désordre, à reprendre nos premières positions (10 heures).

Cette chaude affaire nous avait coûté près de 1,000 hommes, sur lesquels le 110ᵉ comptait 620 hommes et 19 officiers.

Observations sur le combat de L'Hay

Ce régiment, qui avait porté tout l'effort de la lutte,

s'était brillamment montré, et si le succès ne couronna pas ses sacrifices, c'est qu'il était venu se heurter à de formidables obstacles défendus par des troupes sans cesse renforcées et renouvelées.

Le combat de L'Hay démontre une fois de plus l'inconvénient de cette diversité d'attributions pour tous les services spéciaux.

Ainsi une batterie de mitrailleuses devait, dès le 28 au soir, être envoyée par le service de l'artillerie de Paris, à l'ouvrage de la maison Millaud; cette batterie n'arriva pas.

Les six colonnes devaient être munies de pioches, pelles, pétards... Ces outils, fournis par le génie territorial, auraient dû être donnés la veille à six heures du soir; rien n'arriva, et nos malheureux soldats ne purent se retrancher dans les maisons et les positions enlevées au prix de leur sang. On eut les outils seulement à 10 heures du matin, alors que tout était terminé.

# Combat de l'Hay (29 Novembre 1870)

## Positions à 7$^{hres}$ ½ du matin

○ Points de départ des colonnes d'attaque

## PERTES AU COMBAT DE L'HAY
(29 novembre 1870.)

| NOMS | GRADES | OFFICIERS | | | TROUPE | | |
|---|---|---|---|---|---|---|---|
| | | TUÉS | BLESSÉS | DISPARUS | TUÉS | BLESSÉS | DISPARUS |
| **110ᵉ régiment de ligne.** | | | | | | | |
| Mimerel | Lieut.-colonel | » | 1 | » | » | » | » |
| Cristiani de Ravaran | Chef de bat<sup>on</sup> | 1 | » | » | » | » | » |
| Fabre | Capitaine | 1 | » | » | » | » | » |
| Pérennès | d° | 1 | » | » | » | » | » |
| Carré | d° | » | » | 1 | » | » | » |
| Duparcq | d° | » | » | 1 | » | » | » |
| Huet | Lieutenant | 1 | » | » | » | » | » |
| Raynaud | d° | 1 | » | » | » | » | » |
| Lang | d° | » | 1 | » | » | » | » |
| Lemoine | d° | » | » | 1 | » | » | » |
| Boinet | d° | » | » | 1 | » | » | » |
| Abadie | d° | » | 1 | » | » | » | » |
| De Laumière | d° | » | 1 | » | » | » | » |
| Vallet | S<sup>s</sup>-lieutenant | 1 | » | » | » | » | » |
| Renaud | d° | » | 1 | » | » | » | » |
| Lecomte | d° | » | 1 | » | » | » | » |
| Chevé | d° | » | 1 | » | » | » | » |
| Baillet | d° | » | 1 | » | » | » | » |
| Du Saussois du Jonc | d° | » | 1 | » | » | » | » |
| Troupe | | » | » | » | 85 | 455 | 80 |
| Totaux | | 6 | 9 | 4 | 85 | 455 | 80 |
| **112ᵉ régiment de ligne.** | | | | | | | |
| Bach | Capitaine | 1 | » | » | » | » | » |
| Noël | Lieutenant | » | ★ 1 | » | » | » | » |
| Bouteiller | S<sup>s</sup>-lieutenant | » | 1 | » | » | » | » |
| Franceschi | d° | » | 1 | » | » | » | » |
| Troupe | | » | » | » | 32 | 161 | » |
| Totaux | | 1 | 3 | » | 32 | 161 | » |

★ Ce signe indique que l'officier est mort de ses blessures.

### Garde mobile du Finistère.

| NOMS | GRADES | OFFICIERS | | | TROUPE | |
|---|---|---|---|---|---|---|
| | | TUÉS | BLESSÉS | DISPARUS | TUÉS | BLESSÉS |
| 2ᵉ BATAILLON : | | | | | | |
| De Kerdanet | Capitaine | 1 | » | » | » | » |
| De Goësbriant | dº | 1 | » | » | » | » |
| Salzac | Lieutenant | » | 1 | » | » | » |
| Troupe | ....... | » | » | » | 8 | 32 |
| 4ᵉ BATAILLON : | | | | | | |
| De Réals | Chef de batᵒⁿ | » | 1 | » | » | » |
| Dulong de Rosnay | Capitaine | » | 1 | » | » | » |
| Anthony | dº | » | 1 | » | » | » |
| Troupe | ....... | » | » | » | 14 | 89 |
| Totaux | | 2 | 4 | » | 22 | 121 |

## RÉCAPITULATION DES PERTES.

| RÉGIMENTS | OFFICIERS | | | TROUPE | | |
|---|---|---|---|---|---|---|
| | TUÉS | BLESSÉS | DISPARUS | TUÉS | BLESSÉS | |
| 110ᵉ régiment de ligne | 6 | 9 | 4 | 85 | 455 | |
| 112ᵉ dº dº | 1 | 3 | » | 32 | 161 | |
| Mobiles du Finistère | 2 | 4 | » | 22 | 121 | |
| Totaux | 9 | 16 | 4 | 139 | 737 | |
| TOTAL GÉNÉRAL | | | 990 | | | |

Les blessés (Divᵒⁿ de Maud'huy) furent recueillis par les ambulances divisionnaires installés sous des tentes sur les pentes de la Bièvre, entre Arcueil et le fort de Bicêtre Ils furent enlevés dans la journée par les transports de la Presse et de la Sᵗᵉ de secour

## CHAPITRE V.

#### PRISE DE LA GARE-AUX-BŒUFS.

Pendant que la division de Maud'huy attaquait L'Hay, la division Pothuau devait faire une démonstration sur les bords de la Seine, en prenant la Gare-aux-Bœufs, près de Choisy-le-Roi. But de l'opération.

Dès le 28 au soir, le contre-amiral Pothuau se rend au fort d'Ivry.

Sa division se compose :

1° De la brigade Salmon ;

2° De 4 bataillons de mobiles (Marne, Indre, Puy-de-Dôme et Somme), formant une nouvelle brigade de 4,100 présents, commandée par le colonel Champion ;

3° De 4 bataillons de gardes nationaux mobilisés, les 106°, 116°, 127° et 17°, sous les ordres du colonel Roger du Nord, et campés, depuis la veille, au Petit-Ivry.

En dehors de cette pointe sur la Gare-aux-Bœufs, la division Pothuau doit garder en permanence la ligne de tranchées qui s'étend de la Seine au Moulin-Saquet, où elle se reliera avec la division de Maud'huy.

Sur cette ligne se trouvaient plusieurs ouvrages et batteries :

1° La redoute du bord de l'eau, établie à un kilomètre en avant de Port-à-l'Anglais, et occupée par une batterie attelée de 12 ;

2° La batterie du pont Mazagran, près du chemin de fer d'Orléans, armée de 3 pièces en fonte de 22 centimètres ;

3° La batterie de la pépinière de Vitry, armée de 6 pièces de 22 centimètres.

Soutenue en arrière par le feu des forts et de toutes ces batteries, la division Pothuau doit être appuyée dans sa marche en avant par deux wagons blindés et des batteries flottantes : les wagons blindés prenant position sur la ligne d'Orléans, près de la Pépinière, et les canonnières remontant la Seine à hauteur des troupes engagées.

<small>La division Pothuau se met en mouvement à 4 h. du matin.</small>

Le 29, à 4 heures du matin, la division Pothuau s'ébranle (1).

Deux bataillons de fusiliers-marins, un bataillon d'infanterie de marine, quittent le fort d'Ivry, et rallient leurs compagnies établies dans les tranchées de Vitry depuis la veille au soir (2).

La garde nationale vient se placer en réserve, non loin de Port-à-l'Anglais.

<small>Prise de la Gare-aux-Bœufs de Choisy-le-Roi.</small>

A 6 heures 1/2, après une vive canonnade des forts et batteries de position, deux compagnies de fusiliers-marins, sous les ordres du capitaine de frégate Desprez, sortent des tranchées, et s'avancent à droite et à gauche du remblai du chemin de fer, suivies de 30 hommes du génie, porteurs de fascines et gabions ; deux compagnies de garde nationale mobilisée, des 106ᵉ et 116ᵉ bataillons, marchent à quelque distance, servant de soutien.

Sans se laisser arrêter par la mousqueterie de la gare de Choisy et des maisons crénelées de droite, nos marins poussent rapidement à l'ennemi... En moins de 20 minutes, ils arrivent à la Gare-aux-Bœufs, enlèvent le poste des Prussiens, qui, surpris par cette brusque atta-

---

(1) Voir croquis n° 7.

(2) Ces compagnies avaient relevé les avant-postes de la division de Malroy, partie pour rejoindre la 2ᵉ armée.

que, se retirent précipitamment, nous laissant 5 prisonniers.

La flottille protége le mouvement et ouvre son feu contre les premières maisons de Choisy-le-Roy, pendant qu'une vive fusillade s'engage à petite distance avec les défenseurs de cette ville.

La batterie d'artillerie de 12 (capitaine Guérin), qui arme la redoute du bord de l'eau, se porte en avant... soutenue par le feu des chaloupes-canonnières, elle parvient à se maintenir, malgré les feux convergents de l'artillerie ennemie.

Depuis plusieurs heures déjà, nous occupions ce poste avancé de la Gare-aux-Bœufs, où les marins avaient terminé tous les travaux de défense, lorsque le contre-amiral Pothuau reçut du commandant de la 3e armée l'ordre de l'évacuer.

Notre retraite, que l'ennemi ne songea pas à inquiéter, se fit dans le plus grand ordre.

Ce léger engagement, où nous n'avions eu que 8 blessés, coûta à l'ennemi 18 hommes, dont 5 prisonniers.

La brigade de la marine fut ensuite chargée de garder la ligne de tranchées depuis la Seine jusques et y compris la batterie de la Pépinière; la brigade de mobiles gardant les tranchées depuis la Pépinière jusqu'à l'extrême droite, près de Moulin-Saquet (1).

---

(1) Ce chapitre est tiré en grande partie de l'ouvrage *La Marine au Siége de Paris*, par le vice-amiral de La Roncière le Noury.

(Tableau.)

## PERTES DES ALLEMANDS AUX COMBATS DE L'HAY ET LA GARE-AUX-BŒUFS
(29 novembre 1870.)

| RÉGIMENTS | | OFFICIERS | | | TROUPE | | |
|---|---|---|---|---|---|---|---|
| | | TUÉS | BLESSÉS | DISPARUS | TUÉS | BLESSÉS | DISPARUS |
| COMBAT DE L'HAY : | | | | | | | |
| 2ᵉ corps bavarois... | 9ᵉ régᵗ d'infanterie | » | » | » | » | 11 | » |
| | 5ᵉ — d'artillerie | » | » | » | » | 1 | » |
| 6ᵉ corps... | 63ᵉ — d'infanterie | 2 | 1 | » | 12 | 35 | » |
| | 23ᵉ — — | » | » | » | 1 | 11 | » |
| | 62ᵉ — — | 1 | 3 | » | 16 | 42 | » |
| | 22ᵉ — — | » | » | » | » | 2 | » |
| | 6ᵉ bataillon de chasseurs | » | » | » | » | 1 | » |
| | 10ᵉ régᵗ de grenadiers | » | » | » | 1 | 2 | » |
| COMBAT DE LA GARE-AUX-BŒUFS : | | | | | | | |
| 6ᵉ corps... | 8ᵉ régᵗ de dragons | » | » | » | » | 1 | » |
| | 6ᵉ — d'artillerie | » | » | » | » | 2 | » |
| | 10ᵉ — de grenadiers | » | » | » | » | 9 | 5 |
| | 4ᵉ bataillon de pionniers | » | » | » | » | 1 | » |
| TOTAUX | | 3 | 4 | » | 30 | 118 | 5 |
| TOTAL GÉNÉRAL | | | | 160 | | | |

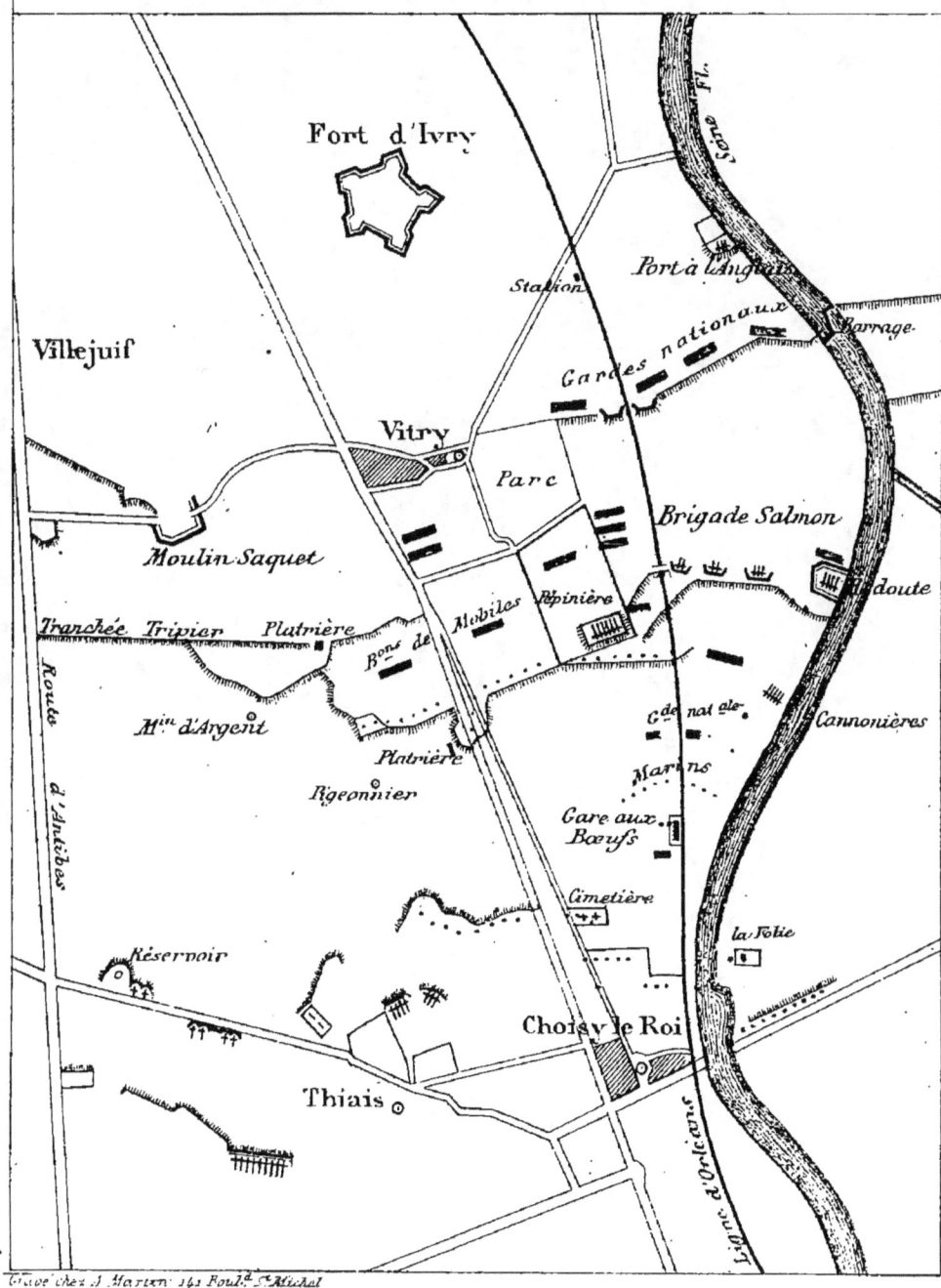

## CHAPITRE VI.

### DÉMONSTRATIONS AU NORD ET A L'OUEST DE PARIS.

En même temps que le général Vinoy faisait une démonstration au sud, l'amiral de La Roncière le Noury, se portant sur la route du Havre, devait enlever le village d'Épinai.

Placé sur une étroite langue de terre limitée au sud par la Seine, au nord par les inondations d'un ruisseau venant du lac d'Enghien, ce village, presque partout entouré d'eau, abordable seulement par une de ses extrémités, se trouvait sous le feu des batteries d'Orgemont, de la Barre, de Deuil, de la butte Pinçon ; enfin de nombreuses forces ennemies, cantonnées à Saint-Gratien, se trouvaient à proximité.

*Position du village d'Épinai.*

L'attaque d'Épinai présentait donc les difficultés les plus sérieuses, et, après la prise, ces difficultés, loin de diminuer, ne faisaient qu'augmenter; les feux croisés de toutes ces batteries rendant intenable la position. Il y avait donc lieu, afin de ne pas perdre l'effet moral d'un premier succès, de se préoccuper des dispositions à prendre pour l'évacuer, sans y être forcé par l'ennemi.

La nuit favorisant une retraite dans ces conditions, le vice-amiral décida que l'attaque d'Épinai aurait lieu dans l'après-midi.

Le général Hanrion, chargé de l'opération, a sous ses ordres :

*Le général Hanrion est chargé de l'attaque d'Épinai.*

2 compagnies de marins-fusiliers, le 135ᵉ de ligne, les 1ᵉʳ, 2ᵉ et 10ᵉ bataillons des mobiles de la Seine; la brigade Lamothe-Tenet forme réserve.

Toutes ces troupes prendront position en avant du fort de la Briche, attendant l'effet produit par la canonnade des batteries de Saint-Ouen, de la Briche.

Les colonnes se mettront ensuite en marche, soutenues à gauche par une batterie flottante ainsi que par une batterie de 4, établie dans la presqu'île de Gennevilliers, au nord de la redoute de Villeneuve.

Pour flanquer la droite de l'opération, et empêcher l'ennemi de nous couper la retraite par la route de Montmorency, on renforcera les postes du Temps-Perdu et de Villetaneuse.

*Le général Lavoignet est chargé de faire une démonstration en avant du fort d'Aubervilliers.*

La 3ᵉ brigade du corps de Saint-Denis devait, en même temps, faire une diversion en avant du fort d'Aubervilliers, ayant pour objectif Drancy, afin d'occuper les troupes du Bourget et de Blanc-Mesnil.

Le général Lavoignet, commandant de cette brigade, avait à sa disposition :

3 bataillons de mobiles de Saône-et-Loire ;
3 bataillons de mobiles de l'Hérault ;
Les 15ᵉ et 16ᵉ mobiles de la Seine ;
3 bataillons du 134ᵉ de ligne.

Une division de cavalerie (général Bertin de Vaux) devait soutenir l'attaque, et l'ensemble de l'opération être appuyé par les forts d'Aubervilliers, Romainville, Noisy, et une batterie installée à la Courneuve.

Pour relier ces deux opérations et maintenir l'ennemi entre les routes de Gonesse et de Calais, deux bataillons de mobiles de la Seine, les 17ᵉ et 18ᵉ, devaient prendre position au moulin de Stains.

L'attaque allait avoir lieu, lorsque arriva le contre-ordre général, occasionné par l'impossibilité de franchir la Marne, et l'on rentra dans les cantonnements.

*Démonstration du général de Liniers dans*

Sur le front Ouest, le général de Liniers, commandant la 3ᵉ division de la 3ᵉ armée, devait opérer dans la prèsqu'île de Gennevilliers, et faire le simulacre de jeter un pont sur la Seine aux abords de l'île Marante. Il avait à sa disposition un certain nombre de bataillons de mobiles des Côtes-du-Nord, de Seine-et-Oise, de l'Aisne, les ouvrages de la presqu'île avaient reçu un complément d'artillerie, des mortiers avaient été placés dans les batteries, à droite et à gauche du pont d'Argenteuil, des fusées, dans les batteries de la digue, à portée d'Argenteuil et de Bezons.

la presqu'île de Gennevilliers.

Le matériel de pontage nécessaire avait été réuni par les soins du capitaine Benoît-Champy, des Éclaireurs Franchetti, très-expérimenté en batellerie.

Dans la nuit du 28 au 29 novembre, pendant que nos batteries couvraient de projectiles les positions allemandes entre Houilles et Argenteuil, un pont était jeté sur le canal qui sépare l'île Marante de la presqu'île de Gennevilliers. Nos soldats, passant dans l'île, y établirent une tranchée-abri; en arrière, un gabionnage fut construit sur le chemin de fer de Rouen, près du pont des Anglais; toute la nuit, les travaux d'attaque furent continués.

Le général de Liniers était relié à gauche, par quelques bataillons de mobiles, avec le général de Beaufort, commandant la 4ᵉ division de la 3ᵉ armée, chargé de faire une démonstration en avant du Mont-Valérien. Dès le point du jour, ce dernier s'était avancé sur les hauteurs de Bois-Préau et de Malmaison, menaçant Buzenval.

Au reçu de la dépêche du Gouverneur, nos troupes rentrèrent dans leurs cantonnements.

Ainsi, le 29 novembre, toutes les démonstrations reçurent un commencement d'exécution; elles ne furent arrêtées que par la dépêche du Gouverneur, laissant chacun libre d'apprécier ce qu'il convenait de faire, suivant les résultats obtenus. L'amiral de La Roncière seul n'avait pas été engagé, l'action sur Épinai ne devant commencer que l'après-midi.

*La division de Susbielle est détachée du 2ᵉ corps.*

Sur plusieurs points du périmètre de Paris, l'ennemi avait donc eu à subir des attaques, mais pas assez soutenues pour lui donner le change. Déjà, en effet, son attention était sérieusement appelée, du côté de l'Est, par l'occupation du plateau d'Avron ; par les masses de troupes que l'on pouvait apercevoir, depuis Noisy-le-Sec jusqu'au plateau de Vincennes ; par le sifflet des locomotives, des remorqueurs ; par les feux allumés dans la nuit du 28 au 29 ; en un mot, par tout le bruit et le mouvement, résultat naturel d'une agglomération de plus de 100,000 hommes et de 300 bouches à feu dans un étroit espace.

On devait donc s'attendre à trouver, dans la matinée du 30, entre Noisy-le-Grand et Chennevières, des troupes nombreuses et sur leur garde. Afin d'empêcher l'arrivée des renforts, il fut décidé que la division de Susbielle serait détachée du 2ᵉ corps, pour faire une vigoureuse diversion dans la direction de Montmesly, et arrêter, au moins, les troupes qui passeraient de la rive gauche sur la rive droite de la Seine. En cas de succès, le général de Susbielle, traversant la plaine de Bonneuil, chercherait à gagner les hauteurs d'Ormesson, pour se relier à la droite de la 2ᵉ armée.

*Nouvelles instructions pour le 30 novembre.*

Les modifications apportées à l'exécution du plan général, exposé dans l'ordre du 28, motivèrent de nouvelles instructions, qui furent résumées dans un ordre en date du 30 ; elles étaient la conséquence forcée des changements apportés dans les positions des différents corps par les mouvements exécutés pendant la journée du 29, et par la mission particulière confiée à la division de Susbielle.

Il en résulta que certaines troupes n'eurent plus les

mêmes objectifs; mais, bien entendu, l'ensemble de l'opération restait toujours le même.

## CHAPITRE VII.

### ORDRE DE MOUVEMENT POUR LE 30 NOVEMBRE.

« La division Susbielle ira bivouaquer ce soir, 29 no-
« vembre, en arrière de Créteil, afin d'être en mesure
« d'occuper, demain matin à 7 heures, le plateau de
« Montmesly.

« Cette division aura pour réserves les troupes qui
« occupent en ce moment Maisons-Alfort et Créteil.

« Le 1$^{er}$ corps commencera à franchir la Marne demain
« matin au point du jour (7 heures), l'infanterie sur le
« pont de Joinville qui vient d'être réparé, l'artillerie
« sur les ponts de bateaux en aval.

« La division Berthaut commencera à passer la Marne
« à 7 heures, au pont du centre, en face de Poulangis ;
« son artillerie divisionnaire passera au pont en amont,
« au-dessous de Nogent.

« La division de Maussion passera la Marne à 7 heu-
« res au pont d'infanterie, au-dessous de Nogent ; son ar-
« tillerie divisionnaire suivra celle du général Berthaut.

« Le 3$^e$ corps, destiné à opérer sur la rive droite,
« commencera son mouvement à 7 heures ; il dispo-
« sera de toute son artillerie de réserve, moins une
« batterie laissée à Avron. Il lui sera adjoint trois bat-
« teries de 12, prises dans la réserve générale.

« Le reste de l'artillerie de la réserve générale fran-
« chira la Marne après les batteries divisionnaires, au
« pont d'amont, au-dessous de Nogent.

« La cavalerie marchant à la suite du 3$^e$ corps, se

« formera derrière lui, à droite et à gauche de la route
« de Strasbourg; elle passera la Marne sur les mêmes
« ponts que le 3ᵉ corps quand le moment sera venu.

« Le grand équipage de ponts viendra prendre posi-
« tion sur la route de Strasbourg, à 8 heures du ma-
« tin, derrière le 3ᵉ corps. Sa tête de colonne se tien-
« dra à hauteur du carrefour de Plaisance, jusqu'au mo-
« ment de l'occupation de Neuilly-sur-Marne; alors il se
« portera en avant, et jettera deux ponts, si c'est possi-
« ble, à l'endroit où la route se rapproche le plus de la
« Marne, à portée d'un bon chemin.

« Les services administratifs seront réunis au champ
« de manœuvres entre 8 et 9 heures du matin. Ils fran-
« chiront la Marne au pont d'aval, près de Joinville,
« lorsque le mouvement sur l'autre rive s'accentuera.

« Les parcs et réserve d'artillerie traverseront la
« Marne au pont d'amont, au dessous de Nogent.

« *P. S.* Si le passage était trop long aux deux ponts
« jetés près de Neuilly-sur-Marne, la cavalerie, en to-
« talité ou en partie, redescendrait pour passer au pont
« de Nogent.

« Après avoir franchi la Marne, le 1ᵉʳ corps se for-
« mera à droite et à gauche de la route de Joinville à
« Villiers; les batteries divisionnaires, entre les deux
« brigades de chaque division, si le terrain le permet;
« l'artillerie de réserve, sur la gauche de la grand'route.

« La division Berthaut s'établira derrière la ferme
« de Poulangis.

« La division de Maussion, dans le même ordre, der-
« rière la ferme du Tremblay. »

En vertu des instructions particulières données à
chaque général, la division de Maussion devait porter
une de ses brigades sur le village de Bry, l'autre sur le
plateau de Villiers; les deux brigades de la division

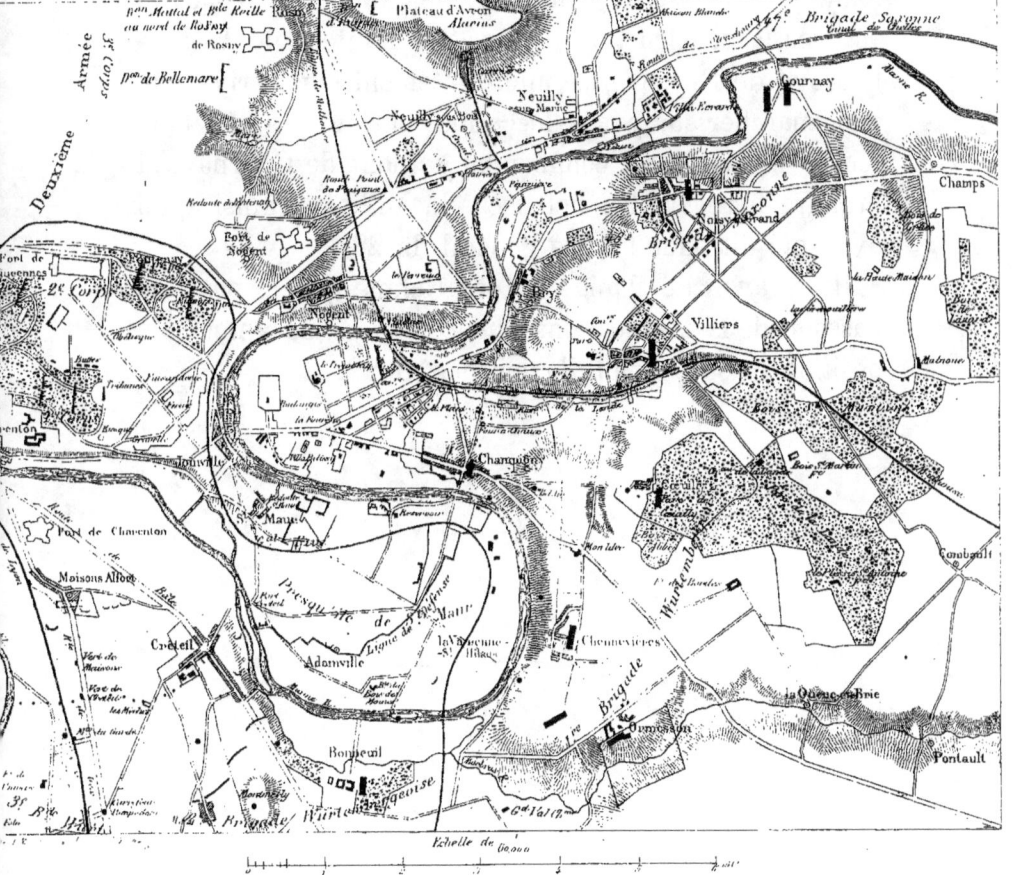

Berthaut avaient mission d'appuyer cette dernière attaque, partie de front, partie sur le flanc droit.

Le 1er corps devait, après la prise de Champigny, porter tout son effort sur le plateau de Chennevières et le parc de Cœuilly.

Le 3e corps, comme on l'a vu plus haut, devait, dès l'entrée en action, s'emparer de Neuilly-sur-Marne, assurer la construction des ponts à hauteur de la Plâtrière et de Bry, passer immédiatement sur la rive gauche, marcher sur Noisy-le-Grand, et s'emparer des hauteurs, de manière à commander le pont de Gournay, et prendre à revers les défenses de Villiers, ainsi qu'il avait été dit dans l'ordre général du 28.

Il n'y avait de changé au programme que le point de passage de la Marne, conséquence obligée de la nouvelle position prise pendant la journée du 29.

# LIVRE VIII

## BATAILLES DE LA MARNE

(30 novembre - 2 décembre)

BRY. — VILLIERS. — CŒUILLY. — CHAMPIGNY.

## PREMIÈRE PARTIE

### BATAILLES DE CHAMPIGNY, VILLIERS, CŒUILLY

(30 novembre)

#### CHAPITRE PREMIER.

PASSAGE DE LA MARNE ET PREMIÈRES OPÉRATIONS.

Le 30 novembre avant le jour, la 2ᵉ armée descendant du plateau de Vincennes s'achemine vers la Marne par de nombreuses rampes d'accès ; chaque colonne se dirige sur le pont qui lui a été désigné.

Nos forts, nos batteries tonnent à la fois.

Le fort de Nogent, les redoutes de la Faisanderie, de Saint-Maur, les batteries du Réservoir, du village de Nogent, couvrent de projectiles le plateau de Villiers, Champigny, le Bois-l'Huilier, le bois du Plant, Bry-sur-

*Canonnade des forts et batteries de position.*

Marne... Vers la gauche, Avron, avec ses gros calibres, écrase de feux Neuilly-sur-Marne, Villa-Évrard, la Maison-Blanche.

Tout le terrain compris entre les hauteurs du Raincy et la vallée du Morbras est sillonné par une multitude d'obus qui, se croisant dans tous les sens, semblent frayer un chemin à nos soldats (1).

*La 2ᵉ armée franchit la Marne.*

A droite, vers 6 heures 1/2, le mouvement commence par la division Faron (1ʳᵉ du 1ᵉʳ corps); elle passe au pont de Joinville, précédée du 1ᵉʳ bataillon du 113ᵉ, commandant Besson, et d'une demi-section du génie, sous-lieutenant Montès (2).

Pendant que deux compagnies de cette avant-garde se portent à gauche vers le Tremblay, le reste du bataillon s'avance sur la Fourche de Champigny (3).

N'éprouvant aucune résistance, le commandant Besson poursuit sa marche vers la droite et s'arrête sur la grande route, à hauteur du Bois-l'Huilier, où il est rejoint par les deux premières compagnies qui reviennent du Tremblay, abandonné par l'ennemi.

Quelques coups de feu seulement sont échangés avec

---

(1) Le poste du Tremblay, enfilant à 500 mètres les ponts de Nogent et pouvant gêner le passage, est battu directement en brèche par une batterie de campagne établie, par ordre du général en chef, sur le bord du plateau, près de la Faisanderie. Cette batterie (capitaine Brasilier) est une des trois batteries mobiles affectées à la presqu'île de Saint-Maur.

(2) La 15ᵉ compagnie de sapeurs du 3ᵉ régiment du génie, faisant partie du 1ᵉʳ corps d'armée, était divisée en deux sections : la première, attachée à la division Faron; la seconde, capitaine Granade, attachée au quartier général du général Blanchard.

La 1ʳᵉ section formait deux détachements :

La 1ʳᵉ demi-section, capitaine de La Taille, marchait avec la brigade du général de La Mariouse;

La 2ᵉ demi-section, sous-lieutenant Montès, marchait avec l'avant-garde.

(3) Croisée des routes de Champigny et de Bry-sur-Marne.

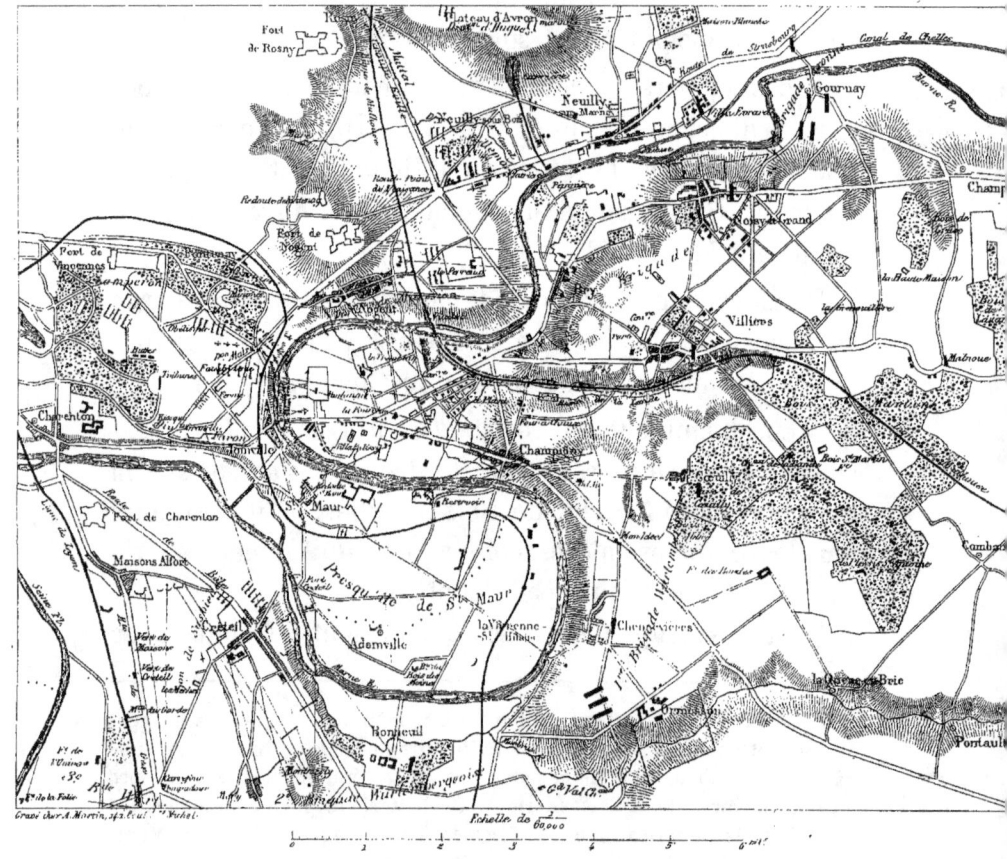

les avant-postes prussiens établis entre les deux routes de Champigny et de Villiers.

Cependant infanterie et artillerie défilent sans relâche, la division Faron sur le pont de Joinville, la division de Malroy (3ᵉ du 1ᵉʳ corps), sur ceux de l'île Fanac, les batteries divisionnaires sur le pont établi au débouché du canal de Saint-Maur (1).

Les généraux Faron et de Malroy s'avancent dans la plaine, à droite et à gauche de la route nº 45, laissant la chaussée libre pour l'artillerie.

Plus à gauche, la division Berthaut (2ᵉ du 2ᵉ corps), passe la Marne à la pointe Nord de l'île Fanac, pendant que la division de Maussion (3ᵉ du 2ᵉ corps), venant du Perreux, traverse la rivière aux ponts de bateaux de Nogent.

En moins de deux heures ces quatre divisions ont franchi la Marne et sont établies sur la rive gauche (2). *Positions vers 8 h. 1/2.*

La division Faron, à 500 mètres au delà de la Fourche, occupe la grande plaine, entre la Marne et la route de Champigny, sur deux lignes de bataillons ployés en colonne; la première ligne, 113ᵉ et 114ᵉ de la 1ʳᵉ brigade (colonel Comte), est à hauteur du Bois-l'Huilier, couverte à 3 ou 400 mètres par quelques compagnies; en seconde ligne se trouvent les trois régiments de la 2ᵉ brigade (général de la Mariouse), le 35ᵉ appuyé à la route, le régiment de la Vendée au centre, le 42ᵉ près de la Marne (3). *Division Faron.*

---

(1) Voir croquis nº 9.
(2) Les 1ᵉʳ et 2ᵉ corps n'avaient en ligne que quatre divisions :
    la division de Maud'huy (2ᵉ du 1ᵉʳ corps) ayant été cédée à la 3ᵉ armée;
    la division de Susbielle (1ʳᵉ du 2ᵉ corps) étant chargée de faire une diversion sur Montmesly.
(3) Voir croquis nº 10.

L'artillerie divisionnaire, commandant Magdeleine, prend position à droite de la route, abritée derrière les maisons de la Fourche. En avant de la première ligne, la demi-section du génie, sous la direction du commandant de Bussy, fait de vastes brèches dans les murs qui, barrant la plaine, pourraient gêner la marche de nos colonnes d'attaque.

<small>Divisions de Malroy et de Maussion.</small>

La division de Malroy se forme en avant de Poulangis.

La division de Maussion est massée sur deux lignes en arrière du Tremblay, sa gauche appuyée à la Marne, son artillerie divisionnaire entre les deux brigades.

<small>Division Berthaut.</small>

La division Berthaut, établie sur la droite, à hauteur du parc de Poulangis, est en colonne par brigade.

Nous avons ainsi en première ligne : les divisions Faron et de Maussion; en seconde ligne, les divisions de Malroy et Berthaut.

Pendant que l'artillerie du 1$^{er}$ corps achevait son passage de rivière sur le pont de Joinville, celle du 2$^e$ sur le pont de Nogent, le général en chef, au signal du fort de Nogent, donne l'ordre à la division de Maussion de marcher sur le village de Bry ; ce point enlevé, elle devait attaquer de front le parc de Villiers, pendant que la division Berthaut essayerait de le tourner par la droite, et que le 3$^e$ corps, maître de Noisy-le-Grand, le prendrait à revers.

<small>La division de Maussion se met en marche et enlève la voûte du chemin de fer de Mulhouse.</small>

Établie sur deux lignes, la division de Maussion s'ébranle, précédée par son bataillon de francs-tireurs et par la compagnie des éclaireurs du quartier-général (1),

---

(1) Le capitaine de Néverlée, du 1$^{er}$ cuirassiers, officier d'ordonnance du général Ducrot, avait été autorisé à former une compagnie de francs-tireurs. Le rôle de cette compagnie d'une quarantaine d'hommes, choisis parmi ceux qui s'étaient fait remarquer depuis le commencement du siége, consistait, dans le principe, à faire de petites opérations de nuit. Les utiles services qu'elle rendit, notamment à Saint-Cloud, décidèrent le général Ducrot à la porter à cent trente hommes, et à adjoindre au ca-

après le passage de la Marne (30 Novembre 8ʰ ½ du matin.)

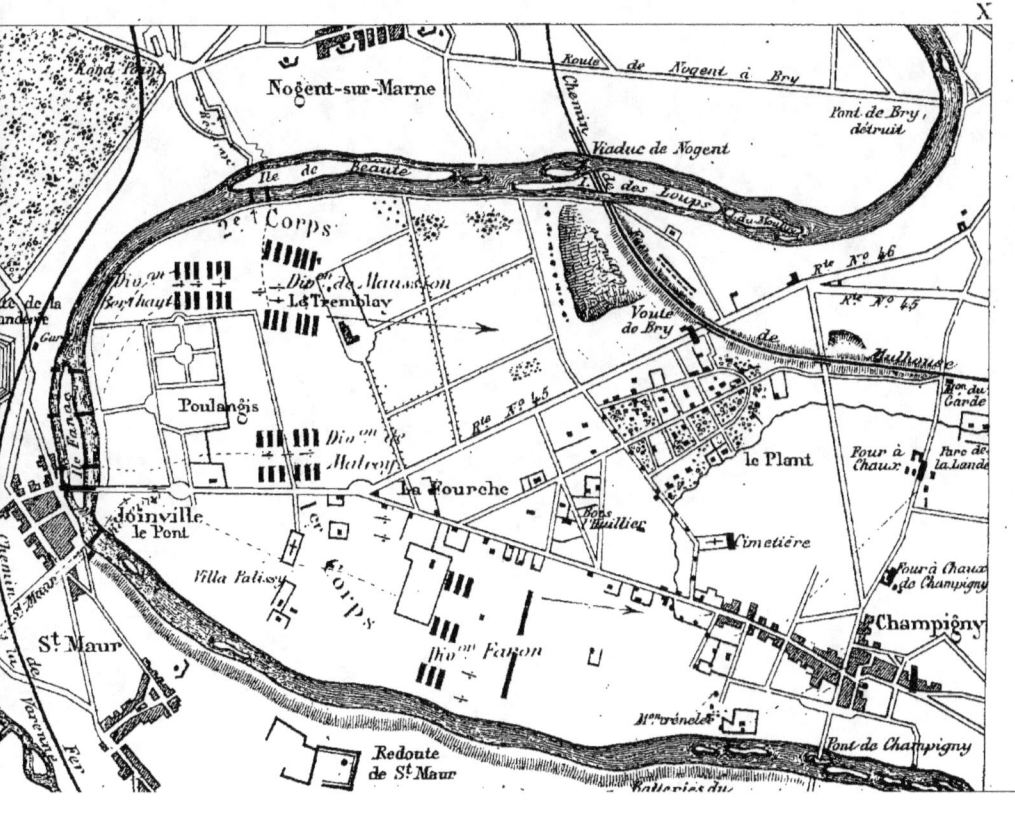

formant une longue ligne de tirailleurs entre la route n° 45 et la Marne.

Les avant-postes saxons établis dans le bois du Plant engagent la fusillade, mais ils ne tardent pas à être refoulés, et quelques prisonniers restent entre nos mains.

Presque aussitôt, à hauteur du remblai du chemin de fer, nous sommes arrêtés : une barricade, établie sous la voûte, ferme le chemin... nos jeunes soldats n'osent aborder l'obstacle.

Sentant le danger d'un moment d'hésitation au début du combat, le général en chef court sur la barricade... nos tirailleurs le suivent... le retranchement est enlevé (1).

Poussant au delà du chemin de fer, nous bousculons les postes ennemis et faisons de nouveaux prisonniers.

La batterie du capitaine Nismes, franchissant la voûte, s'avance rapidement par la route de Villiers, précédée de nos tirailleurs, qui escaladent les pentes couvertes de vignes, et arrivent, en quelques minutes, au bord du plateau.

---

pitaine de Néverlée un lieutenant; M. de Luxer, lieutenant aux francs-tireurs de la division de Maussion, fut désigné, et dès le 20 novembre la compagnie était constituée de la manière suivante :

      M. de Néverlée, capitaine ;
      M. de Luxer, lieutenant ;
      35 hommes du 4ᵉ zouaves ;
      65 — des 123ᵉ, 124ᵉ, 125ᵉ, 126ᵉ, 136ᵉ régiments de ligne ;
      14 mobiles de Seine-et-Marne ;
      5 volontaires Suédois, Danois ;
      1 volontaire Américain.

Total 122.

On lui adjoignait parfois un sous-lieutenant du génie avec quelques sapeurs, pour les opérations de nuit.

La compagnie restait attachée à l'état major sous la désignation d'éclaireurs volontaires de l'état-major ou d'éclaireurs du quartier général.

(1) « .... Ébranlant de sa main les gabions, le général Ducrot excite « familièrement les soldats en leur montrant que ce n'est pas plus diffi- « cile que cela. » (Ch. de Mazade, *Guerre de France*, t. II, p. 202.)

Cependant, toute la division de Maussion a traversé le chemin de fer, les bataillons passant les uns sous la voûte, les autres par-dessus le remblai.

La 1ʳᵉ brigade, général Avril de l'Enclos, forme première ligne de la route de Villiers à la Marne, le 124ᵉ à droite, le 123ᵉ à gauche; la 2ᵉ brigade (125ᵉ, 126ᵉ) en deuxième ligne aux abords du chemin de fer.

Le 3ᵉ bataillon du 123ᵉ, extrême gauche de la première ligne, se dirige sur le village de Bry, que l'ennemi nous abandonne sans combat.

A 10 heures, nous couronnions déjà toutes les crêtes du plateau de Villiers. Mais avant de pousser plus loin, nous attendons l'arrivée des batteries de réserve, qui n'ont pu effectuer leur passage qu'après le reste de l'armée.

<small>Marche de la division Berthaut.</small> La division Berthaut s'était également mise en marche; la 1ʳᵉ brigade, général Bocher, après avoir traversé le Plant, devait longer le chemin de fer de Mulhouse, pour appuyer la division de Malroy, chargée d'enlever les fours à chaux; la 2ᵉ brigade, colonel de Miribel, franchissant la voûte de Champigny, se porterait au nord de la voie ferrée, et formerait ainsi la droite de la division de Maussion.

Le 119ᵉ de ligne, tête de colonne de la brigade Bocher, traverse le bois du Plant et se dirige vers le ravin de la Lande... pendant que les premières compagnies de son 1ᵉʳ bataillon s'emparent des maisons voisines du cimetière de Champigny, il déloge l'avant-poste ennemi, embusqué dans le petit bois de la Lande.

Au même instant, les tirailleurs de la division de Malroy arrivent au chemin de Bry à Champigny, et font quelques prisonniers dans le grand four à chaux.

De l'autre côté du chemin de fer, la brigade de Miribel gagne rapidement du terrain; deux de ses bataillons, en tirailleurs, se relient avec ceux de la division de Maussion; deux autres bataillons forment seconde ligne, les deux derniers en réserve.

Ainsi, à la gauche et au centre, tout marchait bien; nos soldats s'engageaient avec résolution et refoulaient successivement l'ennemi de ses premiers postes.

A notre droite, l'action se poursuivait avec le même entrain.

*Marche de la division Faron.*

A peine la division Faron est-elle formée dans la plaine, entre la Marne et la route de Champigny, qu'une batterie ennemie, s'établissant derrière un épaulement au bord du plateau de Chennevières, ouvre son feu sur nos deux lignes qui attendent le signal de l'attaque.

Le général Faron déploie toute sa première brigade plus directement exposée, et prescrit au commandant Magdeleine de faire avancer la 3ᵉ batterie du 9ᵉ, capitaine Lourdel-Hénaut, laquelle prenant immédiatement position à 150 mètres en avant de la 2ᵉ brigade, ne tarde pas à être soutenue par une batterie de la réserve du 1ᵉʳ corps, la 16ᵉ du 9ᵉ, capitaine Michel.

Ces deux batteries, bien qu'appuyées par la batterie du Réservoir établie de l'autre côté de la rivière, ne peuvent réussir à éteindre le feu des pièces ennemies; lesquelles, grâce à leur position dominante et à l'épaulement qui les couvre, échappent à nos coups, tout en nous faisant éprouver des pertes sensibles : un capitaine du 113ᵉ, M. Trécesson, est tué, un sous-lieutenant d'artillerie, M. Alis, est blessé, plusieurs hommes sont atteints... Nos régiments cependant font bonne contenance, mais il était impossible de les laisser longtemps inactifs sous ce feu plongeant et meurtrier.

Enfin le signal est donné... toute la division se porte en avant.

<small>Attaque et prise du village de Champigny par le 113ᵉ de ligne. (9 heures.)</small>

Le 1ᵉʳ bataillon du 113ᵉ se jette sur Champigny, les deux premières compagnies à gauche de la route, la troisième à droite. En un instant les premières maisons, la barricade de la grande rue sont enlevées; l'ennemi n'oppose qu'une faible résistance, et bientôt nos tirailleurs arrivent jusqu'au centre du village (1).

Le commandant Besson, avec le reste du bataillon, pénètre dans la rue, ayant à sa droite les deux autres bataillons du régiment (commandants de Poulpiquet et Combarieu). Tout cède devant nous, beaucoup d'Allemands restés dans les maisons tombent entre nos mains, et les trois premières compagnies du 1ᵉʳ bataillon peuvent s'avancer jusqu'à l'extrémité de Champigny (9 heures 1/2). Poursuivant leurs avantages, ces compagnies escaladent les pentes du plateau de Cœuilly, les deux premières sous la conduite du capitaine de Margeot, entre les deux routes de Chennevières, la troisième sur la nouvelle route. Les groupes ennemis sont bousculés et la batterie prussienne, qui nous avait vivement inquiétés au début de l'action, bat rapidement en retraite.

<small>Champigny est fortifié.</small>

Le lieutenant-colonel Pottier, commandant le 113ᵉ, prend ses dispositions pour garder Champigny.

De concert avec le génie, les 2ᵉ et 3ᵉ bataillons retournent contre l'ennemi les défenses qu'il vient d'abandonner. La demi-section du génie du lieutenant Montès fortifie

---

(1) Le village de Champigny venait d'être occupé par le 1ᵉʳ bataillon du 107ᵉ Saxon, qui avait relevé un bataillon du 1ᵉʳ régiment Wurtembergeois; le mouvement s'était effectué à la pointe du jour, vers 7 heures. C'était la première fois que les Saxons occupaient ce poste, et il faut attribuer à cette circonstance le peu de résistance qu'ils nous ont opposée.

la tête du village; les maisons à droite et à gauche de la route sont crénelées; des communications intérieures sont établies à travers les murs, la propriété située à la fourche des deux routes de Chennevières est solidement organisée. En même temps la demi-section de sapeurs du capitaine de la Taille démolit la forte barricade qui barre l'entrée de la Grande-Rue.

En avant, nos trois compagnies, maîtresses du versant dominant Champigny, se relient vers la droite à d'autres tirailleurs du 113ᵉ qui défendent la plaine jusqu'à la Marne.

Vers 10 heures, nous étions donc complétement maîtres de toute la presqu'île; nos tirailleurs formaient une longue ligne appuyée d'un côté à la Marne, à l'est de Champigny, de l'autre aux grands parcs de Bry (1). *Positions vers 10 heures.*

Le 113ᵉ occupait Champigny, le reste de la division Faron se tenait massé dans la plaine en arrière de ce village. *Division Faron.*

La division de Malroy avait pris position derrière les fours à chaux. *Division de Malroy.*

Devant elle se trouvaient deux batteries de la réserve du 1ᵉʳ corps, commandant Dorat, qui, aussitôt après la prise de Champigny, s'étaient établies : la 15ᵉ d'artillerie de marine, capitaine Caris, sur le chemin de Champigny à Bry, près du grand four à chaux; la 4ᵉ du 12ᵉ, capitaine Salin, sur le même chemin, mais plus à droite; sur la pente du ravin de la Lande, était la batterie de mitrailleuses de la division de Malroy, 12ᵉ montée de la marine, capitaine Chaule.

Ces trois batteries, au centre de notre position, devaient contrebattre l'artillerie prussienne de Villiers et de l'éperon de Cœuilly.

---

(1) Voir croquis n° 11.

**Division Berthaut.**

A hauteur de la division de Malroy la division Berthaut formait deux colonnes séparées par le chemin de fer de Mulhouse : d'un côté, la brigade Bocher, couverte par le 1er bataillon du 119e de ligne, gardait l'intervalle entre cette ligne et le ravin de la Lande ; de l'autre, la brigade de Miribel s'étendait du chemin de fer à la route de Villiers, ayant en avant d'elle, à hauteur de la maison du garde, deux bataillons en tirailleurs, le 4e et le 5e du Loiret.

**Division de Maussion.**

Au nord de la route, la 1re brigade de la division de Maussion occupait les pentes de Villiers jusqu'au delà de Bry, la 2e brigade de cette division formant réserve.

Pendant que nos troupes enlevaient les premiers obstacles et gagnaient du terrain, les forts et batteries de position continuant leur feu, allongeaient successivement leur tir pour battre des objectifs plus éloignés.

## CHAPITRE II.

### OPÉRATIONS DU 2e CORPS SUR LE PLATEAU DE VILLIERS.

### Attaque de Villiers.

Parvenus d'un premier élan, pour ainsi dire, sur la ligne de crête de Villiers et de Cœuilly, nous allions nous heurter sur les plateaux à des obstacles formidables. Français et Allemands vont se disputer pied à pied un terrain où tout se prête à la défensive : les accidents du sol, les murs, les habitations, les parcs, vont devenir le théâtre de rudes et sanglants combats ; sur la gauche, l'effort principal de la journée se concentrera devant Villiers ; cette position ayant joué le plus grand rôle, nous allons en donner quelques détails.

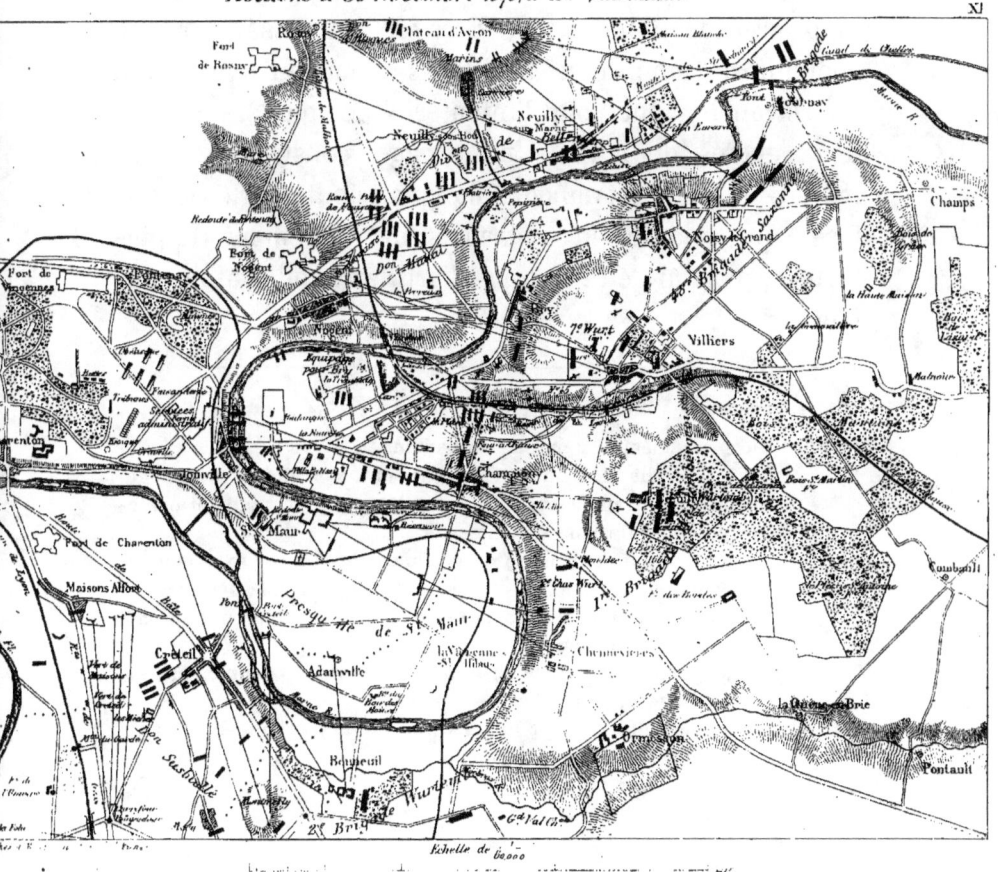

A quelques centaines de mètres de la crête au dessus de Bry se développe le parc de Villiers, dont le mur ouest, long de 400 mètres, court parallèlement à la ligne de faîte (1). Garni de créneaux, ce mur, haut de 2 mètres, s'étend entre la route n° 45 et le chemin de Bry à Villiers; interrompu dans une certaine partie, vers ce dernier chemin, il est remplacé par un saut-de-loup précédé d'une haie; derrière ce fossé, pouvant contenir de nombreux tirailleurs, l'ennemi avait établi un retranchement pour l'infanterie, de manière à avoir deux étages de feux. Un ouvrage construit vers le milieu, sorte de tambour, flanquait toute cette longue face, qui, placée en contre-bas du renflement du plateau, ne pouvait être vue par l'artillerie qu'à faible distance.

---

(1) Défenses de Villiers, voir croquis n° 12 :

| | |
|---|---|
| *ac db.* | Murs crénelés de 2 mètres de hauteur. |
| *c.* | Petite tourelle donnant un flanquement à droite et à gauche, flanquement augmenté par le petit ouvrage *f*, pouvant contenir une quinzaine d'hommes. |
| *cd.* | Fossé maçonné de 1 mètre de profondeur; le bord extérieur est couronné d'une haie très-épaisse, formant obstacle sérieux. Une porte pratiquée dans la tourelle fait communiquer le parc avec le fossé et l'ouvrage *f*. |
| *l.* | Retranchement avec banquette pour l'infanterie, donnant un second étage de feux. |
| *mn.* | Retranchements formant une seconde ligne de défense, et pouvant contenir chacun 50 hommes. |
| *p.* | Appui pour une pièce. |
| *q.* | Épaulement gabionné pour une pièce sur pivot. |
| *e.* | Épaulement pour 2 pièces séparées par une traverse. |
| *ab.* | Mur crénelé de 2m50. |
| *hi.* | Fossé maçonné plein d'eau. |
| *r.* | Batterie dirigée sur le four à chaux et les pentes de Cœuilly. |
| *A.* | Batterie. |
| *s.* | Vieux cimetière disposé pour tirer par-dessus les murs. |
| *y.* | Cimetière neuf, pouvant contenir 300 hommes. |
| *z.* | Tranchée prolongeant la défense ouest du cimetière. |
| *x.* | Propriété isolée, crénelée. |
| *kt.* | Murs crénelés. |

A l'angle sud, un pan coupé, organisé pour deux pièces, enfilait la route n° 45 et le chemin de fer; au milieu du parc, s'élevait une plate-forme, destinée à recevoir une pièce blindée, dont le champ de tir circulaire permettait de battre le plateau. Plusieurs appuis avaient été également préparés pour recevoir des pièces de campagne, ayant des vues sur tout le terrain environnant. Des tranchées, construites à quelque distance en arrière de la face ouest, formaient encore une deuxième ligne de défense; enfin, sur une petite éminence, s'élevait le château... crénelé, barricadé, ce grand bâtiment donnait un réduit redoutable.

Véritable bastion en avant du village, le parc était flanqué, au sud, par des murs et des tranchées couronnant un mamelon, dont les pentes se prolongent jusqu'au chemin de fer; sur ce même mamelon, une batterie enfilait tout l'intervalle entre la voie et la route de Villiers. De longs murs, suivant le chemin de Noisy-le-Grand, flanquaient la face Nord, et croisaient leurs feux avec les deux cimetières, de telle façon que tout le terrain entre Villiers et le chemin des Amates était complétement inabordable; derrière cette première et puissante ligne, le village, barricadé, fortifié, offrait aussi un obstacle des plus sérieux.

Le général en chef, considérant le parc de Villiers comme la véritable clef du champ de bataille (1), et sachant qu'il aurait à vaincre les plus grandes difficultés, avait prescrit à l'aile gauche de se porter rapidement

---

(1) Extrait de l'ordre de mouvement :

... « Il est entendu que si une division, par suite d'une résistance « trop vive, ne pouvait atteindre son objectif, les divisions latérales, « qui auraient été plus heureuses, devraient tourner leurs efforts sur « ledit objectif, particulièrement leur artillerie, si toutefois cet objectif « a une importance capitale, comme le village de Villiers, par exemple. »

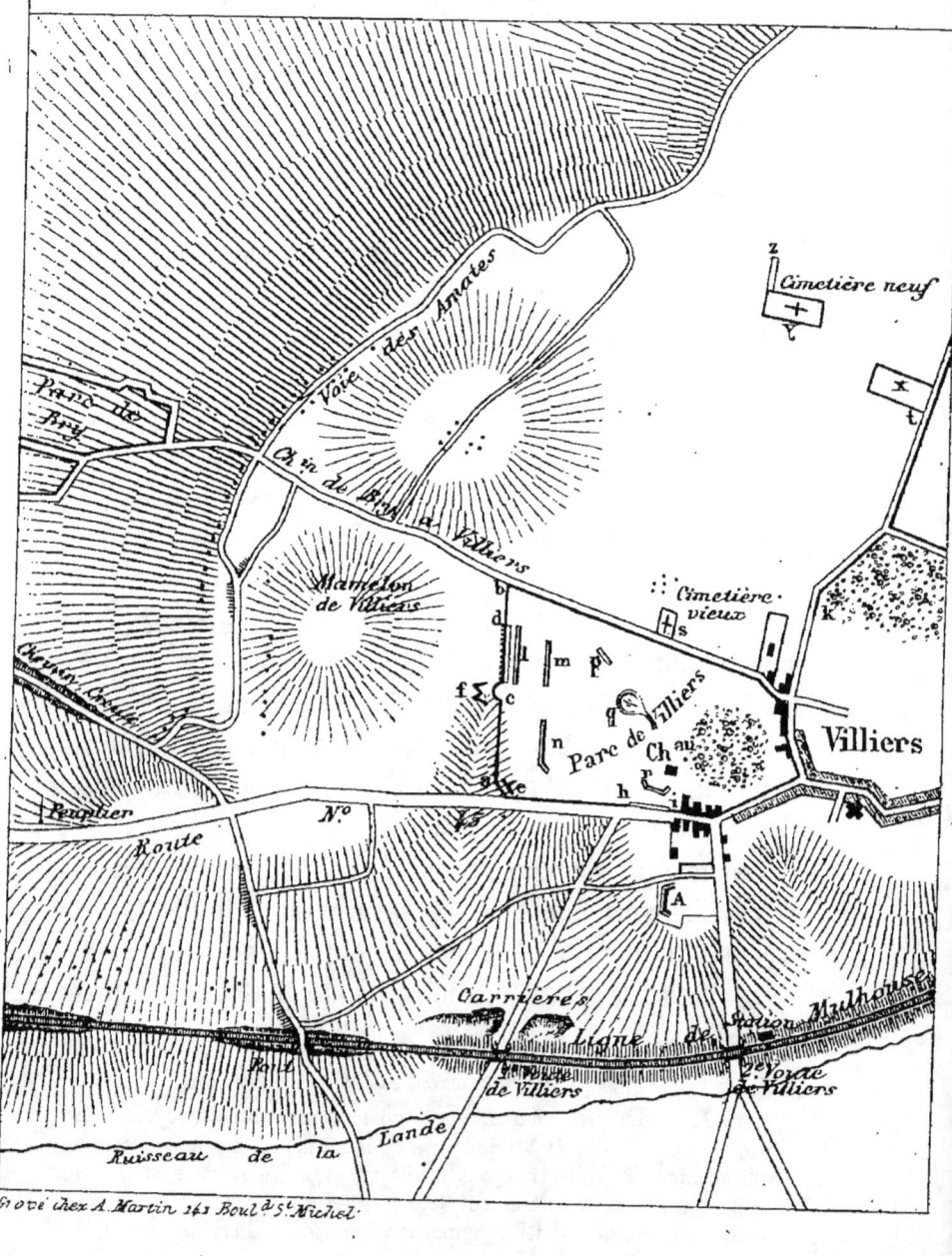

sur le village de Noisy-le-Grand, d'où l'on pouvait prendre à revers toutes les défenses du plateau.

Attaquée de front par la division de Maussion, tournée au sud par la brigade de Miribel, au nord par le général d'Exea, il y avait lieu de croire que cette position, bien que formidable, pourrait céder devant de si grands efforts.

Vers les 10 heures, quand les tirailleurs de la division de Maussion, maîtres du versant de Villiers, cherchent à dépasser la crête, ils sont accueillis par une telle fusillade, que toute tentative d'attaque avec l'infanterie seule est immédiatement reconnue impossible.

*L'artillerie prend position sur le plateau de Villiers.*

Le général en chef lance sur le plateau les trois batteries divisionnaires du commandant de Grandchamp ; cette artillerie, après avoir fait brèche dans le parc, doit soutenir l'attaque, en arrêtant les colonnes ennemies qui tenteraient de déboucher du village.

La 10ᵉ batterie du 21ᵉ, capitaine Nismes, prend position sur le bord du plateau, à droite de la route de Villiers, la batterie de mitrailleuses, 3ᵉ du 21ᵉ, capitaine Mahieu, à la même hauteur, avec 3 pièces à gauche de la route, la 4ᵉ du 22ᵉ, capitaine Courtois, sur le même prolongement, plus à gauche encore.

A peine en batterie, nos canonniers sont en butte à un feu rapide de mousqueterie et d'artillerie, venant à la fois de Villiers et de Cœuilly ; la batterie Courtois, prise d'enfilade, à très-courte distance, par les tirailleurs qui couronnent le mamelon de Villiers, est obligée d'abandonner le terrain sans avoir pu prendre position. Une seule section parvient à ouvrir le feu, mais en quelques minutes, chevaux, servants sont renversés... Il faut toute l'intrépidité du capitaine Courtois et du lieutenant Pelletier pour empêcher ces deux pièces de tomber au pouvoir de l'ennemi.

Les batteries Nismes et Mahieu, un peu moins exposées, se maintiennent, tout en éprouvant de grandes pertes... elles sont bientôt renforcées par une batterie de la division Berthaut, la 5ᵉ du 22ᵉ, capitaine Lapâque, qui s'établit sur la droite, non loin du chemin de fer, et nos trois batteries, dirigées avec autant d'habileté que de vigueur, ripostent énergiquement aux coups de Villiers. Dans le même temps, de l'autre côté du ravin de la Lande, les batteries de la division de Malroy sont aux prises avec l'artillerie de Cœuilly.

Malheureusement, dans ce duel violent et meurtrier, le terrain nous était des plus défavorables; placée en contre-bas, notre artillerie voyait difficilement les objectifs dissimulés par les déclivités du sol... en face de Villiers, il fallait gravir le renflement même du mamelon, et s'avancer jusqu'à 5 ou 600 mètres du parc pour voir suffisamment la muraille; mais alors on se trouvait à bonne portée de fusil... et dès que nos batteries apparaissaient, elles étaient balayées avant même d'avoir pris position.

Aussi était-ce avec une fébrile impatience que le général en chef attendait l'entrée en ligne du 3ᵉ corps; espérant toujours le voir déboucher, à chaque instant il tournait ses regards du côté de Noisy... quand vers les onze heures on lui apprend, à son grand étonnement, que le général d'Exea n'a même pas commencé son passage de rivière...

Il fallait donc longtemps encore rester passivement, sans bouger sous le feu terrible de Villiers et de Cœuilly... C'était impossible.

Notre artillerie souffrait cruellement, notre infanterie tenue immobile au milieu d'une pluie de projectiles, commençait à montrer une certaine inquiétude... Il devenait indispensable de brusquer l'attaque... le général en chef lance ses troupes sur le parc de Villiers (1).

En première ligne se trouvent les éclaireurs du quartier général, commandés par le capitaine de Néverlée, les francs tireurs de la division de Maussion, commandant Conti, et un certain nombre de compagnies des 123ᵉ et 124ᵉ de ligne.

Attaque du parc de Villiers

Tous se portent en avant, mais arrivés à portée, nos soldats sont reçus par un feu roulant de mousqueterie... les plus avancés tombent, ceux qui suivent s'arrêtent, un moment de trouble, de désordre se produit... Les officiers généraux, les chefs de corps se précipitent au milieu de leurs hommes... ils les appellent, les arrêtent, les entraînent, et tous, chefs, soldats, 2,000 hommes environ, fondent sur l'ennemi... les Allemands plient, mais tout en reculant ils démasquent à droite et à gauche, le long mur du parc, obstacle infranchissable, d'où part une fusillade meurtrière... Nos soldats s'arrêtent encore, se couchent... de nouveau enlevés par leurs chefs, ils s'élancent une deuxième fois, et gagnent ainsi du terrain par bonds successifs... mais plus nous approchons, plus nous perdons de monde... car notre héroïque artillerie, en dépit de tous ses efforts, n'a pu ni faire brèche dans le parc ni débusquer les Wurtembergeois de leurs créneaux...

Cependant un certain nombre des nôtres arrivent en se défilant, en se rasant jusqu'à une centaine de mètres de la muraille; arrêtés par un feu à bout portant, ils sont contraints de rétrograder, et le mouvement de recul se produit sur toute la ligne.

Sur ce terrain découvert, tous les coups de l'ennemi portent et de nombreuses victimes tombent encore... les Allemands débouchant du parc s'élancent en pous-

---

(1) Voir croquis nº 13.

sant leurs hurrahs... nos hommes se retournent, font une décharge et se précipitent tête baissée à la baïonnette... Trois fois l'ennemi essaye de précipiter notre retraite, trois fois nos soldats, ramenés par leurs officiers, reviennent à la charge et repoussent les assaillants; grâce à ces énergiques retours offensifs, nous pouvons, sans être serrés de trop près, reprendre nos premières positions derrière la crête.

Cette attaque nous avait coûté environ 500 hommes, la plupart des officiers montés avaient eu leurs chevaux tués. C'est dans cette charge que périrent héroïquement les deux colonels des 123e et 124e, Sanguinetti et Dupuy de Podio; l'intrépide capitaine de Néverlée tomba l'un des premiers à la tête de ses braves volontaires.

*Mouvement en avant de la brigade de Miribel.*

Pendant que nous tentions de front ce grand effort sur Villiers, le général Berthaut prononçait un mouvement entre la route n° 45 et le chemin de fer, cherchant à tourner le village par le Sud.

Les 4e et 5e bataillons de la Seine-Inférieure (commandants de Launay et du Mesnil-Gaillard) se portent en avant, ce dernier à droite et à gauche de la voie ferrée.

Le pont du chemin de fer enlevé, nos tirailleurs poussent assez loin dans le ravin de la Lande; mais, sur la gauche, le feu du parc et du mamelon de Villiers nous écrase; une certaine hésitation se produit dans le 4e bataillon de la Seine-Inférieure qui cède du terrain...

Aussitôt le colonel de Miribel appelle deux autres bataillons, les 2e, 3e du Loiret (commandants Bouillé et de la Touanne) et se précipite en avant; entraînés par son exemple et celui du colonel de Monbrison, ces bataillons refoulent l'ennemi dans le ravin de Villiers. Mais là, à quelques centaines de mètres du mur du parc, ils sont pris de flanc par une vive mousqueterie;

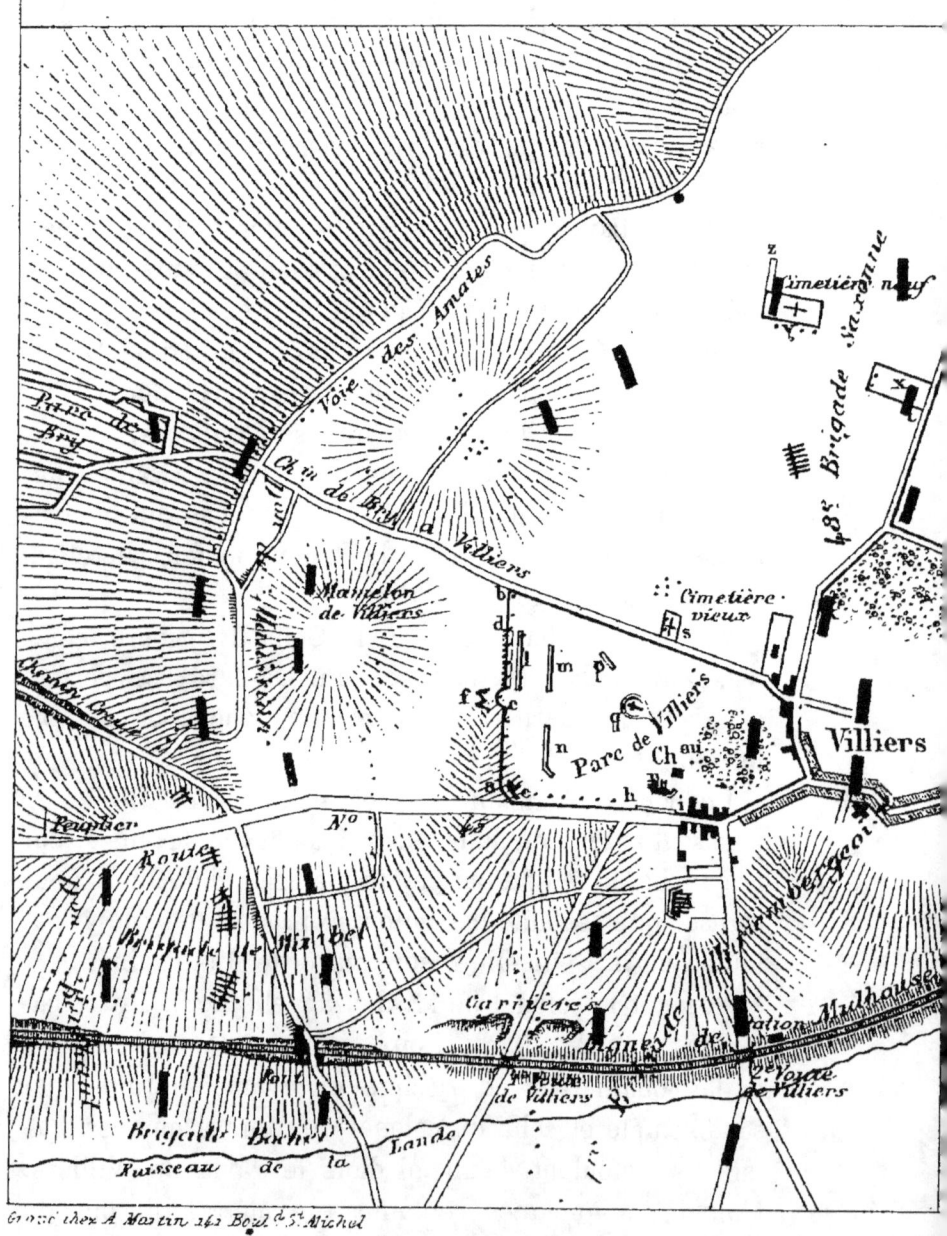

pendant qu'un bataillon prussien, posté dans le fond du ravin, les attaque de front... Pressés de toutes parts, nos mobiles font des pertes cruelles; plus de 400 sont hors de combat; le commandant Bouillé est tué, le commandant de la Touanne reçoit un coup de feu... une douzaine d'autres officiers sont tués ou blessés...

L'attaque directe contre le parc de Villiers n'ayant pas réussi, le général Berthaut ordonne au colonel de Miribel de se replier : les bataillons de mobiles reprennent leur première position sur le bord du plateau; le pont sous lequel passe la voie ferrée est conservé, les hommes s'installent derrière les talus formant épaulements.

Il n'y avait plus à songer à la prise de vive force du parc de Villiers; il fallait attendre que l'artillerie eût fait son œuvre préparatoire pour recommencer l'attaque, de concert avec le 3ᵉ corps, qui devait tourner la position par Noisy-le-Grand. *L'artillerie canonne de nouveau Villiers et Cœuilly.*

Pendant qu'un officier court auprès du général d'Exea pour hâter son mouvement, l'artillerie de la division Berthaut (commandant Ladvocat) se porte en avant; la batterie de mitrailleuses (17ᵉ du 11ᵉ), capitaine Trémoulet, à gauche de la route n° 45, la 9ᵉ du 21ᵉ, capitaine en 2ᵉ Simon (1), au Sud du chemin de fer, non loin de la maison du garde.

Nous avons alors quatre batteries sur le plateau de Villiers : les mitrailleuses Trémoulet, Mahieu, empêchent l'ennemi de déboucher du parc ou du village de Villiers, les batteries de 4, Nismes, Lapâque, contrebattent l'artillerie de Villiers et de Cœuilly.

Entre le chemin de fer et Champigny sont également

---

(1) Le capitaine en 1ᵉʳ, Dassonville, blessé plus tard mortellement au combat du Bourget, était alors malade à l'hôpital.

quatre batteries : l'une de 4 (Simon), près du ravin de la Lande, deux de 12 (Caris, Salin), sur le plateau du four à chaux, tirent sur Cœuilly et Villiers; la batterie de mitrailleuses Chaule est placée de manière à enfiler tout le ravin de la Lande (11 heures 1/2).

*Les généraux rassemblent les bataillons d'infanterie qui viennent d'être si cruellement éprouvés.*

Pendant que la lutte d'artillerie reprenait avec une nouvelle énergie, le général en chef et le général de Maussion remettaient de l'ordre au milieu de leurs bataillons si éprouvés à l'attaque de Villiers... beaucoup étaient désorganisés, un grand nombre de nos jeunes soldats s'étaient même repliés jusqu'à Bry... mais encouragés par le feu incessant de nos batteries, ils sont facilement ramenés et nous nous établissons le long du chemin de crête, derrière un talus naturel formant abri : les 123$^e$, 124$^e$ ont à leur droite, en suivant le bord du plateau, les francs tireurs de la division de Maussion, les éclaireurs du quartier général. En deçà du chemin creux descendant à Bry le 125$^e$ de ligne sert de soutien aux batteries placées à gauche de la route de Villiers. Le 126$^e$, quatrième régiment de la division de Maussion, est en réserve près du chemin de fer.

*Situation à midi.*

Au delà de la route, la division Berthaut maintient également ses positions, malgré la violente canonnade à laquelle elle est exposée.

Le 3$^e$ corps n'a pas encore paru, et rien ne se fait entendre du côté de Noisy-le-Grand.

Vers la droite, au contraire, sur les hauteurs de Cœuilly, le bruit de la fusillade, de la canonnade, augmentant progressivement, indique une lutte des plus chaudes.

En avant du 2$^e$ corps, de nombreux mouvements se produisent : on voit se déployer des renforts ; plusieurs batteries prennent position entre Villiers et Noisy-le-Grand...

*Charge contre les Saxons*

Des Wurtembergeois, sortis du cimetière neuf de

Villiers et du parc, font un mouvement offensif contre notre ligne; mais accueillis par une vive fusillade, ils disparaissent derrière les plis de terrain. Peu d'instants après on aperçoit au loin des masses qui s'avancent en longeant le bord du plateau; comptant toujours sur l'arrivée du 3ᵉ corps, le général Ducrot croit d'abord que c'est le général d'Exea; cependant, la marche, la formation régulière de ces colonnes, font naître des doutes dans son esprit... Il envoie au galop quelques cavaliers Franchetti en reconnaissance... (1) A peine ont-ils parcouru quatre ou cinq cents mètres, qu'ils sont reçus par de nombreux coups de fusil.

sur le plateau<br>Villiers.

Plus de doute... ce sont des bataillons allemands...

Le général en chef fait coucher ses hommes, et commande impérieusement de ne pas tirer... Nos soldats, pleins de confiance, sont immobiles, les yeux fixés sur leurs officiers... Tous attendent le signal (2).

L'ennemi n'est plus qu'à quelques mètres, le général Ducrot s'écrie : Debout, joue, feu! Une fusillade furieuse éclate sur toute la ligne. Nombre de Saxons tombent, les autres, terrifiés, s'arrêtent, tourbillonnent... généraux, états-majors, cavaliers d'escorte, officiers, fantassins... s'élancent sur eux... Tout cède... Un instant on s'aborde à l'arme blanche, et le général en chef brise son épée dans le corps d'un soldat allemand.

Les Saxons fuient en désordre, serrés de près par les nôtres; mais bientôt les murs du parc sont de nouveau

---

(1) Le général en chef avait choisi, parmi les éclaireurs Franchetti, ceux qui connaissaient particulièrement tout ce terrain, entr'autres MM. Béger et de Bully. Tous se montrèrent aussi dévoués qu'intelligents. M. de Bully, propriétaire du château de Cœuilly, faisait pointer lui-même nos canons sur son château, où était installé le quartier général wurtembergeois.

(2) Voir croquis nº 14.

démasqués, le feu de tous les créneaux est dirigé sur nous; nos troupes, à leur tour, hésitent, reculent... maintenues par les généraux, par les officiers, on parvient cependant à les grouper derrière la crête.

*L'artillerie enforcée continue la lutte.*

Cette pointe énergique, poussée sur le plateau, s'était propagée vers la droite jusqu'au chemin de fer; quelques pièces avaient même cherché à s'approcher du parc de Villiers pour y faire brèche; mais, décimées par la vive fusillade des fossés et des créneaux, elles avaient été forcées de battre en retraite.

Ces courageux efforts, nous portant jusque sous les murs du parc de Villiers, ont été sanglants; si beaucoup de Saxons couvrent le sol, bien des nôtres également sont tombés; fatiguée, exténuée, la masse confuse de nos troupes peut tout au plus s'établir derrière la crête... encore pour maintenir notre infanterie, faut-il faire de nouveau appel au dévouement de l'artillerie : quatre batteries de 8, de la réserve générale, sous les ordres du commandant Lefébure et sous la direction supérieure du lieutenant-colonel Lucet, accourent en toute hâte; elles s'établissent à gauche de la route n° 45, s'étendant sur le bord du plateau jusqu'au chemin de Bry à Villiers : près de la route, la 4ᵉ du 14ᵉ, capitaine Malherbe, à sa gauche la 3ᵉ du 14ᵉ, capitaine Gros, puis la 6ᵉ du 22ᵉ, capitaine Bajau, et la 7ᵉ du 22ᵉ, capitaine Froment.

Les trois premières ouvrent le feu contre le parc de Villiers, pendant que la batterie Froment, à l'extrême gauche, lutte avec une batterie saxonne postée près du cimetière neuf. Légèrement abritées par un pli de terrain, ces batteries n'ont pas beaucoup à souffrir, sauf celle du capitaine Gros, qui, plus à découvert, perd en quelques instants deux chefs de section (1) et une

---

(1) Lieutenant Fabre et adjudant Cochard.

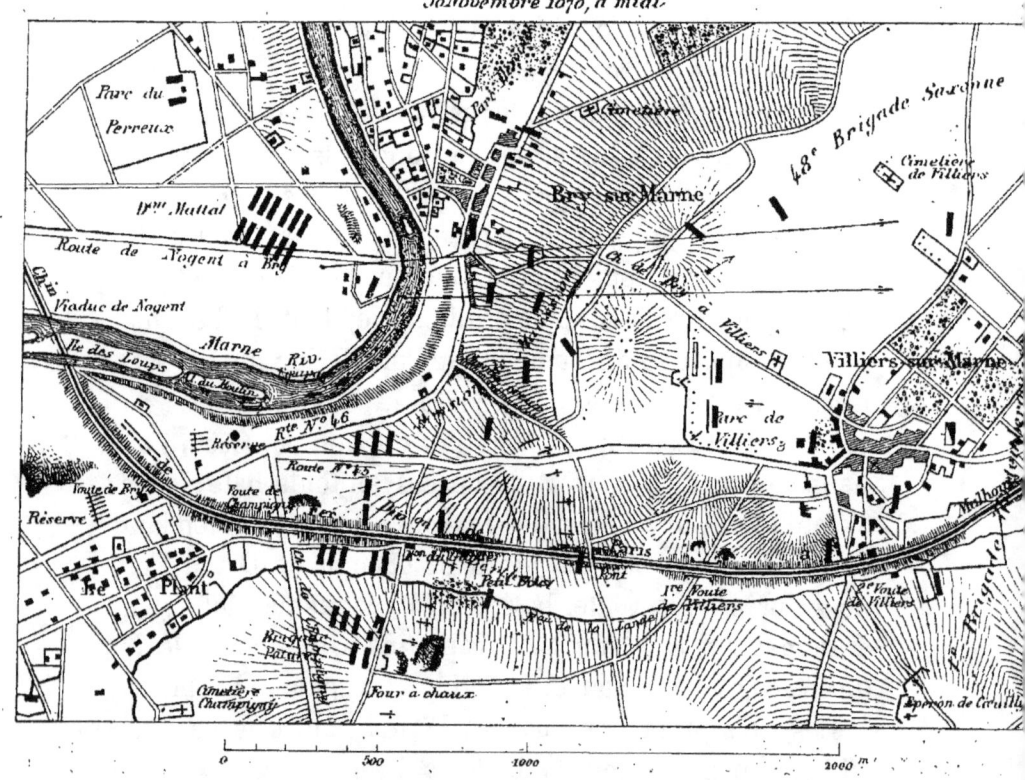

Les Saxons sont repoussés sur le plateau de Villiers
30 Novembre 1870, à midi.

partie de ses hommes... bientôt un de ses caissons saute en produisant de nouveaux ravages... (1)

Sur la droite, les batteries divisionnaires de Maussion, Berthaut opposées à l'artillerie de Villiers et de Cœuilly, se maintiennent énergiquement, mais non sans de cruels sacrifices : la batterie Nismes est presque entièrement désemparée... la plupart de ses servants, de ses chevaux sont tués ou blessés... cependant elle continue son tir, et il faut lui donner l'ordre de quitter le terrain... Le commandant de Grandchamp, toujours au plus fort du danger, prescrit au capitaine Nismes, dès l'entrée en ligne des batteries de réserve, d'aller se reformer de l'autre côté de la chaussée, où un léger mouvement du sol la défile des balles de Villiers et du canon de Cœuilly.

Les batteries de mitrailleuses Mahieu, Trémoulet ont également beaucoup souffert; vers midi, la demi-batterie de gauche du capitaine Mahieu, ayant une de ses pièces démontée par un obus, et la plupart de ses hommes, de ses chevaux tués ou blessés, reçoit l'ordre de se retirer.

Comme on le voit, notre artillerie, tout en combattant héroïquement, ne parvenait pas à prendre le dessus et à maîtriser les efforts de l'ennemi qui ne tarde pas à recommencer l'offensive.

*Retour offensif des Saxons.* Bousculés, rejetés du côté de Noisy-le-Grand, les Saxons, après s'être ralliés et renforcés, marchent de nouveau sur nous... abrités par les vignes qui couvrent les pentes entre Noisy et Bry, ils gagnent rapidement du terrain et menacent de déborder notre gauche. Devant ce danger imminent, le général en chef déploie une ligne de tirailleurs perpendiculairement à la crête,

---

(1) Voir croquis n° 15.

et envoie en toute hâte le commandant d'état-major Vosseur auprès du général d'Exéa, pour lui exposer la situation, et lui transmettre l'ordre d'exécuter au plus tôt son mouvement sur Noisy...

Quelques décharges à mitraille nous dégagent du côté du plateau; mais sur la gauche, les Saxons, défilés par les déclivités du sol, les vignes, les plantations, échappent à notre feu incertain... ils avancent rapidement... nous serrent de près; épuisés par cette lutte trop prolongée... nos jeunes soldats ne peuvent tenir... malgré tous les efforts des généraux, des officiers, la ligne entière plie et rétrograde...

La batterie Froment, tenant l'extrême gauche, près du chemin de Bry à Villiers, ne tarde pas à être prise à revers par le feu des Saxons... hommes, chevaux sont renversés... Le capitaine Froment ne se voyant plus soutenu par l'infanterie qui vient de reculer, fait amener les avant-trains... Profitant de cet instant critique, les tirailleurs ennemis s'élancent et fusillent à bout portant les canonniers... on se bat autour des pièces... Il faut toute l'énergie des officiers, tout le dévouement des hommes, pour sauver la batterie qui se retire au galop... Malheureusement deux pièces sans attelage restent sur le terrain...

Les trois autres batteries du commandant Lefébure suivent le mouvement du capitaine Froment et prennent des positions plus en arrière... N'ayant plus d'infanterie devant eux, les Saxons poussent en avant; déjà ils tiennent quelques maisons en haut de Bry... ils arrivent au grand parc, vont déborder notre gauche, quand une batterie de mitrailleuses, établie sur la rive droite de la Marne, ouvre son feu... postés sur le mamelon du Perreux, les canons à balle prennent d'enfilade, à 1,600 mètres, toute la ligne ennemie... Instantanément

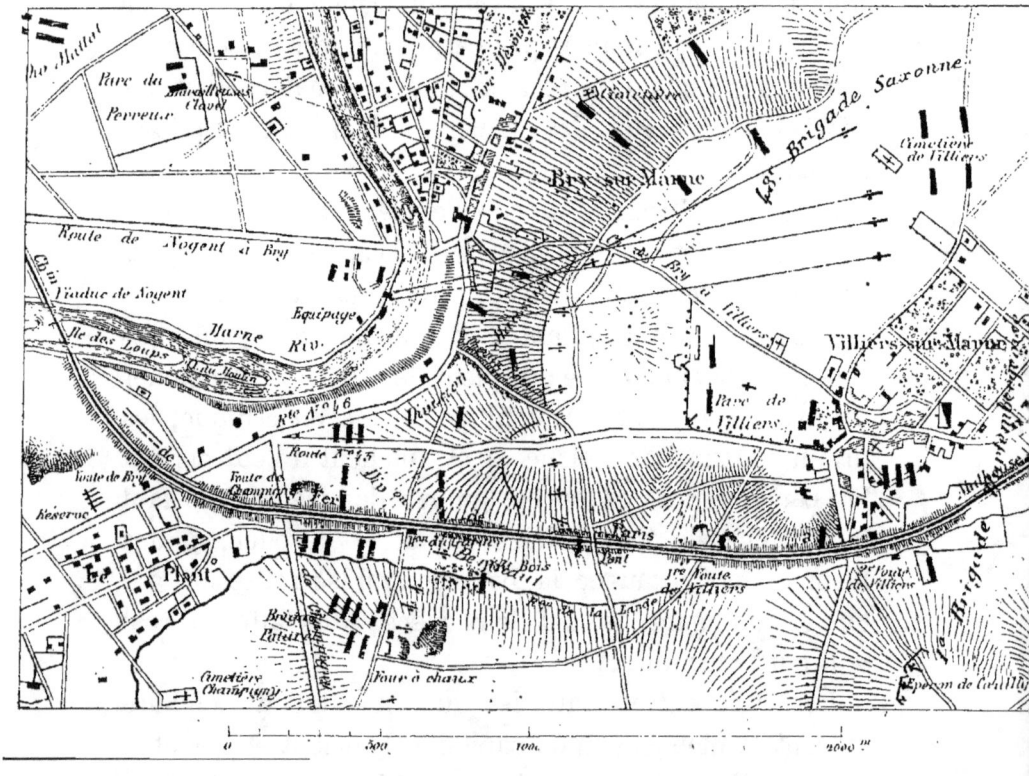

*Attaque des Saxons par les pentes de Bry.
30 Novembre 1870, à 1 heure de l'après-midi.*

les Saxons s'arrêtent, se groupent, cherchent des abris... décimés par la mitraille qui fouille les moindres replis du sol, ils reculent et disparaissent... nos tirailleurs reviennent en avant et réoccupent le haut du village de Bry ainsi que les pentes voisines (1).

*Grand combat d'artillerie.*

Par suite du mouvement rétrograde produit sur la gauche de notre ligne de batteries, il ne restait plus, sur le plateau de Villiers, que les batteries Trémoulet, Mahieu, Lapâque.

Pour faire tête à la nombreuse artillerie ennemie, la réserve du 2ᵉ corps reçoit l'ordre d'entrer en ligne. Les deux batteries de 12 du commandant Déthorey, 4ᵉ du 21ᵉ, capitaine Buloz, et 15ᵉ du 10ᵉ, capitaine Flye-Sainte-Marie, se portent près du ravin de la Lande, afin d'unir leurs efforts aux batteries du four à chaux.

Les trois batteries du commandant Warnesson se dirigent sur le plateau de Villiers. Elles prennent position : la 5ᵉ du 21ᵉ, capitaine de Chalain, à gauche et près de la route n° 45, la 8ᵉ du 3ᵉ, capitaine Moriau, plus à gauche (2), la 16ᵉ du 14ᵉ, capitaine Solier, à droite de la route, près de la demi-batterie de mitrailleuses Mahieu.

Nous avons ainsi plus de 60 pièces formant une longue ligne depuis Champigny jusqu'au mamelon de Villiers ; de son côté l'ennemi masse tout ce qu'il a de disponible, un violent combat d'artillerie s'engage... l'espace entre Villiers et Champigny est en feu... la bataille se concentre dans cette lutte grandiose... mais à la supériorité du nombre, les Allemands joignent l'avantage de la position... notre ligne de batteries en contrebas est presque partout dominée par l'artillerie

---

(1) Voir croquis n° 16.

(2) La batterie Moriau s'établit par demi-batterie des deux côtés de la batterie Trémoulet.

ennemie, défilée derrière la crête ou des épaulements... nos obus se fichent dans le sol, dans les retranchements, dans les murs et font peu de mal, tandis que complétement à découvert, nous sommes écrasés sous les coups plongeants...

Bientôt même les balles sifflent au milieu des pièces du plateau de Villiers... Ce sont les Saxons qui, reprenant leur attaque, surgissent de nouveau sur le mamelon de Villiers et fusillent nos canonniers... Les batteries Moriau, Trémoulet, de Chalain, faisant face à gauche leur envoient des décharges à mitraille... devant ce feu bien dirigé les Saxons disparaissent, mais nos batteries arrêtées par le chemin creux descendant à Bry n'ont pu s'étendre suffisamment... les pièces, à 5 ou 6 mètres les unes des autres, présentent une masse presque compacte... Prises à revers par les batteries de Cœuilly, elles sont foudroyées... Cependant, l'ardeur de nos canonniers, électrisés par leurs chefs, n'en est pas ralentie... généraux, officiers, soldats, tous prodiguent leur vie.

Le général Boissonnet, commandant l'artillerie du 2<sup>e</sup> corps, son chef d'état-major, le lieutenant-colonel Viguier, sont partout et font face à tout. Le général, encourageant les hommes par sa parole et son exemple, place lui-même au milieu du feu deux pièces de la batterie de Chalain... La plupart des officiers de son état-major sont atteints : le commandant Hartung, le capitaine Viel, le lieutenant auxiliaire Boverat sont blessés... le capitaine Marc est frappé à mort... A quelques pas plus loin le capitaine Solier tombe grièvement blessé... le colonel Villiers, chef d'état-major du général Frébault, a la cuisse traversée par un éclat d'obus, il n'en demeure pas moins toute la journée au milieu de ses batteries... le général Frébault, commandant en chef l'artillerie de la 2<sup>e</sup> armée, a son cheval tué... il est même atteint par deux balles qui heureusement ne lui font que de légères blessures, et jusqu'à la fin de l'action il reste sur le champ de bataille, se montrant toujours là où le danger est le plus grand.

C'est à ce moment que le brave général Renault, donnant à tous l'exemple du devoir et du mépris de la mort, est frappé d'un éclat d'obus au milieu de la brigade de Miribel...

Malgré l'héroïsme de notre artillerie, la situation devient de plus en plus critique; beaucoup de nos pièces sont démontées; les batteries Moriau, de Chalain détruites en partie par les feux de Cœuilly, se trouvent dans une position intenable... *Les batteries de réserve Moriau et de Chalain subissent des pertes considérables.*

En moins d'une demi-heure, la batterie de Chalain perd 27 hommes, 1 chef de section, 3 chefs de pièce, le commandant de la ligne des caissons, et un grand nombre de chevaux; plusieurs avant-trains sont brisés... La batterie Moriau, presque autant éprouvée, ne peut, comme la batterie de Chalain, continuer son feu faute de servants... Cependant ces deux braves capitaines commandants ne veulent pas quitter le terrain... faisant appel à quelques fantassins de bonne volonté, ils poursuivent encore la lutte... Mais leurs pertes sont bientôt telles, que le service devient tout à fait impossible... Ordre leur est donné de cesser le feu et de se porter en arrière (1).

Les mitrailleuses Trémoulet et Mahieu, un peu mieux protégées par un pli de terrain, restent seules aux abords de la route; elles ne tardent pas à être soutenues par la batterie Nismes qui, réorganisée, s'établit sur la gauche, en avant du chemin creux.

---

(1) Dans la batterie de Chalain, 4 pièces seulement ont pu être emmenées avec leurs avant-trains, attelées, en partie, à 2 chevaux. Une autre pièce a été enlevée en troisième train derrière un caisson; la dernière pièce, fortement embourbée, a été péniblement enlevée à bras,

Du côté du chemin de fer la batterie Lapâque continuait bravement le feu ; bientôt elle est appuyée par la batterie Courtois (4 pièces) et 2 mitrailleuses de la batterie Mahieu qui viennent de se réorganiser (1).

Sur le plateau de Villiers, le combat, bien que des plus meurtriers, se poursuivait donc toujours avec acharnement, mais l'heure était trop avancée pour qu'il parût possible de voir arriver en ligne le 3ᵉ corps... sans lui, rien de décisif ne pouvant être tenté, le général Ducrot, tout en continuant à canonner les positions ennemies, pensait devoir remettre au lendemain la suite des opérations (2).

---

grâce à l'énergie de M. Bureau, sous-lieutenant auxiliaire, le seul officier la disposition du capitaine de Chalain (élève sortant de l'École centrale, cité à l'ordre pour sa brillante conduite).

Dans la batterie Moriau, le sous-lieutenant auxiliaire Bargaine s'était particulièrement distingué, ainsi que le maréchal des logis Morel, le brigadier Grimal, et les conducteurs Rouquier et Boy.

Les batteries Moriau et de Chalain avaient été formées à Lyon avec une batterie de montagne venant d'Afrique, à laquelle on adjoignit une compagnie du train. — Presque toujours accouplées sur le champ de bataille, ces 2 batteries ont constamment rivalisé de résolution et de bravoure ; *oubliées* le 18 mars 1871 elles restèrent au milieu de la Commune du 18 au 25 mars ; le 26 au matin MM. de Chalain et Moriau parvenaient à faire évader tous leurs hommes sous des déguisements... le *26 au soir à Versailles* pas un seul canonnier, pas un seul sous-officier ne manquait à l'appel.

(1) Demi-batterie qui était allée se reformer ; une pièce était démontée.

(2) Les batteries qui furent engagées, le 30 novembre, sur le plateau de Villiers et aux abords sont :

### Batteries divisionnaires du général BERTHAUT.
#### Commandant Ladvocat.

9ᵉ du 21ᵉ (4), capitaine en 2ᵉ **Simon**.
5ᵉ du 22ᵉ (4), capitaine-commandant **Lapâque**.
17ᵉ du 11ᵉ (mit.), capitaine-commandant **Trémoulet**.

### Batteries divisionnaires du général de MAUSSION.
#### Commandant de Grandchamp.

10ᵉ du 21ᵉ (4), capitaine **Nismes**.
4ᵉ du 22ᵉ (4), capitaine **Courtois**.
3ᵉ du 21ᵉ (mit.), capitaine **Mahieu**.

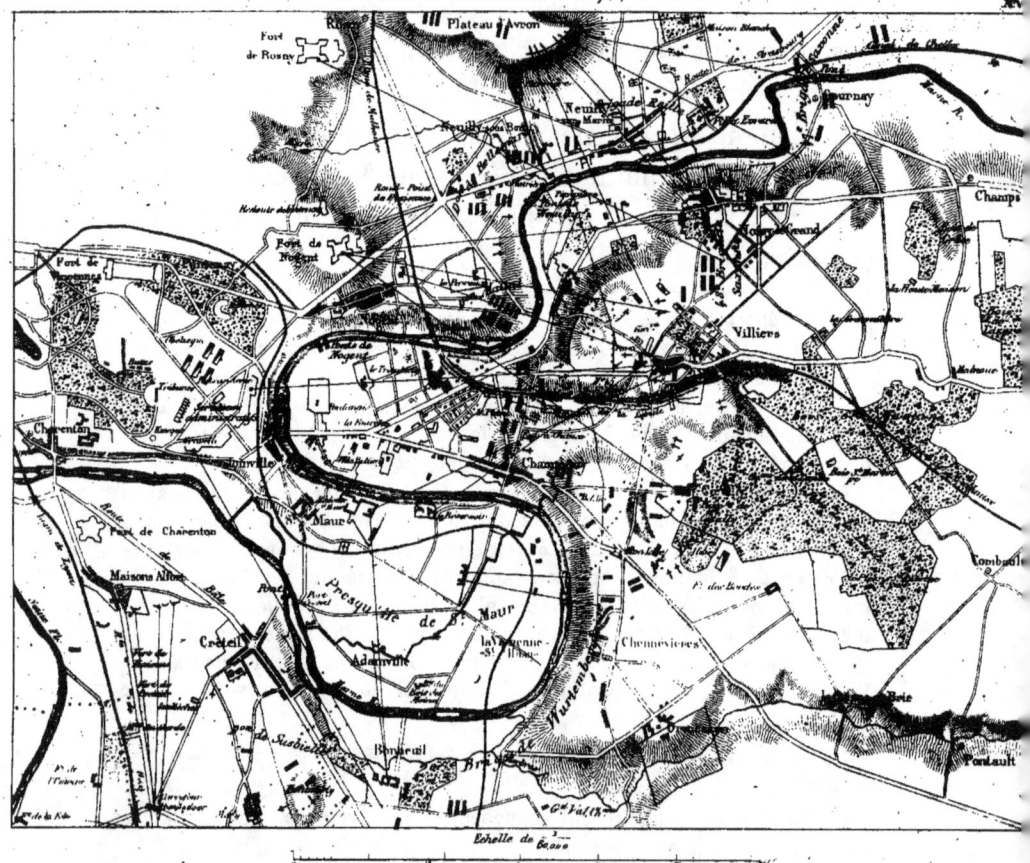

Batailles de la Marne
Positions le 30 Novembre 1870, à midi.

# CHAPITRE III.

### ATTAQUE DES HAUTEURS DE CŒUILLY.

Immédiatement après la prise de Champigny par la division Faron, on s'était mis à fortifier la tête du village et à démolir les barricades de la grande rue pour livrer passage à nos colonnes, dont l'attaque est préparée par les batteries de position, couvrant d'obus Villiers, Cœuilly et la route de Chennevières. *La brigade de La Mariouse s'avance vers les hauteurs de Cœuilly. (10 heures.)*

Aussitôt les voies dégagées, la brigade de la Mariouse qui a pour objectif les hauteurs de Cœuilly et de Chennevières se met en marche : le 35ᵉ de ligne tient la tête, derrière le régiment de la Vendée, suivi par le 42ᵉ de ligne.

La brigade Comte reste chargée de la défense de

---

Réserve du 2ᵉ corps d'armée : lieutenant-colonel MINOT.
— Commandant DÉTHOREY.
17ᵉ du 2ᵉ (12), capitaine Buloz.
15ᵉ du 10ᵉ (12), capitaine Flye-Sainte-Marie.

Commandant WARNESSON.
8ᵉ du 3ᵉ (12), capitaine Moriau.
5ᵉ du 21ᵉ (12), capitaine de Chalain.
16ᵉ du 14ᵉ (12), capitaine Solier.

Réserve générale : lieutenant-colonel Lucet.
Commandant LEFÉBURE.
3ᵉ du 14ᵉ (8), capitaine Gros.
4ᵉ du 14ᵉ (8), capitaine Malherbe.
6ᵉ du 22ᵉ (8), capitaine Bajau.
7ᵉ du 22ᵉ (8), capitaine Froment.

L'artillerie du 2ᵉ corps d'armée était commandée par le général Boissonnet, qui avait pour chef d'état-major le lieutenant-colonel Viguier.

Le général Frébault, commandant l'artillerie de la 2ᵉ armée, se tint spécialement sur cette partie du champ de bataille avec son chef d'état-major, le colonel Villiers.

Champigny et de la plaine entre ce village et la Marne.

Suivant les prescriptions du général de la Mariouse, les deux premiers bataillons du 35ᵉ doivent marcher, le 1ᵉʳ par la nouvelle route de Chennevières, le 2ᵉ par l'ancienne, pendant que le 3ᵉ bataillon, prenant la route du Four-à-Chaux, abordera les hauteurs par la gauche de Champigny.

Le régiment de la Vendée s'arrêtera à la tête du village, le 42ᵉ plus en arrière encore ; le plateau ne devait être abordé ainsi que successivement et par très-peu de monde.

Le mouvement s'effectue tout d'abord suivant les instructions données : le lieutenant-colonel Lourde-Laplace, commandant le 35ᵉ, dirige le 2ᵉ bataillon par la vieille route, le 1ᵉʳ par la nouvelle... les deux compagnies de droite de ce dernier bataillon envoyées dans la plaine vers la Marne, refoulent les tirailleurs ennemis et s'emparent des premières tranchées (1).

Pendant ce temps, les quatre autres compagnies du 1ᵉʳ bataillon tournant à gauche, au delà du petit bois, gravissent les pentes entre les deux routes; en avant, marche la 3ᵉ compagnie déployée en tirailleurs, qui rejoint près de la crête les deux premières compagnies du 1ᵉʳ bataillon du 113ᵉ détachées en pointe dès la prise du village... et tous ensemble escaladant la hauteur, occupent un petit ouvrage promptement abandonné par l'ennemi. Le plateau entre les deux routes se trouve couronné par le 1ᵉʳ bataillon du 35ᵉ, avec les deux compagnies du 113ᵉ.

Le 2ᵉ bataillon venu par l'ancienne route, a pris à gauche le chemin creux de Cœuilly; puis, appuyant à droite pour se relier au 1ᵉʳ, il s'établit entre Bel-Air et le chemin de Cœuilly. Le 3ᵉ bataillon, formant réserve, se

---

(1) Voir croquis n° 17.

place en colonne par peloton, à gauche de ce chemin.

Dans cette position, le 35ᵉ de ligne devait, avant de pousser plus loin, attendre l'arrivée de l'artillerie, chargée de briser les formidables obstacles du parc de Cœuilly.

Entouré de longs murs et précédé d'un large fossé naturel formé par le ravin de Cœuilly, ce vaste enclos offrait, à 1,800 mètres environ de la crête, une ligne de défense extrêmement solide ; appuyé sur son front par des batteries fixes, soutenu en arrière par de grands bois, il avait comme réduit le château de Cœuilly placé sur une position dominante.

Vers notre droite, l'auberge de Mon Idée (1) entourée de murs crénelés flanquait le vallon de Cœuilly et prenait de front et d'écharpe tout le plateau.

Plus loin, le village de Chennevières dominant directement la vallée de la Marne se trouvait dans une excellente position défensive; l'ennemi n'avait rien négligé pour le rendre plus redoutable encore.

Toute cette ligne, Cœuilly, Mon Idée, Chennevières, était donc inabordable sans le secours de l'artillerie.... aussi avait-il été décidé que deux batteries de réserve prenant position sur la hauteur devaient préparer l'attaque.

Malheureusement le village de Champigny étant encombré par nos colonnes, ces deux batteries ne parvenaient pas à s'ouvrir un passage....

Le général Faron, après les avoir vainement attendues, espère suppléer à l'artillerie en brusquant le mouvement et en jetant sur le plateau de nombreuses masses d'infanterie. Il fait marcher deux bataillons du 114ᵉ de ligne, lieutenant-colonel Boulanger, et deux

De nouvelles forces (Vendée et 114ᵉ) sont envoyées vers le plateau de Cœuilly.

---

(1) Située à l'embranchement des deux routes de Chennevières.

bataillons du régiment de garde mobile de la Vendée, colonel Aubry; ces derniers s'avançant par la nouvelle route de Chennevières, garderont les pentes vers la Marne, pendant que le 114ᵉ ira prendre position derrière le 35ᵉ de ligne.

Le 3ᵉ bataillon de la Vendée, le 1ᵉʳ bataillon du 114ᵉ et le 42ᵉ de ligne sont envoyés au delà des fours à chaux afin de couvrir la gauche de Champigny.

Le colonel Aubry s'élance en avant; après quelques coups de feu échangés à hauteur de la Maison Blanche, avec des tirailleurs ennemis qui ne tardent pas à s'enfuir, nos mobiles du 1ᵉʳ bataillon couronnent la crête et se relient à gauche au 35ᵉ de ligne.

A droite, le 2ᵉ bataillon s'échelonne sur les pentes jusqu'à la Marne, ayant en réserve, au milieu des vignes, ses 5ᵉ et 6ᵉ compagnies.

Pendant ce temps, les 2ᵉ et 3ᵉ bataillons du 114ᵉ, montant par la vieille route, se massent en arrière de la crête, le 2ᵉ à gauche du chemin creux de Cœuilly, le 3ᵉ à droite ; ils forment réserve à la place du 3ᵉ bataillon du 35ᵉ, qui va prendre position aux abords du Bel-Air.

Vers 11 heures, le plateau de Cœuilly se trouve ainsi couronné, à droite par les mobiles de la Vendée et deux compagnies du 113ᵉ, au centre par le 35ᵉ, à gauche par le 114ᵉ de ligne.

*Premier mouvement en avant sur le plateau de Cœuilly.*

Les tirailleurs ennemis postés à faible distance, continuent à faire le coup de feu... ils semblent céder le terrain dès que les nôtres font quelques pas en avant.

Nos soldats se laissent entraîner... ils courent sur les Allemands qui plient rapidement... tout à coup nous nous trouvons devant une tranchée d'où jaillit une grêle de balles, une batterie démasquée derrière la grille du parc de Cœuilly tire à mitraille, du mur crénelé part une fusillade des plus vives.... Criblé de tous côtés, le 35ᵉ tient ferme, le 1ᵉʳ bataillon entre les deux routes de Chennevières, face à Mon Idée, le 2ᵉ à sa gauche, bordant le chemin de Chennevières à Bry; le 3ᵉ plus en arrière, à hauteur de Bel-Air. Ce brave régiment, en saillant sur le plateau, se trouve flanqué à droite par les mobiles de la Vendée, à gauche par le 114ᵉ, soutenu en arrière par le 42ᵉ. C'est dans cet ordre que nous attendons l'arrivée de l'artillerie; elle paraît enfin......

Les deux batteries de réserve, 4ᵉ du 6ᵉ, capitaine Salle, et 16ᵉ du 8ᵉ, capitaine Jacob, passant à gauche de Champigny, grimpent avec beaucoup de peine les pentes détrempées et couvertes de vignes. La première arrivée sur le plateau prend immédiatement position à gauche du chemin de Cœuilly, mais c'est à peine si elle peut tirer quelques coups... nos artilleurs, exposés au feu de mousqueterie et de mitraille venant à la fois de Villiers, de Cœuilly, hésitent, se troublent; quelques-uns lâchent pied... et la batterie redescend sur la pente avant que l'autre n'ait pu entrer en ligne.

*Deux batteries de la réserve du 1ᵉʳ corps cherchent à prendre position sur le plateau de Cœuilly.*

L'artillerie ennemie concentre alors son feu sur nos tirailleurs et nos réserves: une pluie d'obus tombe au milieu des colonnes... les morts, les blessés s'entassent, le désordre, la confusion sont au comble... la situation devient intenable; il faut à tout prix arrêter cette canonnade meurtrière...

Le général de la Mariouse prescrit aux deux batteries de réserve de remonter sur le plateau, et de s'y établir coûte que coûte.

*L'artillerie entre en ligne sur le plateau de Cœuilly.*

Sur la gauche, les deux batteries de 12, postées entre les deux fours à chaux, font tous leurs efforts pour combattre l'artillerie de Villiers et de la Pointe-de-Cœuilly, mais celle-ci couverte par des épaulements et ayant un commandement considérable, se trouve hors d'atteinte, son feu, loin de se ralentir, redouble d'instant en instant.

Le général commandant le 1ᵉʳ corps fait avancer la 2ᵉ batterie de marine, capitaine Bernard, qui prenant position sur la pente du ravin de la Lande, à 200 mètres au delà du grand four à chaux, unit son feu aux deux batteries de 12.

En même temps, les deux batteries Jacob et Salle, gravissant de nouveau les pentes, reprennent les premières positions à gauche du chemin de Cœuilly... là, elles ont à lutter à découvert, non-seulement contre les batteries de Villiers, de la Pointe-de-Cœuilly, du parc de Cœuilly, mais encore contre une nouvelle batterie, qui, se démasquant à l'angle du Bois-l'Abbé, les prend d'écharpe.... Les différents points du plateau étant repérés, le tir de l'ennemi, d'une remarquable précision, nous fait le plus grand mal : En quelques minutes, la batterie Jacob a un officier tué (Benech, sous-lieutenant), 20 hommes et 22 chevaux hors de combat; la batterie Salle, un officier blessé (Jacquemart, sous-lieutenant), une quinzaine d'hommes et autant de chevaux tués ou blessés, une pièce démontée...

Malgré tout leur dévouement, ces batteries ne peuvent continuer une lutte aussi inégale; force leur est de se replier une seconde fois.

A ce moment, une autre batterie de la réserve du 1ᵉʳ corps, la 3ᵉ du 6ᵉ, capitaine Paret, entre en ligne près de la maison de Bel-Air. Bien que fortement éprouvée elle parvient à combattre quelque temps, et oblige même à la retraite deux pièces ennemies, postées à l'angle sud-ouest du parc de Cœuilly; mais écrasée à son tour, elle est contrainte de quitter le terrain.

*L'ennemi prend l'offensive sur*

Voyant notre artillerie se retirer successivement, l'ennemi, appuyé par le feu de toutes ses pièces, prononce

Positions sur le plateau de Cœuilly après le premier mouvement en avant.
30 Novembre 1870, 11h ½ du matin.

XVII

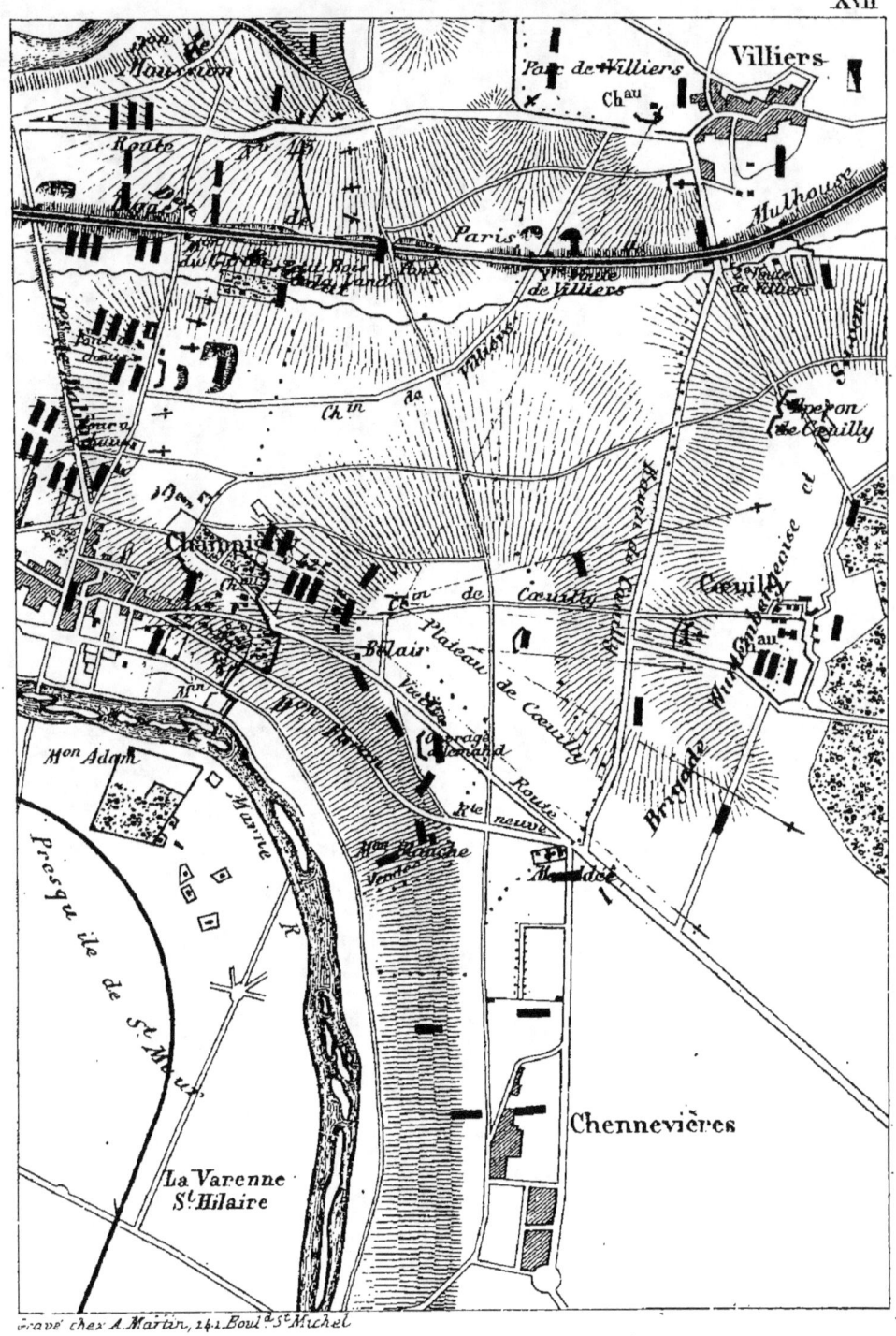

un mouvement en avant pour rejeter notre infanterie du plateau.

*tout le plateau de Cœuilly. (Midi.)*

Un régiment, le 1ᵉʳ wurtembergeois, sort du parc de Cœuilly... entraînant avec lui la ligne de tirailleurs, il marche rapidement à nous.

Après un moment d'hésitation, nos soldats, vigoureusement enlevés par leurs officiers, s'avancent au pas de charge et baïonnette baissée foncent sur l'ennemi... sans attendre le choc les Allemands tournent le dos... Le 35ᵉ au centre, le 114ᵉ à gauche, quelques compagnies du 113ᵉ et de la Vendée à droite, arrivent jusque sur la pente du ravin de Cœuilly, poursuivant de près les Wurtembergeois qui abandonnent la tranchée-abri, la redoute et nous laissent plus de 400 des leurs, tués, blessés ou prisonniers (1). Mais là, accumulés sur un espace très-restreint, nous sommes assaillis de face par la mitraille de la batterie de la grille, par la fusillade des créneaux; de flanc, par les obus de Villiers, de la Pointe de Cœuilly... Malgré ce feu rapide de mousqueterie et d'artillerie, nos soldats font bonne contenance... quand tout à coup, de Mon Idée s'élancent plusieurs bataillons wurtembergeois. Notre droite, menacée d'être prise à revers, recule... les bataillons, les compagnies se confondent... criblés de toutes parts, nous sommes obligés de rétrograder.

*Deuxième mouvement en avant sur le plateau.*

---

(1) Nous lisons dans une relation wurtembergeoise publiée sur la bataille de Villiers le passage suivant :

.... « Le colonel de Berger, commandant du régiment wurtember-
« geois et le major Schœffer, grièvement blessés, tombèrent à la tête de
« leurs troupes et tous les officiers montés eurent leurs chevaux tués.

« Le régiment fut repoussé jusqu'au parc de Cœuilly, après avoir
« perdu 400 hommes, et le major Haldenwang qui prit alors le comman-
« dement n'eut que le temps de garnir le mur du parc et repoussa ainsi
« avec des pertes considérables l'infanterie française qui avait suivi de
« près le mouvement rétrograde des troupes du 1ᵉʳ régiment..... »

Voir aux pièces justificatives, n° XXIII, la relation complète.

A l'extrême droite, le 1ᵉʳ bataillon de la Vendée s'était bravement avancé sur le plateau; mais, exposé au feu croisé de Mon-Idée et de Chennevières, il est vivement éprouvé; les Vendéens, voyant tomber plusieurs de leurs chefs, s'arrêtent, se troublent et reculent précipitamment, entraînant avec eux une partie du 2ᵉ bataillon, ainsi que quelques soldats de la ligne.

Les Wurtembergeois poussent jusqu'à la crête; de plus en plus pressants, ils menacent de nous déborder par la droite, de nous couper de Champigny; mais quelques compagnies de ligne et de mobiles, échelonnées sur les pentes jusqu'à la Marne, font face à l'ennemi et contiennent ses efforts.

Ces fluctuations en avant, en retraite, ont désorganisé nos régiments. La plupart des officiers ont été mis hors de combat; deux chefs de corps sont blessés; le lieutenant-colonel Lourde-Laplace, du 35ᵉ, grièvement, celui du 114ᵉ, lieutenant-colonel Boulanger, atteint d'une balle à l'épaule, reste à la tête de ses troupes.

Les pertes en hommes sont énormes; mélangés, groupés sur un espace de 3 à 400 mètres, entassés entre le chemin creux de Cœuilly et la Maison-Blanche, tous les corps ont été décimés.

*Le général Blanchard prescrit à la division Faron d'exécuter un nouveau mouvement en avant.*

Cependant, le général Blanchard veut de nouveau tenter d'enlever Cœuilly; il ordonne au général Faron de porter sur les crêtes son artillerie divisionnaire et ses troupes de réserve.

En même temps, il fait avancer la dernière batterie de la division de Malroy, 1ʳᵉ d'artillerie de marine, capitaine Révillion, qui se place en avant du four à chaux, à droite de la batterie Bernard.

Aux fours à chaux, nous avons en ligne sur le plateau les trois batteries du commandant Briens, appartenant à la division de Malroy, soutenues à gauche par deux batteries de la réserve du 2ᵉ corps, Buloz et Flye-Sainte-Marie, en position près du ravin de la Lande (midi 1/2) (1).

Les deux batteries de réserve, Caris et Salin, ayant épuisé leurs munitions, quittent le champ de bataille, et se mettent à l'abri derrière des murs, à gauche de Champigny.

Pendant que le 42ᵉ de ligne, le 1ᵉʳ bataillon du 114ᵉ et le 3ᵉ bataillon de la Vendée s'acheminent vers le plateau, le général Faron prescrit au commandant d'artillerie Magdeleine de chercher, sur la crête, une position pour contrebattre la batterie du parc de Cœuilly.

Le capitaine du génie de la Taille devra, aussitôt les emplacements reconnus, construire des épaulements pour abriter nos pièces.

A peine les sapeurs ont-ils commencé leurs travaux, qu'ils sont accueillis par une fusillade très-vive, venant de gauche et d'arrière... Voici ce qui s'était passé : pour se défiler des feux de Villiers, les troupes établies de ce côté avaient quitté leurs positions et appuyé vers la droite... profitant de ce mouvement rétrograde quelques compagnies wurtembergeoises avaient contourné par le Nord le mamelon de Cœuilly, et se rapprochant jusqu'à 2 ou 300 mètres de l'emplacement choisi pour les batteries Magdeleine, elles fusillaient nos sapeurs; frappés presque à bout portant, ceux-ci sont obligés de se retirer, ayant à peine commencé les épaulements.

*L'artillerie divisionnaire de la division Faron prend position sur le plateau de Cœuilly.*

Le commandant Magdeleine se décide néanmoins à monter sur le plateau.

La batterie de mitrailleuses, 3ᵉ du 3ᵉ, capitaine Torterue de Sazilly, est en tête de colonne; elle grimpe obliquement au milieu des vignes, et prend position à gauche

---

(1) Voir croquis n° 18.

du chemin de Cœuilly. A peine les pièces débouchent-elles sur la crête qu'elles sont balayées par des feux rapides d'infanterie et d'artillerie ; quelques conducteurs font demi-tour... mais ramenés aussitôt par leur brave capitaine, la batterie prend position et ouvre le feu...

Les obus, les balles arrivent de tous côtés... le capitaine Torterue de Sazilly est atteint mortellement, la plupart de ses canonniers sont hors de combat, 19 chevaux sont renversés sur 33.

La batterie Vernoy, 4ᵉ du 13ᵉ, établie sur la gauche, est tout de suite si éprouvée qu'elle peut à peine envoyer quelques obus.

Quant à la batterie Lourdel-Hénaut, 3ᵉ du 9ᵉ, qui se dirige à l'extrême gauche, elle parvient tout au plus à entrer en ligne... Les pertes sont telles, que malgré l'énergie de leurs commandants, ces trois batteries se voient forcées d'abandonner la partie. Plusieurs pièces ayant eu tous leurs chevaux tués, sont ramenées à bras par des canonniers et des fantassins ; une mitrailleuse est traînée par des officiers...

*Troisième mouvement en avant sur le plateau de Cœuilly.*

Pendant que notre artillerie livrait cette lutte sanglante, le 42ᵉ de ligne arrivait sur le plateau, suivi par le 1ᵉʳ bataillon du 114ᵉ et le 3ᵉ bataillon de la Vendée.

Ce brave régiment, vigoureusement enlevé par son chef, le lieutenant-colonel Prévault (1), se précipite sur le plateau, entraînant à sa suite tous les tirailleurs postés derrière la crête (2).

Pendant que le 3ᵉ bataillon s'avance par les pentes nord, et repousse les groupes qui viennent de faire tant de mal à nos batteries, les 2ᵉ et 1ᵉʳ bataillons marchent

---

(1) Le baron Prévault, ex-chef de bataillon du 4ᵉ zouaves, et récemment promu lieutenant-colonel, avait pris, l'avant-veille seulement, le commandement du 42ᵉ de ligne.

(2) Voir croquis n° 18.

contre le parc de Cœuilly, appuyés à leur droite par les Vendéens, le 114ᵉ et le 35ᵉ de ligne.

Un feu rapide d'artillerie et de mousqueterie n'arrête pas l'élan de nos soldats... ils enlèvent de nouveau l'ouvrage du plateau et bousculant tout devant eux, arrivent sur le bord du ravin de Cœuilly. Les Allemands serrés de près rentrent en désordre dans le parc; quelques-uns cherchent à se défiler le long des murs; d'autres s'arrêtent derrière les abatis du thalweg....

Dans le désordre de la poursuite, nos bataillons les uns sur les autres forment plusieurs lignes épaisses de tirailleurs; cette accumulation de troupes sur un espace resserré offre une proie facile aux coups de l'ennemi... la mitraille, la mousqueterie nous enlèvent des groupes entiers... Le brave lieutenant-colonel Prévault, du 42ᵉ, mortellement frappé, est remplacé par le commandant de Parades; plusieurs officiers supérieurs sont hors de combat, le commandant de la Boutetière, des mobiles de la Vendée, le commandant Mowat du 114ᵉ, près de la moitié de nos effectifs en officiers, en soldats est par terre...

Ces pertes considérables n'arrêtent pas la marche intrépide de nos hommes; quelques compagnies poussent même jusqu'au thalweg, en chassent les tirailleurs ennemis et arrivent à 150 ou 200 mètres du parc, obligeant à la retraite quelques centaines de Wurtembergeois qui cherchaient à les tourner par le chemin du ravin.

Mais sur notre droite, de nombreux renforts accourent; écrasés à la fois sous le feu de l'artillerie et sous les masses de l'infanterie allemande, nous reculons... Profitant de son avantage, l'ennemi surgit de tous côtés; le 5ᵉ wurtembergeois, venant de Bonneuil, contourne la boucle de la Marne et attaque vigoureusement les mobiles de la Vendée (2ᵉ bataillon) échelonnés sur

*Retraite sur le plateau de Cœuilly.*

les pentes à hauteur de Chennevières. Soutenus par deux pièces de la batterie Michel, établies à 300 mètres au-dessous de la Maison-Blanche, les Vendéens font tout d'abord une résistance énergique; mais à la vue de leur colonel blessé (M. Aubry), ils perdent confiance, se jettent confusément à travers les pentes, et se précipitent vers Champigny, en laissant 150 prisonniers dans les mains de l'ennemi.

Notre extrême droite refoulée, nous sommes sur le point d'être pris à revers. Le 35°, qui fait face à Mon Idée, sérieusement menacé, se replie entre les deux routes jusqu'à l'emplacement de la batterie allemande. Régiments, bataillons, compagnies, tout est mélangé... Cette masse d'hommes entassés les uns sur les autres, est assaillie par un feu terrible de mousqueterie et d'artillerie; en quelques minutes, le sol se couvre de cadavres et de blessés.... foudroyés de tous côtés nos soldats reculent encore et se mettent à l'abri derrière la crête, près de Bel-Air; plusieurs se précipitent en désordre dans Champigny.

Au milieu de la confusion générale, le chef de bataillon de la Mure, du 35°, qui avait remplacé le lieutenant-colonel Lourde-Laplace, blessé, barre avec une compagnie le chemin aux fuyards; secondé par ses officiers, il rallie tout son monde, s'élance de nouveau en avant, et réoccupe la crête...

*La gauche du 42° malgré ses succès, reçoit l'ordre de suivre le mouvement rétrograde.*

Au nord du plateau de Cœuilly, la gauche du 42°, conduite par le commandant Cahen, en tirailleurs sur le versant qui fait face à Villiers, gagnait visiblement du terrain; défilée des coups de droite, elle soutenait la lutte avec avantage contre les défenseurs de Cœuilly et les tirailleurs embusqués dans le fond du ravin. Les sapeurs du capitaine de la Taille, forcés, nous l'avons vu, de quitter leurs travaux d'épaulement, s'étaient joints au commandant Cahen et ne montraient pas moins d'entrain que nos fantassins.

Postée dans les vignes, derrière les haies, des bouquets d'arbres, cette portion du 42ᵉ attendait le moment favorable pour s'élancer contre le parc, quand lui parvint l'ordre de battre en retraite. Déjà, en effet, toute la droite s'était repliée, et les troupes du commandant Cahen allaient se trouver seules exposées à tout le feu d'artillerie, de mousqueterie de la Pointe de Cœuilly et de Mon Idée. Bien que séparés de 200 mètres à peine du Parc de Cœuilly, il fallut se replier... désespérés, nos soldats n'abandonnent qu'à regret ce terrain où ils laissaient plus de 800 de leurs camarades du 42ᵉ !

... « Lorsqu'il ne restait plus, dit l'historique du 42ᵉ, « que la gauche du régiment sur le plateau et que le « commandant Cahen donna le signal de la retraite, cha-« cun rivalisa d'efforts et d'énergie pour que le mou-« vement se fît avec ordre et ne dégénérât pas en fuite ; « sous les coups précipités de l'ennemi, on se retira par « échelons, l'emplacement où chaque échelon devait « s'arrêter étant marqué par des jalonneurs ; le clairon « Ranc et le tambour Chevalier, qui n'avaient cessé de « battre la charge pendant le combat, se transportaient « successivement à hauteur des jalonneurs, et sur l'ordre « du commandant Cahen, ils sonnaient *halte,* puis *en* « *retraite* aussi tranquillement qu'à l'exercice ; ces deux « soldats ont été décorés après la bataille. »

Enfin, ces glorieux débris ayant regagné les pentes de Champigny, se déployèrent de nouveau en tirailleurs pour prévenir tout retour offensif de la part de l'ennemi.

Face à Cœuilly, de la droite à la gauche, nous n'en tenions plus que les crêtes... mais nous étions bien dé-

*Derniers efforts pour conserver la crête.*

*du plateau de Cœuilly.*

cidés à nous y maintenir... et quand les groupes ennemis, postés à petite distance, tentaient de gagner du terrain, nos tirailleurs, où les officiers étaient proportionnellement en grand nombre, chargeaient à la baïonnette et refoulaient tout devant eux. Jusqu'à 3 heures, le combat se maintint de la sorte, avec une alternative continue d'efforts nouveaux, de succès et d'insuccès...

Dans ces luttes acharnées sur le plateau, le 35° et le 42° s'étaient montrés ce qu'ils avaient été dans les combats précédents, d'une solidité à toute épreuve, pleins d'entrain et d'audace : les jeunes soldats des 113° et 114° avaient combattu avec vaillance, les mobiles de la Vendée s'étaient bien conduits, sauf cependant une partie, entraînée par une de ces paniques comme il s'en produit quelquefois, même parmi les vieilles troupes...

L'ennemi avait subi des pertes considérables, mais nous avions aussi été cruellement éprouvés ; plus de 2,000 hommes, avec un grand nombre d'officiers de tous grades, étaient restés sur le plateau.

Les quatre chefs des régiments engagés étaient hors de combat :

35° Lourde-Laplace, blessé grièvement ;
42° Prévault, tué ;
114° Boulanger, blessé ;
Vendée, Aubry, id. , prisonnier.

Le 1ᵉʳ et le 5° régiment d'infanterie wurtembergeoise, ainsi que le 2° bataillon de chasseurs wurtembergeois, avaient eu aussi leurs chefs de corps grièvement blessés.

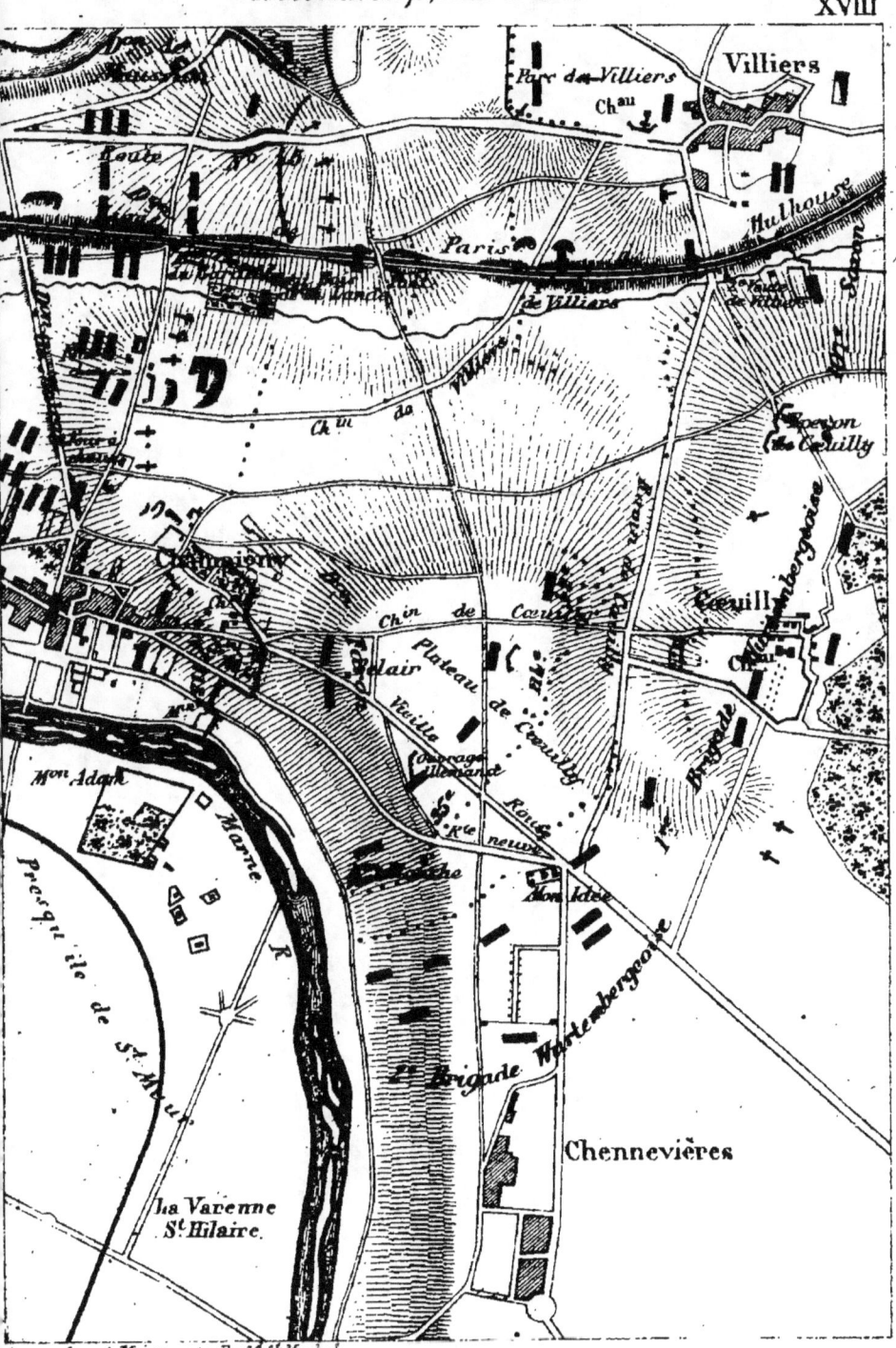

Troisième mouvement en avant sur le plateau de Cœuilly
30 Novembre 1870, midi et demi

XVIII

## CHAPITRE IV.

### OPÉRATIONS DU 3ᵉ CORPS, JUSQU'A 2 HEURES DE L'APRÈS-MIDI.

Les troupes du 3ᵉ corps avaient passé la journée du 29 aux abords du chemin de fer de Mulhouse, la 2ᵉ division, général Mattat, et le groupe de mobiles Reille, au nord de Rosny, la 1ʳᵉ division, général de Bellemare, au sud de ce village.

Les ordres pour la journée du lendemain étaient les suivants :

La division de Bellemare, avec son artillerie divisionnaire et le génie passant le chemin de fer sous la voûte de la Mare, suivra la route de Rosny au rond-point de Plaisance, et prendra ses dispositions pour que la tête de colonne arrive au rond-point à 7 heures moins un quart; elle se formera ensuite en colonne à gauche de la route de Strasbourg, face à Neuilly-sur-Marne.

La division Mattat et le groupe Reille, après avoir traversé Rosny, suivront la 1ʳᵉ division, et au delà du rond-point de Plaisance, se formeront également en colonne, à droite de la route de Strasbourg, face au coude de la Marne, où l'on jettera les ponts.

Les deux batteries de 12, du commandant David, la 3ᵉ du 12ᵉ, et la 3ᵉ du 21ᵉ, resteront provisoirement en position sur le plateau d'Avron, pour appuyer le mouvement de nos troupes sur Neuilly, et s'opposer à un retour offensif du côté de Gagny et de Villemomble (1).

*Le 3ᵉ corps prend position aux abords du rond-point de Plaisance.*

Le 30, vers 5 heures du matin, la division de Bellemare se met en marche; après avoir traversé le chemin de fer, elle tourne immédiatement à droite, laissant la

---

(1) Vers midi, ces batteries reçurent l'ordre de rejoindre le 3ᵉ corps.

route libre pour son artillerie ; au rond-point de Plaisance, elle fait tête de colonne à gauche, de manière à se trouver face à Neuilly-sur-Marne, et son artillerie prend position sur un mamelon, en avant du bois de la Raffinerie (1).

La 10ᵉ batterie du 22ᵉ, mise à la disposition du général de Bellemare, se place à droite de la route, la 16ᵉ du 2ᵉ avec la première brigade, la 16ᵉ du 10ᵉ avec la 2ᵉ brigade ; la batterie de mitrailleuses, 15ᵉ du 11ᵉ, en réserve sur la route.

Cette division est couverte par des tirailleurs occupant le village de Neuilly-sous-Bois.

La division Mattat, venue de Rosny, arrive au rond-point de Plaisance vers 7 heures 1/2, et s'établit à droite de la route de Strasbourg ; derrière elle se groupe l'artillerie de réserve (2).

*Attaque et prise de Neuilly-s-Marne.* Le général d'Exea prescrit au général de Bellemare de préparer l'attaque de Neuilly-sur-Marne. Pendant que l'artillerie ouvre son feu sur ce village, il détermine les points de passage sur le petit ruisseau-canal qui borde le village ; le lieutenant-colonel de Courcy, chargé d'enlever Neuilly avec le 1ᵉʳ bataillon de garde mobile de Seine-et-Marne, prend ses dispositions. Une fois dans le village, il doit s'emparer de l'écluse au débouché du canal de Chelles dans la Marne, et s'y établir solidement... C'était là le point important, car on se demandait si les Prussiens, en ouvrant l'écluse du canal de Chelles, ne pourraient pas de nouveau produire une crue

---

(1) Voir croquis n° 9, page 194.

(2) L'artillerie de réserve du 3ᵉ corps avait été augmentée de 3 batteries de 12, provisoirement mises à la disposition du général Princeteau, pour concourir aux opérations du 3ᵉ corps. Ces batteries, 10ᵉ du 22ᵉ, capitaine Vabre, 8ᵉ du 22ᵉ, capitaine Delagrèverie, et 11ᵉ de l'artillerie de marine, capitaine Geoffroy, étaient sous les ordres du commandant Babinet.

analogue à celle de la veille et balayer nos ponts ; il existait, en effet, une différence de niveau entre le canal et la rivière, qu'on estimait à 3 mètres (1).

Après une demi-heure de canonnade contre Neuilly-sur-Marne, la division de Bellemare s'avance en échelons par la gauche, le premier échelon formé par le régiment de Seine-et-Marne (8 heures).

Deux compagnies du 1$^{er}$ bataillon, dirigées par le lieutenant-colonel de Courcy, traversent le ruisseau-canal sur une passerelle, et se déploient en tirailleurs... l'avant-poste prussien de Neuilly se replie précipitamment en faisant plusieurs décharges, nos hommes prennent le pas de course, pénètrent dans les jardins et enlèvent rapidement les premiers obstacles... le lieutenant-colonel se porte vers la droite avec une cinquantaine d'hommes et arrive dans le village par la route de Strasbourg, pendant que ses tirailleurs y entrent par la gauche.

Dès l'arrivée des autres compagnies du bataillon, on pousse jusqu'à l'extrémité de Neuilly ; là encore, quelques coups de feu sont échangés avec un poste ennemi établi dans la plaine derrière un épaulement ; mais ce poste ne tarde pas à se replier dans la direction de Ville-Évrard, et nous sommes complétement maîtres de Neuilly-sur-Marne ; l'écluse du canal de Chelles est occupée (9 heures).

En attendant de nouveaux ordres du commandant du 3$^e$ corps qui est immédiatement prévenu de la prise de Neuilly, on fortifie la tête du village (2).

---

(1) Extrait de l'historique de l'artillerie du 3$^e$ corps d'armée.

(2) A la division de Bellemare était attachée la 1$^{re}$ section de la 17$^e$ compagnie du 2$^e$ régiment du génie. La 1$^{re}$ demi-section, commandée par le capitaine en 1$^{er}$ Lenclos, aida les pontonniers à construire les ponts de Neuilly ; la 2$^e$ demi-section, sous les ordres du sous-lieutenant Gœtschy, suivit la brigade Colonieu à Neuilly-sur-Marne.

De longs murs, perpendiculaires aux deux routes de Ville-Évrard, formaient en avant de Neuilly jusqu'au canal une excellente ligne de défense ; la force de ces obstacles était encore augmentée par quelques maisons isolées et enclos donnant un flanquement naturel ; de plus, le cimetière, en pointe à l'extrémité nord du village, empêchait de tourner la position de ce côté.

Une ligne de tirailleurs vient s'établir derrière ces longs murs que l'on perce de créneaux ; le reste du régiment de Seine-et-Marne se place au milieu du village et dans la plaine au nord, se reliant avec les troupes du plateau d'Avron.

La 16ᵉ batterie du 10ᵉ, capitaine Dardenne, sur la route de Neuilly à Gagny, couvre la gauche de la position. Le 2ᵉ régiment de la brigade Colonieu, régiment du Morbihan, forme soutien entre Neuilly-sur-Marne et Neuilly-sous-Bois ; la brigade Fournès est en réserve au coude de la Marne.

*Reconnaissance pour déterminer l'emplacement des ponts de Neuilly.*

Pendant ce temps, le général Princeteau, commandant l'artillerie du 3ᵉ corps, fait rechercher près de Neuilly les points de franchissement ; deux sont choisis en aval du ruisseau-canal, près de la Plâtrière ; la position, d'un accès facile, était tout indiquée par le coude de la rivière.

Dès que le mouvement des mobiles de Seine-et-Marne est suffisamment prononcé, la 8ᵉ batterie du 22ᵉ et la 11ᵉ d'artillerie de marine s'établissent en amont du lieu de passage, en aval la 6ᵉ du 21ᵉ et la 12ᵉ du 3ᵉ ; elles doivent couvrir de feux Noisy-le-Grand, Villiers, Bry, la Pépinière et les parcs entre ces deux villages.

*Les ponts de Neuilly sont commencés à 10 heures.*

Vers les 10 heures, le général d'Exea donne l'ordre de faire avancer l'équipage de ponts, en station sur la grand'route, près du rond-point de Plaisance (1). Le

---

(1) Pendant la nuit, vers 2 heures du matin, le général en chef de sa

capitaine Saint-Rémy est chargé de l'exécution avec 85 pontonniers; une trentaine de sapeurs du génie, sous la direction du capitaine Lenclos, une centaine de zouaves, sont adjoints comme auxiliaires.

A ce moment, de l'autre côté de la Marne, la division de Maussion venait de s'emparer du village de Bry, ses tirailleurs commençaient à couronner la hauteur en face de Villiers; afin d'appuyer l'aile gauche de cette division, le général d'Exea fait établir deux nouvelles batteries de 12, la 10ᵉ et la 3ᵉ du 22ᵉ, sur le mamelon de Perreux; de là, tout en soutenant le mouvement offensif du 2ᵉ corps, elles protégeront la marche du 3ᵉ...

Peu après, le général commandant le 3ᵉ corps envoyait, par le capitaine d'état-major Altmayer, l'ordre au capitaine de frégate Rieunier de jeter les ponts de Bry qui devaient livrer passage à la 2ᵉ division (général Mattat) (1).

Pendant que le commandant Rieunier recevait l'ordre (11 h. env.), les deux équipages, remorqués par la *Persévérance* et un bateau-mouche, arrivaient près de l'emplacement des ponts. Le travail est aussitôt commencé... à peine était-on à l'œuvre, que le commandant de Lemud, envoyé par le Gouverneur, se présentait au général d'Exea et insistait pour que le 3ᵉ corps entrât rapidement en ligne... Le commandant de Lemud lui fit observer que la lutte devenant vive sur le plateau de Villiers, il était indispensable que la gauche de l'armée fût couverte du

*Les ponts de Bry sont commencés à 11 heures.*

*Un officier du Gouverneur vient presser le mouvement du 3ᵉ corps. (11 heures 1/4.)*

---

personne avait porté l'ordre au commandant des pontonniers de commencer son mouvement assez tôt pour être rendu au rond-point de Plaisance dès huit heures du matin. Cet ordre avait été exécuté.

(1) L'ordre, écrit au crayon sur une feuille de carnet, était ainsi conçu :

Ordre de jeter immédiatement les deux ponts de Bry.

Le général commandant le 3ᵉ corps,

Signé : D'Exea.

30 novembre 1870, 11 heures.

côté de Noisy-le-Grand. Le général d'Exea répondit que la construction des ponts était poussée avec vigueur, aussi bien au coude de Neuilly qu'à hauteur de Bry et qu'il ne tarderait pas à être en mesure de franchir la rivière sur les quatre ponts à la fois.

Pour éviter tout retard, la division de Bellemare se concentra près de l'emplacement des ponts de Neuilly, et le colonel Reille reçut l'ordre d'aller, avec son groupe de mobiles, prendre position à Neuilly-sur-Marne, à la place du régiment de Seine-et-Marne, qui devait rejoindre aussitôt sa division. La division Mattat, établie près du rond-point de Plaisance, s'achemina également vers les ponts de Bry, de manière à commencer son passage aussitôt qu'ils seraient achevés.

*Les ponts de Bry sont abandonnés.*

De ce côté, étant sous le feu plongeant de l'ennemi, on a une peine extrême à établir les deux ponts; à 11 heures et demie, deux bateaux seulement du premier ont pu être placés; deux autres ont été coulés par les obus.

Dirigés par le commandant Rieunier, qui, bien que blessé, est partout, les marins poursuivent bravement leur besogne... la fuite de quelques ouvriers du génie civil n'arrête pas leur ardeur... mais le travail s'en trouve ralenti, et il n'est pas achevé à midi, lorsque les Saxons, dans leur retour offensif, parviennent jusqu'aux maisons supérieures de Bry, à 500 mètres au plus des ponts... une grêle de balles tombe au milieu de nos hommes... les ouvriers civils se mettent à l'abri, d'autres s'enfuient... les ponts demeurent abandonnés...

*La division [de Bellemare commence à franchir la Marne (midi).*

A midi les ponts de Neuilly, moins en butte aux coups de l'ennemi, sont achevés; le général d'Exea donne l'ordre au général de Bellemare de commencer le passage.

Mais à ce moment-là les troupes du 2ᵉ corps, après la deuxième charge sur le plateau de Villiers, étaient refoulées en arrière de la crête ; un grand désordre régnait sur les pentes au-dessus de Bry... De grandes bandes de tirailleurs, appuyées par de fortes réserves, débouchaient de Noisy-le-Grand et cherchaient à déborder notre gauche... (1).

Le général d'Exea craignit de compromettre ses troupes en leur faisant franchir la rivière dans ces conditions. A la vérité, le mouvement devait être un peu long, puisque les ponts de Bry n'étant pas achevés, ceux de Neuilly seuls devaient servir aux deux divisions.

Néanmoins l'opération eût été suffisamment protégée par le village de Neuilly où nous étions solidement retranchés, par le feu des mitrailleuses et de la nombreuse artillerie que le général en chef avait mise à la disposition du général d'Exea, afin précisément d'assurer le passage de son corps, complément indispensable de l'attaque principale.

Quoi qu'il en soit, péchant par excès de prudence, le général d'Exea arrêta la division de Bellemare, et les quelques compagnies qui déjà étaient de l'autre côté de la rivière durent repasser sur la rive droite.

En même temps la division Mattat, installée au Perreux, ayant reçu quelques projectiles, reprit sa position première aux abords du rond-point de Plaisance (2).

C'est à ce moment, vers une heure, que le commandant Vosseur, de l'état-major du général Ducrot, se présenta au général d'Exea pour le presser d'exécuter son mouvement. Parti du plateau de Villiers, cet officier avait traversé les pentes de Bry au milieu d'une vive fusillade, et franchi la Marne aux ponts de Neuilly (3).

<small>Un officier du gén<sup>al</sup> Ducrot vient presser le mouvement du 3<sup>e</sup> corps.</small>

---

(1) Voir croquis n° 15, page 214.
(2) Voir croquis n° 16, page 215.
(3) Ce simple fait prouve suffisamment combien eût été facile le passage de la Marne de midi à une heure.

Le général d'Exea fit remarquer que la gauche du 2ᵉ corps commençait à plier et demanda s'il devait néanmoins exécuter le passage. Le commandant Vosseur répondit que « lorsqu'il avait quitté le général Ducrot, il
« y avait une heure environ, les troupes marchaient en
« avant, que les conditions avaient peut-être changé,
« mais qu'il ne pouvait modifier en rien de lui-même
« les instructions qu'il était chargé de transmettre. »

Le général d'Exea était dans une grande perplexité, car sur les pentes de Noisy, de Villiers le combat prenait un caractère alarmant ; l'ennemi refoulait partout nos tirailleurs et avançait de plus en plus. En passant la rivière nous le prenions en flanc, mais aussi la tête de colonne pouvait être attaquée par des forces supérieures et rejetée vers les ponts.

Ces craintes du général étaient au moins très-exagérées, car non-seulement la rive gauche offrait de nombreux abris, murs, parcs, qui auraient été de sérieux points d'appui pour nos troupes, mais encore le terrain entre Noisy-le-Grand et les ponts de Neuilly était tellement battu par les feux croisés du plateau d'Avron et des batteries de réserve du 3ᵉ corps qu'il eût été impossible à l'ennemi de s'y maintenir. A plusieurs reprises, en effet, des colonnes avaient tenté de sortir de Noisy-le-Grand pour s'approcher de la Marne ; mais, criblées d'obus, elles avaient été obligées immédiatement de se retirer derrière les murs du village... Les pentes seules étaient réellement au pouvoir de l'ennemi ; encore parvint-on à les en chasser et à dégager complétement la gauche du 2ᵉ corps.

*Une batterie de mitrailleuses dégage la gauche du 2ᵉ corps.*

Nous avons vu plus haut, que les soldats du général Maussion, épuisés par des combats successifs, avaient fini par plier devant une nouvelle et vive attaque de tirailleurs saxons débouchant en grandes bandes de

Noisy... En vain les batteries placées sur la rive droite de la Marne augmentent leurs feux... les obus tombant au milieu des hommes isolés, ou s'enfonçant dans la terre meuble des pentes font peu d'effet... La marche de l'ennemi n'en est pas ralentie... parvenant au-dessus de Bry, dans Bry même, les Allemands fusillent nos travailleurs, arrêtent la construction des ponts et vont déborder la gauche du 2ᵉ corps... quand une batterie de mitrailleuses, 3ᵉ du 12ᵉ, capitaine Clavel, guidée par le capitaine Louis, aide de camp du général d'Exea, vient prendre position sur le mamelon du Perreux, en un point d'où l'on enfile à bonne portée toute la ligne des tirailleurs saxons; dès les premières décharges, ceux-ci s'arrêtent court, reculent... s'abritent derrière les haies, les couverts, et bientôt ils disparaissent derrière la crête... Nos mitrailleuses obtiennent ainsi en quelques minutes le résultat que nos canons ordinaires n'avaient pu obtenir par un tir prolongé... Le plus grand danger est passé ; toutes les pentes restent libres, et les nôtres réoccupent les premières positions en face de Villiers. Alors seulement le général d'Exea se décidant à exécuter le passage de la rivière, donne l'ordre à la division de Bellemare de se porter en avant (2 heures) (1).

Mais toutes ces hésitations, tous ces retards ont compromis la journée : rien maintenant ne peut plus réparer les fautes commises ! Toute la combinaison sur laquelle reposait le succès de l'opération est détruite.... Nos sanglants efforts, nos pertes si cruelles sont rendus stériles !

*Le général en chef ne voyant pas arriver le 3ᵉ corps, se décide à conserver ses positions.*

Cette triste vérité apparaissait trop clairement pour que la moindre illusion fût permise. Dès lors le général

---

(1) Malheureusement le général commandant le 3ᵉ corps négligea de faire prévenir le général en chef qu'il exécutait enfin le passage de la rivière.

en chef ne songe plus qu'à garder solidement les positions tombées en notre pouvoir, remettant au lendemain les opérations offensives....

Il fait relever sur la crête du plateau de Villiers et les pentes de Bry la brigade Avril de l'Enclos (123$^e$, 124$^e$) par la brigade Courty (125$^e$, 126$^e$), de la même division ; un seul bataillon de la 1$^{re}$ brigade, le 3$^e$ du 124$^e$, peu engagé, reste sur le terrain derrière le chemin creux (1).

<small>L'artilllerie se maintient sur les positions conquises et continue son feu.</small>

Nos batteries, bien que cruellement éprouvées, surtout celles établies aux abords de Villiers, avaient continué la lutte sans interruption... Les canonniers, comme électrisés par leurs officiers payant tous de leur personne, montraient un entrain, une ardeur qui semblaient croître avec le danger. Non-seulement ils avaient résisté à découvert sous la pluie de fer et de mitraille de l'ennemi, mais encore ils avaient souvent obligé celui-ci à ralentir son feu.

Sur le plateau de Villiers, la batterie Nismes, revenue à gauche de la route n° 45, tire sans relâche. Elle ne tarde pas à être appuyée par les batteries de la réserve générale (commandant Lefébure). La batterie Malherbe se place à sa gauche, près du chemin creux ; presque aussitôt, elle perd son capitaine-commandant grièvement blessé, que remplace le capitaine en second Royer. Plus à gauche, la batterie Bajau, reprenant sa première position sur le bord du plateau, fait face au parc de Villiers. La batterie Froment, reconstituée à quatre pièces, s'établit à hauteur du chemin creux, près de la route n° 45. Quant à la batterie Gros, elle va se joindre aux batteries du commandant Ladvocat, déployées entre le four à chaux et le ruisseau de la Lande.

---

(1) Voir croquis n° 19.

*Positions devant Villiers le 30 Novembre 1870 à 2 heures de l'après-midi*

Sur la droite de la route de Villiers, la première demi-batterie de mitrailleuses Mahieu, deux pièces de la batterie Courtois et deux mitrailleuses de la batterie précédente, établies près du chemin de fer, font grand feu sur toute la ligne (1).

Sur le plateau des fours à chaux, les batteries de la division de Malroy, celles de la réserve du deuxième corps, soutenues à gauche par l'artillerie de la division Berthaut et la batterie Gros de la réserve générale, combattent également avec la plus grande énergie.

Quelques pièces ennemies étant venues s'établir à la pointe nord du plateau de Cœuilly pour prendre d'écharpe toute cette ligne, les batteries Chaule (mitrailleuses) et Gros (8) se portent à un kilomètre en avant dans le vallon de la Lande et les contrebattent vigoureusement. Elles ont tout d'abord un succès complet, mais bientôt en butte aux feux croisés de quatre batteries ennemies, elles sont écrasées : deux pièces du capitaine Gros sont démontées, et c'est à grand'peine que cet officier parvient à ramener le reste de son matériel au Four à Chaux.

Comme on le voit, notre brave artillerie, par sa ferme contenance, tenait partout l'ennemi en respect et l'empêchait de nous inquiéter sérieusement.

Les Saxons, définitivement refoulés, étaient rentrés dans Noisy, pour n'en plus sortir... Partout les Allemands restaient, comme nous, sur la défensive, et le combat se réduisait à un échange de coups de canon.

Allant de la gauche à la droite de la ligne de bataille, le général Ducrot reconnaissait toutes les positions occupées par ses troupes ; il prescrivait d'établir des tran-

*Le général en chef apprend l'abandon de nos positions de droite par le 1ᵉʳ corps.*

---

(1) Une mitrailleuse de la 2ᵉ demi-batterie Mahieu avait, comme nous l'avons vu, été démontée à la première position près du chemin creux.

chées, des abris, des épaulements partout où la chose lui semblait indiquée... Comme il venait d'ordonner la construction de quelques ouvrages rapides au Four à Chaux, point le plus dominé de son front défensif, et qu'il se dirigeait vers la tête de Champigny, il apprit par le capitaine Colin, de l'état-major de la division de Malroy, que le 1ᵉʳ corps d'armée avait reçu l'ordre de se reporter en arrière, d'abandonner toutes ses positions avancées, voire le village de Champigny et le Four à Chaux...

A la nouvelle de cet incroyable incident, le général Ducrot, dans un premier mouvement d'indignation bien légitime, s'écria : « Allez dire partout que, sous peine « de mort, je défends d'abandonner aucune position. »

Rien, en effet, pas plus à la droite que sur toute autre partie du champ de bataille, ne pouvait faire pressentir un mouvement rétrograde quelconque... A la vérité, les diverses attaques contre le parc de Cœuilly avaient été repoussées comme devant Villiers, mais nous tenions, avec un grand nombre de tirailleurs, toutes les pentes au-dessus de Champigny ; sur la droite nous étions même assez solidement établis pour inquiéter l'ennemi... plusieurs fois, débouchant de Chennevières, il avait cherché à nous rejeter vers la Marne... mais il était venu sans cesse se briser contre la résistance de 2 à 300 hommes que le commandant Sancery, du 35ᵉ, avec un certain nombre d'autres officiers, maintenait énergiquement près de l'épaulement du plateau.

Les Allemands n'avaient pas réussi davantage à nous tourner le long de la rivière : la ferme attitude de quelques officiers et d'une centaine de tirailleurs avait suffi pour arrêter, sur le flanc du coteau, toutes leurs tentatives.

Vers 3 heures, les Wurtembergeois voyant leurs efforts impuissants, paraissaient non-seulement renoncer à nous rejeter du plateau, mais commençaient même à céder du côté de Mon-Idée... et le commandant Sancery prononçait un mouvement sur Chennevières, quand il reçut l'ordre de se replier...

*Arrivée du général en chef à Champigny.*

On le voit, non-seulement l'ennemi n'était pas menaçant, mais même sur certains points il rétrogradait... rien donc ne pouvait motiver un ordre de retraite... et cependant la division Faron refluait déjà vers la Marne, évacuant Champigny ; toute la brigade de la Mariouse et le 114ᵉ de ligne de la brigade Comte (113ᵉ et 114ᵉ) étaient massés à quelque distance en arrière du village... fort heureusement le 113ᵉ tenait encore les défenses avancées.

Il fut donc très-facile d'arrêter les troupes et de les reporter en avant. Toute la division Faron réoccupa promptement ses positions sans que l'ennemi tentât seulement de s'y opposer.

Ces mesures prises et la journée semblant entièrement finie, le général Ducrot se dirige vers la Villa-Palissy, où il espère rejoindre le commandant du 1ᵉʳ corps ; comme il arrivait à la Fourche de Champigny, éclate tout à coup dans la direction de Villiers une vive fusillade... (4 heures environ).

Croyant que l'ennemi fait une nouvelle attaque contre nos lignes, le général en chef tourne bride et se porte rapidement vers le plateau de Villiers. Grande est sa surprise en apercevant la division de Bellemare sur les pentes de Bry et ses têtes de colonne se ralliant pour tenter un nouvel assaut contre le parc de Villiers, devant lequel tant de braves gens sont déjà tombés.

*Sur la gauche, entrée en ligne de la division de Bellemare, du 3ᵉ corps.*

L'entrée en ligne du 3ᵉ corps à cette heure de la journée était tout à fait imprévue, surtout dans la direction de Bry. L'ordre général du 29 novembre était formel ; il prescrivait au 3ᵉ corps « de faire attaquer et « occuper par trois brigades le village de Noisy-le-

« Grand ; d'envoyer ensuite une brigade, avec la
« meilleure partie de l'artillerie, dans la direction de
« Champs, jusqu'à la pointe du plateau, à hauteur de
« Gournay, pour canonner ce village; de faire occuper
« le plateau à droite de Noisy par une autre brigade, et
« d'échelonner le reste de l'artillerie entre Bry et
« Noisy. »

L'ordre du 30 prescrivait que le grand équipage de pont serait, à 8 heures du matin, sur la route de Strasbourg, non loin du carrefour de Plaisance, afin d'être en mesure, au moment de l'occupation de Neuilly-sur-Marne, de jeter deux ponts à l'endroit où la route se rapproche le plus de la Marne. Cet ordre particulier et de détail ne modifiait en rien les instructions générales de la veille. Du village de Noisy-le-Grand, l'on aurait commandé le pont de Gournay, par lequel débouchaient les renforts ennemis; l'on aurait pris à revers la formidable position de Villiers, en même temps que le 2ᵉ corps l'aurait abordée de front et par la droite ; dans ces conditions, le succès était presque assuré; mais le 3ᵉ corps intervenant alors que les 1ᵉʳ et 2ᵉ étaient épuisés par une lutte acharnée de plusieurs heures, son action, forcément, devenait infructueuse et sans effet.

De plus, en se dirigeant sur Villiers et non sur Noisy-le-Grand, l'on prenait, pour ainsi dire, le contre-pied du plan d'attaque du général en chef.

Car les troupes ne manquaient pas sur le plateau au-dessus de Bry et face à Villiers... elles n'étaient même que trop nombreuses, trop compactes... Devant ces obstacles insurmontables contre lesquels la force et la vaillance ne pouvaient rien, elles restaient impuissantes, et ce n'était qu'en combinant l'attaque de front avec un mouvement tournant par la gauche, qu'il eût été possible d'enlever la position.

DÉFENSE DE PARIS.  247

Aussi avions-nous désigné au 3ᵉ corps d'une manière formelle et précise Noisy-le-Grand comme objectif.

Pourquoi et comment le mouvement s'est-il exécuté d'une autre façon? C'est ce qui n'a jamais été bien éclairci...

## CHAPITRE VI.

### ATTAQUE DE VILLIERS PAR LA DIVISION DE BELLEMARE.

Il était 2 heures, lorsque les têtes de colonne du 3ᵉ corps avaient commencé à franchir la Marne aux ponts de Neuilly. La brigade Fournès, de la division de Bellemare (4ᵉ zouaves-136ᵉ), passant la première, était venue se masser à hauteur du grand parc de Bry, face à Noisy-le-Grand; le 3ᵉ bataillon de zouaves, en avant-garde, s'était porté dans la direction de ce dernier village, précédé des deux premières compagnies déployées en tirailleurs. La brigade Colonieu (Seine-et-Marne—Morbihan), de la même division, suivant le mouvement, avait pris position sur la gauche, face au même objectif. *Passage de la Marne par la division de Bellemare.*

Tout semblait indiquer que, conformément aux instructions générales, on allait marcher sur Noisy-le-Grand, en longeant la rive gauche de la Marne, sous la protection des batteries fixes du plateau d'Avron et de l'artillerie du 3ᵉ corps, qui pouvait s'établir à droite et à gauche de Neuilly-sur-Marne.

Vers trois heures, la ligne s'était ébranlée, mais au lieu de marcher sur Noisy-le-Grand, elle avait fait par le flanc droit et tête de colonne à droite, exécutant ainsi une véritable contre-marche.

Tournant le dos à l'objectif indiqué, on s'était engagé

dans les routes étroites entre le grand parc et le village de Bry, et toute la division de Bellemare était venue se masser non loin de la place de l'église. Le 3ᵉ bataillon de zouaves, resté seul sur la route de Noisy, observait ce débouché et couvrait notre gauche (1).

*Attaque du plateau de Villiers par les zouaves.*

Aussitôt ses troupes rassemblées, le général de Bellemare donne l'ordre d'attaquer les hauteurs de Villiers : le 4ᵉ zouaves, s'avançant par le chemin de Bry à Villiers, doit marcher directement sur le parc, appuyé à droite par le 136ᵉ de ligne, à gauche par le régiment de Seine-et-Marne ; les mobiles du Morbihan, placés à l'extrême gauche, garderont les pentes face à Noisy-le-Grand, en se reliant au 3ᵉ bataillon de zouaves (2).

Vers 3 heures 1/2, les zouaves s'engagent dans le chemin creux conduisant au plateau.

Les deux premières compagnies du 1ᵉʳ bataillon, formant avant-garde, escaladent les pentes au pas de course... entraînées par le commandant Noëllat, elles se jettent sur les tirailleurs ennemis, les bousculent et s'avancent intrépidement sur le plateau.

Mais tout à coup, du mur de Villiers, part un feu roulant, qui renverse en quelques minutes la moitié de nos hommes : tous les officiers sont atteints, le commandant a son cheval tué, c'est à grand'peine que les zouaves parviennent à dégager leur chef ; rejetés en arrière, les débris de ces deux braves compagnies se rallient derrière la crête.

A peine est-on reformé, que tout le bataillon se porte

---

(1) Le général de Bellemare disposait de toute son artillerie divisionnaire et des deux batteries de 4 de la division Mattat.

La batterie de mitrailleuses de cette division, 3ᵉ du 11, capitaine Clavel, avait conservé sa position sur le mamelon du Perreux, afin de joindre son feu à celui des batteries de réserve.

2) Voir croquis n° 20.

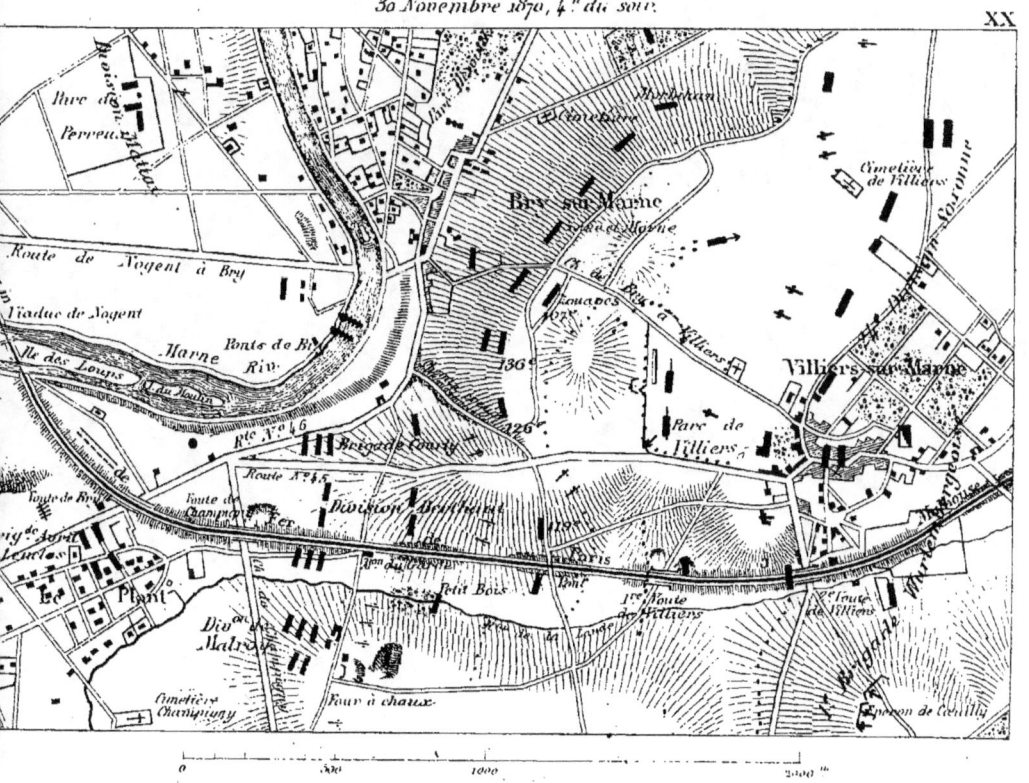

*Attaque de Villiers par la Division de Bellemare*
30 Novembre 1870, 4ʰ du soir.

de nouveau en avant sans attendre l'arrivée des autres colonnes.

Les zouaves, qui s'étaient déjà si vaillamment comportés à la Malmaison, veulent, par un coup d'éclat, effacer tout souvenir, toute trace de ce qui s'est passé à Châtillon... tête baissée, ils se précipitent sur le plateau... des murs, des fossés, des abris jaillit un feu terrible; la plupart tombent, les autres marchent, courent à travers une grêle de balles... mais arrivés à cent mètres du parc, ils sont foudroyés à bout portant... Devant eux se dresse une muraille qui ne cesse de vomir le fer et le feu... force est de s'arrêter... de reculer... 16 officiers sur 18 et 311 hommes sur 600 sont hors de combat. Cependant, ces braves n'ont pas inutilement versé leur sang; ils ramènent les deux pièces de canon laissées le matin sur le plateau faute d'attelages.

Pendant ce temps, le 2ᵉ bataillon de zouaves arrive au chemin creux qui longe la crête; le 2ᵉ bataillon du 136ᵉ entre en ligne vers la droite au milieu des vignes; il est bientôt suivi par les deux autres bataillons du même régiment, le 1ᵉʳ bataillon du 107ᵉ et la légion des Amis de la France; une fraction des mobiles de Seine-et-Marne, sous les ordres du lieutenant-colonel de Courcy, couronne la crête à gauche du chemin de Bry à Villiers; une autre fraction de ce régiment est en réserve sur les pentes avec le colonel Franceschetti, à sa gauche se trouvent les mobiles du Morbihan qui marchent vers Noisy-le-Grand (1).

Sous la conduite du colonel Fournès, commandant la 1ʳᵉ brigade de la division, toutes les troupes de première ligne se précipitent de nouveau contre le parc de Vil-

---

(1) Une partie du 1ᵉʳ bataillon de Seine-et-Marne, n'ayant pas été relevée, était restée en position à Villa-Evrard.

liers avec la plus fougueuse intrépidité ; la 16ᵉ batterie du 2ᵉ régiment, capitaine Malfroy, établie près du chemin de Bry, soutient, au centre, cette charge générale. Nos pièces de 7 postées sur Avron nous prêtent également un puissant concours ; aux ordres du capitaine Pothier, ces pièces atteignent à 5 et 6,000 mètres l'artillerie ennemie et la forcent plusieurs fois à changer de position.

*Le général en chef arrive sur le plateau.*

Comme la division de Bellemare abordait le plateau, arrive le général en chef, entraînant à sa suite les fractions des divisions Berthaut et de Maussion qu'il a rencontrées sur son passage : deux bataillons du 126ᵉ et deux du 119ᵉ sont jetés, les uns à gauche de la route de Villiers, les autres à droite ; deux batteries, dont une de mitrailleuses, ouvrent le feu à 400 mètres du parc...

Ce dernier effort n'est pas plus heureux que les précédents ; cette fois encore, nos plus vaillants soldats vont se briser contre des obstacles qu'ils n'atteignent que pour tomber morts avant d'avoir pu les escalader ; nos batteries, écrasées par la mousqueterie, perdent en quelques instants la moitié de leurs effectifs en hommes et en chevaux, presque tous leurs officiers (1) ; plus de 600 hommes restent sur le terrain. Mais ces pertes cruelles, loin de diminuer l'élan de nos soldats, semblent redoubler leur ardeur... les mobiles du lieutenant-colonel de Courcy veulent encore se jeter sur le parc de Villiers... Le général Ducrot, convaincu de l'impuissance

---

(1) Dans la batterie de mitrailleuses, le capitaine Trémoulet avait été tué, et les deux autres officiers, Mathis et Chevalier, blessés.

Le lieutenant Chevalier, blessé mortellement, venait de sortir de l'École d'application. Malade depuis quelque temps, il avait tenu à rejoindre sa batterie, malgré l'avis des docteurs, qui ne le jugeaient pas en état de combattre. C'est dans ces conditions qu'il se fit remarquer par son entrain et son ardeur et qu'il tomba si glorieusement devant les murs de Villiers.

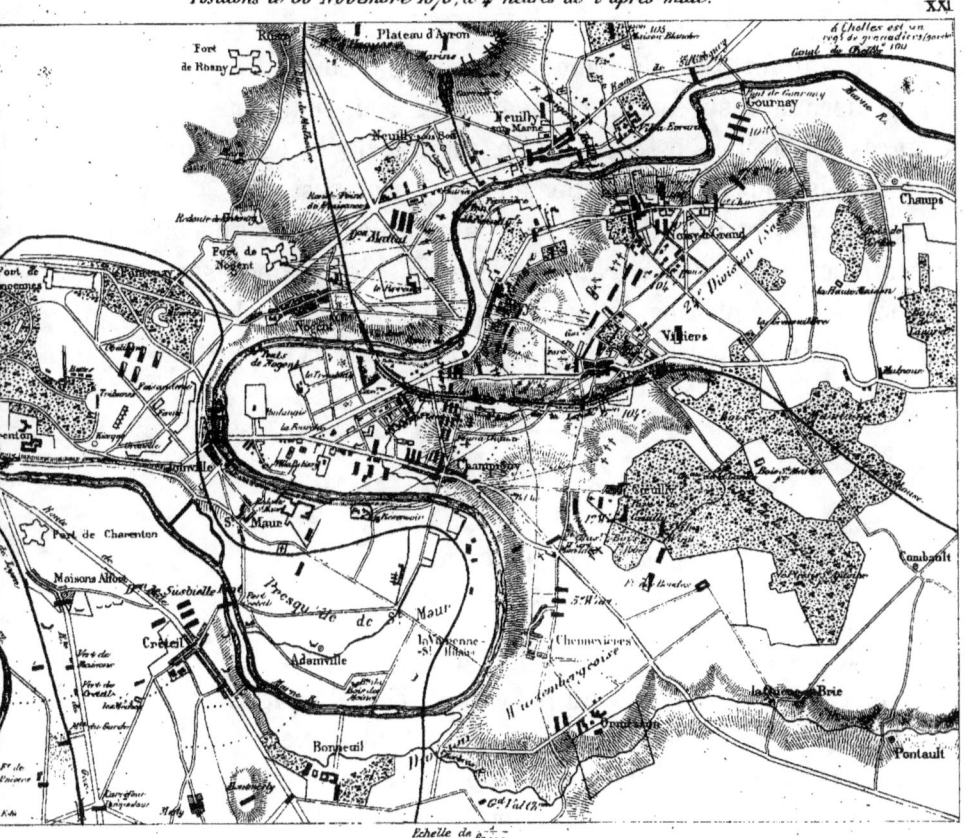

DÉFENSE DE PARIS. 251

de cette nouvelle tentative, les arrête, et fait cesser tout mouvement offensif.

N'ayant pas été prévenus en temps opportun du vigoureux effort de la division de Bellemare, les 2ᵉ et 1ᵉʳ corps n'avaient pu y coopérer; quelques fractions seulement s'étaient portées en avant au moment où la fusillade avait éclaté.

Il était fort tard, le jour baissait sensiblement... après ce dernier insuccès, il n'y avait plus rien à tenter. Le gros des troupes est reporté en arrière de la crête, sur laquelle nous laissons seulement des avant-postes.

Des ordres sont donnés sur toute la ligne pour que la nuit soit employée à retrancher les positions conquises, enlever les blessés, enterrer les morts et renouveler les munitions dont la dépense a été considérable (1).

## CHAPITRE VII.

#### COMBAT DE MONTMESLY.

( 30 Novembre. )

La division de Susbielle (1ʳᵉ du 2ᵉ corps), qui devait, ainsi que nous l'avons dit plus haut, chercher à arrêter les renforts ennemis envoyés de la rive gauche de la Seine, s'était mise en marche le 30 novembre, à 3 heures du matin, sur Port-Créteil, par Joinville et Saint-Maur; son artillerie divisionnaire, afin d'éviter l'encombre-

*Rassemblement de la division de Susbielle.*

---

(1) Devant Champigny, on parvint à ramener la plupart de nos blessés; mais devant Villiers, on éprouva les plus grandes difficultés..... Là, étant à très-petite distance de l'ennemi, dès que quelqu'un s'avançait sur le plateau, il était reçu à coups de fusils. Les Allemands, craignant que nous ne profitions de la nuit pour faire une tentative sur le parc, ne laissaient approcher personne, et nos malheureux blessés, malgré les plus louables efforts, restèrent sur le terrain; le froid en fit périr un grand nombre.

ment près des ponts, avait suivi la voie de Charenton (1).

Franchissant la Marne sur un pont de bateaux construit la nuit, près du Moulin vieux de Port-Créteil, la division tout entière se trouvait massée, vers 6 heures, derrière le village de Créteil, à droite et à gauche de la route de Bâle; son artillerie sur la droite, en deçà de la tranchée reliant le parc de l'archevêque à la ferme des Mèches, le 3ᵉ bataillon du 118ᵉ lui servant de soutien.

Créteil était occupé, mais non défendu, par des gardes nationaux, qui avaient relevé les mobiles du Tarn; leur conduite, leur désordre étaient tels qu'il y aurait eu plus que de l'imprudence à compter sur de tels gens (2). Heureusement cette position allait être gardée, dans la matinée, par la brigade de mobiles du général Ribourt, qui devait servir de réserve à la division de Susbielle, pendant que d'autres bataillons de garde mobile postés à Maisons-Alfort couvriraient son flanc droit. Une batterie de 12, capitaine Laguerre, amenée par des chevaux d'omnibus, trop incomplète pour être mobilisée, fut placée comme batterie de position dans le parc de l'archevêque, de manière à soutenir notre offensive et protéger au besoin la retraite de nos troupes.

<small>Canonnade contre Mesly, Montmesly et Bonneuil.</small>

Vers 7 heures 1/2, les objectifs devenant visibles, l'artillerie commence son feu; les batteries de Créteil, les batteries de marine de Maisons-Alfort, le fort de Charenton, la redoute de Gravelle, couvrent d'obus

---

(1) L'ordre général pour le 30 novembre portait que la division de Susbielle devait se mettre en mouvement dans la soirée du 29; mais ces instructions furent modifiées, et le départ fut fixé à trois heures du matin le 30, afin de laisser aux troupes qui avaient marché une partie de la journée et de la nuit précédentes le temps de se reposer.

(2) C'était le bataillon des tirailleurs de Belleville et le 147ᵉ bataillon de guerre de la garde nationale, qui, pour inconduite et lâcheté, furent dissous quelques jours après, sur la demande du général Clément-Thomas, commandant la garde nationale. (Voir aux pièces justificatives nᵒ XXIV.)

Mesly, Montmesly, Bonneuil. Deux batteries mobiles établies derrière des épaulements dans la presqu'île de Saint-Maur, l'une près du pont de Créteil (batterie Donato), l'autre près de l'église d'Adamville (batterie André), ouvrent le feu contre Montmesly et Bonneuil. Les deux batteries de quatre de la division de Susbielle, placées à droite de Créteil, tirent sur le village de Mesly (1).

Sur la droite, de l'autre côté de la Seine, le fort d'Ivry et la batterie de la redoute du bord de l'eau dirigent leurs coups sur le pont de Choisy-le-Roi.

Pendant cette canonnade qui, suivant les ordres du Gouverneur, devait durer une heure et demie environ, le général de Susbielle exécute une reconnaissance en avant de Créteil.

Au delà de ce village, la route de Bâle, presque en ligne droite, était coupée, à 500 mètres environ des dernières maisons, par une barricade, prolongée à droite et à gauche au moyen de tranchées... des escarpements boisés d'un accès très-difficile étendaient jusqu'à l'île Saint-Julien cette ligne de défense derrière laquelle le parc de Bonneuil présentait un sérieux obstacle. *Examen des positions ennemies.*

Sur la droite de la route, le terrain montant en pente douce, forme le mamelon isolé de Montmesly, que couronne un large plateau incliné vers Créteil ; à un ressaut du sol s'élevaient des tranchées à intervalles s'appuyant, d'un côté à la route de Bâle, de l'autre au village de Mesly ; à la partie culminante se dessinait un grand ouvrage avec embrasures dirigées sur Créteil et Maisons-Alfort.

Plus à droite, au pied des hauteurs, Mesly était organisé défensivement ; mais quelques maisons et enclos

---

(1) Voir Croquis n° 22, page 266.

situés en avant de ce village semblaient devoir gêner la défense et favoriser l'attaque.

Au delà, le terrain présente une grande plaine découverte, limitée en avant par des bois, sur la droite par le remblai du chemin de fer de Lyon; dans l'intervalle, se trouvent des constructions isolées, entre autres la ferme de l'Hôpital, le carrefour Pompadour; ces bâtiments entourés d'ouvrages en terre et servant de postes avancés aux troupes de Choisy-le-Roi, étaient autant de positions qui devaient menacer le flanc droit de nos colonnes.

<small>But de l'opération.</small> La reconnaissance terminée, le général de Susbielle réunit ses généraux de brigade et chefs de corps, pour leur donner ses instructions.

Le but de l'attaque était d'abord de s'emparer de Mesly, Montmesly, Bonneuil. En cas de succès, la division, pivotant sur sa gauche, marcherait vers le plateau d'Ormesson. Dans ce mouvement de conversion, le marais de Sucy, pouvant offrir des passages étroits et difficiles, chaque corps devait s'échelonner par bataillons, tout en restant en mesure de se secourir et de déjouer les tentatives d'attaque tournante par la droite. Les positions, fouillées par les tirailleurs, devaient être rapidement enlevées.

En cas d'insuccès, les troupes se retireraient lentement, et occuperaient successivement tous les accidents de terrain, les enclos, les maisons crénelées, etc...

Dans tous les cas, la lutte se prolongerait jusqu'aux dernières limites.

<small>Dispositions d'attaque.</small> L'ensemble de l'opération tracé, le général de Susbielle donna à chacun de ses brigadiers les détails tactiques :

La 2ᵉ brigade (117ᵉ et 118ᵉ), général Lecomte, est chargée de l'attaque : pendant que le 117ᵉ, manœuvrant aux abords de la route de Bâle, abordera de front les premières défenses de Montmesly, le 118ᵉ, accompagné d'une batterie de 4, tournera la position par le village de Mesly.

La 1ʳᵉ brigade, général de la Charrière, restera en réserve derrière la tranchée, à hauteur du parc de l'archevêque. La 2ᵉ batterie de 4 et les mitrailleuses établies près de la ferme des Mèches, observeront la plaine et arrêteront tout mouvement tournant par la droite; la batterie de marine de Maisons-Alfort surveillera le carrefour Pompadour.

Le 117ᵉ (lieutenant-colonel Galland), formé par bataillon en colonnes de division en avant de Créteil, à droite et à gauche de la route de Bâle, reçoit l'ordre d'agir de la manière suivante :

Le 1ᵉʳ bataillon, commandant Lubriat, placé à gauche de la route, après avoir enlevé les tranchées et bouquets de bois sur les pentes de la Marne, doit continuer son mouvement de manière à prendre à revers les défenses de Bonneuil.

Le 2ᵉ bataillon, commandant Fauvin, enlèvera la barricade et poussera directement sur la route de Bâle, afin de tourner les ouvrages de Montmesly, pendant que le 3ᵉ bataillon, commandant Passée, les attaquera de front.

Le 118ᵉ (lieutenant-colonel de Beaufort), formé en colonne derrière la tranchée de l'archevêque, doit marcher en même temps que le 117ᵉ. Son 3ᵉ bataillon, commandant L'lopis, après s'être emparé des enclos entre Créteil et Mesly, appuyera vers la gauche de manière à aborder de flanc les premières tranchées de Montmesly; il se portera ensuite contre l'ouvrage situé à l'extrémité du plateau, en subordonnant toutefois son mouvement à la marche du 2ᵉ bataillon, commandant Coutelle, chargé de l'occupation du village de Mesly.

Le 1ᵉʳ bataillon, commandant Dupont, formera la réserve des deux bataillons engagés.

*A 9 heures, le général donne le signal de l'attaque.*

Vers 9 heures, l'artillerie ayant suffisamment battu les divers objectifs, le général de Susbielle fait cesser le feu, et donne le signal de l'attaque.

Nos troupes se précipitent avec le plus grand élan, toutes les premières défenses de l'ennemi sont enlevées rapidement.

A gauche, le 2ᵉ bataillon du 117ᵉ, conduit par le général Lecomte, s'empare de la barricade de la route de Bâle, pendant que le 1ᵉʳ se rend maître des tranchées entre la route et la Marne; ces 2 bataillons chassent devant eux les Allemands qui se réfugient dans le parc de Bonneuil.

A droite le 3ᵉ bataillon du 117ᵉ, entraîné par le lieutenant-colonel Galland, s'empare des premières tranchées prussiennes situées à mi-côte. A l'extrême droite, le 3ᵉ bataillon du 118ᵉ, maître des enclos en avant de Mesly, laisse au 2ᵉ bataillon de son régiment le soin d'occuper ce village, se rabat sur la gauche, et déloge les tirailleurs allemands de leurs abris sur le flanc du mamelon.

Cependant le 2ᵉ bataillon se rend maître de Mesly, dont les défenseurs, après une faible résistance, fuient en désordre vers la route de Choisy.

*Prise de l'ouvrage de Montmesly.*

Nos tirailleurs, postés dans les maisons les plus avancées de Mesly, prennent d'enfilade la tranchée qui relie ce village à Montmesly et la rendent bientôt intenable pour l'ennemi. Dès lors, n'ayant plus rien à redouter pour leur droite, le 3ᵉ bataillon du 117ᵉ et le 3ᵉ bataillon du 118ᵉ marchent rapidement sur l'ouvrage de Montmesly qui est enlevé de la façon la plus brillante, sous l'énergique impulsion des lieutenants-colonels de Beaufort et Galland. Sans s'arrêter, ce dernier, à la tête de quelques compagnies du 3ᵉ bataillon de son régiment, descend la pente du mamelon et se jette contre les maisons C au carrefour des routes de Bâle et de Choisy-le-Roi, position très-importante, que l'ennemi avait solidement retranchée.

Accueillis par une vive fusillade, nos soldats du 117ᵉ n'en continuent pas moins leur marche en avant ; mais bientôt, pris de flanc par les défenseurs du parc de Bonneuil, ils sont obligés de rétrograder jusqu'à l'ouvrage de Montmesly... et d'attendre que le mouvement de notre gauche soit plus prononcé.

De ce côté, le 2ᵉ bataillon du 117ᵉ, après avoir enlevé la première barricade, s'était heurté à gauche au mur du parc de Bonneuil, à droite au petit bois D, sur la route même à une deuxième barricade ; à différentes reprises, il avait essayé de briser ces obstacles, et chaque fois il avait été repoussé avec des pertes considérables... Rien ne pouvant être tenté avant la prise de ces différents points, on les attaque de deux côtés à la fois :

Le 2ᵉ bataillon du 117ᵉ les aborde de front, pendant que le 3ᵉ bataillon du 118ᵉ, remplacé dans l'ouvrage par le bataillon de réserve (1ᵉʳ bat. du 118ᵉ) prend à revers toutes les défenses de l'ennemi.

La barricade B, le petit bois D abordés avec énergie sont bientôt évacués, et nos soldats arrivent jusque dans les fossés du côté ouest de la route, à quelques pas des tirailleurs allemands qui garnissent les créneaux du long mur du parc... Ce nouvel obstacle défilé de notre artillerie, par sa direction, par sa situation sur le flanc du coteau, nous arrête court... il est impossible d'aller plus loin...

Profitant de cet instant de halte, nous nous fortifions dans les positions conquises. Le commandant du génie Houbigant retourne l'ouvrage de Montmesly ; deux pièces

*Montmesly e[st] fortifié.*

de quatre de la 8ᵉ batterie du 21ᵉ, sous-lieutenant de Bussières, y sont envoyées de manière à contrebattre l'artillerie ennemie, venue prendre position près du bois de Brévannes. Le village de Mesly est solidement occupé ; des créneaux sont percés dans tous les murs ayant des vues au sud et à l'ouest, les haies, les fossés, sont utilisés pour abriter nos tirailleurs, qui se relient avec ceux de Montmesly.

Les Allemands cherchent à gêner notre occupation... mais ils ne poussent pas à fond leur tentative : la 7ᵉ batterie du 21ᵉ, capitaine Deschamps, qui avait suivi le 118ᵉ dans Mesly, appuyait à gauche pour prendre position sur la hauteur, quand une colonne débouche sur la route de Choisy, derrière le carrefour Pompadour... le capitaine Deschamps s'arrête à mi-côte et ouvre aussitôt le feu... déconcerté par cette brusque attaque, l'ennemi n'ose plus avancer... (10 h. 1/2).

*Situation critique*  Partout nous avions réussi, sauf sur la gauche, où le parc de Bonneuil présentait un bastion des plus menaçants pour nos troupes de Montmesly... derrière ce vaste couvert, les renforts ennemis pouvaient, sans être vus, se masser dans le village de Bonneuil, de là se jeter inopinément sur nos derrières et nous couper de Créteil.

Aussi, malgré le succès marqué du centre et de la droite, le général de Susbielle n'était pas sans inquiétude ; car il était évident que les Prussiens ne nous laisseraient pas maîtres de l'importante position de Montmesly sans tenter un violent effort pour la reprendre ; mais sur notre droite, on ne semblait pas se décider à nous prêter un concours efficace... ; de l'autre côté de la Seine, rien ne se faisait entendre ; les troupes de réserve promises ne paraissaient même pas. Le général de Susbielle hésitait donc à engager le reste de sa division, il hésitait d'autant plus que de nombreux groupes ennemis (infanterie, cavalerie, artillerie) se montraient aux abords du carrefour Pompadour et semblaient vouloir nous prendre à revers... d'assez bonne, la situation menaçait de devenir critique, car assurément on ne pouvait compter sur la milice désordonnée établie à Créteil pour protéger notre ligne de retraite.

<small>Arrivée de la réserve.</small>

Enfin arrive la brigade de garde mobile commandée par le général Ribourt... Aussitôt ce dernier est chargé de surveiller le carrefour Pompadour, tout en se tenant prêt, avec l'artillerie de réserve, à suivre le mouvement de la division, et à protéger la droite tant qu'elle pourra avancer. Le général Lecomte doit continuer son attaque sur Bonneuil, pendant que le général de La Charrière, avec la 1ʳᵉ brigade, débordera par la droite la position de Montmesly.

<small>Opérations de la brigade de La Charrière</small>

La brigade de La Charrière, laissant deux bataillons en réserve dans la grande tranchée de l'archevêque, le 3ᵉ du 115ᵉ et le 3ᵉ du 116ᵉ, s'ébranle en échelons par régiment, le 116ᵉ formant 1ᵉʳ échelon. Chaque échelon, formé de deux bataillons, est disposé en colonnes par division, à demi-distance, de manière à pouvoir rapidement former le carré, si la cavalerie prussienne cherche à nous aborder dans la plaine entre Mesly et la route de Gex.

La brigade passant entre Montmesly et le village de Mesly est accueillie aussitôt qu'elle dépasse la ligne des tirailleurs du 118ᵉ, par un feu violent de mousqueterie. Le 115ᵉ, entièrement à découvert, est des plus maltraités; le chef du 1ᵉʳ bataillon, commandant Angamarre, blessé, se voit obligé de remettre le commandement au capitaine Tarigo; le capitaine Bertrand, chef du 2ᵉ bataillon, est également atteint; beaucoup d'officiers, de soldats tombent tués ou blessés; nos bataillons n'en continuent pas moins à avancer dans le plus grand ordre et sans tirer, suivant les instructions du brave général de La Charrière... qui, au premier rang, entraîne tout le monde.

Quand nous arrivons à hauteur de l'extrémité de Montmesly, le feu de l'ennemi redouble; des fossés de la route de Choisy, des bouquets de bois, partent des décharges de mousqueterie qui nous font le plus grand mal. Le général précipitant son mouvement, donne l'ordre au lieutenant-colonel Cajard, commandant le 115ᵉ, de déloger à la baïonnette les tirailleurs allemands, d'occuper les bouquets de bois, et de s'y maintenir de manière à le couvrir à droite pendant qu'avec le reste de sa brigade il s'élancera sur le flanc gauche de l'adversaire qui, à ce moment, cherche à gravir les pentes du plateau.

Faisant battre la charge, le général de La Charrière gravit le revers sud de Montmesly, en même temps que le 115ᵉ, vigoureusement enlevé, aborde la route de Choisy, et chasse des bouquetaux les tirailleurs ennemis, qui disparaissent derrière la ferme de l'Hôpital.

*Position avancée du 115ᵉ.*

Le feu cesse dans la plaine et le 115ᵉ, maître du terrain, l'occupe solidement :

3 compagnies du 2ᵉ bataillon en tirailleurs sont établies le long de la route de Choisy ; abritée par les fossés et les arbres ; cette ligne se prolonge à gauche par les tirailleurs du 118ᵉ qui relient le 115ᵉ aux troupes de Montmesly ;

3 compagnies du même bataillon derrière le premier bouquet de bois ;

4 compagnies du 1ᵉʳ bataillon forment un échelon à la lisière de ce premier bouquet, et 2 compagnies du même bataillon sont en pointe vers le deuxième bouquet (1).

---

(1) Ces bouquets de bois consistent en peupliers plantés dans les intervalles de fossés à demi comblés.

Le 115ᵉ garde cette position avancée jusqu'à la fin de la lutte... en vain une batterie établie en avant de Valenton couvre ce brave régiment d'une pluie d'obus, il ne se retire que sur l'ordre du général de La Charrière, prescrivant au colonel Cajard de se mettre en retraite vers Montmesly.

De ce côté, le combat n'a pas tardé à recommencer ; nos bataillons, après s'être établis solidement sur le plateau, portent de nouveau leurs efforts sur la gauche et cherchent à déloger l'ennemi du parc de Bonneuil ; mais toujours repoussés par le feu des créneaux, ils sont forcés de rétrograder... bientôt à leur tour ils sont attaqués... de fortes colonnes poussent directement par la route de Bâle, pendant que d'autres cherchent à contourner le Montmesly.

*L'arrivée du général de L Charrière nous permet d garder quelque temps encore Montmesly attaqué de toute parts.*

Au moment où le 116ᵉ, entraîné par le général de La Charrière, gravit le mamelon, la lutte est des plus vives... les tirailleurs ennemis sont à quelques mètres de l'ouvrage, beaucoup de nos soldats ont lâché pied... la perte de la position paraît certaine, quand l'arrivée de ce renfort change la face des choses... Les braves restés dans la redoute s'élancent avec le général sur les Allemands, lesquels descendent le mamelon plus vite qu'ils ne l'ont monté...

Mais renforcé par des troupes fraîches, l'ennemi ne tarde pas à reprendre l'offensive et de nouveau il gravit la pente du mamelon... en même temps, les défenseurs de l'ouvrage sont pris de flanc et à revers par la mousqueterie du parc... bientôt même, ils sont menacés d'être complétement tournés par des groupes qui ont forcé nos fantassins à évacuer le bois D sur la route de Bâle...

De nos deux pièces établies près de la maison de Montmesly, l'une a été démontée dès la mise en batterie... l'autre, malgré toute l'énergie de son chef de section, le sous-lieutenant de Bussières, ne peut arrêter les efforts multiples et acharnés des Allemands... servants, chevaux, presque tous sont tués ou blessés, et M. de Bussières, après avoir fait des prodiges de valeur, tombe mortellement frappé (1).

Le général de La Charrière, atteint d'une balle à la main, n'en reste pas moins au milieu de la mêlée... un deuxième coup de feu lui brise le col du fémur... tout sanglant, il continue encore à diriger ses troupes... c'est alors qu'il appelle le 115ᵉ de ligne à son aide.

*Le 115ᵉ arrive au secours des défenseurs de Montmesly.*

Le lieutenant-colonel Cajard, du 115ᵉ, fait replier son régiment; le capitaine Bertrand, commandant le 2ᵉ bataillon, recule vers la route de Choisy, suivi par les 4 compagnies du 1ᵉʳ bataillon postées dans le petit bois. Le capitaine Tarigo doit protéger le mouvement avec les deux compagnies établies dans le bouquet de bois le plus avancé.

C'est dans cet ordre que le 115ᵉ revient en toute hâte sur le chemin de Mesly; les bataillons ont déjà fait tête de colonne à droite pour gravir le plateau, quand accourt un officier d'ordonnance du général de Susbielle avec mission de porter le régiment vers notre gauche; le 115ᵉ gravit la hauteur au pas de course, et passant derrière le 116ᵉ, il s'établit aux abords de la route de Bâle.

De ce côté, en effet, la situation était grave; les Prussiens, sortant en masse du parc de Bonneuil, avaient refoulé nos soldats des pentes boisées et les avaient poussés jusqu'à Créteil; notre compagnie d'extrême gauche,

---

(1) M. de Bussières venait de sortir de l'École d'application; sa famille, une des plus distinguées du pays d'Alsace, fut cruellement éprouvée par la guerre. Son frère aîné, capitaine au 11ᵉ de marche, était mort deux jours auparavant, à la suite d'une blessure reçue au combat de Ladon, le 24 novembre. Son plus jeune frère, actuellement capitaine de hussards, avait été blessé à la bataille de Sedan, auprès du général Lebrun, dont il était officier d'ordonnance.

capitaine Dallé, après avoir longtemps résisté dans la plaine découverte de l'île Barbière, avait également été obligée de battre en retraite, laissant quelques prisonniers aux mains de l'ennemi. Tout notre flanc gauche était donc découvert jusqu'à Créteil; bien que ce dernier point fût alors solidement défendu par les mobiles du général Ribourt, la situation des défenseurs de Montmesly n'en était pas moins des plus critiques... assaillis de tous les côtés, de front, sur leur gauche, en arrière, un certain nombre d'hommes commencent à plier, reculent et se retirent en désordre; cependant, quelques braves gens maintiennent encore la position.

*Un nouvel effort est tenté pour repousser l'ennemi.*

La journée avait été si belle à ses débuts, le canon grondait si fort entre Villiers et Champigny, que le général de Susbielle ne pouvait se résoudre à prononcer le mot de retraite.

Avec le peu de monde qu'il a encore sous la main, il veut essayer une tentative désespérée... Les tambours, les clairons sonnent la charge... généraux, officiers, soldats se jettent en avant, l'ennemi, encore une fois, est refoulé, mais cet élan suprême ne peut ramener les succès de la matinée.

Soutenus par une artillerie nombreuse, les Allemands nous entourent et nous criblent de balles. Enfin nos hommes, épuisés, harassés, à bout de forces, reculent vers Créteil.

*Retraite vers Créteil.*

Avec le concours de son état-major, du général Lecomte, des chefs de corps et de quelques officiers, le général de Susbielle ne cède le terrain que pied à pied... les haies, les enclos, les fourrés sont garnis de groupes de tirailleurs... Le bataillon des francs-tireurs de la division, commandant Cyvoct, jusque-là tenu en réserve, accourt et détache une centaine d'hommes derrière un long mur crénelé E, à 200 mètres en avant du village, de manière à prendre l'ennemi de flanc s'il voulait nous poursuivre.

<small>Énergique résistance du colonel Galland.</small>

Du reste, sur le mamelon même, le lieutenant-colonel Galland tient toujours l'ouvrage de Montmesly avec une poignée de braves. En vain les Allemands le fusillent de toutes parts, en vain essayent-ils plusieurs assauts... ils ne peuvent venir à bout de leur opiniâtre adversaire, qui ne se retire qu'après avoir opéré le sauvetage d'une de nos pièces, restée dans l'ouvrage sans canonniers, sans chevaux, et après avoir vu la majeure partie de nos troupes gagner Créteil... Le colonel Galland, tout en retraitant, s'arrête derrière les tranchées, les haies, les clôtures, et maintient constamment les Prussiens, le suivant à une centaine de mètres sans oser l'aborder.

Sur la droite, le commandant Rabot-Desportes, qui jusqu'alors a gardé avec son bataillon (1$^{er}$ du 116$^e$) la tranchée descendant à Mesly, se replie en même temps que le lieutenant-colonel Galland, et fait aussi bonne contenance (1).

Le commandant Gravis, occupant le village de Mesly avec le 3$^e$ bataillon du 115$^e$, s'y défend jusqu'à la dernière extrémité. Plusieurs fois dans la journée ses tirailleurs embusqués derrière les haies, les murs de ferme, ont arrêté les tentatives de l'infanterie et de la cavalerie allemandes, qui, débouchant du carrefour Pompadour, cherchaient à nous tourner par la droite. Le mouvement vers Créteil étant à peu près achevé, le commandant Gravis bat en retraite vers la tranchée de l'archevêque.

<small>Notre arrière-garde est faite prisonnière.</small>

Dans la plaine au delà de la route de Choisy, le capitaine Tarigo, dernier échelon du 115$^e$, tient trop longtemps tête à l'ennemi. Comme il reculait vers le pre-

---

(1) Le mamelon se trouvait ainsi complétement évacué vers 2 heures environ, au moment où commençait à se faire entendre, sur la droite, le canon de la 3$^e$ armée.

mier bouquet de bois, il est assailli par un feu de tirailleurs. Ardent et vigoureux officier, le capitaine Tarigo se retourne et fait face aux Allemands ; les croyant peu nombreux, il veut, avant de rétrograder, les forcer à reculer et s'engage vivement ; dès les premiers coups, son cheval est tué... voyant arriver les renforts ennemis, il cherche à se retirer, mais attaqué de front par l'infanterie, abordé de flanc par la cavalerie, il est entouré.

Nos hommes font une résistance énergique, on s'aborde à l'arme blanche... Dans la mêlée, le capitaine Tarigo tombe frappé d'un coup de sabre à la tête... le lieutenant Bigot a les deux jambes traversées par une balle ; un autre officier tombe grièvement blessé... Enveloppées de toutes parts, nos deux compagnies sont faites prisonnières à l'exception de quelques hommes qui parviennent à s'échapper.... « Les troupes, dit la
« relation allemande, chargées de l'attaque en avant de
« Valenton ($9^e$ et $10^e$ compagnies du $49^e$ et deux batail-
« lons du régiment de Colberg n° 9) se précipitèrent sur
« le petit bouquet de bois qui n'est éloigné de Valenton
« que de 900 à 1,000 pas. Les 3 ou 400 hommes qui le
« défendaient sont en partie faits prisonniers, et ceux
« d'entre eux qui parviennent à se sauver sont pour-
« suivis par deux pelotons du $4^e$ escadron du $3^e$ régi-
« ment de cavalerie wurtembergeoise qui suivaient à
« quelque distance les compagnies d'attaque, et qui
« tombèrent sur les tirailleurs français rapidement et
« d'une façon inattendue. »

Dès que le Montmesly fut évacué, toutes nos batteries situées entre Seine et Marne, la batterie André, de la presqu'île de Saint-Maur (1), concentrèrent leurs feux sur cette position et sur Bonneuil.

---

(1) Dans la presqu'île de Saint-Maur, la batterie Donato avait, aussitôt

Arrêté par le feu de notre artillerie de position, l'ennemi n'osa poursuivre son succès et se contenta de couvrir d'obus le village de Créteil, en arrière duquel nos troupes se reformaient.

« Reçues par le feu des batteries françaises postées « à Alfort et sur le côté de Créteil, les troupes alle« mandes, dit le major Niepold, ne purent franchir les « fortifications de leur ligne d'avant-poste. » La diversion de la 3ᵉ armée sur la rive gauche de la Seine, bien qu'elle se fût produite fort tard, contribua également à les arrêter.

*Ordre du général Trochu.*

Le général de Susbielle eut un instant la pensée de reprendre encore l'offensive, afin de soutenir jusqu'à la fin l'attaque du général Ducrot; mais c'eût été tenter l'impossible : ses troupes étaient trop éprouvées, trop impressionnées... tous les corps, mélangés dans les rues, les fermes, les parcs, ne présentaient plus qu'une masse confuse sur laquelle les chefs étaient sans autorité, sans action.

Cependant, sur les 3 heures, le général, à force d'énergie et d'activité, avait fini par réorganiser sa division sur l'emplacement des bivouacs du matin, quand il reçut du Gouverneur une note (1) ainsi conçue :

Si le général de Susbielle a occupé Montmesly sans difficultés, et s'il n'y est pas menacé, il fera ses dispositions pour le quitter demain jeudi, à cinq heures du matin, et rallier le général

---

la prise de Montmesly, quitté son épaulement près de Port-Créteil, pour se rendre derrière le mur du parc de Saint-Maur, où était déjà la batterie Brasilier.

La division de Susbielle ayant effectué sa retraite, après quelques coups sur Bonneuil, la batterie André alla se joindre aux batteries précédentes pour soutenir l'attaque du 1ᵉʳ corps.

(1) Cette note, au crayon, fut apportée par le commandant Faivre, attaché à l'état-major particulier du Gouverneur.

## Combat de Montmesly (30 Novembre 1870)

*Positions vers 11 heures ¾ du matin*

Ducrot par le chemin le plus court, c'est-à-dire par le pont de Port-Créteil et ceux de Joinville. Il se placera entre Poulangis et le Tremblay pour y prendre les ordres du général Ducrot.

Si la situation était autre que celle que je crois, il prendrait conseil des circonstances, et aurait notamment à examiner, s'il ne serait pas absolument nécessaire à la sécurité de l'armée, qu'il tînt solidement Créteil et Maisons-Alfort, qui forment la droite de armée.

Le Gouverneur,

Signé : Trochu.

Non-seulement la position de Montmesly n'avait pas été enlevée sans difficultés sérieuses, ainsi que le pensait le Gouverneur, mais une fois occupée au prix de durs sacrifices, nous n'avions pu nous y maintenir ; les attaques multipliées d'un ennemi sans cesse renforcé, avaient fini par triompher de notre résistance.

Il ne restait plus, maintenant, qu'à assurer les dernières prescriptions du général Trochu, organiser la défense de Créteil. Quant à Maisons-Alfort, la situation n'était pas assez critique pour s'en préoccuper immédiatement ; en cas d'urgence, d'ailleurs, le général Ribourt et sa brigade y seraient rentrés.

Le bataillon des francs-tireurs de la division, qui avait peu donné, est chargé de la garde des postes avancés ; il conserve les positions prises pour soutenir la retraite, sa grand'garde abritée par le mur E, le reste du bataillon échelonné en arrière, dans les enclos à droite de la route de Bâle.

*Organisation de la défense de Créteil.*

Les troupes du général Ribourt couvrant l'intervalle entre cette route et la Marne, gardent les grands parcs à l'ouest du village.

Les batteries divisionnaires reprennent leur position première derrière la tranchée de l'archevêque, de manière à soutenir la retraite, et toute la division se reforme à son campement du matin, à l'entrée du village de Créteil.

Les pertes de la division de Susbielle, dans cette journée, s'élevaient à :

54 officiers et 1182 sous-officiers et soldats tués, blessés ou disparus.

Ces chiffres ont leur éloquence.

## DÉFENSE DE PARIS.

## PERTES AU COMBAT DE MONTMESLY
(30 novembre 1870).

| NOMS | GRADES | OFFICIERS | | | TROUPE | | |
|---|---|---|---|---|---|---|---|
| | | TUÉS | BLESSÉS | DISPARUS | TUÉS | BLESSÉS | DISPARUS |
| **État-Major.** | | | | | | | |
| G<sup>al</sup> de La Charrière, comm<sup>t</sup> la 1<sup>re</sup> brigade | | » | * 1 | » | » | » | » |

\* Ce signe indique que l'officier est mort de ses blessures.

**115<sup>e</sup> régiment de ligne.**

| | NOMS | GRADES | TUÉS | BLESSÉS | DISPARUS | TUÉS | BLESSÉS | DISPARUS |
|---|---|---|---|---|---|---|---|---|
| 1<sup>er</sup> bataillon. | Angamarre | Chef de bat<sup>on</sup> | » | 1 | » | » | » | » |
| | Tarigo | Cap.-adj.-maj. | » | 1¹ | » | » | » | » |
| | Billault (1) | Capitaine | » | * 1 | » | » | » | » |
| | Vidal | d° | » | » | 1 | » | » | » |
| | Lapra | d° | » | » | 1 | » | » | ». |
| | Bigot | Lieutenant | » | 1¹ | » | » | » | » |
| | Sutter | d° | » | * 1 | » | » | » | » |
| | Rouget | d° | » | 1 | » | » | » | » |
| | Dombret | d° | » | 1 | » | » | » | » |
| | De Lapersonne | S<sup>s</sup>-lieutenant | » | 1 | » | » | » | » |
| | Cirou-Rochefort | d° | » | » | 1 | » | » | » |
| | Deschamps | d° | » | » | 1 | » | » | » |
| | Ackermann | d° | » | » | 1 | » | » | » |
| 2<sup>e</sup> bataillon. | Bertrand | Cap<sup>ne</sup> comm<sup>t</sup> le b<sup>on</sup> | » | * 1 | » | » | » | » |
| | Gardien | Capitaine | » | 1 | » | » | » | » |
| | Oudemart | S<sup>s</sup>-lieutenant | » | * 1 | » | » | » | » |
| | Lemaire | d° | » | 1 | » | » | » | » |
| Troupe | | | » | » | » | 34 | 221 | 132 |
| TOTAUX | | | » | 12 | 5 | 34 | 221 | 132 |

¹ Fait prisonnier. | * Ce signe indique que l'officier est mort de ses blessures.

(1) Le capitaine Billoult avait été transporté à Boissy-Saint-Léger ; amputé d'une jambe, il mourut le 6 décembre au matin. L'autorité militaire allemande lui fit rendre les derniers honneurs. L'ordonnance du capitaine, qui s'était volontairement fait faire prisonnier pour soigner son chef blessé, assistait au convoi, et portait sur un coussin de velours rouge la décoration du capitaine. Admirant cet acte de dévouement, les Allemands ont autorisé ce soldat à rester dans les environs de Boissy, au lieu de l'envoyer prisonnier en Allemagne.

| NOMS | GRADES | OFFICIERS ||| TROUPE |||
|---|---|---|---|---|---|---|---|
| | | TUÉS | BLESSÉS | DISPARUS | TUÉS | BLESSÉS | DISPARUS |

### 116ᵉ régiment de ligne.

| NOMS | GRADES | TUÉS | BLESSÉS | DISPARUS | TUÉS | BLESSÉS | DISPARUS |
|---|---|---|---|---|---|---|---|
| De Châtillon | Capitaine | » | 1 | » | » | » | » |
| Baretty | dᵒ | » | 1 | » | » | » | » |
| Moritz | Lieutenant | » | 1 | » | » | » | » |
| Cazal | dᵒ | » | 1 | » | » | » | » |
| Holger | Sˢ-lieutenant | » | 1 | » | » | » | » |
| De Bigot de Grandrut | dᵒ | » | » | 1 | » | » | » |
| Darfis | dᵒ | » | » | 1 | » | » | » |
| Troupe | | » | » | » | 2 | 81 | 73 |
| Totaux | | » | 5 | 2 | 2 | 81 | 73 |

### 117ᵉ régiment de ligne.

| NOMS | GRADES | TUÉS | BLESSÉS | DISPARUS | TUÉS | BLESSÉS | DISPARUS |
|---|---|---|---|---|---|---|---|
| Passée | Chef de batᵒⁿ | » | 1 | » | » | » | » |
| Daguet | Capitaine | » | ★ 1 | » | » | » | » |
| Lalouette | dᵒ | » | 1 | » | » | » | » |
| Crotier | dᵒ | » | 1 | » | » | » | » |
| Papillon | dᵒ | » | ★ 1 | » | » | » | » |
| Pâquié | dᵒ | » | 1 | » | » | » | » |
| Blanchot | dᵒ | » | 1 ¹ | » | » | » | » |
| Casalta | dᵒ | » | 1 | » | » | » | » |
| Mangin | dᵒ | » | 1 | » | » | » | » |
| Gauthier | Lieutenant | 1 | » | » | » | » | » |
| Lepôt | dᵒ | » | ★ 1 | » | » | » | » |
| Defoix | dᵒ | » | ★ 1 ¹ | » | » | » | » |
| Vérique | dᵒ | » | 1 | » | » | » | » |
| De Morin | Sˢ-lieutenant | » | 1 ¹ | » | » | » | » |
| Perrot | dᵒ | » | ★ 1 | » | » | » | » |
| Troupe | | » | » | » | 44 | 346 | 97 |
| Totaux | | 1 | 14 | » | 44 | 346 | 97 |

¹ Fait prisonnier.
★ Ce signe indique que l'officier est mort de ses blessures.

## 118ᵉ régiment de ligne.

| NOMS | GRADES | OFFICIERS ||| TROUPE |||
|---|---|---|---|---|---|---|---|
| | | TUÉS | BLESSÉS | DISPARUS | TUÉS | BLESSÉS | DISPARUS |
| Béranger | Capitaine | » | 1 1 | » | » | » | » |
| Fouragnan | dº | » | 1 1 | » | » | » | » |
| Pelizza | dº | » | 1 | » | » | » | » |
| Villers | dº | » | 1 | » | » | » | » |
| Hanet | Lieutenant | 1 | » | » | » | » | » |
| Coiffé | dº | » | 1 | » | » | » | » |
| Bouché | dº | » | ★ 1 1 | » | » | » | » |
| Heislitz | dº | » | 1 | » | » | » | » |
| Ledeuil | dº | » | 1 | » | » | » | » |
| Charnottet | dº | » | 1 | » | » | » | » |
| Cacan | dº | » | 1 | » | » | » | » |
| Lefebvre | Sˢ-lieutenant | » | 1 1 | » | » | » | » |
| Lusseau | dº | » | 1 | » | » | » | » |
| Troupe | | » | » | » | 20 | 54 | 59 |
| Totaux | | 1 | 12 | » | 20 | 54 | 59 |

¹ Fait prisonnier.
★ Ce signe indique que l'officier est mort de ses blessures.

## Artillerie (commandant MATHIEU).

| NOMS | GRADES | OFFICIERS ||| TROUPE |||
|---|---|---|---|---|---|---|---|
| | | TUÉS | BLESSÉS | DISPARUS | TUÉS | BLESSÉS | DISPARUS |
| 7ᵉ du 21ᵉ | | » | » | » | » | 2 | » |
| 8ᵉ du 21ᵉ, De Bussières | Sˢ-lieutenant | » | ★ 1 | » | 4 | 11 | » |
| 17ᵉ du 4ᵉ (mitrailleuses) | | » | » | » | » | 2 | » |
| Totaux | | » | 1 | » | 4 | 15 | » |

23 chevaux hors de combat, dont 5 (7ᵉ du 21ᵉ), 16 (8ᵉ du 21ᵉ), et 2 (17ᵉ du 4ᵉ).
★ Ce signe indique que l'officier est mort de ses blessures.

## RÉCAPITULATION DES PERTES.

| RÉGIMENTS | OFFICIERS | | | TROUPE | | |
|---|---|---|---|---|---|---|
| | TUÉS | BLESSÉS | DISPARUS | TUÉS | BLESSÉS | DISPARUS |
| État-Major................ | » | 1 | » | » | » | » |
| 115ᵉ régiment de ligne........... | » | 12 | 5 | 34 | 221 | 132 |
| 116ᵉ    —        —    ........ | » | 5 | 2 | 2 | 81 | 73 |
| 117ᵉ    —        —    ........ | 1 | 14 | » | 44 | 346 | 97 |
| 118ᵉ    —        —    ........ | 1 | 12 | » | 20 | 54 | 59 |
| Artillerie................. | » | 1 | » | 4 | 15 | » |
| Totaux d'ensemble .... | 2 | 45 | 7 | 104 | 717 | 361 |
| TOTAL GÉNÉRAL......... | 1,236 | | | | | |

## PERTES DES ALLEMANDS AU COMBAT DE MONTMESLY

(30 novembre 1870).

| INDICATIONS DIVERSES | OFFICIERS | | | TROUPE | | |
|---|---|---|---|---|---|---|
| | TUÉS | BLESSÉS | DISPARUS | TUÉS | BLESSÉS | DISPARUS |
| 7ᵉ BRIGADE (2ᵉ *corps*). | | | | | | |
| 49ᵉ régiment d'infanterie (Poméranie) | » | » | » | 4 | 19 | » |
| 9ᵉ   dᵒ   de grenadiers (Poméranie) | » | 3 | » | 7 | 30 | » |
| 3ᵉ BRIGADE (WURTEMBERGEOISE). | | | | | | |
| 8ᵉ régiment d'infanterie | » | 2 | » | 7 | 37 | » |
| 3ᵉ   dᵒ   dᵒ | » | 2 | » | 19 | 70 | » |
| 3ᵉ bataillon de chasseurs | 2 | 1 | » | 6 | 34 | » |
| 2ᵉ BRIGADE (WURTEMBERGEOISE). | | | | | | |
| 5ᵉ régiment d'infanterie | » | » | » | 5 | 12 | 1 |
| 2ᵉ   dᵒ   dᵒ | » | 3 | » | 36 | 69 | » |
| Cavalerie wurtembergeoise | » | 1 | » | 2 | 4 | » |
| Totaux | 2 | 12 | » | 86 | 275 | 1 |
| TOTAL GÉNÉRAL | 376 | | | | | |

## CHAPITRE VIII.

### ATTAQUE DE LA GARE-AUX-BŒUFS.

(30 Novembre.)

*Démonstration du général Vinoy.*

Comme nous venons de le voir, la division de Susbielle, complétement isolée dans son attaque contre Montmesly, avait été, toute la matinée, prise en flanc par des colonnes ennemies venant de Valenton et de Choisy-le-Roi ; la 3ᵉ armée n'était entrée en ligne que lorsque le général de Susbielle, accablé par le nombre, opérait sa retraite.

C'est vers 1 heure environ que le général Vinoy, distinguant un certain ébranlement dans nos troupes de la rive droite et voyant l'ennemi se glisser entre Choisy-le-Roi et Montmesly pour les tourner, se décida à faire une démonstration... il organisa deux colonnes d'attaque : l'une sur Thiais, l'autre sur Choisy-le-Roi.

*Dispositions prises pour l'attaque de la Gare-aux-Bœufs.*

Le contre-amiral Pothuau, commandant la 1ʳᵉ colonne, devait reprendre la Gare-aux-Bœufs, les maisons crénelées de la route de Choisy, et tâter ce village avec quelques éclaireurs. La brigade Blaise, qui n'avait que très-peu donné la veille, menacerait Thiais et le Réservoir (1).

Le mouvement serait soutenu par les canonnières, qui, avec les batteries de Vitry, devaient ouvrir le feu sur la Gare-aux-Bœufs et Choisy-le-Roi.

Pour l'attaque de la Gare-aux-Bœufs, mêmes dispositions que la veille : deux compagnies de marins s'avanceront, l'une à gauche, l'autre à droite du chemin de

---

(1) Ce récit est tiré presque en entier de l'ouvrage de M. le vice-amiral de La Roncière Le Noury : *La marine au siége de Paris*.

fer, sous les ordres du capitaine de frégate Desprez ; deux compagnies d'infanterie de marine formeront réserve, à la place des deux compagnies de garde nationale.

Le capitaine de frégate Salmon dirige le mouvement.

Vers 1 heure et demie, nos marins s'élancent, le poste de la Gare-aux-Bœufs est enlevé... Pendant qu'on s'y retranche, le capitaine de frégate Desprez, à la tête de 25 marins, pousse une reconnaissance sur Choisy ; mais à cent mètres, cette poignée d'hommes est assaillie par un feu des plus violents venant du cimetière et des premières maisons. Le commandant Desprez est frappé mortellement... ses hommes sont obligés de se replier.

Pendant ce temps, le colonel Champion, avec les mobiles de l'Indre, franchissant la barricade de Vitry, enlève les maisons crénelées de la route. Sur la droite, en avant du Moulin-Saquet, la brigade Blaise (111ᵉ et 112ᵉ), accompagnée de la 3ᵉ batterie du 2ᵉ (capitaine Houeix), se déploie et menace Thiais.

Pendant ces mouvements divers, les batteries flottantes, wagons blindés, batteries de la Pépinière et du pont du chemin de fer, le fort d'Ivry couvrent de feux Thiais, Choisy. La batterie de 12 du capitaine Guérin pousse audacieusement jusqu'à 400 mètres de Choisy, sans parvenir à faire sortir l'ennemi de ses retranchements. Le général Vinoy, n'entendant plus le feu du côté de Montmesly, ordonne la retraite.

Le poste de la Gare-aux-Bœufs formant un saillant trop avancé au milieu des positions prussiennes, n'est conservé que jusqu'à la nuit ; bien nous en prit, car nous l'avions à peine évacué que des fougasses faisaient explosion, renversant presque tous les bâtiments de la gare.

Cette diversion nous avait coûté une centaine d'hommes

*Attaque de la Gare-aux-Bœufs.*

*Observations sur*

*cette diversion.* tués ou blessés, et parmi les tués, on comptait le capitaine de frégate Desprez, les lieutenants Boucheron et Bernardeau, du bataillon de l'Indre.

L'attaque de Choisy et de Thiais faite en temps opportun, aurait pu avoir les plus importants résultats : elle eût maintenu sur la rive gauche de la Seine les troupes ennemies qui, après avoir refoulé la division de Susbielle, se portèrent sur les plateaux de Chennevières, de Villiers, et prirent part au grand retour offensif de 3 heures, où la situation de la 2⁰ armée fut si gravement compromise.

Malheureusement, le général Vinoy n'avait pas été prévenu de l'attaque de Montmesly...; soit oubli de l'état-major général, soit que l'on comptât sur l'initiative du commandant en chef de la 3ᵉ armée pour recommencer dans la matinée du 30 la diversion déjà tentée le 29, on ne lui fit rien savoir; et des nombreux moyens d'action dont il disposait : division Pothuau, brigade Blaise, canonnières, wagons blindés, etc., rien ne fut employé au début de la journée.

A midi, arrivant à Ivry, le chef de la 3ᵉ armée se porte à l'observatoire du fort, d'où l'on découvrait toute l'action engagée... Jugeant critique la situation du général de Susbielle (1), il envoie l'ordre à la division Po-

---

(1) *Siége de Paris,* par le général Vinoy, page 267 : «.... Cependant la lutte engagée à notre gauche, et dont la Seine seule nous séparait, ne paraissait pas tourner à notre avantage. Déjà quelques hommes isolés commençaient à quitter Montmesly, et bien qu'ils fussent ramenés au combat par leurs officiers, il devenait évident que la troupe allait bientôt faiblir. Des renforts ennemis étaient signalés; ils descendaient par la route de Choisy-le-Roi et menaçaient la droite du général de Susbielle. Le chef de la 3ᵉ armée, qui n'avait pas été prévenu de cette attaque, et n'avait pu, par conséquent, la soutenir, jugea que cette circonstance lui imposait l'obligation d'agir; il donna donc aussitôt des ordres pour que ses troupes se portassent en avant, afin d'obliger les renforts ennemis à se replier sur leurs positions. La division Pothuau se dirigerait sur la Gare-aux-Bœufs, qu'elle enlèverait de nouveau, et, poussant plus

thuau, à la brigade Blaise, aux canonnières, d'entrer immédiatement en action; et il « se rend de sa personne « au pont de Vitry, sur le chemin de fer, pour régler le « départ et surveiller dans les moindres détails les mou- « vements qui s'opèrent sur sa gauche. » — « Mais à « ce moment, dit le général Vinoy dans son récit, l'ob- « servatoire du fort d'Ivry donnait l'avis suivant : « Je « crois que nos troupes quittent Montmesly, »... pen- « dant qu'à peu près à la même heure, le général de « Maud'huy écrivait : « Je suis au Moulin-Saquet et « j'organise la brigade Blaise, pour la porter sur « Choisy. »...

Comme on le voit, on prenait seulement ses disposi- tions sur la rive gauche de la Seine au moment même où la division de Susbielle était écrasée sur la rive op- posée par les renforts venus de Choisy-le-Roi et de Vil- leneuve-Saint-Georges !..

Si les deux opérations, au lieu d'être successives, eussent été simultanées, il est permis de croire que la division de Susbielle se serait établie solidement entre Mesly et Montmesly; que de là, tournant tous ses efforts contre Bonneuil, elle serait parvenue à en déloger l'en- nemi ; alors elle s'élevait sur le plateau par la vallée du Morbras, Ormesson, et prenait à dos Chennevières, attaqué de front par le 1$^{er}$ corps.

Dans tous les cas, si ce résultat n'avait pas été obtenu, l'on aurait du moins tenu en échec une partie des trou- pes ennemies et contribué ainsi à assurer le succès de l'opération générale.

Tel était d'ailleurs le but principal de cette diversion.

---

avant, elle atteindrait les premières maisons de Choisy-le-Roi. La brigade Blaise, qui n'avait point donné la veille, se déploierait pour attaquer Thiais. Les ordres furent rapidement transmis, et le commandant en chef se rendit de sa personne au pont de Vitry, sur le chemin de fer.

Par suite du retard de vingt-quatre heures l'on avait craint que l'ennemi, ayant déjà deviné nos projets, ne se laissât pas détourner complétement de l'objectif principal par une nouvelle opération de la troisième armée sur le plateau de Villejuif; il avait donc paru nécessaire de confier à la division de Susbielle un rôle particulier, offrant le triple avantage de retenir sur les bords de la Seine une partie des forces prussiennes, de relier la 3ᵉ et la 2ᵉ armée, et d'étendre le front de notre véritable champ de bataille...

Mais, ainsi que nous l'avons déjà dit, l'action tardive des forces de la rive gauche permit aux Allemands de se porter de Choisy sur Montmesly, et nos sacrifices furent en pure perte dans la division de Susbielle comme dans la 3ᵉ armée.

## CHAPITRE IX.

### ATTAQUE ET PRISE D'ÉPINAI (1).

( 30 novembre. )

Prise d'Épinai par le vice-amiral de La Roncière-Le Noury

« Pendant que l'action principale s'était produite sur les plateaux de Cœuilly, Villiers, Montmesly, le corps de Saint-Denis avait poussé une pointe vigoureuse sur Epinai.

« Dès le matin du 30 novembre, les troupes du vice-amiral de La Roncière-Le Noury avaient pris les positions occupées la veille.

« La brigade Lavoignet, soutenue par la division de cavalerie du général Bertin de Vaux, marchant sur

---

(1) Extrait de l'ouvrage du vice-amiral de La Roncière-Le Noury : *La marine au siége de Paris.*

Drancy et la ferme de Groslay, les avait enlevés sans coup férir... L'ennemi s'était retiré derrière ses retranchements de la Morée et semblait attendre que l'on s'avançât dans la plaine pour nous écraser du feu de ses nombreuses batteries.

« Le manque absolu d'artillerie de campagne avait empêché de notre part toute entreprise sérieuse en dehors de l'action des forts. L'ordre formel du Gouverneur était d'ailleurs de ne rien engager dans la plaine.

« Après avoir parcouru les positions de ce côté et donné au fort d'Aubervilliers ses derniers ordres pour la surveillance et la protection de la plaine, le vice-amiral se rend en avant du fort de la Briche, où la brigade Hanrion, masquée par des plis de terrain, attend le signal de l'attaque. Les deux compagnies de marins-fusiliers sont en tête à la gauche : l'une commandée par MM. Glon-Villeneuve, lieutenant de vaisseau, et Salaün de Kertanguy, enseigne; l'autre par MM. Cordier, lieutenant de vaisseau, et Néron, enseigne.

« Il est deux heures : à un signal convenu, le fort de la Briche, la batterie flottante n° 4 et la batterie de 4 établie sur la rive droite de la Seine, ouvrent sur Épinai une vive canonnade qui dure une demi-heure : l'amiral donne l'ordre au général Hanrion de lancer les colonnes d'attaque. Le lieutenant de vaisseau Glon-Villeneuve, à la tête de ses marins, se porte en avant, suit le chemin de halage, enlève la barricade qui s'y trouve à hauteur de l'entrée du village et y pénètre en un instant. D'autres marins escaladent les murs du parc et en chassent les Prussiens. En même temps, le 1er bataillon de la Seine, puis les 2e et 10e bataillons et le 135e régiment de ligne attaquent le village de front, et, après une fusillade meurtrière, y pénètrent à leur tour. Le général Hanrion est au milieu de ses troupes, et dans le combat de rues, de maisons qui commence, dirige l'attaque avec autant d'habileté que de sang-froid. La batterie de 4 et la batterie flottante sont couvertes d'obus par les canons prussiens d'Orgemont. Elles n'éprouvent aucun dommage.

« Le fort de la Briche dirige son tir sur la droite d'Épinai, où les Prussiens sont refoulés. Le lieutenant de vaisseau Pougin de Maisonneuve conduit la batterie flottante un peu plus loin, par le travers du village, prêt à battre les rues latérales dans le cas où nos hommes seraient ramenés. Il dirige son feu en arrière du village, de façon à empêcher les renforts prussiens venant d'Enghien et de Saint-Gratien d'entrer en action.

« Enfin, après un violent combat de rues, nos troupes achèvent d'enlever le village ; les Prussiens sont refoulés sur la droite, où nos forts dirigent un feu très-vif. Une batterie prussienne, établie à Montmorency, tire perpendiculairement à la route, entre Épinai et Saint-Denis, sans doute pour empêcher l'arrivée des renforts.

« A quatre heures, un aide-de-camp du vice-amiral, le commandant de L'Héraule, informe le général Hanrion que, conformément aux ordres du Gouverneur, il doit évacuer le village et rentrer à Saint-Denis avant la nuit.

« Au coucher du soleil, le général, efficacement secondé par M. de L'Héraule, rallie, non sans peine, son monde qui s'acharnait au combat et rentre dans ses cantonnements.

« Soixante-douze prisonniers du 79e saxon, dont un aide-de-camp, des munitions, deux fusils de rempart en bronze, restent entre nos mains.

« Le colonel Piétri a conduit résolûment son régiment.

« Le commandant Saillard, du 1er bataillon, qui commandait la 1ʳᵉ colonne d'attaque, reçoit trois blessures et succombe quelques jours après.

« Le lieutenant de vaisseau Glon-Villeneuve est blessé légèrement à la main. L'adjudant de la marine Joachim fait des prodiges de courage. Il est mis à l'ordre du jour.

« Nos pertes sont : 36 tués, dont 3 officiers, et 237 blessés, dont 19 officiers. »

Tableau.

## PERTES DES ALLEMANDS AU COMBAT D'ÉPINAI
(30 novembre 1870).

| RÉGIMENTS | OFFICIERS | | | TROUPE | | |
|---|---|---|---|---|---|---|
| | TUÉS | BLESSÉS | DISPARUS | TUÉS | BLESSÉS | DISPARUS |
| 15ᵉ BRIGADE. | | | | | | |
| 71ᵉ régiment d'infanterie . . . . . . . . . . | 2 | 7 | » | 29 | 90 | 69 |
| 31ᵉ    dᵒ        dᵒ     . . . . . . . . . | 3 | 3 | » | 18 | 57 | » |
| 13ᵉ BRIGADE. | | | | | | |
| 66ᵉ régiment d'infanterie . . . . . . . . . . | » | » | » | » | 1 | » |
| 26ᵉ    dᵒ        dᵒ     . . . . . . . . . | 1 | 1 | » | 7 | 18 | » |
| Artillerie du 4ᵉ corps. . . . . . . . . . . . | » | 1 | » | » | » | » |
| 4ᵉ bataillon du train . . . . . . . . . . . | 1 | » | » | » | » | » |
| Totaux. . . . . . | 7 | 12 | » | 54 | 166 | 69 |
| TOTAL GÉNÉRAL. . . . . . . | 308 | | | | | |

Confondant Épinai-sur-Seine, voisin de Saint-Denis, avec Épinay-sur-Orge, village situé au sud de Paris, près de Longjumeau, la Délégation de Tours avait conclu de la prise d'Épinai que l'armée de Paris avait franchi les lignes prussiennes et s'avançait sur Orléans... Épinai-sur-Seine et Épinay-s.-Orge.

« Cette même journée du 30 a donné lieu, dans
« l'après-midi, à une pointe vigoureuse de l'amiral La
« Roncière, toujours dans la direction de l'Hay, Che-
« villy ; il s'est avancé sur Longjumeau et a enlevé les
« positions d'Épinay, au delà de Longjumeau... » (Dépêche de M. Gambetta aux préfets.)

« Je ne sais, dit M. Jules Favre, dans son livre du
« *Gouvernement de la Défense nationale*, je ne sais
« encore par quelle *inexacte indication* le rédacteur de
« cette dépêche fut conduit à confondre Épinay-lès-Long-
« jumeau avec Épinai-sur-Seine, véritable théâtre du
« combat livré par l'amiral La Roncière. »

Malheureusement, cette « *inexacte indication* » eut pour résultat de faire hâter par M. Gambetta le mouvement en avant des 15ᵉ, 16ᵉ, 17ᵉ, 18ᵉ et 20ᵉ corps, pour aller à la rencontre de l'armée de Paris, et assura ainsi la défaite décisive de l'armée de la Loire.

## CHAPITRE X.

### RÉSUMÉ DE LA JOURNÉE DU 30 NOVEMBRE.

En résumé, dans cette grande lutte du 30 novembre, sur les plateaux de Villiers, de Cœuilly, de Montmesly, où se produisirent les principaux efforts de la bataille, nous n'avions obtenu que des succès incomplets. Cependant ce n'était point une défaite, puisque « l'cam-
« pait le soir sur des positions occupées le matin par

« l'ennemi. » Malheureusement, une série de contretemps funestes avait déjoué nos combinaisons et paralysé les valeureux efforts de nos soldats. Sur la rive gauche de la Haute-Seine, la 3ᵉ armée, au lieu de soutenir la division de Susbielle dès le commencement de son attaque, n'était intervenue que pour protéger la retraite. A l'extrêmité opposée du champ de bataille, la vigoureuse intervention de la division de Bellemare s'était également produite trop tard et dans une fausse direction... Si le passage de la Marne eût été exécuté entre onze heures et midi, ainsi que l'on était en droit de l'attendre, et si l'effort du 3ᵉ corps se fût tourné contre Noisy-le-Grand, l'ennemi se trouvait arrêté au pont de Gournay, le parc de Villiers était pris à revers et dès une heure nous pouvions être maîtres de tout le plateau!...

Malgré tout, cependant, la journée se terminait bien pour nous. A la dernière heure l'ennemi avait été refoulé dans le parc de Villiers, les deux canons perdus vers le milieu du jour étaient repris et nous tenions toute la rive gauche de la Marne, depuis Bry jusqu'à Champigny....

*Pertes éprouvées* — Si nos pertes étaient grandes, celles de l'adversaire n'étaient pas sans importance... A Villiers, Cœuilly, Champigny, les nôtres s'élevaient à 4,000 hommes tués, blessés ou disparus (1); celles des Allemands à 1,715. En y joignant les pertes du combat de Montmesly, 1,236 pour nous, 376 pour l'ennemi, l'on arrive à un total de :

---

(1) Nous ne pouvons donner le chiffre exact des pertes du 30 novembre, les états officiels ne comprenant généralement que l'ensemble des pertes des 30 novembre, 1ᵉʳ, 2 et 3 décembre.

Le détail des pertes aux batailles de la Marne figurera dans le volume suivant, après la journée du 3 décembre.

5,236 Français, environ.

2,091 Allemands —

Quant aux forces engagées dans les deux camps, il y avait, de notre côté, 92 bataillons, parmi lesquels 26 bataillons de mobiles (1), et 48 batteries de campagne, comptant 288 bouches à feu (2). La cavalerie resta sur le plateau de Vincennes, sauf le détachement aux ordres du commandant Faverot de Kerbrech, qui passa la Marne à la suite de l'armée. *Forces engagées.*

Du côté des Allemands, les forces comprenaient (3) :

La division de campagne wurtembergeoise, 15 bataillons, 12 escadrons, 54 bouches à feu ;

La 24e division saxonne, 14 bataillons, 4 escadrons, 24 bouches à feu ;

La 45e brigade saxonne (12e corps), 9 bataillons, 12 bouches à feu ;

La réserve d'artillerie du 12e corps, 60 pièces ;

La 7e brigade d'infanterie (2e corps), 6 bataillons, 12 escadrons, 18 bouches à feu ;

La 21e brigade d'infanterie (6e corps), 7 bataillons, 4 escadrons, 18 pièces.

En tout il y avait donc, entre Noisy-le-Grand et Valenton, 51 bataillons, 32 escadrons et 186 bouches à feu.

Si l'on ajoute la 46e brigade d'infanterie saxonne, qui est restée sur la rive droite de la Marne opposée à notre

---

(1) 1er Corps : Division de Malroy . . . . . . . . . . 12 bataillons.
Division Faron . . . . . . . . . . . . 15 —

2e Corps : Division de Susbielle . . . . . . . . 12 —
Division Berthaut . . . . . . . . . . 12 —
Division de Maussion . . . . . . . 12 —

3e Corps : Division de Bellemare . . . . . . . 13 —
Division Mattat et groupe Reille . . . 16 —

                                                           92 bataillons.

(2) Voir aux pièces justificatives, n° XXIX.

(3) Extrait du major Wilhelm Blume.

brigade Reille, soit 6 bataillons, on obtient un total de 57 bataillons d'infanterie.

Nos bataillons ayant en moyenne 600 hommes, ceux de l'ennemi 800, nous arrivons à un ensemble de 55,200 hommes d'infanterie pour les Français, 45,600 pour les Allemands.

Ces chiffres sont loin de ceux relatés dans certains récits étrangers où l'on prétend que « plus de 100,000 soldats français n'ont pu forcer 15 à 20,000 Allemands. »

L'infériorité numérique de nos ennemis était, du reste, largement compensée par leurs fortes positions défensives... combattant toujours derrière des retranchements, des murs, des abris, ils échappaient à nos coups, tandis que nous, au contraire, constamment à découvert, canonnés, fusillés de toutes parts, nous venions sans cesse nous briser contre des obstacles matériels que notre artillerie ne pouvait entamer.

« Le combat fut violent et acharné sur toute la ligne de Champigny à Bry-sur-Marne, *dit le colonel Rüstow*. Les Français avaient pour eux la supériorité numérique et la puissance des batteries qui tiraient de la rive droite de la Marne sur les troupes allemandes ; les Allemands, de leur côté, avaient pour avantage *la supériorité technique et tactique de leur artillerie de campagne, et enfin leur position embrassante qui leur permettait de faire usage de cette excellente artillerie.* »

<small>Paris apprend la journée du 30 novembre</small>

Paris, toujours extrême, crut à une victoire complète, décisive... le 29, on n'avait pas assez d'injures contre le commandant de la 2ᵉ armée, qui n'avait pu franchir la Marne parce que « *ses ponts étaient trop courts* (1), » le lendemain on le portait aux nues.

Cependant cet enthousiasme fut un moment troublé

---

(1) Cette inepte assertion fit fortune.

par la nouvelle d'une attaque de nuit... sur le dire de quelques mobiles effarés qui, de garde dans la presqu'île de Gennevilliers, avaient prétendu apercevoir les préparatifs d'un débarquement... le bruit circule que les Prussiens, profitant de la concentration de nos armées à l'Est de Paris, vont se jeter sur le côté Ouest de la ville par Bezons et Argenteuil...

Au Louvre, à l'état-major général du génie, la nouvelle prend assez de consistance pour faire donner l'ordre à la Compagnie du chemin de fer de l'Ouest de détruire immédiatement le pont du chemin de fer d'Asnières... Heureusement l'ingénieur en chef, M. E. Clerc, prend sur lui d'attendre, et ce pont qui nous était si utile, est encore une fois sauvé (1).

---

(1) M. l'ingénieur en chef, aussitôt l'ordre reçu, se rendit chez le général de Chabaud-La Tour pour lui faire observer les conséquences funestes d'une semblable mesure ; comme il arrivait au Louvre, la nouvelle de l'attaque était démentie et le contre-ordre pour la destruction du pont d'Asnières fut immédiatement donné.

## PERTES DES ALLEMANDS AUX COMBATS DE VILLIERS-CŒUILLY-CHAMP

(30 novembre 1870).

| INDICATIONS DIVERSES | OFFICIERS | | | TROUPE | |
|---|---|---|---|---|---|
| | TUÉS | BLESSÉS | DISPARUS | TUÉS | BLESSÉS |
| **Division Wurtembergeoise.** | | | | | |
| 1re BRIGADE. 2e bataillon de chasseurs.. | 2 | 3 | » | 38 | 86 |
| 7e régiment d'infanterie... | 3 | 4 | » | 54 | 117 |
| 1er d°        d°      .. | 4 | 8 | » | 128 | 258 |
| 2e BRIGADE. 5e régiment d'infanterie... | » | 3 | » | 8 | 20 |
| Cavalerie .. 1er régiment de reîtres ... | » | 1 | » | » | 5 |
| Artillerie................ | » | 1 | » | 14 | 40 |
| TOTAUX.... | 9 | 20 | » | 242 | 526 |
| TOTAL pour la D<sup>on</sup> wurtembergeoise. | **819** | | | | |
| **24e division Saxonne.** | | | | | |
| 47e BRIGADE. 104e régiment d'infanterie.. | 4 | 7 | » | 26 | 170 |
| 105e d°      d°   .. | » | » | » | » | 1 |
| 48e BRIGADE. 106e régiment d'infanterie.. | 4 | 12 | » | 88 | 270 |
| 107e d°      d°   .. | » | 1 | » | 10 | 31 |
| Cavalerie .. 2e régiment de reîtres .. | » | » | » | » | 5 |
| Artillerie................ | 1 | » | » | » | 15 |
| TOTAUX.... | 9 | 20 | » | 124 | 492 |
| TOTAL pour la 24e D<sup>on</sup> saxonne... | **896** | | | | |

**TOTAL des pertes** .. { Division wurtembergeoise. 819 } **1,715.**
{ 24e Division saxonne ... 896 }

## CHAPITRE XI.

POSITIONS DE LA DEUXIÈME ARMÉE LE 30 NOVEMBRE AU SOIR (1).

### 3ᵉ Corps d'armée.

La crête de Villiers, dont la dernière attaque nous a définitivement laissés maîtres, est occupée par les grand'-gardes de la division de Bellemare qui se relient à droite aux troupes de la division de Maussion.

*Division de Bellemare.*

A cheval sur le chemin de Bry à Villiers se trouvent le 2ᵉ bataillon de zouaves et le 1ᵉʳ bataillon du 107ᵉ ; sur la gauche la ligne se prolonge par une fraction des mobiles du Morbihan, qui, postés sur les pentes, observent Noisy-le-Grand ; ces mobiles se relient au 3ᵉ bataillon de zouaves, maintenu dans sa position sur la route de Bry à Noisy.

Le reste de la division (1ᵉʳ bataillon de zouaves, 136ᵉ de ligne, régiment de Seine-et-Marne, fraction du Morbihan, 2ᵉ et 3ᵉ bataillons du 107ᵉ) (2) est cantonné dans le village de Bry.

Les cinq batteries mises à la disposition du général de Bellemare (trois de la 1ʳᵉ division, deux de la 2ᵉ), ainsi que la réserve de munitions, s'établissent non loin des ponts au nord de la pépinière de Bry.

Le chemin encaissé qui longe la crête face à Villiers,

---

(1) Voir croquis nº 23.
(2) Le 107ᵉ de ligne, lieutenant-colonel Tarayre, de la division Mattat, avait reçu, vers 4 heures, du général commandant le 3ᵉ corps, l'ordre de franchir la Marne et de se porter en toute hâte sur le lieu du combat pour soutenir la division de Bellemare ; son 1ᵉʳ bataillon seul fut engagé devant Villiers.

est converti en véritable tranchée ; à cent mètres en avant sur le plateau s'étend un cordon de sentinelles postées dans des trous ou abritées par des plis de terrain.

Sur ces divers points nous étions suffisamment gardés, mais il n'en était pas de même vers la gauche... les mobiles du Morbihan, un peu désorganisés à la suite du combat, n'avaient pu encore se reformer, et leurs grand'gardes n'étaient pas établies. Afin de renforcer ce point faible, le général d'Exea prescrit au 108ᵉ de ligne de franchir la Marne et de s'établir dans les parcs au nord de Bry.

<small>Division Mattat et brigade Reille.</small> La 1ʳᵉ brigade de la division Mattat s'installe sur la rive droite de la Marne, en arrière des ponts.

Les batteries de réserve du 3ᵉ corps sont échelonnées depuis le Perreux jusqu'aux ponts de Neuilly, prêtes à battre les hauteurs de Noisy-le-Grand.

La brigade Reille reste chargée de l'occupation de Neuilly-sur-Marne. Le 1ᵉʳ bataillon du Tarn garde l'intervalle entre l'écluse et la première route de Villa-Évrard ; le 2ᵉ bataillon du Tarn entre cette route et celle de Strasbourg ; le 3ᵉ bataillon s'étend de cette dernière au cimetière ; le bataillon de la Seine-Inférieure, à l'extrême gauche, nous relie aux troupes du contre-amiral Saisset établies sur les flancs du plateau d'Avron.

## 2ᵉ Corps d'armée.

<small>Divisions de Maussion et Berthaut.</small> La division de Maussion, donnant la main à la droite de la division de Bellemare, occupe le bord du mamelon de Villiers jusqu'à la route n° 45, la 2ᵉ brigade (125ᵉ et 126ᵉ, général Courty) en première ligne. La brigade Avril de l'Enclos (123ᵉ et 124ᵉ), qui a tant souffert aux attaques du matin contre le parc de Villiers, est en réserve dans le bois du Plant.

La division Berthaut garde l'intervalle entre la route de Villiers et le chemin de fer : la brigade des mobiles du colonel de Miribel en première ligne, la brigade Bocher en réserve près de la voûte de Champigny.

L'artillerie des deux divisions est en arrière du chemin de fer, non loin de la voûte de Bry.

Sur tout le front, des tranchées commencées avec l'aide de la compagnie du génie du capitaine Granade et de plusieurs compagnies du génie auxiliaire aux ordres de M. Viollet-Leduc, vont depuis le chemin de fer jusqu'au mur du parc situé en avant des ponts de Bry.

En outre de cette première ligne de défense, le général Berthaut fait exécuter par les soldats de sa division, avec les outils dont ils sont porteurs, plusieurs travaux rapides : chaque bataillon a trois tranchées parallèles ; entre les tranchées de bataillon existent des intervalles assez considérables pour permettre une circulation prompte et facile.

Une batterie est commencée sur le plateau à droite de la route de Villiers, une tête de pont est établie au débouché des ponts de Bry, une autre en avant des ponts de Neuilly.

## 1ᵉʳ Corps d'armée.

Entre le chemin de fer et le ruisseau de la Lande une grand'garde fournie par la division Berthaut relie cette division au petit bois de la Lande, occupé par un des avant-postes de la division de Malroy.

Ce poste est formé par trois compagnies de gauche du 1ᵉʳ bataillon du 122ᵉ ; les trois autres compagnies de ce bataillon couvrent l'intervalle entre le petit bois et le chemin du Four à Chaux à Villiers. Établies dans les carrières, celles-ci ont leurs petits postes à 200 mètres

*Positions entre le chemin de fer et la presqu'île de St-Maur.*

*Division de Malroy.*

en avant, et se relient à droite au 3e bataillon de mobiles de la Côte-d'Or qui garde le terrain entre le chemin de Villiers et Champigny.

Les compagnies de ce bataillon sont disposées dans les carrières voisines de ce dernier village, ayant également leurs petits postes à 200 mètres en avant.

La brigade Paturel est massée en arrière du grand four à chaux; la brigade Martenot en arrière du four à chaux de Champigny.

Les batteries de la division de Malroy entre le Plant et le cimetière.

Division Faron. Le lieutenant-colonel Pottier, du 113e, chargé de la défense de Champigny, dispose d'un bataillon de chaque régiment de la division Faron, sauf la Vendée.

Le château, point extrême de la ligne de défense, situé au haut du village, à gauche de la vieille route de Chennevières, est occupé par un poste (1); un peu en deçà de cette maison, une barricade est construite sur la vieille route, une autre sur la nouvelle route, près de l'embranchement, une troisième dans la grande rue, non loin du débouché de la rue de la Croix, barricadée également (2). La ligne de défense suivant la dernière rue transversale, se prolonge jusqu'à la Marne à l'aide de murs et de fossés; à cette hauteur une barricade ferme le chemin de Sucy; le moulin de Champigny forme poste avancé.

Le reste de la division Faron est installé dans l'intérieur du village, dans les parcs, les jardins. Le régiment de la Vendée campe seul en arrière; complétement désorganisé, il importait de le mettre un peu à l'écart des autres troupes.

---

(1) Ce château était dans un parc dit *Parc en pointe*, à cause de sa forme.

(2) Voir croquis nos 23 et 24.

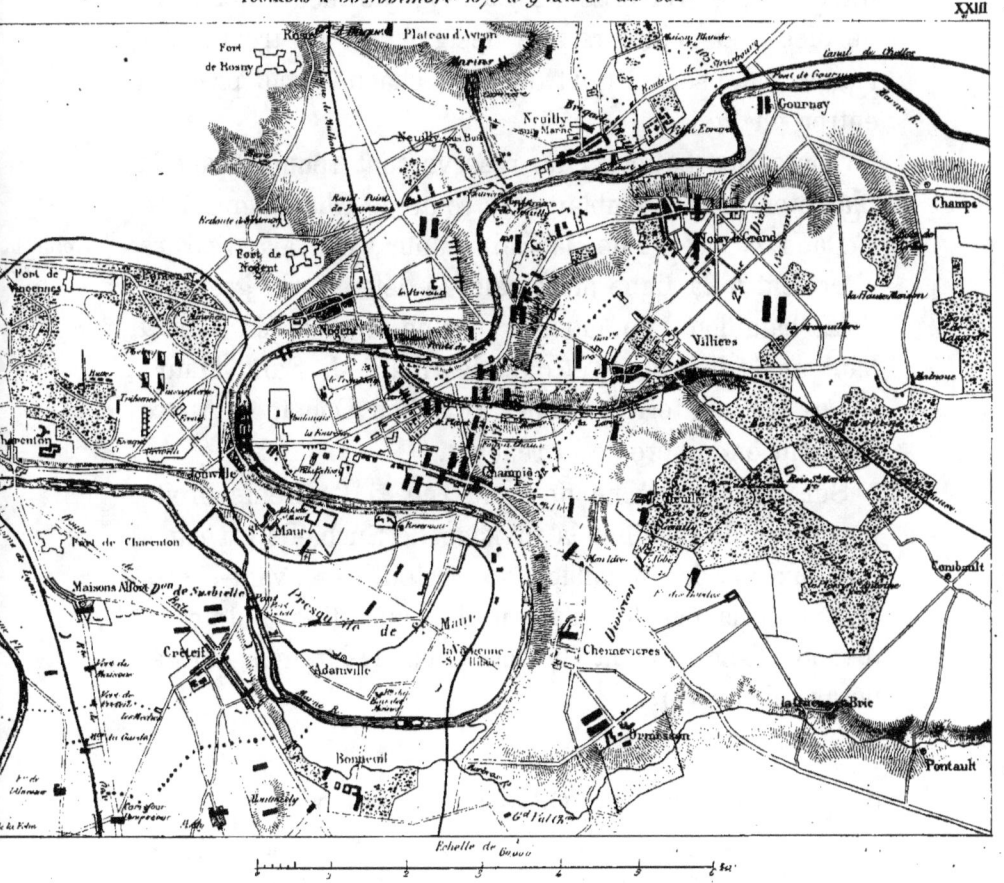

Les batteries de la division Faron sont envoyées près du pont de Joinville, afin de se reformer au moyen des hommes et des chevaux laissés dans le polygone de Vincennes. *Réorganisation de l'artillerie*

Dans la soirée, le capitaine Montagne reçoit le commandement de la 3ᵉ batterie du 13ᵉ, vacant par la mort du capitaine Torterue de Sazilly ; de nouveaux chefs de pièces et pointeurs sont désignés, et les trois batteries réorganisées à quatre pièces chacune sont prêtes à entrer en ligne.

Toutes les batteries de réserve sont réunies dans la plaine entre le Tremblay et la route de Champigny.

Dans la presqu'île de Saint-Maur, nos avant-postes s'arrêtent à la ligne principale de défense ; le gros des deux bataillons de mobiles (Seine-et-Oise) se tient à hauteur de la redoute et dans le village de Saint-Maur. *Presqu'île de Saint-Maur*

Les trois batteries mobiles Brasilier, Donato et André campent en arrière de la redoute.

Sur la rive gauche de la Marne, à l'extrême droite du champ de bataille, la division de Susbielle est campée aux abords du village de Créteil. Les avant-postes sont fournis par le bataillon de francs-tireurs de cette division (commandant Cyvoct) et par les troupes du général Ribourt (1).

---

(1)     **Positions des Allemands le 30 au soir :**

Le commandant du 12ᵉ corps, prince royal de Saxe, avait transporté son quartier général sur la rive gauche de la Marne à la Grenouillère.

La 24ᵉ division d'infanterie saxonne était concentrée en arrière de Noisy-le-Grand, gardé par 2 bataillons du régiment n° 104 et par le 13ᵉ bataillon de chasseurs; le régiment n° 106 aux avant-postes entre Noisy et Villiers.

La ligne Villiers-Cœuilly-Chennevière était occupée par la 1ʳᵉ brigade wurtembergeoise : le 7ᵉ régiment devant Villiers et aux abords du chemin de fer de Mulhouse, le 1ᵉʳ régiment dans le ravin de la Lande et sur les pentes de Cœuilly, le 2ᵉ bataillon de chasseurs à Mon Idée.

# DEUXIÈME PARTIE

### NUIT DU 30 NOVEMBRE ET JOURNÉE DU 1ᵉʳ DÉCEMBRE

## CHAPITRE PREMIER.

#### NUIT DU 30 NOVEMBRE AU 1ᵉʳ DÉCEMBRE.

*Le général en chef confère avec les génér˟ Frébault et Tripier.*

La nuit close, le général en chef, après avoir donné ses derniers ordres aux postes avancés, descendit du plateau de Villiers et se dirigea sur le château de Poulangis, son quartier général.

Il eut immédiatement une longue conférence avec son chef d'état-major, général Appert, et les généraux Frébault et Tripier.

Nul ne pouvait se faire d'illusion sur la gravité de la situation... l'opération était manquée... si nous avions encore quelques chances de succès, elles étaient bien faibles... si faibles que la sagesse et la raison commandaient de ne pas poursuivre une partie trop hasardeuse.

Nous n'avions pu percer les lignes d'investissement, malgré d'énergiques efforts réitérés, dans lesquels nous avions perdu l'élite de nos soldats et de nos cadres.

A chaque instant, l'ennemi recevait de nombreux renforts, et désormais il était en mesure de repousser victorieusement toute nouvelle tentative de notre part.

Nos munitions d'infanterie et d'artillerie étaient épuisées en grande partie, beaucoup de pièces étaient hors de service ou sans chevaux.

Il était donc matériellement impossible de reprendre la lutte dès le lendemain matin ; il fallait, avant tout, distribuer des cartouches, réapprovisionner les caissons, reconstituer les attelages, et tout cela ne pouvait se faire qu'à l'aide des ressources de Paris et de Vincennes...

Si nous eussions été dans les conditions ordinaires de la guerre, c'est-à-dire n'ayant à nous préoccuper que de considérations purement militaires, il est probable que nous nous serions immédiatement décidé à repasser la Marne ; une fois réorganisés nous aurions repris nos opérations sur un autre point où la soudaineté de l'attaque pouvait seule permettre de tromper la vigilance de l'ennemi.

En admettant même la marche triomphante de l'armée de la Loire dans la direction de Fontainebleau, c'eût été le meilleur moyen de coopérer utilement à son action. Mais nous étions soumis à une influence néfaste qui avait pris un tel ascendant que tout devait plier devant elle ; le Gouvernement, loin de la maîtriser, de l'entraîner à sa suite, n'avait cessé de la subir, de se courber devant elle ; cette influence, dont nous avons plusieurs fois parlé, parce que nous la rencontrons partout, dans les affaires civiles comme dans les affaires militaires, sur le champ de bataille comme dans les troubles de la rue... c'était l'opinion publique... Véritablement affolée, nous l'avions déjà vue se manifester au moment du retard occasionné par la crue de la Marne ; elle eût certainement été exaspérée par la nouvelle d'un mouvement de retraite, et, en la bravant, on se fût exposé à voir éclater une nouvelle insurrection plus terrible que celle du 31 octobre...

Le général Ducrot sentait si bien tout cela qu'il n'eut

même pas la pensée de proposer au général Trochu la combinaison qui lui semblait la seule rationnelle. Il comprit que le combat devait être poursuivi à outrance autant pour l'honneur des armes que pour maintenir devant nous les troupes d'investissement qui, sans cela, eussent été libres de se porter à la rencontre des armées extérieures. Et sans plus tarder, il prescrivit de tout préparer pour être en état de recommencer la lutte.

*Conférence avec le Gouverneur au fort de Rosny.*

Après avoir arrêté avec le général Frébault les moyens de pourvoir au prompt réapprovisionnement de nos munitions, à la réorganisation de nos batteries, le général en chef se rendit dans la nuit même au fort de Rosny, afin de se concerter avec le Gouverneur au sujet des ordres d'exécution. Tout étant réglé, le général rentra à son quartier général de Poulangis vers 3 heures du matin.

La température s'abaissant tout à coup dans la soirée, était devenue glaciale. Cet incident venait ajouter encore aux difficultés de la situation... nous n'avions emporté ni tentes, ni couvertures... les sacs de la troupe ne contenaient que des vivres et des munitions ; les officiers se trouvaient également sans bagages (1)... toute la ligne des avant-postes étant à quelques pas de l'ennemi, on ne pouvait allumer de feux... chefs et soldats, accablés de fatigue, demeurèrent ainsi exposés au froid très-vif d'une longue nuit d'hiver.

Si le succès avait couronné nos efforts, toutes ces misères auraient été supportées patiemment et gaiement, mais avec l'insuccès c'était une cause de plus de découragement et de faiblesse......

---

(1) Afin de suppléer aux moyens de transport enlevés aux officiers, le général en chef les avait autorisés à faire porter leurs vivres dans le sac d'un soldat auquel on enlevait le fusil et les munitions.

## CHAPITRE II.

### JOURNÉE DU 1ᵉʳ DÉCEMBRE.

**Positions le matin du 1ᵉʳ décembre.**

Sous le coup de ces terribles et pénibles préoccupations, le général en chef visita de grand matin ses avant-postes... Il put constater que l'état moral des troupes, malgré la rigueur du froid, était généralement satisfaisant; que, sur beaucoup de points, on s'était conformé aux ordres donnés pour l'établissement de travaux défensifs.

*Le général en chef visite les avant-postes.*

La division Berthaut, qui occupait en face de Villiers la partie la plus découverte, et, par suite, la moins facile à retrancher, avait travaillé avec autant d'ardeur que d'intelligence.

Sur d'autres points, au contraire, la défense n'avait pas été suffisamment organisée (1)... L'on donnait pour excuse le manque d'outils (2)...

---

(1) A gauche du Four à Chaux, notamment, on avait peu travaillé, malgré les recommandations faites la veille au soir; les épaulements et les tranchées n'existaient pas ou étaient à peine ébauchés. Pendant que le général en chef en exprimait son mécontentement en termes un peu vifs aux commandants de batterie et au général de division lui-même, quelques obus tirés par la batterie ennemie placée dans le ravin de la Lande, à hauteur de Villiers, vinrent éclater contre la maison du four à chaux et prouver combien ses observations étaient opportunes.

(2) Il est certain que presque toujours, lorsque l'on compte sur les voitures du génie ou autres moyens de transport pour avoir des pioches, des pelles, etc... rien n'arrive au moment opportun. Le seul procédé pour remédier à ce manque d'outils continuel, c'est d'habituer les hommes à les porter et à s'en servir; il suffirait d'en donner un certain nombre légers et solides au tiers de chaque compagnie pour satisfaire à tous les besoins de travaux de fortification ou de campement.

C'est en parcourant le front de ses lignes que le général Ducrot apprit l'abandon de notre position de gauche par la division de Bellemare... Plus qu'étonné de cette nouvelle, et vu l'urgence, il envoya, avant toute explication, l'ordre au général d'Exea de faire réoccuper immédiatement la rive gauche de la Marne, par une partie de la division Mattat.

Rentré au château de Poulangis, le général en chef trouva un pli du Gouverneur qui expliquait, mais ne justifiait nullement, le mouvement de la 1<sup>re</sup> division du 3<sup>e</sup> corps.

Ce pli contenait une lettre du général d'Exea au Gouverneur, avec annotation de celui-ci :

*Général d'Exea au général Trochu.*

1<sup>er</sup> décembre, 5 heures du matin.

Mon général,

J'ai l'honneur de vous envoyer copie d'une lettre que vient de m'adresser le général de Bellemare, qui se trouve sur la rive gauche de la Marne, à Bry, et sur les crêtes voisines :

Bry, 1<sup>er</sup> décembre 1870, 4 heures du matin.

Mon général,

Mes rapports de grand'gardes et les renseignements de prisonniers, m'annoncent l'arrivée, par chemin de fer, à Villiers et à Noisy, de rassemblements considérables de troupes et d'artillerie (1).

Il est plus que probable qu'on va nous attaquer très-vigoureusement ce matin; *nous ne sommes pas en mesure de résister*, et nous risquons, les ponts venant à être détruits par des obus,

---

(1) Ces renseignements étaient inexacts, car les Allemands ne se sont jamais servis de la ligne de Coulommiers non plus que de celle de Provins. Toutes les machines et tous les wagons de ces deux lignes avaient été rentrés dans Paris; or, le pont de Nogent-sur-Seine, détruit, n'ayant pas été rétabli, les Allemands ne pouvaient pas utiliser la ligne de Mulhouse au delà de Nogent.

d'être jetés à la Marne; je crois prudent de faire repasser de suite la Marne, *d'autant plus qu'il n'y a pas à penser à se porter en avant;* on laisserait seulement un bataillon ou deux.

*Le général commandant la 1<sup>re</sup> division du 3<sup>e</sup> corps,*

*Signé :* De Bellemare. (1)

D'après ces renseignements, mon général, j'ai donné l'ordre à la division de Bellemare de repasser la Marne immédiatement; j'ai, en même temps, écrit au général Ducrot, à Champigny, pour lui communiquer la lettre de M. le général de Bellemare, et l'informer de l'ordre de retraite que je viens de donner.

Mon corps d'armée se trouvera en position, rive droite de la Marne, avec 4 bataillons à Neuilly-sur-Marne.

Sur la marge, le Gouverneur avait écrit la note suivante :

Fort de Rosny, 1<sup>er</sup> décembre, 9 heures du matin.

Cette lettre m'arrive de Paris, où le général d'Exea, qui m'y croyait rentré, me l'avait adressée.

Je vois, d'un autre côté, qu'il vous a informé de ce mouvement imprévu, et qui me paraît très-inopportun, car le général de Bellemare aurait toujours pu se replier, par la rive gauche, sur le gros de l'armée; mais je me demande si sa lettre, qui a été dirigée sur Champigny, vous est parvenue. *Dans tous les cas, il faut continuer énergiquement la défense de nos positions.*

N'a-t-il pas été question d'armistice pour l'enterrement des morts et l'enlèvement des blessés?

Comme on le voit, le Gouverneur appréciait la situation de la même manière que le général Ducrot; ses intentions avaient été prévues, et la faute commise par cette retraite intempestive était réparée.

Il est évident que l'abandon de nos positions de gauche par la division de Bellemare pouvait avoir les plus

---

(1) Cette lettre fut apportée au général d'Exea à 4 h. 3/4 du matin par M. de Saint-Geniès, chef de bataillon de mobiles, officier d'ordonnance du général de Bellemare.

fâcheuses conséquences, aussi bien au point de vue de l'offensive que de la défensive. Cet incident donne une idée exacte de la disposition générale des esprits au commencement de la journée du 1ᵉʳ décembre, et répond suffisamment à l'assertion émise par quelques-uns qu'il eût été facile de recommencer la lutte dès le matin, et cela dans de bonnes conditions.

*Positions sur les pentes de Villiers après la retraite de la division de Bellemare.*

Après le départ de la division de Bellemare, le 107ᵉ, resté seul sur les hauteurs de Bry, porte en première ligne ses deux bataillons établis dans le village : la crête à droite et à gauche du chemin de Bry à Villiers est occupée par les 1ᵉʳ et 2ᵉ bataillons ; le 3ᵉ est en potence sur la gauche, face à Noisy-le-Grand.

Le 108ᵉ de ligne, qui, d'après les ordres reçus, a repassé la Marne derrière la division de Bellemare, et n'a laissé sur la rive gauche qu'un bataillon pour la garde des ponts, revient prendre position dans le village de Bry dès que le général en chef donne l'ordre de réoccuper les points abandonnés (9 heures).

D'ailleurs, tout ce terrain ne reste pas longtemps dégarni... aussitôt le départ de la division de Bellemare, le général de Maussion (1) s'empresse d'étendre ses avant-postes vers la gauche : le 125ᵉ se relie au 107ᵉ, le 126ᵉ forme une deuxième ligne destinée à servir de réserve et à empêcher un mouvement tournant par la gauche. Le 1ᵉʳ bataillon de ce dernier régiment se trouve sur les pentes dominant Bry, face à Noisy-le-Grand ; le 2ᵉ, à gauche, garde l'intervalle entre la route de Noisy et la Marne ; le 3ᵉ, à droite, disposé le long du chemin creux, se relie avec la division Berthaut.

---

(1) Le général Renault ayant été blessé le 30, le général de Maussion fut nommé au commandement du 2ᵉ corps, et le général Courty remplaça ce dernier dans le commandement de la 3ᵉ division.

Sur le plateau de Villiers, la brigade de Miribel a été remplacée dans le service de tranchée par la brigade Bocher.

Le 119e occupe l'espace compris entre le chemin de fer et la route de Villiers avec deux bataillons; le 120e garde les tranchées à gauche de la route avec un bataillon.

Les batteries divisionnaires sont restées près du chemin de fer.

Au centre de la ligne, sur le plateau du Four à Chaux, occupé par la division de Malroy, la brigade Paturel continue à fournir les avant-postes de la voie ferrée au chemin de Villiers, la brigade Martenot gardant les carrières voisines de Champigny.

A droite, la division Faron tient toujours le terrain entre ce village et la Marne.

Les services administratifs, après avoir franchi la Marne, se sont établis sur la route de Champigny, dans les premières maisons du village, et sur la route n° 45, près de la voûte de Bry.

## AMBULANCES.

### LEUR RÔLE DANS LES JOURNÉES DU 30 NOVEMBRE ET DU 1er DÉCEMBRE.

Dès le 28 novembre au soir, toutes les ambulances régulières ou auxiliaires étaient réunies au Champ-de-Mars, prêtes à partir le 29 au matin.

L'opération ayant été retardée de vingt-quatre heures, elles ne se mirent en mouvement que le 30 à 8 heures, se dirigeant vers le plateau de Vincennes.

Pendant qu'un immense convoi (équipages particuliers, fiacres, omnibus, chariots spéciaux) suivait le quai de la rive droite, 28 bateaux-omnibus, réquisitionnés pour aider au transport des blessés, remontaient la Seine, puis le canal de Saint-Maurice, latéral à la Marne, et le canal de Saint-Maur.

A 10 heures, le convoi était réuni sur le plateau, en arrière des redoutes de Gravelle et de la Faisanderie; la flottille était concentrée au débouché du canal, près de Joinville.

Le général en chef désirant qu'après la première journée les services d'ambulance militaire pussent rejoindre intacts le bivouac de l'armée, de manière à les avoir au complet pour la marche ultérieure, les ambulances de la Presse et de l'Internationale devaient seules agir le premier jour; dans la zone d'action des forts, en communication avec Paris, ces ambulances pouvaient rendre d'utiles services, plus loin, au delà des lignes d'investissement, elles seraient devenues une source de sérieux embarras.

Vers 11 heures du matin, M. l'intendant général Wolf mettait en mouvement les ambulances auxiliaires.

*Les ambulances auxiliaires s'établissent à Joinville (30 nov., 11 h. du matin).*

Toutes leurs voitures prirent place sur le terrain vague en avant de la redoute de Gravelle, non loin du chemin de fer de la Varenne; elles ne devaient pas franchir la Marne, car il fallait, avant tout, éviter l'encombrement aux abords des ponts pendant la première période de l'action.

Des mulets avec cacolets furent conduits dans la presqu'île de Poulangis, afin d'aller chercher les blessés, et les apporter sur la rive droite de la Marne, où l'on organisait en ambulances la plupart des maisons de Joinville bordant la rivière.

Deux groupes de médecins s'installèrent, l'un près de la voûte de Bry, en deçà du chemin de fer de Mulhouse, l'autre près du village de Champigny. Avec eux étaient un certain nombre de Frères de la doctrine chrétienne, qui ramassaient les blessés et les apportaient aux ambulances volantes. Le premier pansement effectué, on les conduisait en cacolet jusqu'aux ambulances de Joinville. De là, les moins malades étaient emmenés par voitures dans les hôpitaux de Paris ; les plus blessés étaient transportés par les bateaux-omnibus, munis de tout ce qui est nécessaire au fonctionnement d'une ambulance (1).

<small>Relèvement et transport des blessés pendant la journée du 30 novembre.</small>

Du pont de Joinville ces bateaux étaient dirigés sur les embarcadères spéciaux à leur service dans Paris. Les premiers s'arrêtaient au pont d'Austerlitz, d'où les blessés étaient portés à l'ambulance du Jardin des Plantes.

Cet établissement rempli, les bateaux étaient dirigés sur d'autres débarcadères, où ils trouvaient des omnibus qui conduisaient les blessés dans les hôpitaux, hospices ou ambulances désignés par des officiers d'administration spécialement chargés de l'évacuation.

Pendant toute la journée du 30, le transport des blessés s'opéra ainsi du champ de bataille vers Joinville, puis de Joinville à Paris, soit en omnibus, soit en bateau. Il se continua pendant la nuit.

Dès le matin du 1er décembre, une nouvelle ambulance fut installée par le docteur Ricord, dans le village de Bry, qui regorgeait de blessés, à la suite du violent combat de la veille au soir.

---

(1) A chaque bateau était attaché un médecin, un adjudant d'administration, des infirmiers et des auxiliaires; il y avait des lits mobiles, couvertures de campement, boîtes de chirurgie et de pansement, des marmites de bouillon, du vin, des aliments légers, etc...

**Les ambulances militaires franchissent la Marne (1ᵉʳ décembre).**

L'offensive ne paraissant plus possible, les ambulances militaires reçurent l'ordre de se rapprocher du terrain de la lutte ; celles des 1ᵉʳ et 2ᵉ corps s'installèrent dans la presqu'île de Poulangis ; celles du 3ᵉ corps se dirigèrent sur le Perreux, à portée des ponts de Bry.

### Armistice du 1ᵉʳ décembre.

Pendant toute la journée du 1ᵉʳ décembre, on continua à relever les blessés, un armistice tacite régnant depuis le matin ;... de part et d'autre, les brancardiers accomplissaient leur mission au delà des avant-postes.

L'armistice véritable ne fut consenti qu'assez tard dans l'après-midi.

Muni d'un laisser-passer du général en chef, M. le comte Sérurier, vice-président de la Société de secours aux blessés, se rendit aux avant-postes de la division Berthaut, vers midi et demi environ (1). A 1 heure, il arrivait seul, en bourgeois, près de l'angle du parc de Villiers (2). Là, il fut arrêté par le poste allemand. Trois

---

(1) *Défense de Paris.* — 2ᵉ armée. — *État-major général.*

**LAISSER-PASSER.**

MM. les généraux commandant les corps d'armée et les commandants d'avant-postes sont priés de donner toute facilité à M. le comte Sérurier, vice-président de la Société de secours aux blessés militaires, délégué pour entrer en relations avec l'ennemi pour l'enlèvement des blessés et des morts.

Quartier général, le 1ᵉʳ décembre 1870.

*Général commandant en chef,*
A. Ducrot.

(2) M. le comte Sérurier s'était mis exprès en bourgeois, persuadé

quarts d'heure après, un officier wurtembergeois vint lui dire de revenir au même endroit, à 3 heures moins un quart.

A l'heure dite, M. le comte Sérurier s'aboucha avec le même officier, et un armistice fut conclu verbalement jusqu'à la nuit tombante (1).

Il était déjà bien tard, beaucoup de fractions de troupe ne purent recevoir avant l'heure de la reprise du feu l'avis officiel de cet armistice. Mais comme nous venons de le dire, les hostilités ayant été suspendues de fait sur presque tous les points du champ de bataille, on enterra une grande partie des morts des deux armées, et presque tous nos blessés purent être recueillis pendant la journée du 1$^{er}$ décembre.

**Travaux exécutés pendant la journée du 1$^{er}$ décembre.**

La journée du 1$^{er}$ décembre est employée à reformer les régiments, les batteries, à reconstituer les attelages, à nous réapprovisionner en munitions, etc...

---

qu'il arriverait plus facilement qu'en suivant les usages habituels des parlementaires.

Avant la guerre, il avait été à Berlin pour traiter des questions internationales de secours aux blessés; beaucoup d'officiers allemands le connaissaient, et il savait qu'en faisant passer sa carte il serait accueilli.

(1) La négociation fut résumée dans le procès-verbal suivant :

« La suspension d'armes du jeudi 1$^{er}$ décembre a été conclue par
« M. Sérurier, vice-président de la Société de secours aux blessés mi-
« litaires, délégué, qui s'était rendu seul aux avant-postes de l'ennemi
« à 1 heure de l'après-midi. Après avoir attendu trois quarts d'heure à
« quelques mètres du village de Villiers, M. Sérurier s'entretint avec
« un officier wurtembergeois. Il fut convenu entre eux qu'ils se rencon-
« treraient de nouveau à 3 heures moins un quart.

« A 3 heures, il fut arrêté verbalement que, jusqu'à la nuit tombante,
« les hostilités ne seraient pas reprises.

« LE GOUVERNEUR DE PARIS.
« P. O. *Le Chef d'État-major,*
« *Signé :* SCHMITZ. »

Des quatre batteries de 8 du commandant Lefébure, on n'en fait que trois (celle du capitaine Froment supprimée). Plusieurs autres batteries sont réorganisées à 4 pièces.

*Travaux de défense sur le plateau de Villiers.*

Sur tout le front, les travaux de défense sont généralement poussés avec activité; on complète les tranchées du plateau de Villiers; la redoute établie à droite de la route n° 45 se trouve bientôt assez avancée pour recevoir une batterie de 12 (batterie Moriau, de la réserve du 2ᵉ corps).

Sur le chemin de fer de Mulhouse, on construit :

1° Un parapet pour l'infanterie, depuis le viaduc jusqu'à la première voûte ;

2° Un épaulement pour quelques pièces, entre la voûte de Bry et celle de Champigny ;

3° Un autre épaulement pour artillerie, non loin du viaduc ;

4° Un troisième épaulement en avant de la maison du garde, destiné à recevoir 2 mitrailleuses.

*Travaux de défense aux Fours à Chaux.*

La position des Fours à Chaux est fortifiée par la 1ʳᵉ compagnie du 2ᵉ régiment du génie, capitaine Glises. Les murs des bâtiments sont crénelés, on creuse des abris le long et en arrière du chemin de Bry à Champigny; sur le plateau, on commence une longue tranchée se reliant, d'une part à la carrière du four à plâtre, de l'autre, au petit bois de la Lande.

Sur la droite du grand four à chaux, on utilise un massif de débris de calcaire pour construire une batterie de six pièces; cet ouvrage, d'un relief de 10 à 12 mètres, prend le nom de *batterie blanche*.

Suivant les instructions du général en chef, des épaulements légers sont commencés pour abriter les batteries qui doivent prendre position aussitôt la nuit venue. La 12ᵉ batterie de marine creuse une tranchée de 80 centimètres de profondeur, allant de l'angle sud-ouest du petit bois de la Lande à l'angle nord-est du four à chaux ; dans la longueur de cette tranchée, on fait six excavations également espacées pour y placer les mitrailleuses.

La 1^re batterie de marine construit son épaulement sur le plateau, en avant du four à chaux ; elle est couverte sur toute l'étendue de son front par une carrière profonde la mettant à l'abri des ricochets et des éclats de coups trop courts.

La 2^e batterie de marine profite également des accidents de terrain formés par les déblais des vieilles carrières entre le Signal et le chemin de Villiers.

A Champigny, la 15^e compagnie du 3^e régiment du génie, capitaine de La Taille, organise la défense du haut du village ; cependant le génie civil, d'après les indications du général Faron, construit dans la plaine, entre la route et la Marne, des tranchées où viennent se reformer les mobiles de la Vendée.

*Travaux de défense à Champign*

On renforce les barricades de la tête de Champigny... mais comme les avant-postes prussiens sont très-rapprochés et qu'il est à craindre qu'une brusque attaque ne nous oblige à abandonner notre première ligne de défense, on en organise une deuxième en arrière, dans la partie ouest de la rue de l'Église ; tous les étages y sont crénelés, des communications sont établies dans les maisons ; du côté opposé, on renverse les plafonds, de telle sorte que si l'ennemi parvient à s'en emparer, il ne puisse tirer que des rez-de-chaussée. A hauteur de cette rue, une barricade en sacs à terre barre la grande rue parallèle à la Marne.

A la suite d'une reconnaissance faite dans l'après-midi en avant de Champigny, on se décide à mettre en état de défense et à faire occuper par nos avant-postes les deux parcs de la tête du village situés à droite et à gauche de la vieille route de Chennevières.

On renforce encore notre position centrale en construisant une batterie au-dessus du four à plâtre. Cette batterie, placée en deçà d'une carrière profonde servant de fossé, a deux embrasures dirigées contre Villiers et quatre vers les pentes de Chennevières à Champigny; elle doit se relier au chemin passant devant le four à plâtre par une rampe praticable aux voitures.

*Travaux de défense à Bry.*

En même temps on commence l'organisation défensive du village de Bry : les murs des parcs sont crénelés.... le chemin qui borde la crête du plateau de Villiers est organisé en tranchée... on achève les redans commencés en avant des ponts de Bry et de Neuilly...

### Positions le 1ᵉʳ décembre au soir.

*Défense Champigny.* (1)

Le 3ᵉ bataillon du 42ᵉ, commandant Landry, désigné à 4 heures du soir pour occuper les deux parcs de la tête de Champigny, y arrive à la nuit; les 1ʳᵉ, 2ᵉ, 3ᵉ et 4ᵉ compagnies sont placées dans le parc en pointe, les 5ᵉ et 6ᵉ, dans celui formant angle entre les deux routes de Chennevières.

Le parc en pointe est limité au sud par une forte grille qui se prolonge jusqu'à la partie supérieure ; la face nord est bornée par un mur de $2^m50$ de haut dans lequel les Prussiens s'étaient ménagé une sortie (brèche D); une voûte C fermée par une grille, donne passage à un canal desséché qui traverse en tranchée tout le petit bois. Le château formé de plusieurs corps de bâtiments sert de réduit.

Les quatre premières compagnies du 42ᵉ sont ainsi disposées :

---

(1) Voir croquis n° 24.

La 1$^{re}$, à la grille de la pointe ; la 3$^e$, le long de la face droite ; la 4$^e$ et la 2$^e$, derrière le mur de gauche ; chaque compagnie ayant sa réserve près du château.

Le mur n'a pas de créneaux ; cependant il est indispensable d'en pratiquer si l'on veut être en mesure de résister ; les outils manquent... instamment demandés, on les promet pour 10 ou 11 heures du soir.

En attendant, les compagnies ouvrent des communications en arrière ; une barricade de 1$^m$50 de haut est élevée devant la brèche D ; des tas de fagots poussés devant la grille C interceptent le passage.

Des travaux sont également exécutés dans le parc entre les deux routes par les 5$^e$ et 6$^e$ compagnies du 42$^e$ ; chacune d'elles a une section de garde le long des murs ; les sections de réserve s'installent dans la maison à l'angle des routes ; mais toujours faute d'outils, on ne peut créneler ni les murailles ni les habitations.

Le 1$^{er}$ bataillon du 35$^e$ reste dans sa position, à l'entrée du village. La 1$^{re}$ compagnie défend la barricade du haut de la rue, ayant devant elle les 5$^e$ et 6$^e$ compagnies aux barricades des deux routes de Chennevières, et, derrière elle, à une autre barricade, les 3$^e$ et 4$^e$ compagnies. Sur la gauche, la 2$^e$ défend la barricade de la petite rue qui descend du four à plâtre.

Dans la nuit, un détachement de cent hommes du 35$^e$, sous les ordres du lieutenant Blondel, est envoyé à la Plâtrière ; tout en protégeant les travailleurs de la batterie, il se relie aux grand'gardes de mobiles établies dans les carrières voisines.

A droite, le 2$^e$ bataillon du 42$^e$, commandant Cahen, occupe un grand parc, à hauteur de la bifurcation des deux routes. Le mur sud de ce parc commande toute la plaine voisine du moulin de Champigny ; mais il est lui-même complétement dominé par la route neuve de

Chennevières, dont le remblai est soutenu par un mur très-élevé.

Le 113ᵉ défend toute la plaine qui borde la Marne.

Son 1ᵉʳ bataillon, commandant Besson, est disposé de la manière suivante :

Les 1ʳᵉ et 2ᵉ compagnies gardent la barricade du chemin de Sucy, ainsi que l'intervalle entre ce chemin et la grande rue, en avant de l'église ;

La 3ᵉ fournit un poste de 20 hommes dans le moulin de Champigny ; le reste se défile dans un creux sur le chemin qui borde la Marne, à hauteur de la haie ;

Les 4ᵉ et 5ᵉ s'établissent dans les tranchées en arrière ;

La 6ᵉ dans les maisons voisines de la barricade.

Les 2ᵉ et 3ᵉ bataillons en réserve dans les parcs et terrains vagues en deçà de la rue du Pont.

Dans le village de Champigny sont le 1ᵉʳ bataillon du 42ᵉ, les 2ᵉ et 3ᵉ du 35ᵉ, le 114ᵉ de ligne ; en arrière, le régiment de mobiles de la Vendée avec les batteries divisionnaires et les batteries de réserve.

Pendant la nuit, en avant du Four à Chaux, une batterie est construite, dans la grande carrière à sable. Le terrain mamelonné, très-favorable à une construction rapide, conduit à donner une forme irrégulière à l'ouvrage qui reçoit huit pièces de 24 court : six dirigées sur Cœuilly, deux battant à revers les pentes sud de Villiers ; cet ouvrage doit encore être armé de deux pièces de campagne, directement opposées à une *maison rouge*, laquelle située à 500 mètres, au pied des pentes de Cœuilly, sert de poste aux Prussiens. Reliée à gauche aux batteries d'artillerie de marine élevées entre les carrières et le petit bois de la Lande, appuyée à droite

---

(1) Voir croquis n° 25.

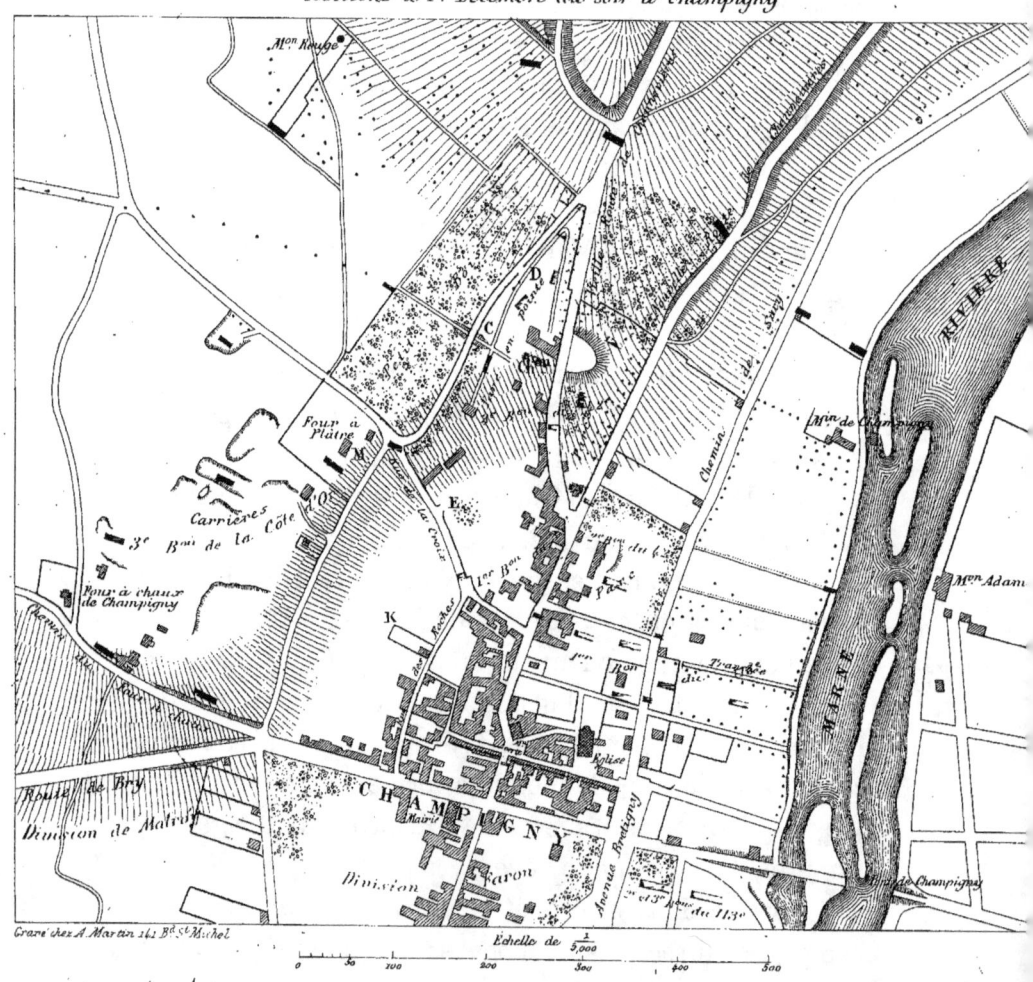

Positions le 1er Décembre au soir à Champigny

par la batterie du Four à Plâtre, soutenue en arrière par la *batterie blanche*, cette grande *batterie des carrières* était le centre de résistance, la clef de la position.

A la nuit, les pièces, conduites sans bruit, sont mises en batterie; l'artillerie du commandant Briens (division de Malroy), occupant, comme la veille, tout le terrain entre le ruisseau de la Lande et le Signal.

Le 2ᵉ bataillon du 121ᵉ garde la gauche de cette position; trois compagnies dans le petit bois de la Lande, trois compagnies dans la grande carrière en avant du Four à Chaux.

A droite, les grand'gardes sont fournies par le 3ᵉ bataillon des mobiles de la Côte-d'Or : deux compagnies dans les carrières voisines de Champigny, une troisième dans la grande maison du Four à Plâtre; les trois autres en soutien le long de la route de Bry à Champigny.

Sur tout le front, les sentinelles sont à 200 mètres environ en avant des grand'gardes... un petit poste de cinq hommes, fourni par la compagnie de la Plâtrière, est au nord du petit bois, près d'une ouverture y donnant accès; il est relié à sa grand'garde par deux sentinelles établies à l'angle de ce bouqueteau, lequel fouillé par nous dans la journée, ne fut malheureusement pas occupé. Il n'y eut pas entente entre les deux divisions Faron et de Malroy, et les relations restèrent insuffisantes entre la brigade de la Mariouse et la brigade Martenot. Chacune d'elles crut le bois gardé par les troupes voisines; il en résulta que le matin du 2, on ne se préoccupa pas du bruit qui s'y produisait, pensant avoir affaire à des troupes amies. Nous verrons quelles en furent les tristes conséquences.

Sur le plateau de Villiers, on complète les tranchées, qui sont bientôt suffisantes pour abriter non-seulement

*Défense du plateau de Villiers.*

les troupes de première ligne, mais encore les troupes de réserve.

Les épaulements commencés sur le chemin de fer de Mulhouse sont achevés, et prêts à recevoir des pièces.

La batterie ébauchée à droite de la route n° 45 est continuée ; on épaissit le parapet ; mais la terre est si dure que le travail avance bien lentement.

La batterie Moriau y reste en position.

La brigade Bocher, de la division Berthaut, occupe les tranchées entre le chemin de fer et le village de Bry : deux bataillons du 119ᵉ entre le chemin de fer et la route de Villiers, le 3ᵉ formant réserve derrière un retranchement expéditif ; un bataillon du 120ᵉ dans la tranchée à gauche de la route, les deux autres bataillons en réserve derrière d'autres tranchées sur le revers du plateau.

Le 125ᵉ de ligne (de l'ancienne brigade Courty) fait suite au 120ᵉ et garde les pentes jusqu'au village de Bry.

La brigade de Miribel (2ᵉ de la division Berthaut) a un bataillon sur la droite du chemin de fer, bouchant la trouée entre cette ligne et le ravin de la Lande ; les autres bataillons sont en réserve dans le bois du Plant, ainsi que dans l'angle formé par la route n° 45 et la voie ferrée ; toutes les batteries du 2ᵉ corps aux abords de la voûte de Bry, attelées et prêtes à entrer en ligne au premier signal.

*Travaux de défense à Bry et sur le plateau qui domine ce village (1).* A notre gauche, les travaux ont été poussés avec la plus grande activité, grâce à l'intelligente impulsion du général Daudel qui, dès son arrivée à Bry, exécute une reconnaissance sur toute la ligne d'avant-poste.

Sur le plateau de Villiers, le général remarque que le 107ᵉ, se reliant à droite sur la crête avec le 125ᵉ, a sa

---

(1) Voir croquis n° 26.

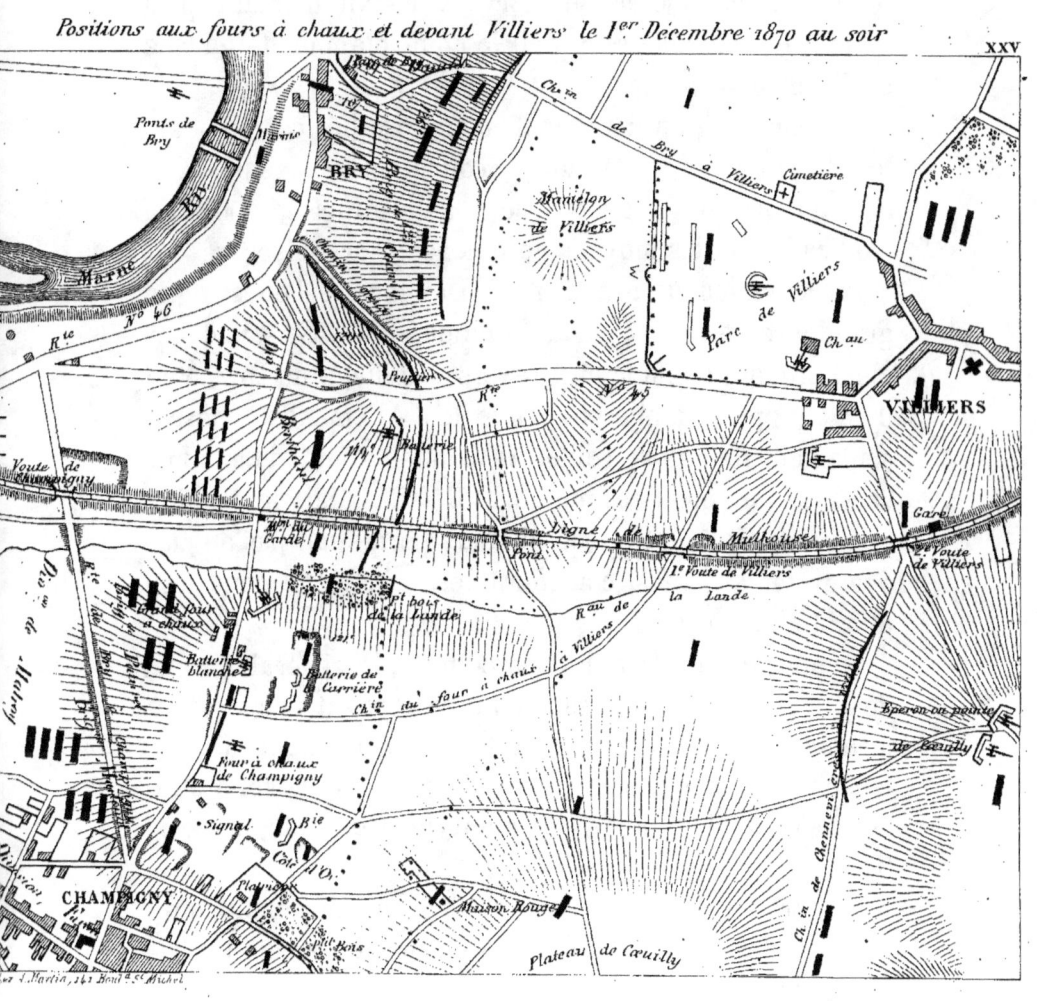

Positions aux fours à chaux et devant Villiers le 1er Décembre 1870 au soir

gauche tout à fait en l'air... et que de ce côté, l'ennemi sortant de Noisy, pourrait nous couper de la Marne. De plus, un retour offensif venant du parc de Villiers pouvait nous rejeter sur Bry... c'était d'autant plus grave que ce village formait le point d'appui de gauche de l'armée.

Accompagné du lieutenant-colonel Coiffé, commandant le 108e, le général Daudel parcourut en tous sens le village de Bry et ses abords pour déterminer les points à barricader, et les moyens de défense à organiser.

L'occupation du grand parc Dewinck, à l'ouest de la grande route n° 44, était indiquée... Ce vaste enclos, prenant de flanc et à revers le village de Bry, était d'autant plus dangereux, que les Allemands, chassés seulement depuis la veille, le connaissaient dans toute son étendue, dans ses moindres détails. Mais le nombre fort limité de nos troupes ne nous permettait pas de garder un terrain aussi considérable... c'eût été nous trop affaiblir de ce côté.

Renonçant à s'établir dans ce parc, le général Daudel décide que toutes les issues qui y donnent accès seront fortement barricadées, et que la première ligne de défense s'arrêtera à l'entrée nord, vers Noisy-le-Grand, la place de la Mairie devenant le réduit de la position.

Les troupes sont disposées de la manière suivante :

1° 3e bataillon du 108e dans la partie nord-ouest du village à partir de l'église :

> *Une* compagnie à l'extrémité nord, sur la route de Noisy-le-Grand, qu'elle doit surveiller par deux petits postes ;
> 
> *Deux* compagnies en arrière, dans la Grande-Rue ;
> 
> *Deux* compagnies en réserve place de la Mairie ;
> 
> *Une* compagnie entre la mairie et la Marne ;

2° 2ᵉ bataillon du 108ᵉ :

*Deux* compagnies dans le grand parc de Bry ;
*Quatre* compagnies dans les rues, à l'est de celles occupées par le bataillon précédent ;

3° 1ᵉʳ bataillon du 107ᵉ dans les maisons et les rues au sud de la place de la Mairie. Ce bataillon qui, après avoir combattu la veille, a passé toute la nuit sur la crête du plateau, est particulièrement destiné à assurer la retraite de la brigade vers les ponts de Bry, dans le cas où les troupes seraient forcées ; il doit également fournir des renforts sur les points les plus menacés.

Les trois autres bataillons de la brigade, deux du 107ᵉ et un du 108ᵉ, sont établis par le lieutenant-colonel Tarayre, du 107ᵉ, contre le talus longeant la crête ; couverts jusqu'à mi-corps, ils découvrent tout le plateau qu'ils peuvent ainsi facilement balayer de leurs feux.

A 300 mètres en avant de la crête, des sentinelles embusquées dans des trous ou derrière des plis de terrain, doivent rendre compte de tout mouvement de l'ennemi.

Le 3ᵉ bataillon du 107ᵉ, placé à l'extrême gauche, a cinq compagnies en potence, faisant face à Noisy-le-Grand et gardant les pentes depuis la crête jusqu'à la route de Bry à Noisy... A mi-côte entre Bry et le plateau, le 126ᵉ forme réserve, prêt à faire face, soit du côté de Villiers, soit du côté de Noisy.

Pour tous ses nombreux travaux de défense, le général Daudel n'a que 25 sapeurs du génie avec un officier et il ne peut mettre à la disposition de son infanterie ni pelles, ni pioches.

Les sapeurs percent des créneaux dans les murs des parcs et des jardins occupés par les compagnies du 108ᵉ, et construisent une ou deux barricades à l'entrée nord du village. Malgré toute leur activité, la besogne marche très-lentement... Vainement les corps demandent avec instance des outils à l'état-major général.

A 11 heures du soir, sauf les quelques travaux exécutés aux entrées nord et nord-ouest du village, rien n'est sérieusement disposé pour une défense efficace. Cependant il faut être prêt avant le jour à repousser une attaque. Tout le monde est mis sur pied... les maisons, les caves sont fouillées, on réunit les voitures, les barriques, les futailles que l'on peut trouver... et à 3 heures du matin, de solides barricades, formées de deux rangs de tonneaux remplis de pavés, de terre, de fumier..., interceptent toutes les avenues face à l'ennemi; la place de la Mairie est solidement organisée, des meurtrières sont partout percées, dans divers îlots de maisons, on établit des communications, les parcs de Bry sont également crénelés et fortifiés...

En résumé, dans toute cette partie du champ de bataille, occupée [par la brigade Daudel et l'ancienne brigade Courty, les plus louables efforts sont faits pour être en mesure de repousser une attaque.

Toutes les batteries de réserve du 3ᵉ corps, en position rive droite de la Marne, depuis le Perreux jusqu'à Neuilly, sont prêtes à soutenir les troupes de la rive gauche. Position sur la rive droite de la Marne.

Le colonel Reille, avec ses mobiles, continue à conserver Neuilly-sur-Marne, extrême aile gauche de notre ligne de bataille.

Les travaux de défense y sont complétés; des emplacements de batteries préparés... des tranchées exécutées au nord du village.

Sur le plateau d'Avron, on achève les épaulements, on fait des abris pour les troupes de soutien.

A l'extrême aile droite, trois bataillons des mobiles de Position dans la presqu'île l'Hérault, arrivés dans la boucle de la Marne, remplacent en première ligne les bataillons de Seine-et-Oise qui passent en réserve à hauteur du village de Saint-Maur.

Les quatre batteries mobiles à la disposition du général Favé, après avoir été toute la journée du 1$^{er}$, derrière les épaulements de l'extrémité du grand parc, à hauteur du pont de Champigny, sont rentrées le soir dans leurs cantonnements avec ordre de reprendre leur position avancée dès le lendemain matin.

De l'autre côté de la Marne, à Créteil, le temps a également été mis à profit ; on s'est fortifié, on a complété les travaux de défense.

De nombreuses reconnaissances ont été faites vers Montmesly et Mesly, spécialement par le bataillon de francs-tireurs de la division de Susbielle.

Pendant la journée, la température s'était encore abaissée, et dans la nuit le thermomètre descendit jusqu'à dix degrés... Nos malheureux soldats en souffrirent d'autant plus cruellement qu'ils étaient réellement épuisés par les fatigues excessives des jours précédents, par la privation de sommeil et le manque de nourriture substantielle. Depuis trois jours, il avait été impossible, sur bien des points, de faire cuire des aliments ; les hommes, généralement, n'avaient mangé que du pain ou du biscuit, un très-petit nombre avait pu prendre le café ou quelques grillades de chair de cheval enlevée sur les animaux qui couvraient le champ de bataille...

Les chefs étaient en proie aux anxiétés les plus poignantes... quelques-uns cherchaient encore à se faire illusion sur l'arrivée probable de l'armée de la Loire, et, par suite, sur la possibilité de reprendre l'offensive ; mais le plus grand nombre n'entrevoyant que trop bien la triste réalité, se disait que l'on pourrait tout au

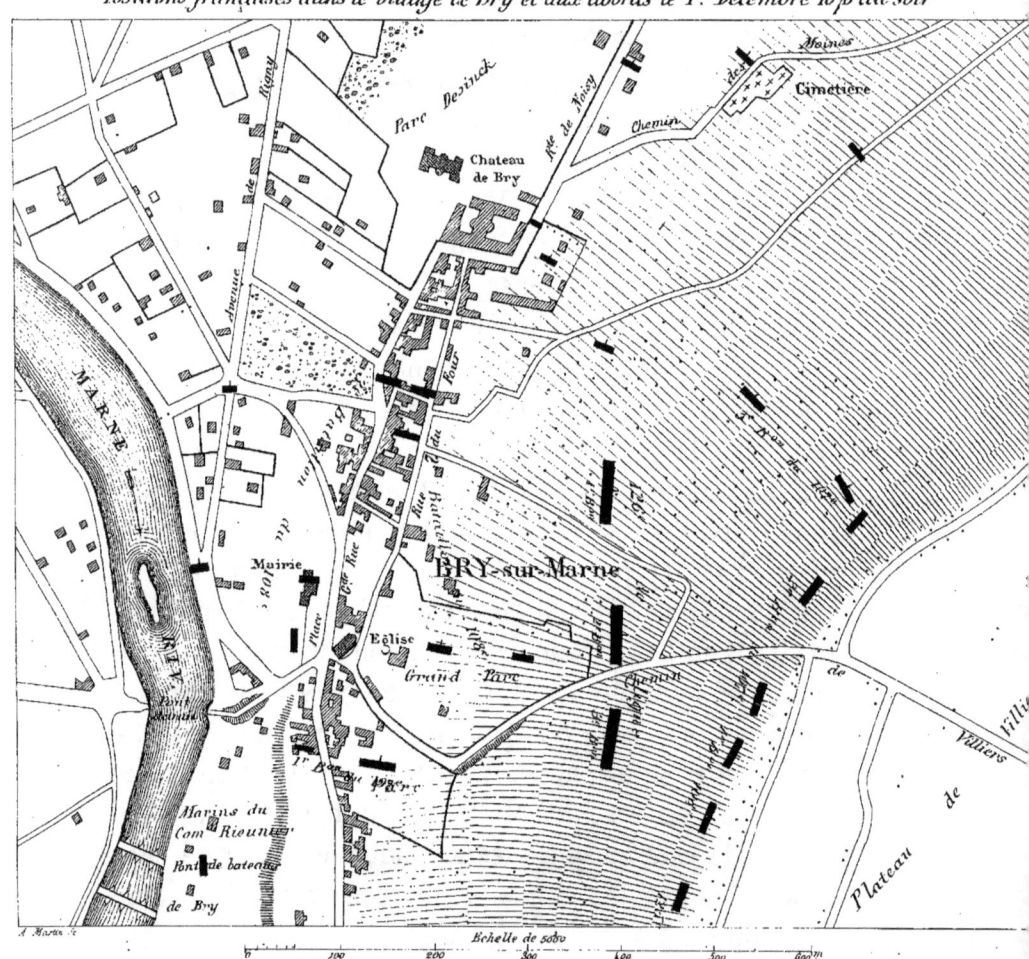

*Positions françaises dans le village de Bry et aux abords le 1er Décembre 1870 au soir*

plus se maintenir sur ces positions si chèrement achetées, et dont la possession, somme toute, n'améliorait en rien notre situation... Elle l'aggravait, au contraire, car elle immobilisait sans profit la plus nombreuse et la meilleure partie de l'armée active.

Le Gouverneur avait résumé ce fatal état de choses dans une phrase relatée plus haut : « Dans tous les « cas, il faut continuer énergiquement la défense de nos « positions... »

En dehors de cela, aucun plan nouveau, aucune instruction sur la suite à donner aux opérations... C'est qu'en effet, il n'y avait rien à entreprendre, rien à faire, si ce n'est lutter passivement; personne ne le disait encore, mais tout le monde le comprenait ou le sentait!

Néanmoins, les efforts les plus énergiques avaient été faits pour remettre toute l'armée dans le meilleur état possible, personnel, matériel, approvisionnement, et dès le matin du 2 décembre, nous étions en mesure de recommencer la lutte, sinon offensivement, du moins défensivement.

# DÉFENSE DE PARIS

# PIÈCES JUSTIFICATIVES

# DÉFENSE DE PARIS

# PIÈCES JUSTIFICATIVES

I

**Rapport du général de Bellemare sur la prise du Bourget
(28 octobre 1870).**

Saint-Denis, 28 octobre 1870.

Monsieur le Gouverneur,

J'ai l'honneur de vous adresser le rapport sur l'occupation du Bourget, exécutée aujourd'hui par une partie des troupes sous mon commandement.

Voulant utiliser le corps des francs-tireurs de la Presse, dont le service était devenu inutile à la Courneuve, par suite des progrès de l'inondation du Crould, j'ordonnai, hier soir, au commandant des francs-tireurs, de faire, sur les avant-postes ennemis établis au Bourget, une attaque de nuit; je lui en indiquai les principales dispositions, et je fis prévenir les grand'gardes établies en avant du fort d'Aubervilliers et de la Courneuve, de prendre les armes, à 3 heures du matin, pour soutenir et appuyer le mouvement.

A l'heure prescrite, il fut exécuté, avec autant de vigueur que de précision, par les francs-tireurs sous les ordres du commandant Rolland. Sans tirer un coup de fusil, ils abordèrent les postes prussiens, qui fuirent en désordre, abandonnant, la plupart, leurs sacs et leurs casques. Ils continuèrent à s'avancer dans le village, repoussant l'ennemi de maison en maison, jusqu'à l'église, où ce dernier était établi plus solidement.

C'est alors que je les fis soutenir par une partie du 34ᵉ de marche et le 14ᵉ bataillon de la mobile de la Seine ; j'y envoyai en même temps le colonel Lavoignet, commandant la 1ʳᵉ brigade, pour prendre le commandement, avec ordre de s'emparer du village et de s'y établir solidement.

Je faisais appuyer l'infanterie par une section de deux pièces de 4 et une mitrailleuse, et j'établissais deux pièces de 12 en avant de la Courneuve, pour prendre l'ennemi en flanc.

A 11 heures, je me transportai de ma personne au Bourget, et j'y arrivais ou moment où nous en étions complétement maîtres ; je m'étais fait suivre d'une forte réserve, composée du 16ᵉ bataillon de la mobile de la Seine et d'un demi-bataillon du 28ᵉ de marche.

Vers midi, l'ennemi démasqua deux batteries de position au Pont-Iblon, et fit avancer deux batteries de campagne sur la route de Dugny au Bourget, qui ne cessèrent, sauf à de rares intervalles, jusqu'à près de cinq heures, de tirer sur le village, dont ils incendièrent quelques maisons.

Je fis retirer mon artillerie, qui ne pouvait lutter avec celle de l'ennemi, trop supérieure en nombre. Nos troupes restèrent dans leurs positions, quoique recevant pour la première fois ce feu formidable, et je n'ai qu'à me louer de leur sang-froid et de leur énergie.

Pendant ce temps, les sapeurs du génie faisaient les communications, crénelaient les maisons et rétablissaient les barricades.

Vers six heures, j'ai fait relever, par des troupes fraîches, celles engagées depuis le matin, afin de les faire réparer et manger la soupe. On travailla toute la nuit pour rendre la position aussi défensive que possible.

La prise du Bourget audacieusement attaqué, vigoureusement soutenue, malgré la nombreuse artillerie de l'ennemi, est une opération peu importante en elle-même ; mais elle donne la preuve que, même sans artillerie, nos jeunes troupes peuvent et doivent rester sous le feu, plus terrifiant que véritablement meurtrier, de l'ennemi.

Elle élargit le cercle de notre occupation au delà des forts, donne de la confiance à nos soldats, et augmente les ressources en légumes pour la population parisienne.

Nos pertes, que je ne connais pas encore exactement, sont minimes (tout au plus une vingtaine de blessés et quatre ou cinq tués).

Nous avons fait quelques prisonniers.

Quand j'aurai reçu les rapports des chefs de corps, et que je les aurai vérifiés avec soin, j'aurai l'honneur de vous envoyer les noms des officiers et soldats qui se sont particulièrement distingués.

Veuillez agréer, etc.

*Le Général commandant supérieur,*

DE BELLEMARE.

---

## II

**Extrait des** *Opérations du corps de génie allemand.....* **par Gœtze, capitaine du génie prussien.**

..... Le commandant de l'armée de la Meuse voyait un grand inconvénient à laisser les Français au Bourget, car nous n'avions pas d'autre poste d'observation en avant de la longue ligne d'investissement comprise entre Aulnay et Dugny, et, d'un autre côté, il était à craindre qu'une fois en possession définitive du village, l'ennemi n'y établît des batteries de gros calibre pour menacer notre position tout entière le long de l'inondation.

En conséquence, ordre fut donné à la 2ᵉ division d'infanterie de la garde d'assaillir le Bourget le 30 octobre au matin, sur trois colonnes partant de Dugny, de Pont-Iblon et de Blanc-Mesnil, après que l'attaque aurait été préparée par 5 batteries postées sur ces derniers points.

Après une demi-heure de canonnade, les trois colonnes s'ébranlèrent; la colonne principale, composée de 4 bataillons et de la 2ᵉ compagnie de pionniers de la garde, marchant de Pont-Iblon sur la lisière nord du village; la colonne de droite (2 bataillons), de Dugny sur la lisière ouest; pendant que la colonne de gauche (2 bataillons), qui avait déjà franchi le Moleret, abordait le village par le sud.

Les trois colonnes, accueillies d'abord par une canonnade des plus violentes, partant des forts et d'une batterie de campagne, puis par des feux de mousqueterie, arrivèrent en même temps devant le village.

Celle de gauche y pénétra la première, en s'emparant de la gare vers 9 heures; il fallut une lutte assez longue à la colonne du centre pour chasser l'ennemi de la lisière nord, dont les murs, extrêmement solides, étaient partout crénelés. La colonne de droite entrait à peu près en même temps dans le village. Alors commença un combat des plus acharnés : il fallut enlever les maisons l'une après l'autre.

Ce n'est qu'à midi et demi qu'on fut complétement maître du Bourget. L'ennemi le cribla aussitôt d'obus, en faisant en même temps des démonstrations sur le front de la 1re division d'infanterie de la garde ; mais ses attaques furent partout repoussées par nos avant-postes.

On entreprit immédiatement la mise en état de défense du village, et l'on y laissa à demeure un bataillon.

Le Bourget une fois repris par la 2e division d'infanterie de la garde, on fit une question d'honneur de la conservation de ce poste.

III

**Extrait de** *Mode d'attaque de l'infanterie prussienne*, **dans la campagne 1870-1871, par le duc Guillaume de Wurtemberg.**

..... Les combats de la première période de 1870 nous présentèrent la preuve irréfutable que l'attaque en ligne des colonnes en terrain découvert était un sacrifice d'hommes inutile.

Mais on ne pouvait pas non plus proscrire complétement l'attaque en terrain découvert, et arriver au but par l'emploi exclusif des mouvements tournants, qui sont souvent impossibles dans les grandes batailles.

Il fallut donc trouver une nouvelle formation d'attaque. Elle fut réglée par le commandant de la garde et du 3e corps, et appliquée avec succès au Bourget.

A la prise du Bourget (au nord du fort d'Aubervilliers, près de Paris), le 30 octobre 1870, la garde se trouva en position d'essayer la nouvelle manière de combattre. — Je veux peindre, le plus succinctement possible, ce combat et le mode d'action, auquel on pourrait, du reste, trouver quelque ressemblance avec le système dont M. le général major, baron Mondel, fit l'application à une manœuvre d'automne de 1869, au mont Dachlowitz.

Le Bourget est un long village, dont les jardins sont entourés de murs hauts, longs et directs, qui se coupent à angle droit, et qui avaient été organisés défensivement au moyen de créneaux et de mouvements de terre. Les avenues étaient barricadées.

L'attaque fut menée de trois côtés à la fois, qui sont Blanc-Mesnil, Dugny et le milieu de la chaussée.

Les deux colonnes de flanc envoyèrent en avant des pelotons de tirailleurs, qui gagnèrent du terrain à la course, puis se jetèrent à terre. Derrière, suivaient, également au pas de course, les réserves et soutiens divisés en petits groupes. Lorsque ceux-ci se furent couchés pour reprendre haleine, les tirailleurs se mirent de nouveau à courir, et, simultanément, appuyèrent vers les côtés extérieurs; à bonne distance de tir, ils se recouchèrent et commencèrent alors le feu contre l'ennemi.

Les vides formés par cette marche oblique furent remplis par des lignes de pelotons; les ailes s'allongeaient en même temps par l'arrivée en échelons de compagnies isolées, mais toujours en ordre déployé, de sorte que l'attaque concentrique, qui serait peut-être devenue plus profonde en se rapprochant, resta toujours en mesure de déborder la ligne ennemie. Les détachements dispersés se servaient de chaque abri qui se présentait pour se réunir et se reformer. C'est ainsi que devant le flanc nord-est, une rangée de tas de fumier, restés dans les champs, servit de lieu de rassemblement à toute une compagnie, qui ouvrit de là un feu destructeur contre les sorties de l'ennemi. De l'autre côté, l'escarpement du ruisseau le Moleret offrit quelque abri, qu'occupèrent aussitôt plusieurs compagnies massées, pour s'opposer à une contre-attaque dirigée de Drancy.

Le mécanisme de l'attaque consistait principalement dans le passage rapide de l'ordre déployé à l'ordre concentré : dès qu'il se présentait aux lignes de pelotons à grands intervalles le moindre abri permettant un rassemblement du rang ou de la compagnie... on s'y précipitait... alors ces abris avaient l'aspect agité de fourmilières.

L'aile droite était restée en arrière, le centre ne s'était pas suffisamment déployé, et s'assujettissait trop à la formation habituelle, les pertes étaient énormes. Mais l'aile gauche, s'avançant en lignes d'attaque longues et minces, sous le lieutenant-colonel comte Waldersee, réussit à exécuter une charge en tirailleurs jusque sous les murs des jardins, à faire cesser le feu qui en partait, et à pénétrer de côté et par derrière dans le village.

Les défenseurs cédèrent alors. Le général Budritzki put arriver de loin et entrer à son tour, pendant que la colonne de droite parvenait, sans de trop grandes pertes, à atteindre l'entrée de derrière.

L'attaque en ordre déployé, soutenue par des tirailleurs, fut adoptée depuis comme seul mode d'offensive en terrain découvert, et l'on défendit sévèrement de présenter, à moins de 2,000 pas, des divisions massées au feu de l'ennemi.

## IV

### Extrait des procès-verbaux du Gouvernement de la Défense nationale.

Jeudi 27 octobre (10 h. 1/4 du soir).

M. Jules Favre lit et fait approuver une note par laquelle il réfute et dément la nouvelle calomnieuse donnée par le *Combat*, à l'égard de la reddition projetée par le maréchal Bazaine.

M. Jules Ferry déclare que ces bruits viennent de Versailles, car des membres de la Société de secours aux blessés y ont entendu dire que Bazaine avait consenti à rendre Metz, à la condition qu'on le laissât passer en Algérie avec toute son armée. C'est là, dit-il, un bruit absurde qui se réfute de lui-même.

---

## V

### Extrait de la déposition de M. de Legge, commandant le 3ᵉ bataillon de garde mobile du Finistère, dans l'enquête parlementaire sur les actes du Gouvernement de la Défense nationale.

..... Le 31 octobre, nous fûmes consignés par ordre du général de Beaufort. Nous vîmes passer toute la manifestation; presque toute la garde nationale de Paris avait envoyé des députations, la crosse en l'air, depuis onze heures du matin jusqu'à six heures du soir.

Vers trois heures, Rochefort quitta l'Hôtel-de-Ville. Nous le vîmes sortir par une porte de derrière, accompagné de deux ou trois personnes. Quelques instants après, les trois compagnies du bataillon des mobiles de l'Indre, qui gardaient l'Hôtel-de-Ville, rentraient en désordre à la caserne Napoléon. Elles avaient été culbutées par les envahisseurs; l'Hôtel-de-Ville était pris.

Un des derniers était revenu, c'était le commandant Dauvergne, tout sanglant, la barbe arrachée par places, l'uniforme en lambeaux. Le capitaine Lejeune, arraché à grand'peine à une foule furieuse qui le maltraitait sur la place de Grève, nous était rendu dans le même état. L'adjudant du bataillon était resté entre les mains des émeutiers.

Je fis prendre les dispositions nécessaires pour être prêt à tout événement, et j'attendis.

Le soir, à six heures, un officier, M. Burgues, vint me demander l'autorisation de pénétrer dans l'Hôtel-de-Ville par les souterrains; il était envoyé, me disait-il, par le général Schmitz au secours du général Trochu; il se disait major des francs-tireurs Lafon et Mocquart. Ne sachant au juste à quoi m'en tenir, je lui répondis qu'il n'y avait pas de souterrains communiquant avec l'Hôtel-de-Ville, et que, d'ailleurs, comme il n'avait pas d'ordre écrit, je ne pourrais même pas l'aider à y entrer par la porte. Il s'en retourna, et revint, quelques instants après, porteur d'un mot du général Schmitz. Je le fis accompagner par un officier, qui l'introduisit dans l'Hôtel-de-Ville. Quelques heures plus tard, un capitaine, attaché à l'état-major du général Trochu, vint me demander si je pouvais essayer de délivrer les membres du Gouvernement provisoire, qui étaient retenus prisonniers à l'Hôtel-de-Ville. Je fis prendre les armes à mon bataillon, et nous allions entrer dans les souterrains, quand il revint me dire que le général Trochu était libre; il avait pu s'échapper vers huit heures moins un quart; il nous ordonnait d'attendre ses ordres.

Je fis rentrer mon bataillon; puis, comme ces ordres n'arrivaient pas, et que la situation s'aggravait, je pris le parti de les aller chercher.

Vers neuf heures, accompagné du capitaine de Mauduit, parent du général Le Flô, je me rendis au ministère de la guerre, que nous trouvâmes défendu par un garde national qui fumait sa pipe à la porte. Les aides de camp étaient ou malades ou à la recherche de leur ministre. Il n'y avait, à l'intérieur, que madame et mademoiselle Le Flô, qui étaient fort inquiètes et désireuses d'avoir des nouvelles, l'une de son mari, l'autre de son père. Je leur proposai de les conduire au Gouvernement, elles acceptèrent. Je fis avancer un coupé du ministère, et nous pûmes parvenir jusqu'au Louvre, mais non sans peine. Nous fûmes arrêtés plus d'une fois en route. Il était près de dix heures quand nous arrivâmes au Louvre. Madame Trochu reçut ces dames, et j'allai demander des ordres au gouverneur de Paris, qui me renvoya au général Schmitz. Celui-ci me dit de retourner à mon poste, et de me conformer aux ordres que j'allais y recevoir. Nous prévînmes madame Le Flô, qui nous pria de la reconduire au ministère de la guerre. Nous revînmes, M. Mauduit et moi, par les quais de la rive gauche, occupés par une foule compacte de gardes nationaux. En rentrant, je trouvai un ordre du général Schmitz, qui m'enjoignait de rester dans la caserne Napoléon; *la garde nationale seule devait faire justice de ce mouvement.* Ce sont les termes mêmes de l'ordre, dont j'ai gardé l'original; le voici :

« L'ordre du Gouverneur est de rentrer dans les casernes, *en
« ce qui concerne la garde nationale mobile.* Tenez vos hommes
« bien réunis. Le Gouverneur veut que ce soit la garde nationale
« *sédentaire* qui fasse justice du mouvement.

« 31 octobre, — huit heures et demie.

« *Signé* : Schmitz. »

Cet ordre était daté de huit heures et demie, mais je ne l'ai eu qu'entre dix et onze heures.

Vers minuit, nouvel ordre, au commandant Dauvergne et à moi, de faire sortir nos bataillons, et de les former en bataille sur la place Lobau, de façon à fermer le carré que les bataillons de l'ordre formeraient autour de l'Hôtel-de-Ville.

Mon bataillon placé, je parcourus les rangs de ces gardes nationaux qui appartenaient aux quartiers conservateurs de Paris. Je les trouvai bien disposés pour le Gouvernement, mais un peu irrésolus, répugnant à l'idée d'une lutte sanglante entre Français quand l'ennemi était aux portes. De plus, il n'y avait là aucun officier général pour commander cette foule d'honnêtes gens. Il me parut évident que ces bataillons, placés au hasard, ne comptant pas complétement les uns sur les autres, étaient incapables de concourir à une action commune. Dans les circonstances où nous nous trouvions, le courage individuel ne suffit pas; il ne peut tenir lieu de la cohésion et de l'unité du commandement, conditions rigoureuses du succès.

Je crus que la situation m'imposait des devoirs supérieurs à des instructions données de loin; je pris le parti de violer la lettre des ordres que j'avais reçus.

Ma 6ᵉ et ma 7ᵉ compagnie, capitaines de Mauduit et de Livaudais, se trouvaient en face de la porte de la caserne; je les fis rentrer, et je pénétrai à leur tête dans le souterrain de communication avec l'Hôtel-de-Ville, laissant le reste de mon bataillon, suffisant pour former le carré, sous les ordres de mon adjudant-major.

Je ne me dissimulais ni la responsabilité que j'encourais, ni les dangers que les hommes allaient affronter dans l'Hôtel, occupé par des forces relativement considérables; mais je croyais, en conscience, employer le seul moyen de prévenir de grands malheurs.

Je dois cependant ajouter que cette responsabilité m'était rendue facile à accepter, par la confiance que j'avais dans la bravoure et l'énergie de mon bataillon. Avec des hommes comme ceux que j'avais l'honneur de commander, rien n'était impossible. Pendant les six semaines que nous venions de passer aux avant-postes de Bondy, tous, officiers et soldats, m'en avaient donné assez de preuves.

En arrivant dans les couloirs, nous trouvâmes un poste de 25 à 30 gardes nationaux, qui se trouvèrent surpris et désarmés avant d'avoir eu le temps de se reconnaître. Cependant, la colonne avançait toujours, sans trop savoir où elle allait. Elle avait pris un escalier qui devait la conduire dans la cour du Préfet; mais quand je revins pour me mettre à sa tête, je la trouvai arrêtée devant une porte fermée. Par une vigoureuse poussée, nous l'enfonçâmes en un instant, et nous tombâmes au beau milieu des insurgés.

La cour était tellement remplie que, lorsque notre élan nous y eut fait pénétrer, nous nous trouvâmes resserrés de tous côtés. S'apercevant de notre petit nombre, ils commencèrent à nous crier : « Crosse en l'air. » En breton, je dis à mes hommes : « Baïonnette dans le ventre, et tue! » A l'instant même, ils croisèrent la baïonnette et se lancèrent en avant. On nous fit place ; je pus m'emparer des portes de la cuisine et du vestibule de la salle Saint-Jean ; nous occupions le côté est de la cour du Préfet; notre droite et notre gauche étaient suffisamment appuyées; on ne pouvait ni nous prendre en flanc, ni nous tourner.

La cour s'était vidée : les émeutiers, massés dans la galerie vitrée qui fait face au porche où débouche le souterrain, improvisaient des barricades avec des meubles et des débris de portes, d'autres nous couchaient en joue par les fenêtres du premier étage. Les deux compagnies dont je disposais, suffisantes pour tenir l'ennemi en respect, ne l'étaient plus pour prendre l'offensive, ni même pour résister à une attaque sérieuse. Je fis venir le reste de mon bataillon, que suivit, sur ma demande, le bataillon de l'Indre, le commandant Dauvergne en tête.

Alors nous prenons l'offensive, et nous enlevons rapidement le rez-de-chaussée à la baïonnette, en dépit d'un semblant de résistance bientôt évanoui devant l'élan de nos hommes. Les nombreux défenseurs de la galerie vitrée, attaqués de face et de dos, s'enfuirent par le corridor des cuisines.

Nous allions continuer le mouvement et enlever les escaliers, lorsque le ministre de la guerre, conduit par un capitaine de la garde nationale, M. Kergall, accourt à notre rencontre, fait relever les baïonnettes, et nous défend de nous porter plus avant.

Les instructions étaient : nous emparer des portes faisant face à la caserne Napoléon et à la caserne Lobau, — chose faite en partie, — nous maintenir dans les positions conquises ; et attendre les ordres qu'il nous enverrait après s'être rendu compte de la situation extérieure. « Une attaque immédiate, me dit le général, aurait sérieusement mis en danger la vie des membres du Gouvernement restés prisonniers de l'émeute. »

Il était environ minuit et demi ; le ministre demanda à être conduit au Gouvernement ; je le fis accompagner par un officier, M. le capitaine de Mauduit.

Pendant ce temps-là, nous nous occupions à désarmer les prisonniers ; nous avions pris, dans l'espace d'une demi-heure, plus de 280 gardes nationaux. Je les faisais descendre dans les caves au fur et à mesure qu'ils étaient désarmés ; on les maltraitait bien un peu, mais ils n'avaient que ce qu'ils méritaient.

## VI

**Extrait de la déposition du commandant de Legge, dans l'enquête parlementaire sur les actes du Gouvernement de la Défense nationale.**

..... Le général Le Flô revint vers 1 heure et demie, et me donna l'ordre d'ouvrir la porte pour laisser entrer la garde nationale ; jusque-là, nous étions restés seuls dans l'Hôtel-de-Ville. J'ouvris la porte ; mes hommes formaient la haie sous la voûte et dans la cour. Je laissai entrer M. Jules Ferry, deux compagnies environ du 106e bataillon et une du 17e.

La porte refermée, ces compagnies, M. Jules Ferry en tête, s'engagèrent dans la galerie vitrée, et montèrent vers la salle du Conseil, tandis que, en exécution des ordres de MM. Ferry et Le Flô, nous nous tenions prêts à les soutenir.

Après quelques minutes d'attente, un officier du 106e vint me demander quelques hommes pour entraîner ses gardes nationaux, chez lesquels il craignait un moment d'hésitation, quand il leur faudrait frapper des gens revêtus du même uniforme que le leur.

Ma 5e compagnie passa entre leurs rangs, qu'ils ouvrirent, prit la tête, et, baïonnette croisée, acheva de gravir l'escalier, culbutant les émeutiers. Mes hommes arrivèrent ainsi jusqu'à la porte de la salle du Conseil, mais là, ils s'arrêtèrent, conformément à leur consigne, ouvrirent les rangs à leur tour, et laissèrent entrer les premiers les gardes nationaux qui les avaient secondés avec beaucoup d'élan.

Peu de temps après, nous vîmes descendre les membres du Gouvernement. Le général Trochu passait en ce moment devant la porte Lobau; nous entendîmes battre aux champs, je fis présenter les armes, de sorte que tout le monde sortit avec les honneurs de la guerre.

## VI bis.

### Enquête parlementaire sur les actes du Gouvernement de la Défense nationale.

#### DÉPOSITION DE M. DE CRISENOY.

M. J. DE CRISENOY. — Le 31 octobre, nous avons été convoqués, à 4 heures de l'après-midi, sur un ordre de l'état-major. Nous nous sommes rendus à notre lieu habituel de réunion, puis à l'état-major, place Vendôme. Il commençait à faire nuit quand nous y arrivâmes, et nous ne trouvâmes plus que le colonel Baudoin de Mortemart, dont j'allai prendre les ordres. Au bout d'une demi-heure environ, il m'exposa ainsi la situation : « Tous les membres du Gouvernement, excepté M. Picard, sont prisonniers à l'Hôtel-de-Ville; nous n'avons aucun détail bien précis; nous n'avons pas de chef qui puisse prendre le commandement. Allez donc à l'Hôtel-de-Ville, où, paraît-il, il n'y a pas encore grand monde, et où il règne un grand désordre. Tâchez d'y pénétrer comme vous le pourrez, de mettre à la porte le Gouvernement de la Commune, et de délivrer celui de la Défense nationale et le général Tamisier, qui y sont retenus prisonniers. »

J'étais assez embarrassé; je n'avais guère plus de 500 hommes, et très-peu de cartouches; je ne connaissais pas l'Hôtel-de Ville, et je ne savais pas où entrer. Néanmoins, comme il fallait agir au plus vite, je me mis en route. En passant devant l'hôtel du Gouverneur de Paris, j'entrai pour prendre des renseignements. Le général Trochu n'avait pas reparu, mais je vis le général Schmitz, auquel je fis connaître ma mission. Sur ces entrefaites, une personne qui venait de s'échapper de l'Hôtel-de-Ville nous raconta que les membres du Gouvernement étaient couchés en joue par les insurgés, et qu'en pénétrant de vive force on risquait de les faire fusiller. Cette terrible situation commandait donc une grande prudence.

Un instant après, survint un secrétaire de M. Jules Favre, M. Milliard, affirmant que, dans certains moments, les membres du Gouvernement étaient en effet menacés, mais qu'il y avait beaucoup de désarroi parmi les envahisseurs. En saisissant l'occasion, on pouvait, selon lui, tenter quelque chose, et il s'offrit à me conduire, ce que j'acceptai avec empressement. Je demandai au général Schmitz de m'adjoindre quelques troupes de mobiles; il refusa, alléguant que M. Picard, seul membre du Gouvernement qui ne fût pas prisonnier, avait seul le droit de donner des ordres de cette nature. Comme j'insistais, il m'engagea à faire entrer ma troupe dans la caserne qui est derrière l'Hôtel-de-Ville, et ensuite, par le souterrain qui communique avec l'intérieur, en me faisant ouvrir le passage par le commandant des mobiles de l'Indre, qui occupaient la caserne. Le général Schmitz me donna un ordre écrit à cet effet; mais au moment où je partais il me reprit cet ordre, en me disant qu'il préférait l'envoyer directement.

Je partis immédiatement, guidé par M. Milliard. Il faisait nuit close et il pleuvait à verse. Je fis un grand détour par le pont Louis-Philippe, afin d'arriver par derrière l'Hôtel-de-Ville. Au moment où je débouchais sur la place, un peloton sortait de la porte, clairons en tête. Le bruit courut que c'était le général Trochu qui venait d'être délivré et qui s'en allait. Je m'approchai de la porte qu'on était en train de refermer, et je demandai à entrer. On refusa. J'insistai, disant que l'Hôtel-de-Ville était occupé par des gardes nationaux, et que nous avions aussi bien qu'eux le droit d'y pénétrer. Pendant cette discussion, la porte tendait toujours à se refermer; une poussée énergique la fit céder, et nous entrâmes dans la cour la plus proche de la Seine. Là, je trouvai M. Charles Ferry; il m'annonça le départ du général Trochu, mais les autres membres du Gouvernement étaient toujours en haut, et il s'agissait de les délivrer.

Nous montâmes sans trop de résistance, et nous arrivâmes dans une pièce à peu près grande comme celle-ci, située entre deux salons. Dans l'un, se trouvaient Blanqui, Flourens, avec tous les membres prisonniers du Gouvernement de la Défense nationale. Dans l'autre, dont la porte n'était que moitié fermée, se tenait Tibaldi avec les autres membres du Gouvernement de la Commune. La pièce intermédiaire dont je parle était remplie de volontaires de Flourens. Je résolus de l'occuper, afin d'intercepter toute communication entre Flourens et Blanqui d'une part, Tibaldi et la Commune de l'autre. J'y fis donc masser mes carabiniers et une partie de la 2e compagnie, et je plaçai deux factionnaires à chaque porte, avec ordre de ne laisser passer personne.

Les volontaires de Flourens ne se rendaient nullement compte de la situation; ils nous regardaient faire, et non-seulement ils ne s'opposaient pas à mes dispositions, mais la plupart s'en allèrent sans difficulté, lorsque je leur dis que nous n'avions pas besoin d'eux.

J'avais toujours avec moi M. Charles Ferry; il montra dans cette circonstance beaucoup de sang-froid et d'énergie, el me fut très-utile.

Les deux sections de la Commune, ignorant encore que le salon était occupé par nous, se transmettaient des ordres que nous déchirions. La porte de droite était confiée à la garde de MM. de Chabrol, aujourd'hui membre de l'Assemblée nationale, de Bréville et de Baulny. Ces messieurs trouvèrent le moyen de se faire aider dans cette tâche par les volontaires de Flourens eux-mêmes. L'un de ces volontaires refusa le passage à Tibaldi, qui faisait valoir son titre de membre de la Commune. « Je suis un ancien militaire, répondait le volontaire; je sais ce que c'est que la consigne, et je viens d'entendre donner l'ordre de ne laisser passer personne. Citoyen, ajoutait-il en se tournant vers M. de Bréville, je vous donnerai un coup de main, s'il le faut. »

Pendant une heure, les choses se passèrent assez tranquillement. Mais alors on s'aperçut, dans les deux salles, que les communications étaient coupées. Plusieurs membres de la Commune voulurent se rendre compte de la situation et essayèrent de passer, mais inutilement. Nous parvînmes même à fermer tout à fait la porte de droite, dont un battant était resté ouvert. M. de Chabrol l'attacha avec la bretelle de son fusil. Les insurgés crièrent alors:

« Aux revolvers! » et un grand mouvement se fit entendre dans leur salle. Blanqui et Flourens sortirent de la salle de gauche pour se rendre compte de ce qui se passait, et parvinrent peu à peu à se frayer un chemin. Aucun de mes hommes ne les connaissait, mais quant à moi, j'avais vu Blanqui peu de temps auparavant, dans une réunion de chefs de bataillon; à force de pousser, il arriva jusqu'au milieu de la salle occupée, moitié par ses tirailleurs, moitié par nous. Quand je le vis suffisamment entouré par mes hommes, je mis la main dessus, en disant: « Empoignez-moi le citoyen Blanqui! » Immédiatement mes carabiniers se précipitèrent sur lui; les volontaires de Flourens, de leur côté, voulaient le retenir. Mes hommes, qui étaient les plus nombreux, finirent par avoir le dessus, et emmenèrent leur prisonnier. Flourens, qui était à côté de Blanqui, ne bougea pas, ne souffla mot, ni pour le défendre ni pour appeler ses tirailleurs.

Quelque temps après, il se retira. Je ne pouvais l'arrêter, d'abord parce qu'il était au milieu de ses propres volontaires, et surtout parce qu'il était là en sa qualité de chef de bataillon, tandis que Blanqui ne l'était plus, quoiqu'il continuât d'en porter les galons. Il avait été destitué quelques jours auparavant par son propre bataillon.

M. le comte DE DURFORT DE CIVRAC. — Est-ce que Blanqui ne fit aucune protestation en se voyant arrêté?

M. J. DE CRISENOY. — Il se débattit vivement, et chercha à se tirer des mains de mes hommes. Ce fut alors que les tirailleurs voulurent le délivrer. Mais on l'emporta, et je le fis garder dans une pièce voisine. Cependant le bruit de son arrestation s'était promptement répandu, et Tibaldi avait eu le temps de se préparer. Nous entendîmes qu'on enfonçait la porte à coups de hache; elle tomba au bout d'un instant, et nous vîmes une soixantaine de chassepots dirigés sur nous. Quelques insurgés étaient debout sur une table; d'autres étaient à genoux. Immédiatement mes hommes armèrent leurs fusils, dont la plupart cependant n'étaient pas chargés. Cela fit bon effet. Il y eut un moment de silence. Un de mes officiers, qui se tenait auprès de moi, s'écria alors:

« A bas les Prussiens! La crosse en l'air! »

Ces mots produisirent un effet magique: tous les fusils se redressèrent. On voyait bien que la plupart des gens qui se trouvaient, ce jour-là, avec le parti de la Commune n'étaient pas des émeutiers de profession. On aurait dit qu'ils avaient peur de leurs propres fusils; en tout cas, ils ne désiraient pas s'en servir.

Ceci, du reste, m'a été confirmé par un de mes capitaines, qui, s'étant précipité trop vivement dans l'une des salles, y avait été fait prisonnier, et y était resté deux heures à côté de M. Jules Favre. « Toutes les fois, m'a-t-il dit, qu'on leur commandait de mettre en joue les prisonniers, ils le faisaient avec une grande hésitation. »

Cependant le moment de répit que nous avions obtenu ne fut pas de longue durée. Les Tibaldiens de la bande tirèrent leurs sabres et leurs revolvers, et se jetèrent sur nous. Nous criâmes de nouveau: « Les sabres aux fourreaux! Vive la République! A bas les Prussiens! » Il se fit encore un temps d'arrêt pendant lequel Tibaldi s'était avancé dans notre salle. Je le fis saisir et je l'envoyai rejoindre Blanqui.

A partir de ce moment, la situation devint très-difficile. Sept ou huit fois, on nous avait couchés en joue; un coup de fusil avait été tiré, et d'un moment à l'autre la fusillade pouvait commencer. Or, la fusillade, dans la situation où nous nous trouvions, ne pouvait produire rien de bon. Le général Trochu était en liberté depuis plus de trois heures; pendant ce temps nous avions tenu le Gouvernement bloqué; et les bataillons de l'ordre, ainsi que les troupes, avaient eu le temps de se réunir et de cerner l'Hôtel-de-Ville; nous ne pouvions plus rien faire d'utile, et le mieux était de nous en aller avec nos prisonniers. M. Charles Ferry partagea cette opinion et se chargea avec mon adjudant-major d'emmener Blanqui et Tibaldi. Je devais opérer ma retraite après avoir assuré leur départ.

Dès que les prisonniers furent descendus, je me mis, en effet, à rallier mes hommes disséminés en partie au milieu des insurgés. Toute ma crainte était d'en laisser derrière moi. Les tirailleurs de Flourens nous étaient si peu hostiles qu'ils transmettaient mes appels et criaient à tue-tête : « Les carabiniers du 17e ! Votre commandant vous appelle ! » Après avoir fait une dernière ronde dans le petit salon, déjà rempli de volontaires, je descendais l'escalier, lorsque je vis revenir M. Charles Ferry et mon adjudant-major, sur lequel on venait de tirer un coup de revolver, au moment où il voulait sortir.

J'avais cru la porte gardée par le 15e bataillon qui était entré à mon insu dans l'Hôtel de Ville. Mais son commandant, M. de Marcillac, était venu me rejoindre pour m'aider au besoin dans le petit salon; pendant ce temps, son bataillon, peu nombreux, avait dû se concentrer pour ne pas être coupé, et les Tibaldiens s'étaient emparés de la porte.

Ces Tibaldiens étaient beaucoup plus mauvais que les volontaires de Flourens. Ayant reconnu Blanqui au passage, ils avaient attaqué M. Charles Ferry et mon adjudant-major, qui se présentaient sans défiance, croyant avoir affaire à des amis, et dans la bagarre les prisonniers s'étaient esquivés. Il n'y avait pas à songer à les reprendre; je ne savais même pas ce qu'ils étaient devenus. Mon bataillon rassemblé dans la cour, je voulus sortir par la porte donnant sur la place Lobau, mais les mêmes Tibaldiens qui avaient délivré Blanqui, refusèrent d'ouvrir sans un ordre du citoyen Ranvier. La porte était très-massive, fermée à clef, et la clef n'était pas là; il devenait donc inutile d'engager la lutte.

Nous étions là dans la cour, complétement dominés par les galeries qui nous entouraient, et, conséquemment, dans une très-mauvaise situation. Je ne voulais pas y rester. Je me disposai donc à remonter dans les appartements et à faire occuper, coûte que coûte, les galeries d'où l'on pouvait nous atteindre. Je m'aperçus cependant, à force de chercher une issue, que la porte donnant sur la grande place de l'Hôtel-de-Ville n'était pas fermée à clef; je fis jouer l'espagnolette, tout en parlementant avec les Tibaldiens qui interceptaient le passage et refusaient de nous laisser sortir. Sûr que la route était libre de ce côté, je fis masser ma 6ᵉ compagnie, déterminé à enlever la porte. L'opération ne présentait pas de difficulté, mais je n'étais pas sans inquiétude pour les derniers qui sortiraient.

M. Durfort de Civrac. — Quelle heure était-il?

M. de Crisenoy. — Onze heures et demie de soir; nous étions là depuis sept heures.

Sur ces entrefaites, un officier de la garde nationale, un lieutenant du 135ᵉ, je crois, se présenta à moi en me disant : « Commandant, vous demandez la permission de sortir? — Oui! — La voilà! » Et il me présenta un billet sur lequel je lus : « Ordre de laisser passer le 135ᵉ bataillon. Signé : Ranvier. » Je montrai cet ordre aux Tibaldiens qui ne regardèrent que la signature et ouvrirent la porte à deux battants. Je sortis tranquillement avec le 17ᵉ et le 15ᵉ qui avaient partagé notre sort, et M. Charles Ferry.

Les bataillons de la garde nationale arrivaient de tous côtés; la rue de Rivoli en était remplie. Mes hommes n'avaient pas mangé depuis le matin et étaient épuisés de fatigue. Je passai chez le général Trochu, qui m'autorisa à ramener le bataillon dans son quartier.

Ce qui m'a le plus frappé pendant cette soirée, c'est que parmi les troupes, au nombre de 2 ou 3,000 hommes, qui occupaient l'Hôtel-de-Ville, il n'y avait de véritables émeutiers, ayant conscience de ce qu'ils faisaient, que 150 ou 200 Tibaldiens.

Le lendemain du 31 octobre, et surtout après le plébiscite, on peut dire que toute la garde nationale était ralliée au Gouvernement de la Défense nationale qui, j'en ai la conviction, était complétement maître de la situation. J'ai vu des chefs de bataillon des quartiers les plus mauvais qui n'avaient pris aucune part à ce mouvement.

## VII

**Extrait de la déposition du commandant de Legge, dans l'enquête parlementaire sur les actes du Gouvernement de la Défense nationale.**

..... Parmi les insurgés qui sont sortis avec les membres du Gouvernement, il y avait Blanqui et Flourens.

Je remontai dans les appartements vers 3 heures et demie; nous fîmes des perquisitions, et nous trouvâmes beaucoup d'insurgés dans les chambres; vers 4 heures moins un quart, je me rendis dans la salle du Trône, où je trouvai MM. Ferry et Étienne Arago. Je demandai ce que je devais faire de mes prisonniers; M. Ferry me dit : « Il faut les relâcher. — Mais, répondis-je, je les ai pris les armes à la main, et leurs fusils étaient chargés; s'ils n'en ont pas fait usage, c'est qu'ils n'en ont pas eu le temps. » M. Ferry me dit que puisqu'on avait laissé partir les autres, il n'y avait pas de motif pour garder ceux-là.

Cependant, je les gardai; vers 4 heures et demie, il descendit lui-même dans la cour, et me demanda si les prisonniers étaient relâchés. Je répondis qu'ils étaient toujours là; il se rendit lui-même dans la cave, et il me dit, lorsqu'il fut remonté : « Je viens de donner ordre de les relâcher; vous allez les laisser partir par la porte Lobau. »

---

## VIII

**Extrait de la déposition de M. Dauvergne, commandant le 1ᵉʳ bataillon de l'Indre, devant la commission d'enquête, sur les actes du Gouvernement de la Défense nationale.**

..... Au moment où nous allions nous mettre à table, une personne, revêtue d'un costume de garde national et porteur d'un billet du général Schmitz, demandant des ordres au général Trochu, vint me prier de la faire entrer à l'Hôtel-de-Ville pour tâcher d'approcher du général.

Je la fis accompagner par M. le lieutenant Desjeux. Je lui dis qu'il n'avait qu'à nous ramener le général Trochu, et que nous saurions le défendre.

Un certain nombre d'officiers furent envoyés dans le caveau

pour le recevoir à la grille et l'introduire dans la caserne. L'émissaire en question qui ne revint pas par le souterrain, mais bien par l'extérieur de l'Hôtel-de-Ville, dit au commandant de Legge que le général était prisonnier, que les insurgés savaient où était la poudrière, et que, si on tentait de le délivrer, on la ferait sauter.

Nous nous mettions en devoir, le commandant de Legge et moi, de faire irruption dans l'Hôtel-de-Ville par le souterrain, quand nous arriva un capitaine d'infanterie de ligne, porteur d'un ordre du général Schmitz, ordonnant aux deux bataillons de reprendre les armes pour appuyer un mouvement offensif de la garde nationale contre l'Hôtel-de-Ville.

Nous lui fîmes part de notre projet de délivrer le général et tous les membres du Gouvernement provisoire restés aux mains des insurgés. Puis, presque au même instant, on nous apporta la nouvelle que le général était délivré.

Le capitaine de Mauduit était revenu du ministère sans avoir rencontré personne. Le commandant de Legge et lui prirent une voiture et retournèrent au ministère: Le colonel Chevriaux, de son côté, fut retrouver le Gouverneur.

Moi, je restai à la caserne, pour parer aux événements qui pourraient se produire.

De tous côtés on entendait battre le tambour; des cris annonçaient l'arrivée de bataillons.

Après une attente qui nous parut très-longue, et pendant laquelle je fus plusieurs fois au télégraphe pour avoir une réponse à ma dépêche, pendant laquelle aussi revint M. Darnault, vers 11 heures et demie ou minuit moins un quart, nous arriva l'ordre d'appuyer le mouvement offensif de la garde nationale sur l'Hôtel-de-Ville.

Le commandant de Legge et le colonel Chevriaux étaient rentrés. A minuit juste, nous sortions de la caserne. Mon bataillon alla prendre son emplacement derrière les gardes nationaux du quai, tandis que le Finistère allait s'établir du côté de la rue de Rivoli. Pendant cette formation, plusieurs décharges partirent des fenêtres de l'Hôtel-de-Ville.

Le commandant de Legge et moi étions convenus que deux compagnies du Finistère entreraient dans le caveau pour aller attaquer les insurgés dans le milieu de l'Hôtel-de-Ville. M. le lieutenant Desjeux était chargé de les introduire.

Mon bataillon établi, je revendis à sa droite, quand le commandant de Legge me dit : « Mes compagnies engagées sont compro« mises : il faut les soutenir ou les dégager. » J'ordonnai de suite à la 1re compagnie, commandée par le capitaine Lejeune, et à la 2e, commandée par le capitaine Lefévrier, de faire par le flanc droit et de me suivre.

Ne sachant positivement pas ce qui se passait dans l'Hôtel-de-Ville, craignant que les compagnies ne battissent en retraite, et ne voulant pas engager un plus grand nombre d'hommes dans le couloir souterrain, je me disposais à y entrer seul, quand le capitaine de Mauduit vint me faire part de la véritable situation de sa compagnie.

Le capitaine de Mauduit et le capitaine de Livaudais, conduits par le commandant de Legge, étaient entrés dans le souterrain. Le capitaine de Mauduit, qui était à la tête, avait continué à marcher en avant, et avait pénétré dans l'Hôtel-de-Ville avec 30 hommes. Le restant de sa compagnie était demeuré dans le souterrain avec la compagnie Livaudais, le commandant de Legge s'occupant à faire fermer diverses issues et à faire quelques prisonniers.

M. de Mauduit pénétra par la porte vis-à-vis celle des cuisines, s'engagea à gauche dans le couloir qui longe la salle Saint-Jean, monta l'escalier qui conduit à la salle des fêtes, et là seulement, lorsqu'il voulut former ses hommes en bataille, il reconnut qu'il n'était pas suivi de toute sa compagnie. Il envoya immédiatement le sergent Gigoux pour les chercher; mais celui-ci, en y allant, fut saisi, désarmé, et conduit au nouveau Gouvernement.

Après en avoir imposé quelques instants par son attitude énergique, et avoir échangé quelques pourparlers avec un commandant de la garde nationale, voyant que son sergent ne revenait pas, le capitaine de Mauduit prit le parti de redescendre à l'entrée du souterrain qu'il trouva barricadée à son retour. Grâce à ses efforts, auxquels se joignirent, de l'autre côté, le commandant de Legge et le reste des deux compagnies, la porte avait cédé, et les Bretons étaient entrés dans la cour sud-ouest, où ils s'étaient établis immédiatement.

Aussitôt je me fis suivre de mes deux compagnies, et j'arrivai à la porte du souterrain qui est devant les cuisines; — les hommes du Finistère faisaient face auxdites cuisines.

Un officier, dont je ne puis dire le grade, s'écria parmi les insurgés : « Commandant, venez parler à notre commandant! » Mais je n'avais pas encore bougé, que le capitaine Lejeune, me mettant énergiquement la main sur l'épaule, me dit : « Commandant, « nous ne souffrirons pas que vous alliez plus loin! » Au même instant, j'ordonnai aux Bretons de croiser la baïonnette et de faire un mouvement de conversion à droite. La cour fut débloquée; la cour sud-ouest vidée, et les insurgés se massèrent sous la voûte opposée.

J'allais entrer dans les cuisines pour reconnaître ce qu'elles renfermaient, ne voulant pas laisser sur mes derrières un nid d'insurgés, quand j'appris que le général Le Flô venait de se présenter aux Bretons, qui venaient de charger. Je fus à lui, et je lui dis : « Monsieur le Ministre, ordonnez, et cela va être bien » vite chambardé. » Il me répondit : « Commandant, les membres « du Gouvernement sont menacés de mort; vous pouvez, si vous « poussez plus loin, les faire assassiner. Je vous permets seule- « ment de déblayer les portes donnant sur la place Lobau. »

Pendant que, sur l'ordre du ministre de la guerre, on enlevait les barricades que formaient les voitures renversées, nous fai- sions sortir les insurgés qui se trouvaient dans les cuisines; on les faisait passer entre nous, et on les conduisait dans le sou- terrain.

Dans le courant de cette opération, j'avais vu courir des hommes armés qui s'étaient cachés derrière des colonnes, puis réfugiés dans le petit poste de la salle Saint-Jean. Le comman- dant de Legge et moi y entrâmes, suivis d'un certain nombre d'hommes qui avaient la baïonnette croisée. Ils rendirent immé- diatement les armes en nous disant qu'ils étaient des employés de l'octroi. Nous leur fîmes observer qu'au lieu de se cacher, ils auraient dû se joindre à nous, et que, ce faisant, ils n'auraient pas couru le danger qui venait de les menacer.

Ceci fait, je me portai à l'entrée de la salle Saint-Jean, du côté du grand escalier.

Nous cassâmes les carreaux à coups de baïonnettes, et nous vîmes la salle pleine d'insurgés.

Nous ouvrîmes la porte, nous avançâmes quelques pas; ils re- culèrent vers le fond de la salle. Je leur criai : « Bas les armes où vous êtes morts! » Tous rendirent les armes, un à un, pas- sèrent au milieu de nous, et, sur l'ordre que je leur en donnai, mirent le képi à la main. Pendant ce temps-là, le commandant de Legge, avec cinq hommes seulement, désarmait une cinquan- taine d'insurgés massés dans le fond des cuisines (du côté du jardin de M. Haussmann).

Ce désarmement opéré, ayant à mes côtés l'adjudant Baudoin et le sergent-major Cathelineau, nous entrâmes dans la cour des Gendarmes, dite cour du Nord. Elle était pleine d'insurgés armés. Nous les chargeâmes encore. Je leur tins le même langage qu'à ceux de la salle Saint-Jean. Nous les acculâmes sous la voûte où s'était passée la scène de la journée. Un certain nombre ouvrit la petite porte et prit la fuite; d'autres remontèrent par l'escalier où j'étais resté si longtemps en présence de la foule envahissante.

La plupart jetaient leurs armes. C'est là que je trouvai devan moi M. Arago et d'autres membres du Gouvernement que je ne connaissais pas; M. Adam, le préfet de police, était avec eux. Je leur dis : « Messieurs, maintenant il n'y a plus de danger pour « votre vie : laissez-moi faire. »

Ces messieurs paraissaient fort inquiets; ils me dirent que j'allais compromettre la situation, et empêcher l'exécution d'une transaction qui venait de se faire; et non-seulement ils m'empêchèrent de continuer le désarmement, mais encore ils m'ordonnèrent de laisser reprendre les armes aux insurgés.

Je revins alors à la porte de la cour sud-ouest qui donne sur la place Lobau.

Le colonel Chevriaux, sur l'ordre du général Le Flô, fit ouvrir la porte et sortir les voitures. Je fis entrer, sur son ordre, une ou deux compagnies du 106e, et je les conduisis jusqu'au vestibule de la porte opposée. Je les fis immédiatement soutenir par les 3e, 4e et 5e compagnies de mon bataillon, qui allèrent se masser sous la voûte et dans la cour.

Je retournai dans la cour du Nord, j'y retrouvai M. Arago; et, pendant que je causais avec lui, le colonel Chevriaux me dit de prendre un détachement et de monter par l'escalier des bureaux.

M. Chevriaux, moi, le lieutenant Ravisy et l'adjudant Baudoin, nous prîmes la tête du détachement. Nous arrivâmes au second, en face d'une galerie. Nous eûmes beaucoup de peine à ouvrir un des battants d'une grande porte vitrée.

Arrivés dans la galerie, nous aperçûmes des hommes couchés sur la banquette, faisant semblant de dormir; nous les désarmâmes.

Là, nous rencontrâmes M. Hetzel; je le priai, lui qui connaissait les lieux, de vouloir bien nous conduire; il nous répondit qu'il ne devait pas quitter son poste.

Arrivés au bout de la galerie, nous nous arrêtâmes un instant pour nous reconnaître. M. Chevriaux nous ayant quittés momentanément, nous hésitions à entrer par une espèce de porte en tapisserie ou à suivre un couloir.

Enfin, nous prîmes le couloir; nous arrivâmes sur le palier qu se trouve devant la porte nord de la salle du Trône. Les insurgés qui la remplissaient défilèrent devant nous et le colonel qui nous avait rejoints. Sur notre injonction, ils mettaient la crosse en l'air et descendaient l'escalier qui conduit au poste central; de là, sans doute, ils gagnaient la porte de l'Hôtel-de-Ville.

Nous avons continué à parcourir les diverses salles de l'Hôtel-de-Ville et à faire des prisonniers, que nous envoyions rejoindre ceux déjà arrêtés, et qui se trouvaient en assez grand nombre dans les caveaux (250 à 300).

Quand tout cela fut fini, nous apprîmes que lesdits prisonniers avaient été mis en liberté, d'après l'ordre donné par M. J. Ferry au commandant de Legge.

Le 1ᵉʳ novembre, vers 6 heures du matin, l'adjudant Baudoin ayant été s'assurer de l'heure à l'horloge, s'aperçut qu'on avait remplacé le drapeau tricolore par un drapeau rouge surmonté d'un bonnet phrygien. Accompagné du sous-lieutenant Perroy et du chef des cuisines, il monta sur le toit. Là, il s'aperçut que l'étoffe tricolore avait été détachée de la hampe et laissée sur le toit. On avait attaché à la hampe le drapeau rouge, qui est encore en sa possession.

M. Perroy a gardé le bonnet phrygien.

Ces messieurs, en descendant, firent immédiatement prévenir le tapissier de l'Hôtel-de-Ville de rétablir le drapeau tricolore.

Vers 9 heures ou 9 heures et demie, un individu, ignorant sans doute les derniers événements de la nuit, se présenta à la porte des bureaux, gardée par la 6ᵉ compagnie, porteur d'un laisser-passer signé *Blanqui*. — A la vue de cette signature, le capitaine Chertier s'assura aussitôt de sa personne, me l'amena, et nous le conduisîmes ensemble chez le colonel Chevriaux.

Les gardes mobiles et les garçons de bureau présents reconnurent ce personnage comme étant celui qui avait tiré plusieurs coups de revolver sur moi et sur le capitaine Lejeune, et qui, de plus, avait arboré le drapeau rouge dans la nuit.

Interrogé et fouillé, cet individu déclara se nommer Delahaye, employé aux ponts et chaussées, demeurant, 58, rue de l'Amandier. Il avoua hautement avoir arboré le drapeau rouge. On le trouva nanti d'un revolver à six coups chargé, d'une cartouchière contenant vingt-cinq cartouches, et de papiers compromettants que j'ai déjà mentionnés.

Sur l'ordre du colonel Chevriaux, Delahaye fut immédiatement conduit à la Préfecture de Police, et déposé à la Permanence, en compagnie d'un nommé Treillard, également arrêté au moment où il exhibait, à la même porte, un laisser-passer signé *Blanqui*. Le capitaine de la 6ᵉ compagnie, qui avait conduit ces deux prisonniers à la Préfecture, monta chez le secrétaire général, et lui exposa les circonstances qui avaient motivé ces deux arrestations.

Tels sont les faits qui se sont passés, à ma connaissance, pendant l'émeute du 31 octobre.

Paris, le 11 novembre 1870.

*Le Commandant du 1ᵉʳ bataillon de l'Indre,*
*Signé :* Dauvergne.

Le 1ᵉʳ novembre, vers 2 heures de l'après-midi, les officiers du bataillon du Finistère m'ayant fait dire qu'il ne fallait pas compter sur un bataillon de garde nationale que l'on avait fait venir pour protéger l'Hôtel-de-Ville et que l'on avait établi place Lobau, je fis prévenir M. Étienne Arago, qui envoya le capitaine Chertier porter un pli à la Préfecture de police.

Vers 4 heures, M. Chertier revint, et m'annonça que nos prisonniers du matin avaient été relâchés.

J'appris en même temps que le bataillon du Finistère et celui du Morbihan avaient reçu l'ordre de partir.

Je montai alors, avec le lieutenant Desjeux, dans le cabinet de M. Arago, où je le trouvai, ainsi que M. Floquet, adjoint à la mairie, et je me plaignis de ce qu'on avait relâché les prisonniers que j'avais envoyés le matin à la Préfecture de police; de l'isolement dans lequel on allait nous laisser après les événements de la nuit précédente, et du peu de confiance que l'on devait avoir dans la garde nationale.

M. Arago m'ayant répondu de formuler ma plainte par écrit, M. le lieutenant Desjeux prit place au bureau de M. le Maire de Paris, et je lui dictai la lettre suivante :

« Monsieur le Maire,

« J'apprends à l'instant que le bataillon du Finistère, caserné
« à la caserne Napoléon, et que celui du Morbihan, caserné
« à l'Hôtel-Dieu, ont reçu l'ordre de partir; et que le bataillon
« de l'Indre, après les événements de la nuit dernière, va res-
« ter seul.

« J'apprends, en outre, que les prisonniers envoyés ce matin
« à la Préfecture de police, dont un, — un nommé Delahaye, — a
« été reconnu pour avoir tiré trois coups de revolver sur moi,
« ont été mis en liberté.

« En présence de tout ceci, je vous déclare qu'officiers, sous-
« officiers et soldats du bataillon de l'Indre, ne veulent pas jouer
« leur vie pour un gouvernement qui ne sait pas ou ne veut pas
« se défendre. »

Pendant que je dictais cette lettre, M. Arago se promenait de long en large dans son cabinet. M. Floquet, appuyé près de la fenêtre, nettoyait ses ongles, baissait les yeux d'un air assez maussade, et regardait à droite et à gauche au-dessous de son binocle.

A peine cette lettre était-elle écrite, que l'adjudant Baudoin, du bataillon, vint me demander de la part de M. J. Ferry.

M. Arago me pria de porter moi-même ma lettre au membre

du Gouvernement. — Chemin faisant, nous rencontrâmes le capitaine Chertier qui était de service; je le priai de nous suivre. Arrivé dans le cabinet de M. J. Ferry, je lui donnai ma lettre. Il en parut très-étonné, très-tourmenté, et me dit : « Oh! commandant, ce n'est pas vous, un ancien militaire, qui nous abandonnerez comme cela? » — « Non, lui répondis-je; mais puisque vous êtes membre du Gouvernement, ordonnez aux deux bataillons dont il est question de rester. » — Effectivement, il se mit à son bureau, donna par écrit l'ordre au bataillon du Finistère de rester à la caserne Napoléon, et à celui du Morbihan de venir s'y installer.

MM. Chertier et Desjeux, pour qu'il n'y eût pas de temps perdu, portèrent immédiatement ces ordres; et le soir, à 8 heures, ces deux bataillons étaient placés par moi sur deux lignes pour défendre les abords de l'Hôtel-de-Ville du côté de la place Lobau. Un peu plus tard, des brigades de gardes mobiles et de troupes de ligne vinrent prendre position sur la place de l'Hôtel-de-Ville, dans l'avenue Victoria, dans la rue de Rivoli et sur le quai.

*Signé :* Dauvergne.

## VIII *bis.*

### Déposition de M. le colonel Vabre devant la Commission d'enquête.

M. le comte Daru, président. — La Commission désire que vous lui racontiez les faits qui se sont passés pendant votre commandement à l'Hôtel-de-Ville.

M. le colonel Vabre. — Je ne suis entré à l'Hôtel-de-Ville, comme commandant militaire, que le 5 novembre.

M. le Président. — Jusque-là vous n'avez rien à nous dire?

M. le colonel Vabre. — Le hasard, auparavant, m'avait mis en rapport avec les membres du Gouvernement de la Défense, notamment dans la journée du 31 octobre.

J'habitais la banlieue, et je commandais un bataillon qui avait obtenu de ne pas rentrer dans Paris. J'avais les rives de la Seine à garder et j'avais été attaché à l'armée active, sous les ordres du général Ducrot. J'avais eu à lutter avec les membres de la municipalité nommée dans le village de Clichy-la-Garenne;

j'avais dû en faire désarmer quelques-uns et menacer de faire arrêter ceux chez lesquels je trouvais une opposition nuisible à mon commandement et aux intérêts de la défense.

Le 31 octobre, je vins à Paris, vers 6 heures du soir, ne sachant pas ce qui s'était passé dans la journée ; ce n'est que vers 7 heures que j'appris qu'il y avait un changement de Gouvernement.

Je revenais des avant-postes, et j'avais dû faire baisser les pont-levis pour rentrer dans Paris ; j'avais une autorisation écrite pour les faire baisser à toute heure de jour et de nuit, parce que mon bataillon était le seul qui fût alors aux avant-postes. J'étais en tenue militaire ; je me rendis à l'Hôtel-de-Ville.

La foule était énorme, et il n'était pas très-facile d'approcher ; néanmoins, les coudes aidant, j'arrivai jusqu'à la grille. Ne pouvant pénétrer par la porte, j'escaladai la grille, et j'entrai dans l'Hôtel-de-Ville par une fenêtre. Je fus arrêté et conduit à Delescluze ; il pouvait être 8 heures et demie. Delescluze me demanda d'où je venais ; j'étais plein de boue, j'avais mon revolver au poing et mon sabre au côté. — « Je viens des avant-postes, lui ai-je répondu. On prétend qu'il y a un nouveau Gouvernement, je tiens à le connaître. — Oui, me dit-il ; vous savez ce qui s'est passé à Metz ? » Je le savais aussi bien que lui, mais je répondis : — « Je n'en sais rien, » et le laissai parler ; il termina en me conseillant d'aller chercher mon bataillon et de faire cause commune avec eux.

Il était seul, à ce moment, entouré de gens armés à figures sinistres. Ranvier, Mottu, Flourens, Blanqui, n'étaient pas là. Je lui dis : — « Vous n'êtes pas seul à former le Gouvernement ? » Il me dit : — « Non ; Flourens et Blanqui en font partie. — Où sont-ils ? — Blanqui n'est pas là ; Flourens est à côté. »

A ce moment, mon bataillon était le seul qui ne fût pas rentré dans Paris ; j'avais organisé des travaux de défense très-importants sur les bords de la Seine et dans la presqu'île de Gennevilliers ; je faisais des reconnaissances journalières vers les lignes ennemies, et cela m'avait valu deux ordres du jour à l'armée. C'était assez pour que tous les journaux s'occupassent du 34e bataillon et de son commandant. Apprenant qui j'étais, les hommes armés entourant Delescluze, s'écrient : — « Il faut faire comme le 34e bataillon, il faut sortir ; la levée en masse ! » Je leur dis : — « C'est inutile ; exécutez les lois récemment décrétées ; que les hommes de 20 à 35 ans s'en aillent aux avant-postes ; que ceux de 35 à 45 ans fassent le service des forts, et les vieillards derrière les remparts ; de cette manière, les troupes régulières et les marins pourront se porter en avant ; c'est une armée de

70,000 hommes immédiatement disponible. » — J'avais à peine dit cela, que j'étais proclamé général en chef. Je me retourne, et je vois le général Tamisier. Il était abattu ; à côté de lui était un aide de camp ; puis, Jules Favre, derrière un rideau baissé, Jules Simon, le général Le Flô et Garnier-Pagès. Ces messieurs étaient gardés par les tirailleurs de Flourens, qui formaient un cercle autour d'eux. Flourens, assis, ne disait rien. Pour protester contre leurs acclamations, je tendis la main au général Tamisier, qui me refusa la sienne, craignant de se faire écharper, ou de me faire écharper moi-même.

Je franchis le cercle des tirailleurs, et je dis à Flourens : — « J'ai à vous parler. » Il me regarda d'un œil hébété, sans me répondre. Pour la seconde fois, je lui dis : — « Je vous prie de vouloir bien m'entendre quelques minutes. » Il ne bougea pas encore. Alors, comme je suis assez violent, je vais à lui, je lui mets la main sur l'épaule, et je lui dis : — « Voilà la troisième fois que je vous demande de m'entendre. — Que voulez-vous, me dit-il ? — Je désire causer avec vous. — Je ne puis, en ce moment, sortir ; attendez Blanqui. Quelles sont vos prétentions ? Veuillez les formuler par écrit. — Il faut finir cette situation, lui ai-je dit, je me charge d'en référer à Jules Favre. » Flourens me répond :

— « Passez dans la salle à côté, là vous formulerez vos prétentions. » De sorte que moi, qui étais venu par la fenêtre, je suis pris par eux pour un des leurs, et chargé de rédiger les prétentions de la Commune. Les heures se passaient. Je dis à Flourens : — « Vous ne voulez rien formuler ? Mettez en liberté alors les membres de la Défense nationale. — Non, non, répondit-il, on ne sait pas ce qui peut arriver, je les garde comme otages. »

Au bout de quelques instants, un tumulte assez grand eut lieu. C'était Blanqui qui avait été fait prisonnier et qui avait été relâché ou qui s'était évadé. Delescluze quitta alors la salle où étaient les membres du Gouvernement de la Défense et se rendit dans le salon jaune, à côté. Immédiatement, vint s'asseoir à cette table, Millière ; il se mit en face de Blanqui, Flourens se mit à droite de Blanqui, Ranvier, au haut de la table, à gauche, et Delescluze resta debout. On fit une ovation à Blanqui ; il portait une grande houppelande assez détériorée et un képi de commandant de la garde nationale.

Blanqui dit alors : — « Personne ne sortira d'ici sans un ordre écrit de ma main ; gardes, donnez cet ordre, et que les portes soient fermées. » Millière prit la parole et dit : — « La première chose que nous ayons à faire, c'est de penser à notre sûreté personnelle. — J'y pense, » répondit Flourens, et il se mit à écrire. J'étais debout entre lui et Blanqui; je me penchai pour regarder ce qu'il écrivait; je lus : « Ordre aux bataillons de Belleville de descendre à l'Hôtel-de-Ville. » Je me dis : « C'est le moment de s'en aller, » j'étais suffisamment renseigné. Je dis à Blanqui : — « Je vais à mon poste. — Qui êtes-vous, me dit-il? » Flourens lui dit : — « C'est le commandant du 34ᵉ. Il demande un laisser-passer. »

Il prit un papier et écrivit :

« Laissez circuler le citoyen Vabre, commandant du 34ᵉ ba-
« taillon.

« *Les membres du Gouvernement,*

« BLANQUI. »

Puis il y apposa le cachet de l'Hôtel-de-Ville. Je dis à Flourens de signer ce laisser-passer : il me répondit : — « Blanqui a signé; cela suffit. » J'ajoutai : — « Le laisser-passer porte : « Les « membres du Gouvernement; » cette formule implique au moins deux signatures. » Et il signa.
Je vais de suite place Vendôme faire connaître ce que je savais et de là je me rends aussitôt au 4ᵉ secteur, auprès de l'amiral Cosnier, et je lui raconte ce qui se passait : — « Vous avez, lui dis-je, des hommes sûrs à votre disposition; les miens sont au delà des fortifications, il serait trop long de les aller chercher : Il y a 100 ou 200 Tibaldiens dans l'Hôtel-de-Ville; il y a beaucoup de badauds, la place est pleine de monde, c'est vrai, mais avec 200 ou 300 hommes décidés, on peut rentrer et les jeter par la fenêtre. Cela est d'autant plus facile, que j'ai un laisser-passer signé Blanqui et Flourens. »
L'amiral me dit : — « Je vais faire battre le rappel et tâcher de vous donner quelques hommes; vous ne feriez pas mal de voir le général Trochu; allez vite le trouver. »
Je montai sur mon cheval, qui était déjà à demi fourbu, et j'arrivai chez le général Trochu. Je ne le connaissais pas; il était seul dans son cabinet, avec le général Ducrot qui, me reconnaissant, me tendit la main et me demanda ce que je venais faire. Je lui racontai les faits et lui montrai mon laisser-passer. — « Avec cela, lui dis-je, et quelques hommes énergiques, nous pouvons les cerner, entrer dans l'Hôtel-de-Ville et terminer cette situation. » Il me répondit : — « C'est ce que nous allons faire. » Je donnai au général Trochu l'indication des lieux, et je lui ex-

posai mon plan ; le général Ducrot partagea mon avis. Les ordres sont donnés, on demande des artilleurs et des pétards et nous montons à cheval. Nous avions obtenu du général Trochu l'autorisation de faire sauter les portes si besoin était, et de nous emparer des membres du nouveau Gouvernement. Nous allions partir, lorsqu'un membre du Gouvernement de la Défense, M. Picard, nous pria de retourner dans le cabinet du général Trochu, craignant que l'attaque que nous allions faire ne coutât la vie à ses collègues prisonniers; il obtint un sursis.

M. le comte DE RESSÉGUIER. — Quelle heure était-il ?

M. le colonel VABRE. — Onze heures du soir.

Nous retournons dans le cabinet du général Trochu ; nous étions quatre : M. Picard, le général Trochu, le général Ducrot, et moi. J'insistai pour le départ immédiat, en disant : « Si vous les laissez gagner du temps, les cinq bataillons de Belleville vont arriver, et nous aurons à faire à 4 ou 5,000 hommes, qui se défendront sérieusement; il faudra longtemps avant de s'en rendre maître. »

Nous obtenons, pour la seconde fois, l'autorisation du général Trochu de monter à cheval et de faire sauter les portes; pour la seconde fois, au moment où nous sortions, on nous fait descendre. M. Picard l'avait encore emporté.

Nous retournons chez le général Trochu. Je lui dis : « Vous avez des troupes à la caserne Napoléon? » Il me répond : « J'ai des mobiles bretons. — Alors, faites-les entrer par les souterrains. — Quels souterrains? — Les souterrains qui font communiquer la caserne Napoléon et la caserne Lobau avec l'Hôtel-de-Ville. » Immédiatement un aide de camp, M. Thory, je crois, porta l'ordre aux mobiles bretons d'entrer dans l'Hôtel-de-Ville par les souterrains.

Vers minuit un quart, les mobiles purent entrer par les souterrains que j'avais indiqués; c'est ce qui a dégagé le général Le Flô, qui arriva chez le général Trochu vers une heure ou une heure et demie, nous racontant ce qui s'était passé, et comment il avait pu s'échapper.

Pendant ce temps-là, la générale avait été battue partout, les bataillons se réunissaient sur la place Vendôme et le long de la rue de Rivoli. Je conseillai au général Trochu de monter à cheval et de passer une revue de tous ces gardes nationaux; je lui dis : « Il doit y avoir quelques mauvais éléments, mais je suis persuadé que le bon l'emporte. » Le général Trochu ne paraissait pas convaincu, mais le général Ducrot lui dit : « Je connais le commandant, son idée est bonne, je réponds de lui. »

Le général Trochu demanda au général Ducrot de l'accompagner. En même temps, il me donna l'ordre de monter à cheval et de me tenir à sa droite.

La revue se termina vers cinq heures du matin. C'est à ce moment que M. Jules Favre est arrivé à l'hôtel du Gouverneur, annonçant qu'une transaction avait eu lieu et que tous les membres étaient libres. Je suis rentré chez moi, et depuis ce jour je ne sais pas ce qui s'est passé; j'allai de nouveau aux avant-postes, et quelques jours après, par décret du 5 novembre, je fus appelé au commandement militaire de l'Hôtel-de-Ville et fait colonel de la garde nationale.

En désignant les souterrains, j'ai la certitude d'avoir sauvé la situation. — Plusieurs fois, les membres de la Défense nationale avaient été couchés en joue. M. Simon avait été frappé, et à l'heure où les mobiles du Finistère et de l'Indre sont entrés, il était trop tard pour que les gardes nationaux, rassemblés sur la place de Grève, tentassent l'assaut de l'Hôtel-de-Ville; — le premier coup de fusil tiré par eux pouvait être un arrêt de mort pour MM. Favre, Le Flô, Simon et Garnier-Pagès.

M. le Président. — Savez-vous quelque chose de la transaction?

M. le colonel Vabre. — Je ne sais rien personnellement, puisque je n'y étais pas.

. . . . . . . . . . . . . . . . . . . . . . . . . . . . .

Lorsque la transaction, rédigée par Flourens, fut présentée à Jules Favre, on l'avait d'abord, paraît-il, envoyée à Dorian, qui l'avait signée. Lorsque M. Ferry lui-même est entré, après l'arrivée des mobiles bretons, et qu'il somma Flourens de se rendre, ce dernier lui aurait répondu : « Nous avons fait une transaction avec Dorian. » Cette transaction, on l'avait déjà annoncée, par la fenêtre, à la foule qui se trouvait sur la place; et il est certain que, le lendemain, la Commune aurait été constituée, si les bataillons de l'ordre n'avaient fait cause commune avec le Gouvernement de la Défense nationale.

Le 5 novembre, je fus appelé au commandement de l'Hôtel-de-Ville. J'arrivais au milieu de gens que je ne connaissais pas, auxquels j'étais inconnu. Il est certain qu'on a dû me regarder comme quelqu'un dont on devait se méfier, et, en effet, ce système de méfiance dura assez longtemps.

Les désaccords ont commencé le lendemain matin, entre M. Étienne Arago et moi. J'arrive, et je vois que l'Hôtel-de-Ville pouvait être envahi à toute heure du jour et de nuit. M. Ét. Arago donnait des laisser-passer, des permis de circulation à tout le monde, et cela, non-seulement sur papier libre, mais il avait fait faire des cartes jaunes, violettes, rouges et blanches, qui permettaient d'entrer par telle ou telle porte.

Je dis : « Je suis commandant de place ici, et sur moi seul repose toute la responsabilité; personne que moi ne doit avoir le droit de donner un permis d'entrée. » Je donne cet ordre aux factionnaires; et je fais supprimer les cartes.

Grand émoi. M. Arago dit qu'il ne supporterait jamais que l'élément militaire absorbât l'élément civil; qu'il était maire de Paris; qu'il garderait le droit de faire entrer à l'Hôtel-de-Ville qui il voudrait. Je répondis à M. Ét. Arago : « Je ne viens ici pour lutter avec personne; mais pour défendre l'Hôtel-de-Ville contre toute insurrection ; je prendrai les mesures que je croirai convenables; et je suis seul juge à cet égard. » Dans la journée, et sur l'intervention du général Trochu et de Clément Thomas, la chose fut arrangée à notre satisfaction réciproque, non pas que tout ait marché pour le mieux et comme je l'aurais désiré, mais par des concessions réciproques. Le service civil n'a pas eu à souffrir à l'Hôtel-de-Ville de l'occupation militaire.

J'avais oublié, Monsieur le Président, de vous dire qu'en me confiant ce poste M. le général Trochu m'avait dit : « Je vous donne le poste le plus important de Paris; nous dépendons de vous à l'avenir. Si vous laissez jamais prendre l'Hôtel-de-Ville par l'émeute, nous sommes perdus, entièrement perdus. » Après nous être entendus sur mes droits, qui devaient être illimités, et sur mes devoirs, je répondis au général : « Vous pouvez compter sur moi; je saurai allier la plus grande fermeté à la plus grande douceur; et je vous promets de tout supporter, même l'insulte, si mon pays doit en retirer un avantage quelconque. »

## VIII *ter*.

**Raoul Rigault, commissaire de police, attaché au cabinet du préfet, M. Adam, comme chef de la police publique, prend part à l'insurrection du 31 octobre et n'est pas arrêté.**

(Extrait de la déposition de M. Cresson, préfet de police.)

Le chef du personnel, en me faisant connaître la situation générale, en me montrant les personnes qui m'entouraient, me racontait le rôle de Raoul Rigault. Il me fit connaître que Raoul Rigault était devenu commissaire avant l'âge légal, il n'avait pas vingt-cinq ans accomplis; puis, un fait étrange, **Raoul Rigault s'était montré avec un bataillon au 31 octobre.** Il avait occupé la cour de la Préfecture. Il avait dans sa poche un ordre signé Blanqui, et l'ordre, me disait-on, on l'avait vu; M. Adam l'avait eu entre les mains. J'eus avec M. Adam une conversation à ce sujet; il avait l'ordre signé Blanqui et il me le remit. Le 31 octobre Raoul Rigault l'avait apporté et avait essayé de s'emparer de la Préfecture de police avec un bataillon de la garde nationale. Il n'avait pas été destitué pour ce fait par le préfet de police; M. Adam, mon prédécesseur. Je ne sais pas ce qui s'est passé alors, mais l'ordre de s'emparer de la Préfecture de police, signé Blanqui, était entre les mains de M. Adam. Je crois, d'ailleurs, me rappeler que, quand je suis entré à la Préfecture de police, M. Adam me dit qu'il avait quelques pièces importantes sur le 31 octobre et qu'il les tenait à ma disposition.

Quoi qu'il en soit, on me remit l'ordre Blanqui. Le Gouvernement de la Défense nationale avait fait lui-même la liste des accusés du 31 octobre. On me l'avait donnée; elle avait été préparée par mon prédécesseur et elle contenait trente noms: ces noms furent réduits à vingt-quatre et définitivement maintenus à ce chiffre. Cette liste avait été assez longuement discutée; c'est pourquoi elle ne comprenait pas un plus grand nombre de noms. Il y avait beaucoup de gens qui étaient coupables de l'insurrection du 31 octobre; mais il aurait fallu faire un trop grand nombre d'arrestations. On eût été embarrassé de trouver des prisons. Parmi ces noms ne figurait pas celui de Raoul Rigault. De plus, le père de Raoul Rigault venait d'être nommé conseiller de préfecture de la Seine.

Je fis demander le dossier de cet individu, et ce dossier portait que c'était un étudiant du quartier latin, ayant les plus mauvaises habitudes. Sans attacher d'importance politique au rôle qu'il cherchait à se donner, je décidai son expulsion. Je me bornai à la destitution d'abord. Le ministre de l'intérieur par intérim, M. Jules Favre, éprouva *une certaine hésitation ;* il avait été l'objet d'attaques très-violentes dans les clubs de la part de Raoul Rigault, et il lui était pénible de signer sa destitution. Je la fis signer par le général Trochu; puis M. Favre se décida également à la signer.

C'est dans ces circonstances que je me trouvai en face de Raoul Rigault, que j'avais fait rechercher. C'était implicitement convenu qu'on ne mettrait pas le nom de ce jeune homme sur la liste des gens à arrêter, mais j'avais décidé néanmoins qu'il serait arrêté, lui et Dacosta, au premier mot de résistance. Quand il entra dans mon cabinet, je lui dis qu'il avait manqué à tous ses devoirs, qu'il avait pris part au 31 octobre... Il nia le fait. — Je tirai de mon carton l'ordre signé Blanqui. — Il me paraissait croire que l'ordre avait été supprimé. Son attitude fut tellement misérable, il avait tellement l'aspect d'un enfant, que me rappelant ce qui s'était passé à propos de la signature de sa destitution, je lui dis : « Mettez-vous à cette place et signez votre démission ! » Il écrivit sa démission sous ma dictée, la signa et me la remit en tremblant. Je lui dis qu'il avait emporté de la Préfecture un certain nombre de dossiers; qu'il fallait me les remettre, qu'on allait le suivre pour les rapporter. J'avais fait, dans la nuit, verrouiller immédiatement son cabinet pour qu'il n'y rentrât personne. Il remit exactement les dossiers dans la journée au chef du cabinet dans l'état où ils étaient, paraît-il; quelques jours après, il venait réclamer deux ou trois jours d'appointements pour le mois de novembre.

Voici, à son propos, une circonstance assez singulière qui me revient à l'esprit dans ce moment et que je vous signale; elle montre l'état général des esprits à cette heure.

La sœur de Blanqui mourut; un convoi civil fut organisé par la famille. Je le fis suivre par un agent de la police secrète, chargé de rendre compte de tout ce qui se serait dit et passé. Cette surveillance était nécessaire à un autre titre. Je cherchais Blanqui et je l'ai cherché vainement pendant trois mois et dix jours; je l'avais cherché même chez un commissaire de police, où je fis faire des perquisitions. A ce convoi mon agent fut arrêté par Raoul Rigault, Dacosta et six gardes nationaux, puis conduit chez un commissaire de police, qu'on ne trouva point, puis chez le maire, M. Mottu. On vint me raconter ces faits. J'ordonnai une poursuite contre Raoul Rigault; je fis transmettre le procès-verbal au procureur de la République, qui me répondit le lendemain une lettre que j'avais fait mettre aux Archives, aujourd'hui anéanties. Ce magistrat me disait que le fait était essentiellement regrettable, mais qu'il ne *constituait pas de délit*, parce que l'arrestation n'avait pas été suivie de séquestration.

## VIII *quater*.

**Extrait du rapport de M. Chaper sur les délibérations du Gouvernement de la Défense nationale.**

SÉANCE DU 31 OCTOBRE.

Il faudrait, Messieurs, pouvoir vous donner le texte exact de la séance, tristement célèbre, du 31 octobre.

M. Dréo a tenu la plume jusqu'au moment où les portes de la salle du conseil ont été enfoncées, et où les volontaires armés de Flourens et de Tibaldi se sont rués sur la table du conseil. — Il nous a conservé des faits précieux pour l'histoire, et nous regrettons de n'être pas autorisé à rapporter son écrit *in extenso*.

Il est trois heures un quart, tous les membres, excepté M. Rochefort, sont présents. La séance, extraordinairement convoquée, commence par les explications que donne M. le colonel Chevriaux, commandant de l'Hôtel-de-Ville, qui se déclare impuissant à protéger le Gouvernement contre la foule qui, depuis le matin, a envahi la moitié du palais et menace d'envahir le reste. Des bataillons de la garde nationale amenés sur la place, ont mis la crosse en l'air.

A ce moment M. Étienne ARAGO, maire de Paris, lit une délibération prise par les vingt maires d'arrondissement, qui viennent de se prononcer pour des élections immédiates. Il supplie, vu les circonstances, le Gouvernement de donner satisfaction à cette demande. — C'était la crise tant de fois prévue et ajournée, la Commune élue et se substituant au Gouvernement non élu; chacun en voyait le danger pour le Gouvernement et pour Paris.

M. PICARD demande que l'on annonce à la population :

1° Que le Gouvernement se soumet à des élections;

2° Que les conseillers municipaux seront élus;

3° Qu'aucune décision sur l'armistice ou sur la paix ne sera prise, sans que la population ait été consultée.

M. ARAGO n'accepterait, à aucun titre, la première partie de cette proposition ; il n'admettrait, en principe, que les élections municipales.

M. J. FERRY espère concilier les deux opinions en accordant les élections municipales, avec faculté pour les membres du Gouvernement de se présenter comme candidats. Et comme il faut une prompte solution en face du désordre menaçant, la proposition d'annoncer des élections municipales, *sans en fixer la date*, est votée par MM. Arago, Favre, Ferry, Pelletan, Picard, contre MM. Garnier-Pagès, Simon et Trochu.

M. Etienne Arago sort aussitôt pour annoncer cette nouvelle à la foule, qui a déjà complétement envahi la salle Saint-Jean, et c'est cette résolution qui a probablement donné lieu aux affiches où elle était profondément modifiée et qui annonçaient, sous les signatures Dorian, Schœlcher, Et. Arago, Brisson et Floquet, l'élection des municipalités pour le lendemain. Après la sortie du maire de Paris, la discussion reprend sur les moyens d'arriver à donner au Gouvernement la sanction de l'élection. Les avis sont partagés : si le Gouvernement se soumet à l'élection, il s'expose à être démembré; s'il ne s'y présente pas, il paraît certain que la municipalité élue ne tardera pas à se substituer au Gouvernement. La discussion en est là, lorsque le tumulte qu'on entend depuis longtemps se rapproche, la foule frappe aux portes; les chefs de bataillon *Chassin*, *Cyrille*, *Jolly*, *Le Français*, entrent violemment; ils affirment être poussés par la foule qui les suit, mais ils *demandent la Commune* et la formation d'un cabinet sous la *présidence de M. Dorian*.

M. Jules FAVRE proteste contre cette violence : « Faites de nous « ce que vous voudrez, dit-il, mais n'espérez pas nous arracher « quoi que ce soit par la crainte. »

MM. CHASSIN et JOLLY protestent de leurs bonnes intentions; ils veulent éviter une collision menaçante.

Le général TAMISIER entre vivement et déclare que, de tous côtés, on proclame la déchéance du Gouvernement. Les portes de la première salle sont enfoncées, la foule accourt aux cris de : « Vive la Commune! » et insulte les membres du Gouvernement : MM. Trochu, Favre, Pagès, Simon, Pelletan, Ferry, Arago, demeurent à leurs places autour de la table du conseil. (M. Picard s'est retiré.) La foule les entoure de toutes parts et les presse au point de ne pas leur permettre de se lever de leurs siéges. M. Garnier-Pagès ne peut parvenir à se faire entendre; M. Jules Favre peut à peine prononcer quelques mots. Des orateurs furieux escaladent la table, du haut de laquelle ils essayent de haranguer la foule sans réussir eux-mêmes à dominer le tumulte.

On demande la démission des membres du Gouvernement, et, comme ils la refusent, on réclame leur arrestation.

Flourens confie à ses tirailleurs volontaires la garde des membres du Gouvernement. Mais la violence augmentant avec le désordre, le secrétaire est forcé de s'arrêter, ne pouvant plus suivre les faits qui se précipitent.

Nous devons, Messieurs, remercier M. Dréo d'avoir eu le sang-froid et le courage d'observer et de noter de pareils faits dans un pareil moment.

---

## IX

### Séance tenue au Ministère des affaires étrangères.

MARDI 1ᵉʳ NOVEMBRE (*9 heures du matin*).

Sont présents : Général TROCHU, J. FAVRE, G. PAGÈS, J. SIMON, PICARD, ROCHEFORT, FERRY ; MAGNIN, DORIAN, LE FLÔ, *ministres ;* Edmond ADAM, *préfet de police ;* HÉROLD, DURIER, DRÉO, *secrétaires.*

MM. G. PAGÈS, ROCHEFORT et Ed. ADAM expriment le regret que des affiches aient été déjà apposées et annoncent des résolutions qui n'ont dû être délibérées que par quelques membres seulement du Gouvernement.

Ils critiquent vivement le genre et la forme d'élections annoncées par cette affiche, disant qu'en présence de ces mesures, il est à craindre que de nouveaux troubles ne se produisent.

M. ARAGO est prié de se rendre près de M. Tamisier que l'on dit être malade, il ira ensuite demander au général Clément-Thomas de vouloir bien venir seconder M. le général Tamisier, souffrant.

M. DORIAN expose que des engagements ont été pris par lui dans la nuit, et que les affiches apposées le matin sans son concours le mettent dans une cruelle situation.

M. FERRY fournit des explications sur tous les faits qui se sont passés la nuit à l'Hôtel-de-Ville. Il en résulte, suivant lui, que, de son côté, il n'a été pris aucun engagement, et que, aucun de ceux pris par les envahisseurs n'a été tenu. — La garde nationale était maîtresse de jeter les envahisseurs par les fenêtres, et si elle ne l'a pas fait, c'est par esprit de modération.

M. Edmond ADAM déclare brusquement, en désignant l'un des membres du Gouvernement, que la réaction menaçant de devenir prépondérante, il préfère donner sa démission.

M. le général TROCHU proteste contre cette regrettable détermination, après les efforts faits par M. le préfet de police dans la nuit qui vient de s'écouler.

M. Ed. ADAM ne consent qu'à ajourner seulement à deux jours l'effet de sa démission.

M. SIMON déclare que si M. Ed. Adam se retire, il croira lui-même devoir l'imiter.

M. ARAGO annonce que le général Tamisier semble vouloir donner sa démission. Le Conseil décide que M. le général Tamisier conservera le commandement supérieur de la garde nationale, et que M. Clément-Thomas lui sera adjoint; il est invité à se rendre près de ce dernier pour le prier de vouloir bien se tenir à la disposition du Gouvernement.

Le Conseil reprend la discussion des mesures à prendre.

M. ROCHEFORT déclare que l'attentat commis hier à l'Hôtel-de-Ville est si considérable qu'aucune répression ne saurait être assez rigoureuse. Il est venu là des hommes qui avaient abandonné leur poste devant l'ennemi pour venir renverser violemment le Gouvernement chargé de la Défense nationale. Il est donc d'avis de sévir avec la dernière rigueur ou de ne rien faire absolument.

M. PICARD fait observer que la garde nationale indignée, abandonnerait le Gouvernement si elle le voyait constamment impuissant à se protéger lui-même.

MM. LEBLOND, procureur général, et DIDIER, procureur de la république, appelés et consultés, croient qu'il faut déployer la plus grande rigueur à partir d'aujourd'hui; mais à leur avis, il ne fallait maintenant poursuivre personne pour les événements de la nuit.

Cette opinion est approuvée; on se demande seulement s'il faut en informer le public.

M. PICARD voit à cela de grands inconvénients.

M. J. FAVRE est d'avis d'exposer la situation au public.

M. le général TROCHU déclare que l'opinion publique exige de l'énergie, non pas demain, mais aujourd'hui, sans quoi la garde nationale ne marchera plus.

M. Garnier-Pagès rappelle les efforts tentés par MM. Flourens, Millière et Delescluze, pendant trois heures, pour éviter l'effusion du sang. En sortant, il a dit à M. Delescluze qu'il était aussi libre que lui, et il ne peut maintenant rétracter cette parole.

M. Picard croit qu'il faudrait donner satisfaction à la garde nationale, en supprimant plusieurs journaux qui prêchent la guerre civile tous les matins.

M. Didier pense qu'il faut expliquer la condescendance du Gouvernement par les sentiments des malheurs de la patrie ; c'est pour l'avenir qu'il faut désormais déployer de la vigueur contre les perturbateurs et les Prussiens.

M. Ferry croit qu'il faut, en tout cas, distinguer entre Flourens, Millière, Delescluze et Blanqui ou Félix Pyat.

M. Jules Favre croit une instruction judiciaire indispensable.

M. Simon demande qu'on réfléchisse avant de faire des poursuites qui entraîneraient les démissions de MM. G. Pagès, Dorian, Ed. Adam et la sienne même. Il faut donc savoir si même on entend arrêter MM. Blanqui et Félix Pyat.

Ces arrestations sont repoussées par 6 voix contre 4.

M. Magnin demande que les poursuites soient ajournées après l'élection.

Des dépêches annoncent que dans plusieurs mairies et à l'Hôtel-de-Ville même, des ordres contraires à ceux du Gouvernement sont donnés à l'égard des élections municipales interdites.

M. le général Trochu fait remarquer que, des mesures qui vont être prises, dépendent les élections de jeudi ; il faut donc, suivant lui, concilier une répression énergique avec les engagements pris.

M. Arago rentre en séance accompagné du général Clément-Thomas, qui déclare se mettre aux ordres du Gouvernement et accepter le titre de commandant en second de la garde nationale.

M. le général Clément-Thomas consulté par M. le général Trochu, déclare que la majeure partie de la garde nationale est décidée à soutenir le Gouvernement. Cette importante fraction aurait donc été satisfaite de voir arrêter à l'instant même tous les fauteurs de désordre. Cependant, puisque ces arrestations n'avaient pas été faites ou maintenues, il croit que l'on verrait avec regret des arrestations nouvelles s'opérer actuellement. En ce qui le concerne, il n'a donné l'ordre d'arrêter M. J. Vallès dans son secteur, que parce que ce dernier s'était emparé de la mairie du XIX⁰ arrondissement.

M. J. Simon propose de rendre un décret qui ordonne le désarmement de tous les bataillons qui sortent sans ordres réguliers.

Après cette mesure, il sera possible de désarmer le bataillon qui a envahi l'Hôtel-de-Ville.

Cette proposition est écartée en présence des difficultés de son exécution.

Séance levée à 1 heure et demie.

## X

Mercredi, 2 novembre (*10 heures du soir, chez le Gouverneur*).

M. Ferry propose et fait décider la révocation de nouveaux chefs de bataillon dans la garde nationale.

M. le général Trochu annonce que M. Ed. Adam persiste à donner sa démission.

M. Arago demande quels sont les faits nouveaux qui se sont produits depuis hier et qui motivent cette démission que chacun considérait comme retirée.

M. Ed. Adam répond que ces faits ne se sont pas produits au grand jour.

M. Arago demande à connaître les faits auxquels M. Ed. Adam fait allusion.

M. le général Trochu insiste sur la nécessité d'opérer l'arrestation d'hommes qui viennent encore de violer une église pour en faire le théâtre de leurs propositions insurrectionnelles. Les dépêches annoncent, d'ailleurs, que M. Flourens n'est plus maître de son bataillon qui ne veut plus de lui.

M. Ferry ajoute que ces arrestations sont résolues.

M. Arago demande comment cette résolution a été prise. Il s'élève vivement contre cette prétention de faire un Gouvernement dans le Gouvernement; il déclare ne pas se trouver lié par les décisions prises, paraît-il, le matin, dans une sorte de Conseil secret, auquel auraient assisté MM. le général Trochu, J. Favre, Picard et Ferry. Il ajoute qu'à la veille d'un vote, des arrestations sont une mauvaise chose, et peuvent faire croire à de l'intimidation. Ces arrestations, opérées ensuite, le seraient, au contraire, avec la sanction éclatante du vote de Paris. Peu importe à cet égard vingt-quatre heures de plus.

MM. G. Pagès et Pelletan appuient ces observations.

M. Ferry prétend que les arrestations ont été votées et qu'elles auraient dû être faites, et quant à l'opportunité de ces arrestations, comme elles doivent être électoralement nuisibles, on n'a point à craindre d'être accusés de manœuvres en les faisant. D'ailleurs il s'agit d'hommes qui viendront troubler le scrutin.

MM. J. Favre et Picard appuient vivement cette opinion de M. Ferry.

M. Ferry déclare que si l'on veut l'en charger, il saura bien faire opérer sans bruit ces arrestations, à moins que M. Ed. Adam ne consente à s'en charger.

M. Ed. Adam fait observer qu'en présence des résolutions prises dans la réunion du matin, il a dû maintenir sa démission, les arrestations ne lui paraissant pas suffisamment justifiées par des faits nouveaux.

En conséquence, M. Ed. Adam quitte la salle des séances.

M. Arago s'élève encore contre ces décisions émanant d'une sorte de second gouvernement qui n'appelle les autres membres qu'à ratifier ses résolutions.

M. J. Simon : « Généralement, il est aisé de voir que l'on décide tout sans nous. »

M. J. Favre explique à ces messieurs ce qui est, suivant lui, une erreur, et devant ces explications, M. Arago retire ses observations.

M. G. Pagès insiste pour que des arrestations ne soient pas opérées ; au point de vue politique même, elles seraient une faute, elles gâteraient la grande manifestation qui va de nouveau donner au Gouvernement une éclatante consécration.

M. Picard dit qu'il ne faut pas attendre le succès pour frapper les coupables. Ainsi, M. J. Vallès, pendant le très-peu de temps qu'il a tenu la mairie du XIX$^e$, dont il s'était emparé, aurait dépensé 180 francs de voitures et fait boire pour 1,500 francs de vins.

M. Ferry déclare qu'on fait les affaires de la réaction en ne sachant pas réprimer, et la réaction, pour lui, c'est le vrai danger.

M. J. Favre dit que le devoir rigoureux du Gouvernement est de ne pas laisser la liberté à des misérables et à des assassins qui professent pour les faiblesses du Gouvernement un légitime mépris.

M. J. Simon demande si du moins on peut alléguer des faits nouveaux.

M. Ferry affirme que ces faits existent avec aggravation.

M. Simon explique qu'il s'opposerait aux arrestations pour les faits relatifs à l'envahissement de l'Hôtel-de-Ville, mais qu'il est prêt à les voter pour des faits nouveaux.

M. J. Favre répond que les notes de police sont, en effet, des plus graves, et il ajoute que si M. Adam a donné sa démission, c'est que lui, ministre de l'intérieur, n'a pas voulu le laisser discuter ou diviser un ordre.

M. Ed. Adam, appelé par le Conseil, n'étant plus dans l'hôtel du Gouverneur, celui-ci déclare que désormais les arrestations ne pourront plus se faire avant le vote; il explique ensuite comment une réunion particulière a pu se tenir chez lui et en dehors des autres membres du Gouvernement, qui ne doivent voir là qu'une exigence accidentelle d'un travail urgent.

M. Cresson, présenté par M. Adam pour son successeur, est nommé préfet de police, et invité à venir immédiatement conférer avec le Conseil. — La question des arrestations est reprise. Le Conseil est appelé à voter sur les arrestations dans la nuit même. Six voix se prononcent pour ces arrestations dans la nuit s'il y a flagrant délit : Pour : général Trochu, Favre, Arago, Simon, Picard, Ferry. — Contre : Garnier-Pagès et Pelletan.

Toute arrestation le jour du vote est repoussée.

M. Ferry demande que l'on démente la nouvelle d'un armistice qui va être répandue comme manœuvre électorale de la dernière heure.

Séance levée à 1 heure du matin.

## XI

### Note diplomatique.

Le Gouvernement de la Défense nationale a délibéré sur les communications qui lui ont été faites aujourd'hui par M. Thiers, envoyé extraordinaire près les cabinets de Londres, Saint-Pétersbourg, Vienne et Florence.

Ces communications étaient relatives à la proposition d'armistice faite à la France et à la Prusse par les cinq grandes puissances neutres, l'Angleterre, la Russie, l'Autriche, l'Italie et la Turquie, ayant pour objet la convocation d'une assemblée nationale.

Saisi de cette proposition, le Gouvernement avait chargé M. Thiers de se rendre au quartier général du commandant en chef de l'armée assiégeante, et d'en conférer avec le ministre des affaires étrangères de Prusse.

Le Gouvernement acceptait le principe de l'armistice, et demandait comme conséquence naturelle :

1° Que la durée fût fixée à un minimum de vingt-cinq jours;

2° Que le ravitaillement fût proportionnel à cette durée;

3° Que les élections se fissent librement dans tous les départements, même ceux occupés.

Le chancelier de la confédération de l'Allemagne du Nord a accepté la durée d'un minimum de vingt-cinq jours, l'élection dans tous les départements, même ceux occupés, en demandant pour l'Alsace et la Lorraine, une désignation de mandataires qui n'amenât pas l'agitation électorale.

Il a repoussé d'une manière absolue le ravitaillement; il a ajouté qu'il ne s'opposerait pas à l'élection et à la réunion d'une assemblée, sans armistice, et qu'il accorderait, dans ce cas, quelque liberté de communication entre le gouvernement de Paris et la Délégation de Tours.

Le Gouvernement de la Défense nationale a considéré ces déterminations comme le rejet pur et simple de la proposition des cinq grandes puissances neutres.

Un armistice d'un mois, sans ravitaillement, est un moyen déguisé de réduire Paris sans coup férir.

Le Gouvernement de la Défense nationale tient donc la négociation pour rompue, par une exigence de la Prusse également contraire à la justice et au droit des gens.

Il témoigne à M. Thiers sa vive reconnaissance pour le dévouement qu'il a montré au pays, en bravant depuis six semaines tant de fatigues et de périls, pour arriver à la conclusion d'une paix honorable, que le Gouvernement a toujours appelée de tous ses vœux.

M. Thiers fera connaître au chancelier de la confédération de l'Allemagne du Nord qu'il est toujours prêt, au nom de son Gouvernement, à accepter les combinaisons qui pourront arrêter une guerre désastreuse pour les deux nations, et dont la prolongation coûtera aux deux belligérants de nombreux et cruels sacrifices humains.

Il fera remarquer que le Gouvernement de la Défense nationale a toujours réclamé la possibilité de consulter la France par la convocation d'une Assemblée, et de déposer entre les mains des membres de cette assemblée le pouvoir qu'il tient de la nécessité, et, aujourd'hui, du vote des habitants et des défenseurs de Paris.

Mais pour que cette convocation soit possible, un armistice sérieux est indispensable, et pour être sérieux, il doit présenter les conditions de sécurité qu'assure le droit des gens.

Celui qui serait consenti sans ravitaillement ferait perdre à Paris un mois de vivres. Au bout de ce mois, l'armistice pourrait être rompu, et les hostilités recommenceraient dans des conditions inégales.

M. Thiers déclarera, en conséquence, au chancelier de la confédération de l'Allemagne du Nord, qu'à raison du refus fait par la Prusse du ravitaillement proportionnel à la durée, il considère l'armistice proposé par les cinq puissances comme rejeté par la Prusse. Il quittera le quartier-général du commandant en chef de l'armée assiégeante. Il se rendra à Tours, où il voudra bien rester à la disposition du Gouvernement de la Défense nationale. Là, il communiquera aux représentants des cinq grandes puissances le résultat de sa mission, et leur fera connaître comment la Prusse a repoussé leur proposition.

Il pourra leur adresser une note collective, destinée à éclairer leurs gouvernements sur les dispositions de la Prusse, et leur permettre de juger les desseins ultérieurs que sa politique révèle suffisamment.

*Le Ministre des Affaires étrangères,*

Jules FAVRE.

## XII

**Rapport de M. Thiers sur ses négociations au quartier général allemand (1).**

Tours, le 9 novembre 1870.

Monsieur l'Ambassadeur,

Je crois devoir aux quatre grandes puissances qui ont fait ou appuyé la proposition d'un armistice entre la France et la Prusse, un compte succinct, mais fidèle, de la négociation grave et délicate dont j'avais consenti à me charger. Muni des sauf-con-

---

(1) Cette communication, faite aux grandes puissances, a été adressée à la Turquie et à l'Espagne, qui venaient de se joindre à elles.

duits que S. M. l'Empereur de Russie et le cabinet britannique avaient bien voulu demander pour moi à S. M. le Roi de Prusse, j'ai quitté Tours le 28 octobre, et après avoir franchi la ligne qui séparait les deux armées, je me suis rendu à Orléans. Sans perdre de temps, j'ai pris la route de Versailles, accompagné d'un officier bavarois que M. le général baron de Tann avait eu l'obligeance de m'adjoindre pour lever les difficultés que je pourrais rencontrer sur ma route. Pendant ce difficile trajet, j'ai pu me convaincre par mes propres yeux, et malheureusement dans une province française, de tout ce que la guerre avait d'horrible. Obligé, faute de chevaux, de m'arrêter trois ou quatre heures de la nuit à Arpajon, je suis arrivé à Versailles le dimanche matin, 30. Je n'y suis resté que quelques instants, étant bien convenu d'avance, avec M. le comte de Bismark, que mes entretiens avec lui ne commenceraient qu'après avoir complété à Paris les pouvoirs nécessairement incomplets que j'avais reçus de la Délégation de Tours. Accompagné des officiers parlementaires qui devaient me faciliter le passage des avant-postes, j'ai franchi la Seine au-dessous du pont de Sèvres actuellement coupé, et je suis descendu à l'hôtel des affaires étrangères, pour rendre plus faciles et plus promptes mes communications avec les membres du Gouvernement. La nuit s'est passée en délibérations, et après une résolution adoptée à l'unanimité, j'ai reçu les pouvoirs nécessaires pour négocier et conclure l'armistice dont les puissances neutres avaient conçu l'idée et pris l'initiative.

Toujours soucieux de ne pas perdre un temps dont chaque minute était marquée par l'effusion du sang humain, j'ai repassé les avant-postes le lundi soir 31 octobre, et le lendemain, 1er novembre, à midi, j'étais en conférence avec M. le chancelier de la confédération du Nord.

L'objet de ma mission était parfaitement connu de M. le comte de Bismark, qui avait reçu, comme la France, la proposition des puissances neutres. Après quelques réserves sur l'immixtion des neutres dans cette négociation, réserves que j'ai dû écouter sans les admettre, l'objet de notre mission a été parfaitement précisé et établi entre M. le comte de Bismark et moi. Il s'agissait de conclure un armistice qui fît cesser l'effusion du sang entre deux des nations les plus civilisées du globe, et permît à la France de constituer, par des élections librement faites, un gouvernement régulier avec lequel on pût traiter valablement. Cet objet était d'autant mieux indiqué, que plusieurs fois la diplomatie prussienne avait prétendu que, dans la situation des choses en France, elle ne savait à qui s'adresser pour entamer des négociations.

A cette occasion, M. le comte de Bismark m'a fait remarquer, sans du reste y insister, qu'il y avait à Cassel, et cherchant à se reformer, les restes d'un gouvernement, qui, jusqu'ici, était le seul reconnu par l'Europe; mais qu'il faisait cette observation uniquement pour préciser la situation diplomatique, et nullement pour se mêler, à quelque degré que ce fût, du gouvernement intérieur de la France. J'ai répondu sur-le-champ à M. le comte de Bismark que nous l'entendions bien ainsi; que, du reste, le gouvernement qui venait de précipiter la France dans l'abîme d'une guerre follement résolue, ineptement conduite, avait pour toujours terminé à Sedan sa funeste existence, et serait pour la nation française un souvenir de honte et de douleur.

Sans contester ce que je disais, M. le comte de Bismark a de nouveau protesté contre toute idée d'ingérence dans nos affaires intérieures, et a bien voulu ajouter que ma présence au quartier-général prussien, et l'accueil que j'y recevais, étaient la preuve de la sincérité de cette déclaration, puisque, sans tenir compte de ce qui se passait à Cassel, le chancelier de la confédération du Nord s'empressait de traiter avec l'envoyé extraordinaire de la République française.

Ces observations préliminaires franchies, nous avons fait un premier examen sommaire des questions que soulevait la proposition des puissances neutres :

1° Principe de l'armistice, ayant pour but essentiel d'arrêter l'effusion du sang, et de fournir à la France le moyen de constituer un gouvernement reposant sur le vœu exprimé de la nation;

2° Durée de cet armistice, motivée par les délais qu'entraîne la formation d'une assemblée souveraine;

3° Liberté des élections, pleinement assurée dans les provinces actuellement occupées par les troupes prussiennes;

4° Conduite des armées belligérantes pendant l'interruption des hostilités;

5° Enfin, ravitaillement des places assiégées, et spécialement de Paris, pendant la durée de l'armistice.

Sur ces cinq questions, et particulièrement sur le principe même de l'armistice, M. de Bismark ne m'a pas semblé avoir d'objections insurmontables, et j'ai pu croire, à la suite de cette première conférence, qui n'avait pas duré moins de quatre heures, que nous pourrions nous entendre sur tous les points, et conclure une convention qui serait le premier acte d'une pacification ardemment désirée dans les deux mondes.

Les conférences se sont succédées, et, le plus souvent, deux fois par jour, car j'étais impatient d'atteindre un résultat qui devait faire cesser le bruit du canon que nous entendions constamment, et dont chaque éclat me faisait craindre de nouveaux ravages, de nouvelles immolations de victimes humaines.

Voici quelles ont été, pendant ces conférences, les objections et les solutions sur les divers points ci-dessus énumérés.

Quant au principe et à l'objet de l'armistice, M. de Bismark m'a affirmé qu'il désirait, autant que les puissances neutres, la fin des hostilités, ou du moins leur suspension, et qu'il souhaitait la constitution, en France, d'un pouvoir avec lequel il pût contracter des engagements à la fois valables et durables. Il y avait donc accord complet sur cet objet essentiel, et toute discussion devenait superflue.

Quant à la durée de l'armistice, j'ai demandé à M. le chancelier de la confédération du Nord de vingt-cinq à trente jours, et vingt-cinq au moins. Il fallait, lui ai-je dit, douze jours pour que les électeurs pussent se concerter et arrêter leur choix, un jour pour voter, quatre ou cinq jours pour que les candidats eussent le temps, dans l'état des chemins, de se réunir en un lieu déterminé, et de huit à dix jours enfin pour une vérification sommaire des pouvoirs et la constitution de la future assemblée nationale. M. le comte de Bismark n'a point contesté ces calculs, et s'est borné à me dire que moins grande serait la durée, moins grandes aussi seraient les difficultés que pourrait présenter la conclusion de l'armistice proposé. Mais il a paru s'arrêter avec moi à une durée de vingt-cinq jours.

Venait ensuite la grave question des élections. M. de Bismark a bien voulu m'affirmer qu'elles seraient, dans les pays occupés par l'armée prussienne, aussi libres qu'elles avaient jamais pu l'être en France. Je l'ai remercié de cette assurance, dont je me serais contenté, si M. le comte de Bismark, qui n'avait d'abord demandé aucune exception pour cette liberté d'élections, n'avait cependant fait quelques réserves à l'égard de certaines parties du territoire français, voisines de nos frontières, et allemandes, disait-il, d'origine et de langage. J'ai répondu à l'instant même que l'armistice, si on voulait le conclure promptement, ainsi que c'était le désir général, devait ne préjuger aucune des questions qui pouvaient être agitées à l'occasion du traité de paix définitif; que, pour ma part, je me refusais en ce moment à en aborder aucune, et qu'en agissant ainsi, j'obéissais à mes instructions et à mes sentiments personnels.

M. le comte de Bismark m'a répondu qu'il était d'avis, lui aussi, de ne toucher à aucune de ces questions, et il m'a proposé de ne rien insérer à ce sujet dans le libellé de l'armistice, qu'ainsi rien ne serait préjugé à cet égard; que s'il n'admettait pas l'agitation électorale dans les provinces dont il s'agissait, il ne refuserait pas qu'elles fussent représentées dans la future Assemblée nationale par des notables, dont nous arrêterions la désignation sans qu'il s'en mêlât, et qui jouiraient d'une liberté complète d'opinion, comme tous les autres représentants de la France.

Cette question, la plus grave de toutes, étant ainsi en voie de solution, nous nous sommes occupés de la conduite des armées pendant la suspension des hostilités. M. de Bismark avait dû en référer aux généraux prussiens, réunis et présidés par S. M. le Roi ; et, tout examiné, voici ce qui nous a paru équitable de part et d'autre, et le plus conforme aux usages adoptés dans tous les cas semblables.

Les armées belligérantes seraient tenues de s'arrêter là même où elles se trouveraient le jour de la signature de l'armistice ; une ligne reliant tous les points où elles se seraient arrêtées, formerait la ligne de démarcation qu'elles ne devraient pas franchir, mais en dedans de laquelle elles pourraient se mouvoir, sans toutefois se livrer à aucun acte d'hostilité.

Nous étions, pour ainsi dire, d'accord sur les divers points de cette difficile négociation, lorsque s'est présentée la dernière question, celle du ravitaillement des places assiégées, et spécialement de Paris. M. le comte de Bismark n'avait, sur ce sujet, élevé aucune objection fondamentale, et n'avait semblé contester que l'importance des quantités demandées, ainsi que la difficulté de les réunir et de les introduire dans Paris (ce qui, du reste, ne regardait que nous seuls), et, quant aux quantités elles-mêmes, je lui avais formellement déclaré qu'elles seraient un objet de discussion amiable, et même de concessions importantes de notre part. Cette fois encore, le chancelier de la confédération du Nord avait voulu en référer aux autorités militaires, auxquelles plusieurs questions avaient déjà été soumises, et nous sommes convenus de remettre au lendemain, jeudi, 3 novembre, la solution définitive de cette question.

Le jeudi, 3, M. de Bismark, que je trouvai soucieux et préoccupé, me demanda si j'avais des nouvelles de Paris, à quoi je dus répondre que depuis lundi soir, jour de ma sortie, je n'en avais aucune. M. de Bismark était dans le même cas. Il me fit lire alors des rapports d'avant-postes qui parlaient d'une révolution à Paris, et de la proclamation d'un nouveau gouvernement ; ce Paris, d'où les moindres nouvelles partaient jadis avec la promptitude de l'électricité pour se répandre en quelques minutes dans le monde entier, avait pu être, en ce moment, le théâtre d'une révolution, sans que, trois jours après, on n'en sût rien à ses portes ! Profondément contristé de ce phénomène historique, j'affirmai à M. le comte de Bismark que si le désordre avait pu triompher dans Paris, l'énergique amour de l'ordre chez la population parisienne, égal à son patriotisme, rétablirait bientôt l'ordre troublé. Cependant je n'avais plus de pouvoirs si les nouvelles répandues étaient fondées. Je dus donc suspendre cette négociation jusqu'à de nouvelles informations. Ayant obtenu de M. de Bismark les moyens de communiquer avec Paris, je pus, dans cette même journée du jeudi, savoir ce qui s'était passé le lundi et m'assurer que je ne m'étais point trompé en affirmant que le triomphe du désordre n'avait pu être que de quelques heures.

Je me rendis dans la même soirée chez M. le comte de Bismark, et nous reprîmes et continuâmes pendant une partie de la nuit la négociation interrompue le matin. La question du ravitaillement de la capitale fut vivement débattue entre nous, toujours restant bien affirmé de ma part que mes demandes, sous le rapport des quantités, pourraient être modifiées après une discussion détaillée. Bientôt je pus m'apercevoir que ce n'était pas une question de détail mais de fond qui venait de s'élever. Je fis valoir auprès de M. de Bismark le grand principe des armistices, qui veut que chaque belligérant se trouve à la fin d'une suspension d'hostilités, dans l'état où il était au commencement que de ce principe, fondé sur la justice et la raison, avait découlé l'usage de ravitailler les places assiégées, et de remplacer chaque jour les vivres consommés dans la journée ; — car, sans cette précaution, dis-je à M. de Bismark, un armistice suffirait pour prendre les plus fortes places du monde.

Il n'y avait rien à répliquer, je le crois, du moins, à cette énonciation de principes et d'usages incontestés, incontestables.

M. le chancelier de la confédération du Nord, s'exprimant alors, non en son nom, mais au nom des autorités militaires, me déclara que l'armistice était absolument contraire aux intérêts prussiens ; que nous donner un mois de répit, c'était procurer à nos armées le temps de s'organiser ; qu'introduire dans Paris des quantités de vivres difficiles à déterminer, c'était lui donner le moyen de prolonger indéfiniment sa résistance ; que l'on ne pouvait, par conséquent, nous accorder des avantages pareils sans des équivalents militaires (expression de M. de Bismark lui-même). Je me hâtai de répondre que, sans doute, l'armistice pouvait avoir pour nous certains avantages matériels, mais que le cabinet prussien avait dû le prévoir d'avance en admettant le principe de l'armistice ; que d'ailleurs, apaiser les passions nationales, préparer et rapprocher ainsi la paix, accorder surtout au vœu formel de l'Europe une déférence convenable, étaient pour la Prusse des avantages politiques qui valaient bien les avantages matériels qu'elle pouvait nous concéder.

Je demandai alors quels étaient les équivalents militaires qu'on réclamait de nous, car M. le comte de Bismark mettait un soin extrême à ne pas les désigner.

Il me les énonça enfin, toujours avec une certaine réserve. — C'était, me disait-il, « une position militaire autour de Paris. » — Et comme j'insistais : « un fort, ajouta-t-il, peut-être plus d'un. » J'arrêtai sur-le-champ M. le chancelier de la confédération du Nord : — C'est Paris, lui dis-je, que vous me demandez ; car nous refuser le ravitaillement pendant l'armistice, c'est nous retirer un mois de résistance ; exiger de nous un ou plusieurs forts, c'est nous demander nos murailles. C'est, en un mot, nous demander Paris, en vous donnant les moyens de l'affamer ou de le bombarder. Or, en traitant avec nous d'un armistice, vous n'avez jamais pu supposer que la condition en serait de vous livrer Paris lui-même, Paris, notre principale force, notre grande espérance, et pour vous la grande difficulté que vous n'avez pu vaincre après cinquante jours de siége.

Arrivés à ce point, nous ne pouvions plus faire un pas ; je le fis remarquer à M. de Bismark, et il me fut facile de reconnaître que l'esprit militaire l'emportait en ce moment, dans les résolutions de la Prusse, sur l'esprit politique, qui conseillait la paix et tout ce qui pouvait y conduire.

Je demandai alors à M. de Bismark la faculté de me rendre de nouveau aux avant-postes pour m'entretenir de cette situation avec M. Jules Favre, à quoi il se prêta avec une courtoisie que j'ai toujours rencontrée dans tout ce qui concernait les relations personnelles. En me quittant, M. le comte de Bismark me chargea de déclarer au Gouvernement français que si on voulait faire les élections sans armistice, il leur laisserait une liberté entière dans tous les pays occupés par les armées prussiennes, et y ajouterait des facilités de communication entre Paris et Tours pour tout ce qui concernerait l'objet des élections.

Je recueillis cette déclaration, et je me rendis le lendemain, 5 novembre, aux avant-postes français. Je les franchis pour m'aboucher avec M. Jules Favre, dans une maison abandonnée. Je lui fis un exposé complet de la situation tout entière sous les rapports politique et militaire, en lui laissant jusqu'au lendemain pour m'adresser la réponse officielle du Gouvernement, avec tous les moyens de me la faire parvenir à Versailles. En effet, je la reçus le lendemain, dimanche, 6 novembre. Elle m'invitait à rompre la négociation sur la demande repoussée du ravitaillement, à quitter immédiatement le quartier général prussien pour me rendre à Tours, et y rester, si j'y consentais, à la disposition du Gouvernement, en cas que mon intervention pût encore être utile à des négociations ultérieures.

Je communiquai cette résolution à M. de Bismark, lui répétant que nous ne pouvions lui livrer ni la subsistance, ni les défenses de Paris, et que je regrettais amèrement de n'avoir pu conclure un acte qui aurait été un acheminement vers la paix.

Tel est l'exposé fidèle de cette négociation, que j'adresse aux quatre puissances neutres qui avaient eu la bonne inspiration de désirer, de vouloir, de proposer une suspension d'armes, laquelle aurait rapproché le moment où l'Europe entière pourra respirer, reprendre les travaux de la civilisation, et ne plus dormir d'un sommeil agité, avec la crainte de voir à chaque instant surgir quelque accident redoutable qui propage sur le continent tout entier l'incendie de la guerre.

C'est maintenant aux puissances neutres à juger s'il a été tenu assez compte de leurs conseils, et ce n'est pas à nous, j'en suis certain, qu'elles pourront reprocher de n'avoir pas fait de ces conseils le cas qu'ils méritaient. Nous les faisons juges, du reste, de la conduite des deux puissances belligérantes, et je les remercie, pour ma part, au double titre d'homme et de Français, de l'appui qu'elles m'ont prêté dans les efforts que j'ai tentés pour rendre à ma patrie les bienfaits de la paix, de cette paix qu'elle a perdue, non par sa faute, mais par celle d'un gouvernement dont l'existence est la seule faute de la France ; car c'en est une bien grande, bien irréparable, de s'être donné un tel gouvernement, et de lui avoir, sans contrôle, abandonné toutes ses destinées.

Agréez, etc.

*Signé :* A. THIERS.

## XIII.

### Journal de marche du 14ᵉ corps et de la 2ᵉ armée.

**22 octobre.** — Rien de nouveau.
On commence une redoute au moulin de Nanterre.

**23 octobre.** — La corvée de pommes de terre a eu lieu à midi.

Dans la journée, les redoutes de Charlebourg, du Moulin et de Colombes sont occupées par les zouaves du général Berthaut.

---

**24 octobre.** — Le 2ᵉ bataillon des francs-tireurs de Paris rentre dans Paris.

La corvée de pommes de terre a lieu à 11 heures.

Le 4ᵉ bataillon des Côtes-du-Nord occupe l'usine du rond-point des Bergères.

Les trois bataillons d'Ille-et-Vilaine se portent à Asnières, se joignant à Courbevoie aux bataillons de Seine-et-Marne.

---

**25 octobre.** — Un bataillon est envoyé pour protéger les travailleurs de la redoute du Moulin; il en sera toujours de même, jusqu'à la fin du travail.

Corvée de légumes à 11 heures.

---

**26 octobre.** — Rien de nouveau.

---

**27 octobre.** — A 1 heure est arrivé le 3ᵉ bataillon d'Ille-et-Vilaine, qui a été installé à Asnières, à sa place de bataille, qui lui avait été réservée.

---

**28 octobre.** — Le 5ᵉ bataillon de la garde mobile de Seine-et-Oise arrive à 11 heures et est mis sous les ordres du général Martenot.

Il est cantonné à gauche de l'avenue de Neuilly.

---

**29 octobre.** — A midi, désarmement du 2ᵉ bataillon des francs-tireurs de Paris, licencié par décret du 25 octobre, sur la proposition du général Ducrot, pour quelques actes d'indiscipline.

La 2ᵉ brigade de la 2ᵉ division part à 11 heures pour se rendre du côté de Villejuif, à la disposition du général Vinoy.

Un détachement de 100 pontonniers et 208 chevaux, arrivés aujourd'hui, sont placés près du pont de Neuilly et font partie du 14ᵉ corps.

Le 15ᵉ de marche vient prendre les positions de la 2ᵉ brigade de la 2ᵉ division.

Une compagnie des mobiles du général Martenot remplace, au pont de Suresnes, les deux compagnies parties.

---

**30 octobre.** — Trois bataillons de la garde mobile de la Côte-d'Or, arrivés à 1 heure, sont cantonnés à Colombes et occupent la redoute du Moulin et celle de Charlebourg.

Arrivée de M. Thiers.

**31 octobre.** — Rien de nouveau dans le corps d'armée.

Départ de M. Thiers à 3 heures.

Dans la soirée, envahissement de l'Hôtel-de-Ville par Blanqui, Félix Pyat, Flourens, etc.

Vers 8 heures, le général Trochu est dégagé par le 106ᵉ bataillon de la garde nationale.

A 2 heures du matin, les émeutiers sont obligés d'abandonner l'Hôtel-de-Ville et force reste au Gouvernement sans effusion de sang. Le 7ᵉ bataillon de la Seine, le bataillon de Seine-et-Oise, le 1ᵉʳ bataillon de l'Aisne, deux bataillons de Seine-et-Marne et le régiment de gendarmerie à cheval, qui avaient pris les armes vers 8 heures et demie, sont renvoyés dans leurs cantonnements à 11 heures et demie.

---

**1ᵉʳ novembre.** — Une demi-compagnie de la brigade Berthaut est installée à l'intersection de la route de Courbevoie à Colombes et du chemin de fer de Saint-Germain.

Le général Berthaut a été appelé au commandement de Saint-Denis, en remplacement du général de Bellemare. En attendant son arrivée, le colonel Fournès, des zouaves, a pris le commandement des troupes placées sur la rive gauche de la Seine.

---

**2 novembre.** — Les 200 travailleurs pour la redoute de Charlebourg sont fournis par les bataillons de la Côte-d'Or.

Un peloton de dragons est mis à la disposition du lieutenant-colonel de Grancey, commandant les trois bataillons de la garde mobile de la Côte d'Or.

Les zouaves occupent la grande usine de la Folie, où l'on construit une redoute.

Comme l'on craint une attaque de l'ennemi du côté de Saint-Denis pour la nuit, il est recommandé par le général en chef de redoubler de surveillance.

---

**3 novembre.** — De 8 heures du matin à midi, vote du corps d'armée sur la question suivante : « Veut-on, oui ou non, conserver le pouvoir au Gouvernement de la Défense nationale? » — Environ 50,000 oui et 3,000 non.

Vers 3 heures, les trois bataillons de la garde mobile de la Côte-d'Or repassent sur la rive droite de la Seine et viennent s'établir à Neuilly, à droite et à gauche de l'avenue.

---

**4 novembre.** — Les éclaireurs de la garde nationale sont définitivement attachés au 14ᵉ corps d'armée.

Le général de Bellemare, arrivé au rond-point de Courbevoie, prend le commandement des troupes de la rive gauche de la Seine.

A midi et demi, la 1ʳᵉ brigade de la 2ᵉ division remplace, sur la rive gauche de la Seine, les bataillons de la garde mobile de la Côte-d'Or et d'Ille-et-Vilaine ; le 119ᵉ de ligne et les francs-tireurs de la 2ᵉ division à Charlebourg, au fort du Moulin et à la Garenne ; le 120ᵉ de ligne à Asnières, en passant par les passerelles du pont de Clichy.

Le général Bocher va s'établir à Asnières. La 2ᵉ brigade de la 2ᵉ division revient de Paris et va occuper les emplacements laissés libres par la 1ʳᵉ, entre le boulevard Eugène et le chemin de fer.

Les bataillons de la garde mobile d'Ille-et-Vilaine s'établissent à Neuilly, entre les bataillons de la Côte-d'Or et la 2ᵉ brigade de la 2ᵉ division.

L'artillerie de cette division reprend ses anciens cantonnements, à l'exception de la batterie qui était au rond-point de Courbevoie, qui va s'installer sous les hangars du chemin de fer, à Clichy.

Le bataillon des francs-tireurs des Ternes, à l'effectif de 400 hommes, va à Nanterre, au rond-point de la Boule, et ses avant-postes se relieront, à droite, avec ceux du bataillon de zouaves placé à l'usine de la Folie, et à gauche, avec ceux de la redoute du Moulin-des-Gibets.

Les éclaireurs de la garde nationale de la Seine, à l'effectif de

527 hommes, vont s'installer à la Garenne, en arrière de Colombes, sous le commandement supérieur du colonel Cholleton.

---

**5 novembre.** — Le 3ᵉ bataillon de la garde mobile de l'Aube et le 5ᵉ bataillon du Loiret, cantonnés à Billancourt, passent, à dater de ce jour, sous les ordres du général de Maussion, commandant la 3ᵉ division.

A midi, un détachement de 107 hommes et 3 sous-officiers vient rejoindre le 4ᵉ régiment de zouaves, placé sous les ordres du général de Bellemare.

A dater d'aujourd'hui, les troupes chargées de la garde du Moulin-des-Gibets sont disposées ainsi qu'il suit :

La demi-batterie, le peloton de dragons et le bataillon de soutien n'occuperont plus les emplacements assignés ;

Un demi-bataillon, commandé par le chef de bataillon, occupera la redoute, relevé toutes les vingt-quatre heures. Pendant le jour, un petit poste au Moulin-Brûlé, une section à la maison, sous l'ouvrage du moulin d'Hérode ; le reste du demi-bataillon en arrière de la redoute.

Pendant la nuit, une section sera établie dans la petite maison, une compagnie occupera le moulin, une section placée à l'avancée fournira des embuscades, et la dernière compagnie, avec le chef de bataillon, dans l'intérieur de la redoute.

---

**6 novembre.** — A 10 heures ont eu lieu les obsèques de M. le général de Caussade, commandant la 1ʳᵉ division d'infanterie du 14ᵉ corps, à l'église de la Trinité.

A partir d'aujourd'hui, une section de grand'garde est placée le long de la Seine, entre Saint-Ouen et la redoute d'Asnières, se reliant avec les postes établis à gauche, entre Asnières et Gennevilliers.

A 7 heures du soir le bruit se répand que les Prussiens ont traversé la Seine à Argenteuil, et le général en chef fait porter une compagnie de Seine-et-Marne à l'intersection de la route de Colombes et du chemin de fer de Saint-Germain et une autre entre la station de Bois-Colombes et Colombes.

Pourtant, rien ne se confirme dans la nuit sur la tentative présumée des Prussiens.

**7 novembre.** — La brigade de Bellemare envoie 200 travailleurs au lieu de 100 à la redoute des Gibets; il en sera de même jusqu'à nouvel ordre.

220 hommes du dépôt du 29e de ligne, arrivés de Paris à 10 heures, sont dirigés sur la 3e division.

Les deux compagnies de Seine-et-Marne envoyées en avant dans la soirée du 6 sont replacées dans leurs cantonnements.

La brigade Bocher fait occuper par les avant-postes du 120e de ligne l'espace compris entre Bois-Colombes et la Seine.

---

**8 novembre.** — Il est apporté les modifications suivantes parmi les troupes chargées de la garde de l'ouvrage du Moulin-des-Gibets :

La garde de la redoute est composée d'un bataillon, dont 4 compagnies placées dans l'ouvrage et le réduit, 1 compagnie dans la petite maison, sous l'ouvrage du moulin d'Hérode, et 1 compagnie, pendant le jour, dans la Maison-Brûlée, avec petits postes détachés en avant.

Pendant la nuit, ce bataillon enverra des embuscades vers la Malmaison et vers Rueil.

Un deuxième bataillon est placé à l'usine du rond-point des Bergères.

A 2 heures, le bruit court que les Prussiens ont envahi la presqu'île de Gennevilliers. Pour parer aux éventualités, le général en chef fait prendre les armes à deux bataillons de la Côte-d'Or et à deux bataillons d'Ille-et-Vilaine et atteler la batterie de mitrailleuses de la 2e division. A 3 heures, de nouveaux renseignements réduisent le nombre des Prussiens à une patrouille d'une trentaine d'hommes. On donne contre-ordre aux troupes ci-dessus indiquées, ainsi qu'à deux bataillons de zouaves, aux quatre bataillons de Seine-et-Marne, aux trois batteries de 12 et à la batterie de 4, que le général de Bellemare avait reçu l'ordre de tenir prêts.

---

**9 novembre.** — A 10 heures et demie, trois bataillons de la garde mobile du Loiret arrivent par la route de Clichy, traversent le pont de bateaux et se rendent à Asnières, où ils sont cantonnés.

Le 120e de ligne, de la brigade Bocher, qui l'occupait, appuie à gauche sur le 119e de ligne et s'étend à droite jusqu'à Colombes (bois), où il se relie avec les bataillons de la brigade Bouttier (Seine-Inférieure), qui doit bientôt arriver.

Le 4ᵉ bataillon de la Côte-d'Or arrive également et est provisoirement cantonné sur l'avenue de Neuilly, avec les autres.

**10 novembre.** — A 8 heures, les 6ᵉ et 7ᵉ bataillons de la garde mobile de la Seine quittent Neuilly pour se rendre à Romainville, sous les ordres du contre-amiral Saisset.

A 9 heures, la brigade Bocher fait occuper Colombes, la redoute du Moulin et la redoute du Petit-Colombes ; un bataillon à Colombes, une compagnie à la redoute du Moulin et deux compagnies à la redoute du Petit-Colombes. Toutes ces troupes sont relevées toutes les vingt-quatre heures. A la même heure, revue de l'effectif des francs-tireurs de la Seine par l'intendant.

Une pièce de 24 centimètres, de marine, est dirigée, dans l'après-midi, sur le Mont-Valérien.

**11 novembre.** — Le 5ᵉ bataillon du Loiret quitte à 7 heures ses cantonnements de Billancourt et va rejoindre à Asnières les trois bataillons du même département, sous les ordres du colonel de Monbrison ; il est remplacé par un bataillon de la 3ᵉ division, qui, plus tard, occupera les positions du 3ᵉ bataillon de l'Aube.

Arrivée du général de Malroy.

A 10 heures, arrivée du 1ᵉʳ bataillon du Morbihan, venant rejoindre à Puteaux les deux autres du même département et remplacer le 6ᵉ de la Somme, qui rentre dans Paris, sous les ordres de l'amiral de Langle, commandant le 6ᵉ secteur. Deux compagnies de la Côte-d'Or vont occuper le poste de Bagatelle, en remplacement du 6ᵉ bataillon de la Seine. Ces compagnies seront relevées toutes les vingt-quatre heures.

L'artillerie fait occuper les hangars du chemin de fer de Clichy, lesquels ont été complétement évacués par l'infanterie, qui a été cantonnée dans les maisons.

**12 novembre.** — Un peloton de cavalerie est mis à la disposition des généraux commandants des nouvelles divisions, pour faire le service d'escorte.

Rien de nouveau.

**13 novembre.** — A 11 heures, 100 hommes du dépôt du 59ᵉ de ligne, armés, équipés, etc., arrivent à Asnières pour être versés dans un des corps de la 2ᵉ division (Berthaut).

On continue toujours les travaux à la redoute de Charlebourg, à celle du Moulin-des-Gibets, etc.

Le général Berthaut prend le commandement de sa division, à Asnières.

Dans la nuit d'hier, le capitaine de Néverlée, officier d'ordonnance du général Ducrot, a enveloppé à Saint-Cloud une patrouille prussienne avec ses volontaires : cinq Prussiens ont été tués et quatre faits prisonniers.

Créteil, jusque-là occupé tantôt par des avant-postes français, tantôt par des avant-postes prussiens, est définitivement occupé par un bataillon des mobiles de la Vienne, commandant de Lastic.

---

**14 novembre.** — Il est établi, à dater de ce jour, des postes de police commandés par un officier, pour faire des patrouilles, afin d'empêcher le pillage et le maraudage.

Une reconnaissance des éclaireurs volontaires, sous le commandement du commandant Poulizac, a chassé l'ennemi de ses avancées du côté de Drancy et a fait quelques prisonniers.

---

**15 novembre.** — On répare le tablier du pont du chemin de fer d'Asnières, et, pour empêcher la circulation, un poste est établi à chaque extrémité.

Quatre dragons et un brigadier sont mis à la disposition du colonel du génie Corbin, à Charlebourg, pour le service de planton.

Trois cents travailleurs de la division de Bellemare sont employés à la construction des ouvrages en avant de Charlebourg.

Le 1ᵉʳ bataillon de la Loire-Inférieure, venant de Paris, arrive au Mont-Valérien.

---

**16 novembre.** — La garnison du Mont-Valérien fournit, à dater d'aujourd'hui, les détachements qui occupent le Moulin-des-Gibets, la Maison-Brûlée et les annexes.

Les corps francs commandés par MM. de Vertus et Chaboud-Mollard, qui occupent Nanterre, sont mis sous les ordres du général Noël, commandant le Mont-Valérien.

Le commandant Ladvocat commence la construction de batteries du côté de Colombes.

**17 novembre.** — Deux bataillons de la garde mobile du Tarn quittent Tilmont, sous le commandant Reille, pour rejoindre la division Mattat, à Charenton, et sont remplacés par deux bataillons de la 5e division (d'Hugues) de la 3e armée.

A dater d'aujourd'hui, un bataillon de la 1re division devra aller chaque soir sur les bords de la Seine, pour garder la digue jusqu'à Argenteuil et occuper le terrain entre Gennevilliers et Colombes.

On construit, à partir de 6 heures du soir, une tranchée à la traversée de la ligne d'Argenteuil, pour relier les deux portions de la digue, et un boyau, pour aller à couvert de Colombes à la digue.

La batterie Deschamps est chargée d'armer une batterie à Gennevilliers.

Le génie auxiliaire supprime les barricades de la route de Courbevoie à Colombes et rétablit la circulation.

**18 novembre.** — Après la soupe du matin, le 1er escadron du 2e régiment de gendarmerie quitte Sablonville pour rejoindre son corps au Palais de l'Industrie.

Le 1er bataillon de la Vendée se rend à Montrouge pour remplacer à Cachan le bataillon du Puy-de-Dôme, qui rentre à Paris.

Un détachement de 2 sous-officiers, 1 caporal, 1 clairon et 85 hommes rejoint le 4e zouaves.

Des boyaux sont commencés entre la redoute du Petit-Colombes et la batterie à droite, et la route qui va de Charlebourg à Bezons.

45 hommes de la 2e compagnie du 3e régiment du génie viennent au Mont-Valérien remplacer la section du génie de la 2e division, qui se porte à Charlebourg.

**19 novembre.** — Dans la nuit, les tirailleurs des Ternes engagent une fusillade assez vive avec les avant-postes prussiens; deux hommes ont été tués.

Après la soupe du matin, les 2e et 3e bataillons de la Vendée arrivent à Montrouge, et le bataillon de l'Ain, qu'ils remplacent, quitte Arcueil pour rentrer à Paris. Les trois batteries du commandant Ladvocat quittent Neuilly pour aller rejoindre la 2e division du 2e corps à Asnières. La 3e brigade de la 1re division du 1er corps (brigade Paturel) part de Neuilly et va s'établir à Vitry.

La 1re division du 2e corps (Susbielle) vient occuper les postes de la 1re division du 1er corps (de Malroy), tout en conservant les siens.

Le 13e régiment de dragons quitte le quartier de Grenelle et vient à Clichy, occuper les hangars du chemin de fer, vers 2 heures.

Le corps des volontaires de la France, commandé par le lieutenant-colonel Cailloué, est mis à la disposition du général de Malroy, à Vitry.

Les lanciers de la brigade de Bernis quittent le fort Neuf, à Vincennes, et les chevaux de la réserve d'artillerie du 3e corps viennent occuper leurs écuries.

Une opération qui devait avoir lieu dans la plaine de Gennevilliers a été contremandée.

---

**20 novembre.** — La brigade Martènot, 1re de la 1re division du 1er corps, part de Neuilly après la soupe du matin et va s'établir à Ivry; seulement le 3e bataillon d'Ille-et-Vilaine et le 1er de la Côte-d'Or restent provisoirement à Neuilly.

Le 3e bataillon du Tarn quitte Montreuil et rejoint la division Mattat; il prend position à Créteil, en remplacement du 3e bataillon de la Vienne. Les trois bataillons de la Vienne rentrent dans Paris; les trois bataillons du Tarn les remplacent, savoir : deux à Maisons-Alfort, un à Créteil.

Le 4e bataillon du Finistère se rend à Bicêtre, pour remplacer un des bataillons de l'Ain, qui revient à Paris.

---

**21 novembre.** — Il est formé au grand quartier général une compagnie des isolés.

Le 5e bataillon du Finistère remplace à Vitry un bataillon de l'Ain, rentré à Paris; les trois bataillons de Saône-et-Loire rentrent également à Paris.

Le régiment de gendarmerie à cheval fournit un détachement de 1 maréchal des logis, 1 brigadier, 9 gendarmes et 1 trompette pour le grand-prévôt de l'armée.

## DÉFENSE DE PARIS.

A dater de ce jour, le régiment de gendarmerie est mis sous les ordres du général de Gerbrois.

Le 4ᵉ bataillon du 128ᵉ de ligne est supprimé, et l'on forme, avec les compagnies de chasseurs de l'armée, les 21ᵉ et 22ᵉ bataillons de chasseurs ; de plus, une 7ᵉ compagnie dans le 4ᵉ régiment de zouaves.

**22 novembre.** — Les batteries des différents corps d'armée qui ne se trouvaient pas avec leurs divisions sont parties au commencement de la journée pour rejoindre leur poste.

**23 novembre.** — Un bataillon mobilisé de la garde nationale sédentaire vient aux avant-postes à Maisons-Alfort.

Un détachement de 160 hommes du dépôt du 29ᵉ de ligne est envoyé, savoir : 100 hommes au 123ᵉ et 60 hommes au 124ᵉ.

**24 novembre.** — Après la soupe du matin, les mouvements suivants ont eu lieu :

Le 2ᵉ bataillon de la Drôme et le 5ᵉ du Loiret, sous le commandement du colonel Balette, vont d'Asnières à Courbevoie ;

Le 1ᵉʳ bataillon de la Côte-d'Or va à Puteaux ;

Le 3ᵉ bataillon d'Ille-et-Vilaine va à Suresnes ;

Le 1ᵉʳ bataillon de l'Aisne va à l'usine de la Folie ;

Le 5ᵉ bataillon de Seine-et-Oise va à Charlebourg ;

La batterie de 4 du capitaine Durand, de la réserve du 1ᵉʳ corps, quitte Montrouge pour se mettre à la disposition de M. le vice-amiral La Roncière-Le Noury ;

Les deux batteries de 12 qui étaient avec les troupes du 1ᵉʳ corps et qui doivent faire partie de la réserve du 3ᵉ corps, partent de Montrouge pour se rendre à Vincennes ;

Le 21ᵉ bataillon de chasseurs à pied quitte Saint-Denis après la soupe du matin et se rend à Maisons-Alfort ; il est placé provisoirement sous les ordres du général d'Exea, commandant le 3ᵉ corps ;

Le 3ᵉ bataillon de la Seine-Inférieure quitte Montreuil et se rend à Créteil pour rejoindre le groupe Reille.

Il est créé une compagnie d'éclaireurs du grand quartier général, placée sous les ordres de M. le capitaine de Néverlée, officier d'ordonnance du général en chef.

**25 novembre.** — Le 84ᵉ bataillon de guerre de la garde nationale, commandant Bixio, et le 165ᵉ, commandant Joubert, quittent Paris à 10 heures du matin et sont mis à la disposition du général Blanchard, commandant le 1ᵉʳ corps. Ils sont placés aux avant-postes, à Arcueil et Cachan. (Effectif de chaque bataillon, 500 hommes.) Le bataillon des tirailleurs de Belleville, à l'effectif de 500 hommes, commandant Lampérière, quitte Paris à la même heure et se rend à Créteil, sous les ordres provisoires du général d'Exea, commandant le 3ᵉ corps.

D'après les ordres du général en chef, on établit une batterie en arrière de la digue près du pont de Bezons et on répare les chemins qui vont au Pont-des-Anglais, le long du chemin de fer, en partant de la Folie.

---

**26 novembre.** — Le général de Liniers porte son quartier général à Saint-Ouen. Le général de Beaufort vient à Neuilly-sur-Seine, et le général Corréard au petit collège de Vanves.

Les 1ᵉʳ, 2ᵉ, 3ᵉ bataillons de Saône-et-Loire quittent Paris pour Pantin ; — les 1ᵉʳ, 2ᵉ, 3ᵉ de l'Hérault quittent Pantin pour Aubervilliers ; — les 1ᵉʳ, 2ᵉ, 3ᵉ et 5ᵉ des Côtes-du-Nord quittent Paris pour Saint-Ouen ; — les 2ᵉ, 3ᵉ et 4ᵉ de l'Ain vont de Paris à Clichy ; — les 1ᵉʳ et 2ᵉ de l'Aube se rendent à Boulogne ; — les bataillons de l'Indre, du Puy-de-Dôme, de la Marne, le 6ᵉ de la Somme vont à Vitry ; — les 1ᵉʳ et 2ᵉ bataillons de la Somme vont à Montrouge, le 5ᵉ à Vanves, le 3ᵉ à Issy. Toutes ces troupes emportent quatre jours de vivres.

Un escadron du 14ᵉ dragons et un escadron du régiment de gendarmerie à cheval sont réunis pour former un corps d'éclaireurs sous les ordres du commandant Faverot, officier d'ordonnance du général en chef.

130 hommes du dépôt du 29ᵉ de ligne, dirigés sur le 136ᵉ de ligne, arrivent à Courbevoie après la soupe du matin.

Toutes les troupes d'infanterie de la 2ᵉ armée complètent leurs munitions à 108 cartouches, la cavalerie à 36 ; elles touchent sept jours de vivres et laissent leurs petits ballots, leurs couvertures, les peaux de mouton, et se tiennent prêtes à marcher.

---

**27 novembre.** — A 10 heures, après la soupe du matin, la brigade Colonieu, de la division de Bellemare, quitte ses cantonnements de Courbevoie et traverse Paris pour aller camper près des redoutes de Montreuil et de la Boissière.

La division de Maussion s'embarque aux gares d'Auteuil et du Point-du-Jour pour débarquer aux gares de Bercy et de Charenton, et vient s'établir en dehors des fortifications, entre le chemin de fer de Lyon et la Seine. Son artillerie part à la même heure et rallie sa division après avoir traversé Paris jusqu'à la porte de Bercy.

La division Susbielle part également après la soupe du matin, à 9 heures : la 2e brigade pour s'établir, la droite vers Charenton, la gauche à Saint-Mandé; la 1re brigade part à 11 heures et vient s'établir à la droite de la 2e brigade.

---

**28 novembre.** — Dans la soirée du 28, les mouvements suivants ont lieu, savoir : la division de Maussion, du 2e corps, vient s'établir dans le bois de Vincennes, face à l'E., en avant du château, la droite à l'obélisque, la gauche à la route de Vincennes à Fontenay.

La division Berthaut, du même corps, s'embarque sur le chemin de fer, savoir : la 1re brigade (Bocher) à la Porte-Maillot; la 2e brigade (Miribel) à Courcelles, pour se rendre à Vincennes dans la partie ouest du bois, la gauche au château de Vincennes, la droite vers le polygone, sans dépasser la lisière du bois; l'artillerie de cette division se place avec elle.

La brigade Fournès, de la division Bellemare, s'embarque à Courcelles et à la Porte-Maillot, débarque à la gare de Charonne, traverse Montreuil et le plateau de Tilmont et s'établit à la droite de la brigade Colonieu, sa droite à la redoute de Fontenay, sa gauche vers le fort de Rosny. L'artillerie de la division quitte Vincennes pour venir sur le plateau de Tilmont avec trois batteries de réserve du corps d'armée.

La division Mattat (3e corps) quitte ses cantonnements et vient se masser dans la partie Est du bois de Vincennes, derrière le chemin de fer de Saint-Maur à Vincennes, avec son artillerie divisionnaire.

Le groupe Reille passe la Marne à Port-Créteil et vient se placer en arrière de Joinville.

Le reste de la réserve d'artillerie du 3e corps se place dans le champ de manœuvres, le long du bois, entre l'obélisque et la redoute de la Faisanderie.

La division Faron (1er corps) vient se placer dans le bois de Vincennes, face à l'est, sa droite à la Marne, sa gauche dans la direction de l'obélisque, ne dépassant pas la lisière du bois; son artillerie au fond du polygone, près des buttes.

La division de Malroy vient se placer en deuxième ligne, derrière la division Faron, son artillerie à côté de celle du général Faron.

La réserve d'artillerie se porte : huit batteries sur le plateau de Tilmont, les quatre autres à l'ouest de Nogent.

La division du général d'Hugues, de la 3ᵉ armée, était déjà venue se placer à la gauche du fort de Rosny (3,000 marins et 2,000 sapeurs).

Le général en chef porte son quartier-général à Nogent.

Ce même jour, 28 novembre, ordre est donné par le général Tripier de mettre à la disposition du général commandant la 2ᵉ armée sept compagnies du génie auxiliaire (1), savoir :

4 compagnies du 1ᵉʳ bataillon ;
3 compagnies du 2ᵉ bataillon ;
Total 756 hommes, y compris les officiers.

---

**29 novembre.** — Le 28 novembre, à 8 heures 1/2 du soir, les marins de l'amiral Saisset, soutenus par la division d'Hugues, s'étaient emparés du plateau d'Avron, et une artillerie nombreuse de pièces à longue portée était installée sur ce plateau, menaçant au loin les positions de l'ennemi et les routes suivies par ses convois à Gagny, à Chelles et à Gournay.

Les ponts qui devaient être jetés sur la Marne n'ayant pu être construits par suite d'une crue subite, il y a eu contre-ordre pour l'opération que devait effectuer la 2ᵉ armée.

A 8 heures du matin, le 3ᵉ corps quitte ses cantonnements depuis Charenton jusqu'à Fontenay, se dirige sur Rosny-sous-Bois et va bivouaquer près du chemin de fer de Mulhouse, entre Bondy et Rosny.

Dans la presqu'île de Gennevilliers, de nouvelles batteries étaient armées, des gabionnages et des tranchées-abris étaient installés dans l'île Marante, dans l'île de Bezons et sur le chemin de fer de Rouen.

---

(1) La légion du génie auxiliaire, dont nous avons déjà parlé, avait pour colonel M. Alphand, et pour lieutenant-colonel M. Viollet-Leduc ; elle se composait de deux bataillons : le 1ᵉʳ à huit compagnies, commandant Delatour ; le 2ᵉ à six compagnies, commandant Rozat de Mandres ; chaque compagnie ayant un effectif variant de 200 à 250 hommes. — Avec les hommes les plus valides choisis dans toute la légion, il avait été formé deux bataillons de guerre à huit compagnies chacun, chaque compagnie ayant un effectif d'environ 100 hommes et 3 officiers.

Aussi le 29, le général de Beaufort dirigeait une reconnaissance sur Buzenval et les hauteurs de la Malmaison, en restant, sur sa droite, relié devant Bezons avec les troupes du général de Liniers.

Au point du jour, les troupes de la 3e armée, sous les ordres du général Vinoy, opéraient une sortie sur Thiais, L'Hay et Choisy-le-Roi, mais se repliaient dans leurs positions, après s'être emparées de la gare aux bœufs de Choisy et de Thiais, en apprenant que l'opération du général Ducrot était ajournée.

Le soir, la crue de la Marne ayant à peu près cessé, les ingénieurs chargés du travail s'occupent d'établir les ponts nécessaires au passage de l'armée sur la rive gauche de la Marne.

---

**30 novembre.** — A 3 heures du matin, la division Susbielle (1re du 2e corps) quittait son campement du bois de Vincennes, traversait la Marne à Port-Créteil et se dirigeait en avant de Créteil vers Montmesly.

Soutenue par la brigade de mobiles du général Ribourt, elle enlève la position de Montmesly; mais cette attaque n'étant qu'une diversion, le général Susbielle, menacé par des troupes considérables, se retire tout en forçant l'ennemi à ne pas se dégarnir. D'un autre côté, la 2e armée, sous les ordres du général Ducrot (1re et 3e divisions, généraux Malroy et Faron, du 1er corps, Blanchard; la 2e division, Berthaut, et la 3e division, de Maussion, du 2e corps, Renault) passe rapidement la Marne sur les ponts jetés pendant la nuit. Ces divisions sont suivies de leur artillerie et de l'artillerie de réserve.

Ce mouvement avait été assuré par un feu soutenu d'artillerie partant des batteries de position établies sur la rive droite de la Marne, à Nogent, au Perreux et dans la presqu'île de Saint-Maur, et par les batteries des forts de Nogent, de la Faisanderie, de Gravelle, etc., et du plateau d'Avron.

Le 3e corps, d'Exea, restant sur la rive droite de la Marne, s'avance vers Neuilly-sur-Marne, qu'il occupe, couvrant ainsi le flanc gauche de nos troupes d'attaque et empêchant l'ennemi de déborder, soit de Chelles, soit de Noisy-le-Grand.

A 9 heures, le 1er corps, Blanchard, attaque avec vigueur le village de Champigny, pendant que le 2e, général de Maussion, sous les ordres directs du général Ducrot, enlève le bois du Plant et la ligne du chemin de fer.

Notre aile droite débouche du village de Champigny, et, malgré les efforts de l'ennemi, se porte sur le plateau en avant de

Cœuilly, soutenue par toute son artillerie ; la division Berthaut suit le mouvement au centre, et à gauche, la division de Maussion, un moment arrêtée par les feux du parc de Villiers, s'élance à la baïonnette, sous la direction du général Ducrot et de son état-major, et couronne le plateau. Il était 11 heures.

Les Prussiens ayant reçu des renforts considérables, et appuyés par une nombreuse artillerie, font alors un vigoureux effort en avant ; notre aile gauche ne peut plus se maintenir, et rentre en bon ordre sur les pentes qui descendent sur Bry-sur-Marne et le chemin de fer ; notre droite elle-même, sous le feu de Cœuilly et Chennevières qui foudroie nos colonnes, recule et vient s'appuyer au village de Champigny.

L'ennemi s'enhardit et pousse son attaque avec une vigueur et un acharnement remarquables pour nous rejeter sur la Marne ; il espère un succès ; mais les ponts de Bry sont prêts, le général d'Exea porte sa 1$^{re}$ division (de Bellemare) sur ce village : le 136$^e$ de ligne et le 4$^e$ zouaves gravissent avec un élan admirable les pentes abruptes qui, de Bry, mènent au plateau de Villiers ; le feu terrible de l'ennemi ne peut les arrêter. Le général Ducrot fait soutenir ce mouvement de toute son artillerie, toute la ligne se porte en avant et les hauteurs de Villiers sont de nouveau enlevées ; la lutte continue acharnée, mais enfin, l'ennemi voyant ses efforts inutiles, cesse son feu et se retire derrière ses retranchements, à Villiers, Cœuilly, etc.

Il est 5 heures 1/2 et la nuit empêche le combat de continuer. Pour soustraire les troupes à l'action directe du feu des Prussiens, le général en chef fait abandonner les plateaux et place son armée un peu en arrière des crêtes.

Il établit son quartier-général à la ferme de Poulangis.

Pendant cette journée, le général Vinoy, avec des troupes de la 3$^e$ armée, opérait une diversion en attaquant de nouveau les positions ennemies vers Choisy-le-Roi et Thiais.

Au nord, l'amiral La Roncière, soutenu par l'artillerie des forts, avait occupé, dans la plaine d'Aubervilliers, Drancy et la ferme de Groslay ; de fortes colonnes ennemies avaient été ainsi attirées sur le bord du ruisseau la Morée. Vers 2 heures, l'amiral traversa Saint-Denis et, se portant de sa personne à la tête de nouvelles troupes, dirigeait l'attaque d'Épinai, que nos soldats, soutenus par des batteries de la presqu'île de Gennevilliers, ont pu occuper avec succès.

1$^{er}$ **décembre.** — Au commencement de la journée, quelques combats de tirailleurs en avant de la 2$^e$ armée. Les batteries d'Avron continuent à inquiéter les mouvements de l'ennemi à Chelles, à Gournay, dans la concentration considérable qu'il opère.

Dans la journée, on ramasse les morts et les blessés.

M. le général de Maussion prend le commandement du général Renault, très-grièvement blessé.

Les différentes divisions travaillent à se couvrir par des tranchées.

---

**2 décembre.** — Avant le jour, l'ennemi ayant rassemblé des forces considérables, commence l'attaque et s'élance sur les positions occupées par nos troupes. Cette brusque attaque, poussée avec vigueur, fait d'abord plier nos avant-postes et nos soldats reculent, mais bientôt ils sont ramenés et opposent à l'ennemi une résistance énergique sur toute la ligne de Bry-sur-Marne à Champigny; notre nombreuse artillerie, placée dans de bonnes conditions, appuie efficacement notre armée.

15,000 hommes de garde nationale mobilisée, sous les ordres du général Clément Thomas, viennent prendre position sur les hauteurs de la rive droite de la Marne, pour servir de réserve.

La lutte continue avec acharnement, elle est terrible; nos pertes sont considérables, mais celles de l'ennemi ne sont pas moindres; il essaye toujours de nous chasser de nos positions; il occupe même quelques maisons de Champigny, mais nos troupes opposent partout une énergique résistance.

A 10 heures 1/2, la division Susbielle (2ᵉ corps) arrive de Créteil et vient relever une partie des divisions Berthaut (2ᵉ corps) et de Malroy (1ᵉʳ corps), les plus éprouvées par le feu de l'ennemi. Quelques bataillons de la garde nationale passent les ponts et viennent se placer à Poulangis, en arrière de la Fourche et de Champigny.

Le feu continue sur toute la ligne, mais dès 11 heures, l'armée prussienne comprenant l'inutilité de ses efforts, ne se porte plus en avant; son artillerie nous envoie ses obus, mais on comprend que la lutte va finir. Cependant les batteries de Cœuilly nous font encore beaucoup de mal; alors le général en chef fait avancer les batteries de 8 de la réserve, et bientôt le feu de l'artillerie ennemie est éteint.

Le feu cesse de tous côtés à 4 heures et nous restons maîtres du terrain de la lutte.

Pendant cette journée, la division Mattat, du corps d'Exea (3ᵉ corps), qui occupait Neuilly-sur-Marne, arrêtait par son feu d'infanterie et son artillerie, toutes les tentatives de l'ennemi pour envoyer des renforts destinés à tourner notre gauche.

Les différentes tranchées commencées par nos troupes sont immédiatement complétées et forment une formidable défense.

---

**3 décembre.** — Vers 7 heures du matin, petit combat de tirailleurs; l'on tire quelques coups de canon de part et d'autre, mais il n'y a pas d'engagement sérieux.

A 11 heures commence le mouvement de retraite pour repasser la Marne; ce mouvement commence par la droite, protégé par les batteries de Saint-Maur.

Sept batteries placées sur la rive droite de la Marne, en amont du Perreux, sont également chargées de le protéger.

La division de Bellemare (3ᵉ corps) forme l'arrière-garde.

La brigade La Mariouse, de la division Faron, est installée entre Poulangis et la Marne.

Le mouvement est terminé à 6 heures 1/2.

Toutes les troupes reprennent, sur le plateau de Vincennes, les emplacements qu'elles occupaient le 29 novembre, à l'exception de la brigade La Mariouse, laissée à Poulangis; de la division Bellemare, placée au Perreux, et de la division Mattat, à Plaisance.

Le quartier-général de l'armée est porté au château de Vincennes.

---

## XIV.

### Rapport de M. Krantz.

Paris, le 20 septembre 1871.

Mon cher Général,

Vous m'avez demandé une note sur les opérations auxquelles j'ai pris part lors du passage de la Marne, en novembre 1870 : je m'empresse de vous l'adresser.

Des récits, souvent inexacts, quelquefois malveillants, ont circulé et circulent encore dans le public à ce sujet. Je n'étais pas sans les connaître, mais je pensais que j'avais mieux à faire en ce moment que d'y répondre.

Soit fatigue, soit souci médiocre de l'opinion publique, je me tenais pour satisfait des témoignages d'estime dont j'avais été honoré par les chefs de l'armée et de la sympathie de mes collaborateurs. Vous pensez que cette philosophie indifférente n'est pas de saison, qu'il est sage de faire connaître la vérité et d'opposer des récits sérieux à des racontages malveillants ; vous désirez que je le fasse : je n'ai rien à vous refuser, et je commence.

Je me bornerai, dans ce qui va suivre, à dire ce que je sais pertinemment, ce que j'ai vu par moi-même, ce que nous avons fait, mes collaborateurs et moi. Mon récit gagnera ainsi en exactitude ce qu'il pourra perdre en étendue. Je n'ai pas besoin de vous dire qu'il sera parfaitement sincère.

Dans les premiers jours de novembre, je fus mandé au conseil de guerre, où le Gouverneur exposa le plan de campagne si impatiemment attendu par la population parisienne. Il s'agissait de forcer les lignes ennemies par la presqu'île d'Argenteuil. Cette opération exigeait que l'armée franchît la Seine en plusieurs points aux environs de Bezons. Comme les équipages des ponts militaires n'étaient pas suffisants pour les passages projetés, je reçus ordre de préparer quatre nouveaux équipages, dont deux pour l'artillerie et deux pour l'infanterie. Également de jeter un pont de bateaux sur la Seine, en face de Saint-Denis, pour suppléer à l'insuffisance du pont suspendu, que l'on ne trouvait pas assez solide pour le passage de l'artillerie de réserve ; enfin, de réparer le tablier et les abords du pont du chemin de fer de l'Ouest, à Asnières, afin de donner à nos troupes un débouché direct sur la plaine de Gennevilliers.

Les ponts de bateaux préparés devaient être, pendant la nuit qui précéderait l'action, transportés, par voie de terre ou de fer, sur les bords de la Seine et posés par mon personnel.

Ce programme ne reçut son exécution qu'en ce qui concerne le pont d'Asnières, qui fut rétabli et servit, à partir de ce moment, au passage des troupes, et le pont de bateaux de Saint-Denis, qui, établi avec le plus grand soin par le regrettable Baude, nous fut très utile en diverses circonstances (1).

Pendant que je m'occupais en toute diligence à réunir le matériel et le personnel nécessaires pour l'exécution des ordres que j'avais reçus, le plan de campagne projeté subissait de graves modifications. Après mûres réflexions, il fut résolu que l'attaque projetée aurait lieu vers l'Est, et que l'armée franchirait la Marne, sous la protection de nos forts, dans la

---

(1) Tombé plus tard entre les mains des Prussiens, ce pont aurait été vendu par eux si je ne l'avais fait enlever pendant la nuit et transporter dans nos eaux, à Suresnes.

presqu'île comprise entre Petit-Bry, Joinville et Champigny.

Dans cette nouvelle combinaison, tout ce qui concernait les passages et les travaux d'appropriation en aval du pont de Joinville fut confié à MM. les ingénieurs en chef Ducros et Duverger.

Toute la partie en amont du pont de Joinville me fut réservée, et je dus me préparer :

1° A remplacer le pont de chevalet construit par le génie militaire dans le bras de droite en amont de Joinville;

2° A jeter deux ponts, l'un d'infanterie, l'autre d'artillerie, aux pointis amont de l'île Fanac, en face de la ferme de Poulangis;

3° Deux autres ponts aux pointis aval de l'île de Beauté;

4° Enfin, deux autres ponts à 1,200 mètres en aval de Neuilly, au coude que fait la Marne en ce point.

Ces deux derniers ponts devaient être transportés sur essieux et suivre la route nationale n° 45.

Cette partie du programme reçut, la veille de l'exécution, une dernière modification. Il fut décidé que les deux ponts de Neuilly seraient fournis par les équipages de l'armée, et que je descendrais les miens à 150 mètres en aval de Bry-sur-Marne. Mais il me restait toujours six ponts complets à établir, plus ce demi-pont de Joinville.

Enfin, comme corollaire à ce travail principal, je dus faire exécuter les rampes et chemins d'accès des ponts, débarrasser le bassin du canal Saint-Maur, la rivière et la route n° 45 des énormes abatis d'arbres qui y avaient été accumulés. Deux de mes compagnies d'ouvriers auxiliaires d'artillerie furent chargées de ce travail.

*Matériel.*

Avant d'entrer dans le récit même de l'action, permettez-moi d'insister sur quelques détails des préparatifs.

Les ponts d'infanterie furent constitués à l'aide de petits bateaux que je mis en réquisition. Ces bateaux avaient $7^m 70$ de longueur, $1^m 75$ de largeur au milieu et 70 centimètres de hauteur totale; pontés sur une largeur de 3 mètres et juxtaposés à 15 centimètres près, ils formèrent un excellent pont sur lequel les cavaliers et les voitures légères pouvaient aisément passer. L'un de ces ponts a même été assez longtemps employé à Bezons et à Asnières, après le siège, pour remplacer le pont fixe qui avait été détruit.

Je crois que l'on pourrait, en construisant des bateaux adaptés à ce service, obtenir, dans le même système, des ponts de campagne légers, faciles à manœuvrer et à transporter.

Les pontons destinés au passage de l'artillerie nous donnèrent plus de peine. La nécessité de transporter sur essieux une partie de nos équipages ne nous permettait pas d'employer les margotats que l'on trouve assez aisément sur la Seine. Nous dûmes construire des pontons spéciaux.

Grâce au zèle et à l'énergie mis à ce travail, cinquante-quatre pontons furent préparés en moins de douze jours avec leurs poutres de guindage, poutrelles, tabliers de rive, etc. La distance des pontons était d'axe en axe de 6 mètres ; ils pouvaient déplacer, sans s'enfoncer à plus de 20 centimètres en contre-bas du bordage, un volume de 9 mètres environ.

Leur stabilité était donc plus grande que celle des bateaux de pontonniers du modèle de 1832.

En résumé, nous avions à notre disposition, le jour de l'action :

180 bateaux destinés aux ponts d'infanterie, et pouvant, sans les tabliers de rive, former une longueur de. . 342 mètres.

54 pontons d'artillerie pouvant, sans les tabliers de rive, donner une longueur de. . . 324 mètres.

Et enfin, 20 batelets destinés à porter les éclaireurs et à passer les premières compagnies d'avant-garde d'une rive à l'autre.

En portant à 90 mètres la largeur maxima de la Marne, et à 45 celle du petit bras de Joinville, nous n'avions besoin que de 315 mètres de longueur de pont d'infanterie et de 270 mètres de pont d'artillerie. Nous étions donc largement au-dessus des besoins, et nous avions prudemment fait la part de toutes les éventualités.

Il va sans dire que les ancres, cordages, agrès, gaffes, avirons avaient été préparés et réunis avec la même prévoyante ampleur.

Le personnel destiné à la manœuvre de nos ponts était constitué :

1º Par un détachement de 150 marins de l'État, sous le commandement de MM. Rieunier, capitaine de frégate, et Versnheider, enseigne ;

2º Par trois compagnies d'ouvriers d'artillerie, sous le commandement de leurs ingénieurs ;

3º Par les mariniers de la Seine, attachés à notre service depuis l'établissement des ponts de bateaux d'Ivry et des Moulineaux.

Le transport devant se faire principalement par eau, nous avions réuni une petite flottille de vapeurs composée de cinq mouches à vapeur, sous la conduite du directeur M. Chaize, et du bateau *La Persévérance*, offert et monté par son propriétaire M. Frébaut.

Ce bateau devant tenir la tête de ligne était garni de mantelets et portait une mitrailleuse.

Enfin, j'avais demandé aux compagnies de chemins de fer un grand nombre de camions qui, attelés et munis de leurs conducteurs, se tenaient à Charenton et à Saint-Maur, pour transporter nos équipages où besoin serait. Cette partie de notre matériel était sous la direction des agents forestiers attachés à mon service.

*Concentration du matériel et essais.*

Il était important de ne pas laisser deviner la direction sur laquelle allaient se porter nos opérations ; aussi nous choisîmes deux points de concentration du matériel : l'un à Grenelle en aval de Paris, l'autre aux environs de l'île Saint-Louis en amont. Grâce à nos bateaux à vapeur, nous pouvions, en peu d'heures, le réunir et le mettre en marche.

Le 26 novembre, nous fîmes entrer dans le canal Saint-Maurice les équipages qui devaient tenir la tête de ligne et qui étaient sous les ordres du commandant Rieunier.

Pour exercer nos pontonniers, nous fîmes, aux divers points de stationnement, pratiquer des essais de jour et de nuit. Grâce à leur bonne volonté, les marins et les auxiliaires d'artillerie arrivèrent promptement à ce résultat qu'ils pouvaient placer un pont sur la Seine en une heure pendant le jour et une heure et demie pendant la nuit. Il ne nous en fallait pas davantage.

Enfin, le 28 dès le matin, l'ordre de départ fut donné, et je me rendis à Saint-Maur pour surveiller l'arrivée et le passage assez difficile des écluses de Charenton et de Gravelle. Cette dernière, à peine réparée, laissait perdre beaucoup d'eau et prenait beaucoup de temps pour les manœuvres.

Nous pûmes cependant, vers huit heures, avoir notre matériel disposé, arrangé dans le bassin de Saint-Maur ; chaque vapeur chauffé se trouvait tête de convoi.

Le matériel accessoire, cordages, agrès, etc., chargé sur les camions des chemins de fer, se rendit, par dessus le souterrain, aux abords du pont de Joinville.

Tout étant prêt, le signal fut donné.

Malgré un courant assez vif, le souterrain de Saint-Maur fut très-rapidement traversé ; nous débouchâmes de l'autre côté et en aval du pont de Joinville que nous devions franchir en passant sous la troisième arche dans le petit bras.

Notre petite flottille remise en ordre, on attaqua le passage.

La *Persévérance*, commandée par le capitaine Rieunier, prit la tête et s'engagea avec son convoi sous le pont.

Le courant était, en ce point, d'une violence extrême, une véritable barre se présentait à l'amont. Le bateau, après avoir été jeté violemment contre les piles, dut se retirer.

On força le feu, on chargea les soupapes, on largua un peu les amarres du convoi pour le rendre moins rigide et on s'engagea une seconde fois sous le pont.

Le bateau vint de nouveau heurter les piles, mais il gagnait visiblement du terrain, quand trois pontons sombrèrent avec les hommes qui les montaient.

A la suite de cet accident, le bateau dut rétrograder ; on força encore la vapeur, on chargea les soupapes à outrance, et, après avoir remis de l'ordre dans le convoi, le bateau parvint à franchir la barre.

Mais il était onze heures. On avait perdu un temps précieux, et il devenait manifeste que nous ne pouvions pas parvenir à faire passer les convois et placer nos ponts en temps utile.

Il n'y avait donc pas à hésiter ; je dus prévenir le gouverneur et le général Chabaud-Latour de la situation. Puis, après avoir donné quelques nouvelles instructions, je me rendis au fort de Nogent, vers deux heures, pour vous aviser de l'état des choses.

Si, en aval de Joinville, les ponts confiés à mes collègues avaient été établis, on aurait pu, à la rigueur, tenter le passage, mais d'autres causes avaient aussi retardé leurs opérations, et il était manifeste qu'il ne leur était, pas plus qu'à nous, possible d'arriver en temps utile.

Il ne pouvait donc rester aucune hésitation. Le passage devait être ajourné.

Le reste de la nuit et la journée du lendemain furent employés à découpler les bateaux, à les haler dans l'arche extrême de la rive droite. L'opération, très-pénible d'abord, se simplifiant ensuite, nous pûmes faire passer des groupes de bateaux accouplés. On les remettait en ordre au delà du pont, puis on les faisait remorquer par les vapeurs à destination, et au fur à mesure de leur arrivée, les ponts s'établissaient.

Le 30, à six heures du matin, la situation était celle-ci :

Le commandant Rieunier, en tête de l'île de Beauté, avec ses deux ponts, ses bateaux, ses vapeurs et ses équipages, attendait, comme il était convenu, des ordres ultérieurs.

Les deux ponts de l'île de Beauté étaient prêts, ceux d'aval également, et le pont de chevalet remplacé.

L'armée avait donc à sa disposition, pour franchir la Marne en amont du pont de Joinville, cinq ponts complets et deux ponts disponibles, sans parler de ceux des équipages militaires; aussi le passage s'effectua-t-il dans les meilleures conditions, et la bataille ne tarda pas à s'engager.

A onze heures, le commandant Rieunier reçut l'ordre d'établir ses deux ponts en aval de Petit-Bry; mais, mal protégé par nos troupes et assailli par une pluie d'obus et de balles, il dut fréquemment interrompre son travail pour riposter au feu de l'ennemi. — Ses ponts furent cependant placés à trois heures de l'après-midi.

Dans cette affaire, M. Rieunier fut blessé, ainsi que trois matelots et plusieurs pontons et bateaux coulés (1). — Le mal eût été plus grand, si nous n'avions pu faire diriger le feu de quelques pièces de marine sur une maison crénelée qui commandait le passage et où l'ennemi était en force.

Le soir même de la bataille du 2 décembre et après la retraite de l'armée, nous avons dû, par ordre du gouverneur, replier nos ponts. Ils ont été ramenés aux environs de Joinville, et là nous les avons visités et réparés. Bon nombre d'entre eux avaient été atteints et endommagés par le feu de l'ennemi.

Mais, mon cher général, en me demandant cette note, vous avez moins pour but d'entendre le récit d'opérations que vous connaissez fort bien, car vous avez assisté pendant une partie de la nuit du 28 à nos travaux, que d'éclairer certains faits qui ont été étrangement dénaturés.

J'arrive donc au point qui peut particulièrement vous intéresser. Quelle a été la cause réelle de notre insuccès? Je vais vous l'expliquer, et vous me pardonnerez si j'entre dans quelques détails techniques. Je ne le ferai que dans la mesure du plus strict nécessaire.

J'écarte d'abord cette ridicule invention des ponts trop courts; vous qui avez passé sur nos ponts avec toute votre armée, vous savez mieux que personne qu'ils ont été suffisamment longs, solides et commodes, votre témoignage me suffit. J'ajouterai seulement que les ponts posés, il me restait encore sur place assez de bateaux de rechange pour jeter un pont de plus sur la Marne, si vous l'aviez désiré.

---

(1) Le jeune enseigne Versnheider fut tué à l'affaire du 2.

J'aborde un autre point qui, à vrai dire, peut paraître plus sérieux.

J'avais, dans ma dépêche au Gouverneur, indiqué que notre insuccès devait être attribué à une crue subite de la Marne.

J'ai appris depuis par les journaux qu'il n'y avait pas eu de crue, que le fait constaté par mes collaborateurs et par moi, affirmé par nous tous, n'existait pas. J'avoue qu'eux et moi nous en avons été grandement étonnés.

Cependant j'affirme encore que dès 8 heures du soir, en parcourant le souterrain de Saint-Maur, j'ai vu des arbres entraînés à la dérive, et j'estime que dans ce moment la crue commençait à se faire sentir.

J'affirme que, dès 9 heures, l'un des ingénieurs me fit remarquer que le bruit des eaux au passage du pont paraissait s'accroître, que l'île située à l'aval, après avoir été à sec pendant la journée, se trouvait submergée.

J'affirme encore, et tous nous l'avons remarqué, que le lendemain, sur les bords de la Marne, il restait une laisse de vase fraîche de 0 m. 75 de hauteur verticale environ. Les eaux étaient revenues au point où nous les avions trouvées la veille à notre arrivée, il y avait donc eu une crue pendant la nuit.

Ainsi, en face des dénégations brutales dont quelques journaux se sont fait les organes empressés, j'élève une affirmation nette et catégorique : *la crue a existé.*

Au milieu de ce conflit d'assertions très-fermes et absolument contradictoires, l'opinion peut rester fort hésitante. Il importe donc de montrer quelle peut être la cause d'une aussi étrange divergence d'appréciations.

J'admets pour un instant qu'il n'y a eu chez nos adversaires ni légèreté, ni étourderie, ni malveillance, et je vais chercher à expliquer comment on a pu très-mal juger le lendemain et, en prenant les hauteurs d'eau, soit en Seine à Charenton, soit en Marne à l'aval du souterrain de Saint-Maur, apprécier ce qui s'était passé la veille pendant la nuit en amont du pont de Joinville.

Vous vous rappelez, mon cher général, que quatre arches du pont de Joinville avaient été démolies dans le grand bras, et que pour établir une passerelle sur les débris on a, quelques jours avant l'action, jeté les matériaux de démolition dans la rivière. Les arbres entraînés à la dérive et arrêtés en ce point, ont encore augmenté les difficultés d'écoulement. Ce fait, en reportant le principal courant dans le bras de droite, le seul qui fût à notre disposition, a singulièrement aggravé les conditions du passage. Il suffit de se reporter à ce qui a lieu encore aujourd'hui en Seine et notamment au passage de Mantes pour se rendre compte des difficultés qu'un accroissement même assez médiocre de la chute peut occasionner. Quand la dénivellation atteint 0 m. 60, nos puissants toueurs de la Seine parviennent à peine à remorquer un seul bateau. En temps et eaux ordinaires, ils remorquent jusqu'à douze et quinze à la fois.

Une crue de courte durée, en se propageant dans une rivière, s'étale. Nous le voyons tous les jours par nos lâchures de rivière. Assez fortes à leur origine, elles s'affaissent à mesure qu'elles s'avancent et finissent par ne donner qu'une insignifiante intumescence à quelques kilomètres de leurs points de départ.

La crue éphémère de la nuit du 28, après avoir parcouru les 13 kilomètres du tour de Marne, devait donc arriver fort amoindrie en débouchant à l'aval du canal Saint-Maur.

Mais une circonstance locale particulière contribue encore à accélérer cet affaissement. Pendant que le flot principal suit le tour de Marne, une notable partie du courant se dirige plus directement vers l'aval par les deux canaux de Saint-Maur et y précède l'autre de 3 ou 4 heures au moins; de sorte que le flot principal n'arrive à l'écluse de Saint-Maur que longtemps après celui qui s'est dérobé par la traverse.

Ce n'est pas tout encore : il est manifeste qu'un petit cours d'eau ne saurait provoquer tout seul dans une grande rivière une crue analogue à celle qu'il subit lui-même. Ainsi, par exemple, un débordement de la Bièvre n'entraîne pas un débordement de la Seine; et, pour en revenir à la rivière qui nous occupe, il est facile d'obtenir qu'une crue de 1 mètre dans la Marne à Joinville ne produira pas, en raison de la puissance relative des deux cours d'eau, plus de $0^m$ 36 de relèvement en Seine.

J'en ai fait le calcul d'après les formules usuelles ; il est très-simple, et je vous l'adresse dans une note séparée.

Mais si une crue persistante de 1 mètre dans la Marne à Joinville ne produit qu'une intumescence de $0^m 36$ en Seine à Charenton, on peut admettre qu'une crue éphémère donnerait notablement moins, surtout en raison des diverses circonstances énumérées plus haut.

Tout porte donc à croire que la crue en Seine n'a pas dû atteindre $0^m$ 30 au moment où le flot est arrivé et a pu et dû passer inaperçue.

Ceci explique, mon cher général, la divergence d'appréciations qui s'est produite dans le public au sujet de cette crue de la Marne.

Toutefois, il convient encore de mentionner un fait moral qui a joué un trop grand rôle dans nos affaires pour être passé sous silence : je veux parler de cette épidémie d'ambition et de vanité qui s'est emparée de nos concitoyens; chacun se donne un rôle dans les événements, raconte particulièrement tout ce qu'il n'a pas vu, professe spécialement ce qu'il ignore et tient à faire connaître au public ses appréciations.

On est stupéfait quand on a lu les publications qui pullulent aujourd'hui, des ressources de science, de courage, de dévouement, sans parler du génie, que notre malheureux pays possédait; plus stupéfait encore qu'avec de si prodigieux moyens nous ayons si mal réussi.

Car malheureusement, malgré ces innombrables sauveurs qui se révèlent après coup, notre pauvre France n'a pas été sauvée. Il nous reste de ce côté de grands devoirs à remplir, et les gens de cœur ne sauraient aujourd'hui avoir qu'un but, qu'une pensée, qu'une ambition, celle de relever la France et de la rendre à nos enfants telle que nous l'avons reçue de nos pères, grande et honorée.

Sur ce point, mon cher général, je sais que nous sommes en plein accord et que nos humiliations vous pèsent plus qu'à personne.

Permettez-moi, en terminant, de saisir cette occasion pour vous remercier encore des paroles pleines d'affection et de cordialité que vous nous avez adressées au moment de franchir la Marne et d'engager la bataille. Vous nous avez, en quelques mots, payés de nos peines, et elles avaient été grandes.

Agréez, je vous prie, mon cher général, l'assurance de mon respectueux et bien affectueux dévouement.

B. KRANTZ.

---

## XIV bis.

Dans le principe, les ponts de Neuilly et de Bry devaient être apportés sur voitures, les premiers sur les haquets des pontonniers, les seconds sur des chariots fournis par les soins de M. Krantz. Mais quelques observations ayant été faites sur le danger que présentait (au point de vue du secret des opérations) le transport à travers Paris de ce dernier équipage, il fut décidé au dernier moment, ainsi que le fait observer M. Krantz dans son rapport, que les ponts des pontonniers seraient seuls transportés sur voitures, et que tous les autres seraient amenés par la Seine et le canal de Saint-Maur.

Les pontonniers ayant en permanence leurs haquets, les attelages et les conducteurs, on pouvait les faire partir au dernier moment sans donner l'éveil. C'est ce qui eut lieu, en effet ; ils ne se mirent en mouvement qu'après le soleil couché, et arrivèrent à Nogent dans la nuit du 28 au 29 novembre.

## XV.

### Proclamation du Gouverneur.

Aux Citoyens de Paris.
A la Garde nationale.
A l'Armée et a la Garde nationale mobile.

Pendant que s'accomplissaient loin de nous les douloureuses destinées de notre pays, nous avons fait ensemble, à Paris, des efforts qui nous ont honorés aux yeux du monde. L'Europe a été frappée du spectacle imprévu que nous lui avons offert, de l'étroite union du riche et du pauvre dans le dévouement et le sacrifice, de notre ferme volonté dans la résistance, et enfin des immenses travaux que cette résistance a créés.

L'ennemi, étonné d'avoir été retenu près de deux mois devant Paris, dont il ne jugeait pas la population capable de cette virile attitude, atteint bien plus que nous ne le croyions nous-mêmes dans des intérêts considérables, cédait à l'entraînement général. Il semblait renoncer à son implacable résolution de désorganiser, au grand péril de l'Europe et de la civilisation, la nation française, qu'on ne saurait, sans la plus criante injustice, rendre responsable de cette guerre et des maux qu'elle a produits. Il est aujourd'hui de notoriété que la Prusse avait accepté les conditions du Gouvernement de la Défense pour l'armistice proposé par les puissances neutres, quand la fatale journée du 31 octobre est venue compromettre une situation qui était honorable et digne, en rendant à la politique prussienne ses espérances et ses exigences.

A présent que depuis de longs jours nos rapports avec les départements sont interrompus, l'ennemi cherche à affaiblir nos courages et à semer la division parmi nous, par des avis exclusivement originaires des avant-postes prussiens et des journaux allemands qui s'échangent sur plusieurs points de nos lignes si étendues.

Vous saurez vous soustraire aux effets de cette propagande dissolvante, qui serait la ruine des chers intérêts dont nous avons la tutelle. Vos cœurs seront fermes et vous resterez unis dans l'esprit qui a été depuis deux mois le caractère de la Défense de Paris.

Pendant que nos travaux fermaient la ville, nous avons conçu la pensée, dans l'incertitude où nous étions de l'appui que pourraient nous fournir les armées formées au dehors, d'en former une au dedans. Je n'ai pas à énumérer ici les éléments constitutifs qui nous manquaient pour résoudre ce nouveau problème, plus difficile peut-être que le premier. En quelques semaines nous avons réuni en groupes réguliers, habillé, équipé, armé, exercé autant que nous l'avons pu, et conduit plusieurs fois à l'ennemi les masses pleines de patriotisme, mais confuses et inexpérimentées, dont nous disposions. Nous avons cherché, avec le concours dévoué et désintéressé du génie civil, de l'industrie parisienne, des chemins de fer, à compléter par la fabrication de canons modernes, dont les premiers vont nous être livrés, l'artillerie de bataille que le service spécial de l'armée formait avec la plus louable activité. La garde nationale, de son côté, après avoir plus que quintuplé son effectif, et bien qu'absorbée par les travaux et par la garde des remparts, s'organisait, s'exerçait tous les jours et par tous les temps sur nos places publiques, montrant un zèle incomparable, auquel elle devra d'être prochainement en mesure d'entrer en ligne avec ses bataillons de guerre.

Je m'arrête, ne pouvant tout dire ; mais je doute qu'en aucun temps, et dans l'histoire d'aucun peuple envahi après la destruction de ses armées, aucune grande cité investie et privée de communications avec le reste du territoire, ait opposé, à un désastre en apparence irréparable, de plus vigoureux efforts d'une résistance morale et matérielle. L'honneur ne m'en appartient pas, et je n'en ai énuméré la succession, que pour éclairer ceux qui, avec une entière bonne foi, j'en suis sûr, croient qu'après la préparation de la défense, l'offensive à fond était possible avec des masses dont l'organisation et l'armement étaient insuffisants.

Nous n'avons pas fait ce que nous avons voulu : nous avons fait ce que nous avons pu, dans une suite d'improvisations dont les objets avaient des proportions énormes, au milieu des impressions les plus douloureuses qui puissent affliger le patriotisme d'une grande nation. Eh bien ! l'avenir exige encore de nous un plus grand effort : car le temps nous presse. Mais le temps presse aussi l'ennemi, et ses intérêts et le sentiment public de l'Allemagne, et la conscience publique de l'Europe le pressent encore plus. Il ne serait pas digne de la France, et le monde ne comprendrait pas que la population et l'armée, après s'être si énergiquement préparées à tous les sacrifices, ne sussent pas aller plus loin, c'est-à-dire souffrir et combattre jusqu'à ce qu'elles ne puissent plus ni souffrir ni combattre. Ainsi, serrons nos rangs autour de la République et élevons nos cœurs.

Je vous ai dit la vérité telle que je la vois. J'ai voulu montrer que notre devoir était de regarder en face nos difficultés et nos périls, de les aborder sans trouble, de nous cramponner à toutes les formes de la résistance et de la lutte. Si nous triomphons, nous aurons bien mérité de la patrie en donnant un grand exemple; si nous succombons, nous aurons légué à la Prusse, qui aura remplacé le premier Empire dans les fastes sanglants de la conquête et de la violence, avec une œuvre impossible à réaliser, un héritage de malédictions et de haines sous lequel elle succombera à son tour.

XVI.

**Extrait d'*Une Page d'Histoire*, par le général Trochu.**

... Paris vit dans le succès de Coulmiers, non pas un accident heureux, mais une marque, un présage certain de nos victoires de l'avenir. A partir de ce jour se forma dans la population, dans la garde nationale, dans la presse, dans les municipalités de Paris, dans le Gouvernement surtout, l'esprit que voici : il faut sortir de Paris, marcher au devant de l'armée victorieuse. C'est vainement que j'expliquais que c'était là une théorie et des espérances auxquelles les faits ne répondraient pas. Il fallait marcher au devant de l'armée victorieuse, laquelle, sans tenir aucun compte des efforts accumulés dans la direction de Rouen, s'annonçait venant à Paris par la direction d'Orléans. Ce fut là, je le répète, dans l'esprit de Paris, la date d'un véritable vertige : on considéra que, pour battre l'armée prussienne, il ne s'agissait que de renouveler l'effort qui avait créé le succès de Coulmiers. On me somma avec violence, M. Gambetta surtout, de ne plus penser à autre chose qu'à sortir de Paris en allant au devant de l'armée de la Loire.

Je dus transporter de l'ouest à l'est tous les préparatifs que j'avais fait dans la plaine de Gennevilliers....

Je doute que jamais général en chef ait rencontré, dans le cours des faits qui créent sa responsabilité, un accident plus douloureux que celui que je viens de vous montrer, car j'étais bien assuré que quand j'aurais fait, plus ou moins impuissamment, l'effort très-périlleux que j'allais tenter, je ne trouverais plus libre la direction de Rouen; et, en effet, quand j'y revins, l'ennemi occupait Rouen, et il allait jusque sous les murs du Havre.

M Gambetta était dans *l'illusion jusqu'à annoncer officiellement que l'armée de la Loire bivouaquerait le 6 décembre dans la forêt de Fontainebleau.* Elle se porta vers Orléans, et elle rencontra ses premiers échecs, qui étaient inévitables, et qui l'obligèrent à la retraite, une portion cheminant le long de la Loire, par la rive droite, l'autre, la plus faible et la plus maltraitée, cheminant vers Bourges.

Ces nouvelles arrivèrent à Paris, et le 24 novembre, j'écrivais à M. Gambetta :

« Je reçois aujourd'hui votre dépêche sans date; je la crois d'hier, 23; elle confirme, bien péniblement pour moi, mes craintes au sujet de l'armée de la Loire, qui pouvait être tournée dans ses positions, comme je vous l'écrivais dans mes dépêches du 18 et du 20.

« Ce que vous appelez ma persistante inaction, — c'était ainsi que M. Gambetta, dans des lettres adressées à M. Jules Favre, caractérisait la situation du Gouverneur de Paris; — ce que vous appelez ma persistante inaction, est l'effet invincible des efforts immenses et compliqués que j'ai à faire. Il a fallu organiser 100,000 hommes, les pourvoir d'artillerie, les enlever aux quinze lieues de positions qu'ils occupent, les y remplacer par des troupes non organisées et par des troupes choisies dans la garde nationale. Et ces efforts, presque incroyables, ont dû être faits en sens inverse d'un premier plan déjà en cours d'exécution, qui consistait à sortir par l'ouest, vers Rouen! Les nouvelles de l'armée de la Loire m'ont naturellement décidé à sortir par le sud, et à aller au devant d'elle coûte que coûte. C'est lundi 28 que j'aurai terminé mes préparatifs, poussés de jour et de nuit. Mardi, 29, l'armée extérieure, commandée par le général Ducrot, le plus énergique de tous, abordera les positions fortifiées de l'ennemi, et, s'il les emporte, poussera vers la Loire, probablement dans la direction de Gien. J'estime que si votre armée est décidément tournée par sa gauche, elle doit passer la Loire, et se retirer vers Bourges par la Motte-Beuvron et Vierzon.

« Il faut prendre garde au Morvan, par où l'on dit que pourrait arriver le corps prussien qui allait sur Lyon, et dont on n'a pas de nouvelles.

« Tâchez de réunir à Bourges des munitions et des vivres pour l'armée du général Ducrot, qui tâchera d'y arriver.... »

## XVI bis.

### Discussion sur les événements militaires du 30 novembre et du 2 décembre.

*(Extrait des procès-verbaux du Gouvernement de la Défense nationale.)*

---

Séance du 21 décembre (8 heures 1/2).

Sont présents les membres du Gouvernement, les ministres, M. le préfet de police, les secrétaires; MM. vice-amiral La Roncière, contre-amiral Pothuau, général Ducrot, général Tripier, général Frébault, général Chabaud-Latour, général Guiod, général Noël, général Vinoy, général Clément-Thomas, général de Bellemare.

. . . . . . . . . . . . . . . . . . . . . . . . . . . . . . . . .

Le général Trochu entre dans tous les détails d'organisation de l'armée de Paris. Puis il indique qu'il a eu un plan complet et conforme au vœu du général Vinoy. Ce plan consistait à tenter une trouée par la ligne de Rouen, dont il expose tous les avantages au point de vue des opérations militaires et du ravitaillement. Ce plan allait être exécuté, lorsqu'il a été brusquement abandonné à la suite des dépêches et des objurgations de M. Gambetta annonçant qu'une armée de la Loire, forte de 150,000 hommes, marchait sur Paris, qu'elle était à Montargis; que de là, elle irait à Fontainebleau, et qu'il fallait absolument lui tendre la main de ce côté. Voilà ce qui a motivé le passage de la Marne et les combats du 30 novembre et du 2 décembre, qui ont tant et inutilement épuisé l'armée.

M. le général Trochu déclare qu'il se voit à regret obligé de révéler ces choses; mais, enfin, la situation lui en fait une nécessité, et il énumère les difficultés de la lutte sur les bords de la Marne et l'absence des munitions qui l'ont empêché, le 2 au soir, de profiter du succès de la journée.

Séance du 26 décembre (2 heures 1/2 de l'après-midi).

. . . . . . . . . . . . . . . . . . . . . . . . . . . . . . . . .

M. le général Trochu lit ensuite son rapport sur les opérations conçues ou exécutées depuis le commencement du siége. Il en résulte que son plan sur la basse Seine a dû être abandonné pour celui de la Marne, suivant la demande instante de M. Gambetta.

M. J. FAVRE demande que l'on rejette tout entière, sur la Délégation de Tours, la responsablité de ce changement de plan.

M. le général TROCHU refuse à décliner ainsi, en la rejetant sur un autre, une responsabilité, dont il trouve juste de conserver sa part.

## XVII.

**Extrait de** *Deux Combats d'artillerie sous les forts de Paris;* **par le général Favé.**

Le jeudi 24 novembre, je reçus l'ordre de me rendre chez le Gouverneur. M. le général Trochu me confia le secret du plan d'attaque. La 2ᵉ armée devait passer la Marne en amont de la presqu'île de Saint-Maur.

Les trois forts de la Faisanderie, de Gravelle et de Nogent, une redoute construite un peu en avant du village de Saint-Maur, dans la presqu'île, et plusieurs batteries, élevées à la droite de la redoute, devaient concourir par leur feu au succès de l'opération.

Le Gouverneur me donna verbalement le commandement, non-seulement des trois forts et de la nouvelle redoute, mais aussi de nombreuses batteries fixes, qui avaient été construites depuis la haute Seine jusqu'au village de Nogent-sur-Marne.

Des troupes d'infanterie seraient mises à ma disposition en nombre suffisant, pour assurer la sécurité de la presqu'île ; les troupes, comme les pièces, ne devaient arriver dans leurs positions que le plus tard possible, c'est-à-dire au moment de l'exécution, pour éviter que l'ennemi pût soupçonner le projet, et surtout pour éviter que les journaux, trop préoccupés de satisfaire la curiosité publique, ne signalassent les préparatifs. Le général Trochu m'offrit d'étendre encore le commandement qu'il me donnait au nord du fort de Nogent, et d'y comprendre l'artillerie qui devait aller occuper le plateau d'Avron, dans le but d'éloigner l'ennemi des bords de la haute Marne. Appréciant très-haut l'importance des fonctions que j'aurais à remplir, j'exprimai le désir que mon commandement ne s'étendît pas au delà du fort de Nogent. Je pensais que je ne pourrais pas, de la presqu'île Saint-Maur, où mon poste me semblait marqué, communiquer avec le plateau d'Avron assez vite pour être exactement renseigné sur la situation et pour décider en temps utile.

Je dus, en sortant de chez le Gouverneur, aller immédiatement chez le général en chef de la 2e armée ; M. le général Ducrot précisa l'intention qu'il avait de faire passer la Marne à son armée entière sur une dizaine de ponts, qui seraient tous jetés dans le rentrant prononcé de la rivière, c'est-à-dire entre les villages de Joinville-le-Pont et de Nogent.

Après être entré dans diverses considérations sur les avantages de ce plan, il ajouta qu'il avait étudié lui-même toutes les positions occupées par l'ennemi, qu'il l'avait tâté partout et que c'était en cet endroit qu'il fallait aller l'attaquer. Ces paroles me firent penser que les dispositions d'attaque seraient exécutées suivant les idées du commandant de l'armée, plus que suivant celles du Gouverneur, et que, par conséquent, l'entreprise n'aurait pas à souffrir d'un manque d'unité dans les vues.

Le général commandant l'artillerie de la 2e armée avait été mandé pendant cette entrevue, après laquelle il me donna, sur les moyens d'action qui seraient mis à ma disposition, les renseignements qui m'étaient nécessaires. Il m'informa que c'était à un ingénieur des ponts et chaussées, M. Ducros, qu'avait été depuis un assez long temps confié le soin de faire construire secrètement des batteries fixes dans la vallée de la haute Seine, vers Créteil, dans la boucle de la Marne où se trouve le village de Saint-Maur, et, encore plus au nord, sur la rive droite de cette rivière, dans le village de Nogent. Ces batteries avaient été construites en grand nombre. M. Ducros en connaissait seul l'emplacement exact et la destination précise. Le général ne savait bien qu'une chose, c'est que les ressources en matériel et en personnel d'artillerie n'étant pas aussi considérables qu'on l'avait cru en construisant les épaulements, les bouches à feu disponibles ne suffiraient pas pour les armer tous ; d'ailleurs le matériel dont on pouvait disposer serait mis prochainement à ma disposition. Toutefois, je devais faire savoir auparavant quels seraient les épaulements à armer par ordre de préférence. Munis de ces renseignements, je me fis conduire, sans perdre un moment, chez M. Ducros, l'ingénieur, et je pus, le même jour, convenir avec lui que le lendemain matin nous partirions ensemble pour parcourir la position que j'avais à étudier. Je devais reconnaître l'emplacement et l'objet de chaque épaulement, apprécier son degré d'utilité présumable d'après l'appui qu'il pourrait prêter au projet d'attaque qui m'avait été confié...

## XVIII.

### Ordre du 26 novembre.

Demain dimanche, les petits ballots seront faits dans tous les corps; chaque homme ne devra emporter dans son sac que ses cartouches, les vivres, une chemise, une paire de souliers, une paire de guêtres, une paire de sous-pieds de rechange, une brosse à graisse et la tente-abri. Les demi-couvertures et les peaux de mouton seront réunies et versées dans les magasins d'administration en même temps qu'on ira toucher les vivres.

Chaque régiment touchera ses vivres de façon à être aligné jusqu'au 4 décembre; les hommes doivent emporter avec eux les marmites, gamelles et bidons; la réserve d'avoine emportée par chaque corps, devra être de deux rations et demie. Les bagages et les petits ballots de chaque régiment resteront sous la garde d'un officier, deux sergents, quatre caporaux et cent hommes. Les musiciens laisseront leurs instruments et marcheront comme infirmiers.

## XIX.

### DÉMONSTRATIONS QUI DOIVENT SECONDER L'EFFORT PRINCIPAL.

### Opération du Sud sous le commandement du général Vinoy.

Le général commandant la 3e armée prendra, pour la journée du 29 novembre, le commandement spécial de toute la rive gauche de la Seine, depuis Issy jusqu'au Port-à-l'Anglais.

Les troupes qui seront réunies sur ces positions sont celles dont le détail suit, savoir :

La division de Maud'huy, qui conservera sa position à Saquet et aux Hautes-Bruyères;

Trois bataillons de mobiles de Seine-et-Oise, quatre bataillons de mobiles de la Somme (général Corréard), à Montrouge, Vanves, Issy;

Un groupe de quatre bataillons de mobiles (Indre, Puy-de-Dôme, Marne, Somme) à Ivry et Vitry.

Ces quatre bataillons seront placés sous les ordres de l'amiral Pothuau.

En sus de ces troupes, le Gouverneur enverra au général commandant la 3ᵉ armée quelques bataillons de guerre de la garde nationale, qui seront également sous les ordres du contre-amiral Pothuau.

Enfin cet officier général fera sortir des forts d'Ivry, Bicêtre, Montrouge, tous les marins qu'il pourra rendre disponibles, dans le but de concourir à l'opération dont l'indication sera donnée ci-après.

### DISPOSITIF D'ARTILLERIE.

Les batteries dont le détail suit sont établies, armées et approvisionnées depuis Vitry jusqu'à Issy.

#### PIÈCES DE POSITION.

##### Vitry.

1° Batterie du chemin de fer (Vitry), trois obusiers de 22 sur affûts marins (obusiers en fonte de 80);

2° Batterie de la Pépinière (Vitry), six obusiers de 22 sur affûts marins.

Ensemble complété par les deux canons de 14 sur truc blindé, par le feu des canonnières et par les sept pièces de droite (deux de 19, trois de 16 et deux de 24) voyant Choisy, Thiais et les hauteurs en arrière du fort de Charenton.

##### Moulin-Saquet.

1° Quatre pièces de 24 court;
2° Six pièces de 12 de siége.

##### Entre le Moulin-Saquet et Villejuif.

Épaulements prêts pour des batteries divisionnaires.

##### Villejuif.

A la barricade, au bout du village, emplacement pour deux pièces divisionnaires.

##### [Entre Villejuif et les Hautes-Bruyères.

1° Six pièces de 12 de siége;
2° Mitrailleuses divisionnaires.

(Avec des vues sur Chevilly, entre Chevilly et L'Hay et entre Chevilly et Thiais.)

### Hautes-Bruyères.

1° Six pièces de 24 court;
2° Trois pièces de 16 de la marine;
3° Six pièces de 12 de siége.
(Avec des vues directes sur Thiais par une pièce de 16 et des pièces de 24, sur Chevilly, L'Hay et un peu à droite.)
Épaulement à droite du fort et au-dessous du flanc droit, pour pièces divisionnaires, voyant la partie déclive de L'Hay.

### Batterie de l'aqueduc d'Arcueil.

Deux pièces de 24 court prenant à revers L'Hay et voyant la vallée de la Bièvre, Bourg-la-Reine et Sceaux.

### Rive gauche de la Bièvre, en avant de la maison Millaud.

Épaulement pour six pièces divisionnaires.
Cavalier pour trois pièces divisionnaires, ayant des vues sur L'Hay, Sceaux et Bourg-la-Reine.
Sur les glacis de Montrouge, une batterie de six pièces en voie d'exécution.

### Entre Montrouge et Vanves.

Deux batteries de trois pièces chacune, armées de 24 long, ayant des vues sur Bagneux et Châtillon.

### Entre Vanves et Issy.

1° Batterie de six pièces, armée de 24 long (batterie crémaillère dépendant de Vanves), ayant des vues sur Bagneux et Châtillon;
2° Batterie de six pièces de 24 long de la station de Clamart, dite batterie du Chemin de fer, dépendant d'Issy (mêmes vues).

### A droite du fort d'Issy.

1° Batterie du Cimetière, deux pièces de 24 long (même objectif);
2° Batterie du château d'Issy, trois embrasures, deux pièces de 24 court (vues sur Meudon et Brimborion).

Le général commandant la 3e armée prendra toutes les dispositions nécessaires pour attaquer la Gare-aux-Bœufs de Choisy-le-Roi et le village de L'Hay le 29 novembre, au point du jour.

Cette attaque, faite avec les troupes et l'artillerie dont le détail a été donné ci-dessus, sera appuyée en outre par deux pièces de marine de 19 établies au fort de Charenton et ayant des vues sur Choisy, Thiais et les positions en avant, ainsi que par des canonnières blindées remontant la Seine.

L'administration du chemin de fer d'Orléans organise deux pièces blindées accouplées sur wagons, qui seront amenés sur la voie du chemin de fer, de manière à arriver en avant de Vitry.

L'opération d'attaque des positions par les troupes sera précédée par une canonnade des plus vives et des plus intenses de toutes les batteries établies sur le parcours de Vitry à Issy, de manière que les points occupés par l'ennemi aient été écrasés de feux avant l'entrée en ligne de l'infanterie.

L'attaque n'aura lieu que par le déploiement de bandes de tirailleurs, qui se porteront, le plus rapidement possible et sans tirer, sur les points à occuper. Ces tirailleurs seront soutenus par une première réserve, qui se tiendra en arrière de la ligne déployée et hors de la portée des premiers feux de l'ennemi. Elle sera placée, cependant, de manière à pouvoir appuyer le mouvement de la première ligne; on devra profiter de tous les plis de terrain pour la masquer, et en particulier du chemin un peu encaissé qui va directement de la droite des Hautes-Bruyères à L'Hay.

Les secondes réserves seront tout à fait hors de la portée du feu.

En résumé, ce n'est que par un effort successif de tirailleurs que l'occupation des points signalés doit avoir lieu. C'est en s'abstenant de montrer des masses à découvert et de les établir dans des villages et des groupes de maisons où le feu de l'ennemi arrive qu'on évite les grandes pertes.

Les troupes *s'installeront* à la Gare-aux-Bœufs et à L'Hay, après s'en être emparées, et *s'y mettront immédiatement en état de défense*, en employant pour cet objet les batteries divisionnaires du général de Maud'huy.

La division Faron quittera ses positions le lundi 28 novembre, après la soupe du matin, et la division de Malroy le même jour, à la nuit close.

Il importe, en conséquence, que le général commandant la 3e armée donne des ordres aux généraux Maud'huy et Corréard et au contre-amiral Pothuau, pour qu'ils aient à observer ce mouvement et à se placer en temps opportun sur les positions évacuées.

Les troupes de la 3ᵉ armée devront prendre position au milieu des troupes de la division de Malroy dès le lundi matin 28 novembre.

Paris, le 26 novembre 1870.

*Signé* : Général TROCHU.

### Opération dans la presqu'île de Gennevilliers.

*(Instruction pour le général de Liniers et le général de Beaufort.)*

L'armement de la presqu'île de Gennevilliers est composé ainsi qu'il suit :

Moulin-des-Gibets, quatre pièces de gros calibre;
La Folie (manufacture), quatre pièces de gros calibre;
Charlebourg, quatre pièces de gros calibre.

Dans le but de faire une opération contre Bezons et Argenteuil, cet armement devra être complété par :

Quatre mortiers dans les deux batteries à gauche et à droite du pont d'Argenteuil;
Quatre pièces de 4 dans la batterie de la Reine-Henriette;
Deux pièces de 4 dans la batterie de la redoute du Moulin;
Deux pièces de 4 dans la redoute du Petit-Colombes;
Cent cinquante fusées dans les petites batteries de la digue, à portée d'Argenteuil et de Bezons.

Pendant la soirée du 28 novembre, on ouvrira le feu de toutes les batteries sur Argenteuil, le château du Marais, Bezons, Houilles.

Des tirailleurs garniront la digue et on fera, pendant la nuit, un gabionnage sur le chemin de fer de Rouen, près du Pont-des-Anglais.

On mettra quelques barques à l'eau dans le canal de l'île Marante, sur laquelle on fera une tranchée-abri.

On fera également une tranchée-abri dans l'île que traverse le chemin de fer de Rouen et on se logera sous les arches du pont.

### Opération du Mont-Valérien.

*(Avis pour le général de Liniers.)*

Mardi, au point du jour, le général Noël fera, avec les moyens mis à sa disposition par le général de Beaufort, une opération sur Buzenval et occupera la hauteur au-dessus de Malmaison, au kiosque du bois Préau appelé Monte-Maria, si ses forces le lui permettent.

Le général de Liniers se mettra constamment en communication avec le général de Beaufort, qui occupe le terrain de la presqu'île à sa gauche.

Paris, le 28 novembre 1870.

*Signé* : P.-O. SCHMITZ.

ORDRE.

*Troisième armée. — Deuxième mouvement.*

Les quatre bataillons des Côtes-du-Nord établis à Saint-Ouen passeront la Seine à l'île Saint-Denis et sur le chemin de fer d'Asnières lundi 28 novembre, après la soupe du matin; ils entreront dans la presqu'île de Gennevilliers et occuperont les positions suivantes :

Un bataillon à Gennevilliers;
Deux bataillons à Colombes;
Un bataillon à la redoute de Charlebourg.

Il y aura déjà sur les lieux :

Un bataillon de Seine-et-Oise à Charlebourg;
Un bataillon de l'Aisne à la manufacture de produits chimiques dite la Folie.

Le commandement du général de Liniers aura pour limite, à l'ouest, le chemin de fer de Rouen, se prolongeant en courbe sur Asnières.

Le capitaine de frégate Coudein, qui commande la batterie de Saint-Ouen, sera commandant en deuxième du général de Liniers pour le temps que durera l'occupation de la presqu'île, et dirigera en particulier les batteries qui sont établies dans cette partie de la presqu'île.

Bataillon de l'Hérault à Aubervilliers.

Bataillon de Saône-et-Loire à Pantin, sous le commandement momentané de l'amiral La Roncière.

(Ces ordres seront donnés par l'amiral La Roncière.)

Mardi matin, les bataillons de l'Hérault se déploieront sur leur droite, entre le fort d'Aubervilliers et Bobigny; ceux de Saône-et-Loire, entre Bobigny et le canal; ces derniers avec le bataillon d'éclaireurs Poulizac.

(Ordre à donner par le général Vinoy, qui informera le général Bertin qu'il sera, pour les journées des 28 et 29 novembre, sous les ordres de l'amiral La Roncière.)

Mardi matin, la division de cavalerie aux ordres du général Bertin se placera entre Aubervilliers et le canal, en arrière de l'infanterie et répartie sur les routes n°s 2-24.

Elle se rendra sur ses positions le lundi, après la soupe du matin, et y bivouaquera.

### DIVISION DE BEAUFORT-D'HAUTPOUL.

Le général de Beaufort détachera, mardi 29 novembre, au point du jour :

Trois bataillons au rond-point de Courbevoie, qui s'avanceront sur la route de Bezons ;

Trois bataillons au rond-point des Bergères, où ils recevront des ordres.

Il y aura déjà sur les lieux ou environs le colonel Balette avec trois bataillons (Drôme, Loiret, Seine-et-Oise), et trois autres (Côte-d'Or, Ille-et-Vilaine, Côtes-du-Nord), placés au rond-point des Bergères.

Le général Noël sera commandant en deuxième du général de Beaufort et sera sous ses ordres pour les opérations des prochains jours.

Il conservera le commandement personnel du Mont-Valérien, qui lui a été confié.

Paris, 26 novembre 1870.

*Signé :* P.-O. SCHMITZ.

### Note.

Il est expressément recommandé au commandant supérieur de l'artillerie de donner des ordres pour que les batteries extérieures aux forts de Montrouge, Vanves, Issy, ne prennent pas part à la canonnade du 29 au matin.

Il est, en effet, d'un intérêt de premier ordre que ces batteries, construites en vue d'une attaque venant de Châtillon, ne soient démasquées qu'au moment où le feu de l'ennemi s'ouvrirait.

Il en sera de même pour les pièces de marine placées sur l'enceinte et dont l'objectif est Châtillon.

Paris, 27 novembre, soir.

*Signé :* P.-O. SCHMITZ.

### Lettre n° 35.

Comme complément à toutes les dispositions prises pour la journée du 29, j'ai l'honneur de vous informer :

1° Que 3,000 hommes des bataillons de guerre de la garde nationale, dirigés par des officiers d'état-major de la garde nationale, se réuniront à la barrière d'Enfer, vers 8 heures du matin, le 29 novembre courant ;

2° Que 3,000 hommes, également de la garde nationale, se réuniront au carrefour d'Italie, le 29 au matin.

Les officiers qui conduiront ces bataillons se rendront demain à votre quartier-général pour recevoir vos instructions.

Vous voudrez bien prescrire à ces 6,000 hommes de sortir de Paris dès qu'ils seront réunis :

Les uns pour se porter vers Arcueil, Cachan, Montrouge et Vanves, selon que vous le jugerez convenable (3,000 en arrière de la grange Ory).

Les autres pour se porter depuis Ivry jusqu'aux Hautes-Bruyères, selon les instructions que vous leur donnerez (3,000 en avant du Port-à-l'Anglais).

Vous placerez ces bataillons de guerre sous les ordres du contre-amiral Pothuau et du général Corréard.

Vous en disposerez, du reste, comme vous le jugerez convenable, sans vous astreindre à conserver 3,000 hommes de chaque côté.

Ils devront se trouver le plus possible en vue de l'ennemi, mais en réserves formant rideau, pour faire croire à des forces supérieures, et au besoin, s'il y avait lieu, servir d'extrême réserve.

Vous ne sauriez donner des instructions trop détaillées à ces troupes, qui montrent une très-bonne volonté, mais beaucoup d'inexpérience.

Il est indispensable que les officiers qui seront réunis chez vous demain soient parfaitement au fait des devoirs qu'ils auront à remplir, de l'itinéraire qu'ils doivent suivre, des postes qu'ils auront à occuper.

Ces bataillons ne seront pourvus que d'un jour de vivres qu'ils se seront procurés eux-mêmes et de soixante-douze cartouches ; ils devront rentrer le soir.

En cas de besoin, vous donneriez l'ordre d'urgence aux secteurs 7, 8 et 9 de vous fournir des cartouches de fusils à tabatière et autres.

Paris, 27 novembre 1870.

*Signé :* P.-O. SCHMITZ.

**Note.**

Le général Vinoy est invité à faire porter son chiffre sur une des positions télégraphiques du champ de bataille de demain et à correspondre le plus souvent possible avec le quartier général du Gouverneur.

Il est prié de donner des instructions au général Corréard et aux commandants de tous les forts de la rive gauche, pour qu'on ne néglige aucune occasion d'envoyer des dépêches au quartier général.

Paris, 28 novembre 1870.

*Signé* : P.-O. Schmitz.

---

## XX.

**Extrait de** *Deux Combats d'artillerie sous les forts de Paris*,
**par le général Favé.**

Le général commandant la 2ᵉ armée exposa avec des détails étendus tout son plan d'opérations. Dix ponts allaient être jetés pendant cette nuit même dans la partie centrale de la Marne, entre Joinville-le-Pont et Nogent. La formation et l'itinéraire des diverses colonnes qui devaient passer simultanément ou successivement sur tous ces ponts furent indiqués. Le passage devait commencer le 29 au point du jour sous la protection des forts et de nombreuses batteries établies sur la rive droite. On avait, d'ailleurs, l'espoir de surprendre l'ennemi, qui n'avait à opposer que des forces insignifiantes aux têtes de colonne de trois corps d'armée donnant ensemble plus de cent mille hommes. On arriverait sans s'arrêter jusqu'au pied des hauteurs; puis nos troupes graviraient immédiatement les pentes.

Notre droite s'emparerait du village de Chennevières, sans le dépasser vers le sud, dans la direction d'Ormesson, et en même temps le centre marcherait sur les villages de Cœuilly et de Villiers, notre gauche sur Noisy-le-Grand.

Le mouvement de la première ligne donnerait à la seconde ligne et aux réserves le temps de passer les ponts à leur tour, de former leur ligne de bataille et de prendre des positions régulières.

Toutes nos troupes gagneraient alors ensemble du terrain en

s'efforçant de dépasser les lignes de l'ennemi avant que ses renforts pussent arriver.

Partout où il y aurait résistance on devait attaquer vivement tout ennemi qui se trouverait à portée. En aucun cas la droite ne s'étendrait au delà du village de Chennevières, pour ne pas s'éloigner de la direction générale suivie par l'armée qui marchait sur Lagny.

Arrivée là, elle serait hors d'atteinte. L'objet du général en chef était, comme on voit, de percer la ligne d'investissement en la traversant très-rapidement pour aller ensuite se joindre aux forces organisées à l'extérieur.

## XXI.

### Lettres de commandement du général Ducrot et du général d'Exea.

RÉPUBLIQUE FRANÇAISE.

GOUVERNEMENT DE LA DÉFENSE NATIONALE.

Paris, le 27 novembre 1870.

Au cas où le général Ducrot, commandant en chef de la 2ᵉ armée, viendrait à rallier l'armée de la Loire, les deux armées réunies seraient placées sous son commandement en chef.

Signé : Général TROCHU.

Jules FAVRE — Ernest PICARD — GARNIER-PAGÈS — Eugène PELLETAN — Jules SIMON Emmanuel ARAGO — Jules FERRY.

Le Ministre de la Guerre,
Général LE FLÔ.

RÉPUBLIQUE FRANÇAISE.

GOUVERNEMENT DE LA DÉFENSE NATIONALE.

Paris, le 27 novembre 1870.

Au cas où le général Ducrot, commandant en chef la 2e armée, serait tué à l'ennemi, ou se trouverait hors d'état, par suite de blessure ou de maladie, d'exercer son commandement, le général d'Exea, qui commande le 3e corps de cette même armée, prendrait le commandement en chef.

Le général TROCHU.

Ernest PICARD — Jules FAVRE — Jules FERRY
Eugène PELLETAN — Jules SIMON — GARNIER-
PAGÈS — Emmanuel ARAGO.

Le *Ministre de la Guerre*,
Général LE FLÔ.

## XXII.

### Constitution d'une section d'artillerie à cheval pour être à la disposition du général en chef.

Porte-Maillot, 21 novembre 1870.

*A M. le Général commandant l'artillerie du 2e corps.*

Mon cher général,

Veuillez faire constituer dans les conditions suivantes une section à cheval de trois pièces de 4, que le général Ducrot désire avoir à sa disposition au premier appel :

— Un officier et des cadres jeunes, vigoureux, très-bien montés ;

— Les caissons renfermant 5,000 cartouches de cavalerie (4,000 suffiront, parce qu'on y joindra un nombre complémentaire de cartouches qui seront apportées par les éclaireurs Franchetti, dont le calibre est d'un modèle spécial) ;

— 8 sacs de poudre de 25 kilogrammes chacun ;

— Quelques outils (haches, pioches, pelles, scies, marteaux) ;

— Quelques fusées de signaux de différentes couleurs;
— Quelques clous d'enclouage avec des marteaux.

Le lieutenant que vous désignerez s'occupera immédiatement d'assurer les approvisionnements et de choisir son personnel et ses chevaux.

*Le Commandant de l'artillerie de la 2e armée,*

P. O. Le Chef d'état-major.

*Signé :* Villiers.

(Le sous-lieutenant Fortoul, de la 6e batterie du 22e, est désigné.)

22 novembre 1870.

Mon général,

Le général Frébault réduit à deux pièces et deux caissons la section qu'il vous a demandée hier.

Pour les cartouches d'infanterie, il aura un caisson de 12 qui sera attelé à six chevaux.

Veuillez modifier, en conséquence, les dispositions que vous avez à prendre.

Pour le Général commandant l'artillerie de la 2e armée,

*Le Chef d'état-major,*

*Signé :* Villiers.

## XXII bis.

**Constitution d'un corps d'éclaireurs à cheval, pour être à la disposition du général en chef.**

Un escadron du 14e dragons et un escadron du régiment de gendarmerie à cheval seront réunis pour former un corps d'éclaireurs sous les ordres du commandant Faverot de Kerbrech, officier d'ordonnance du général en chef.

## XXIII.

**La division wurtembergeoise à la bataille de Champigny.**

( 30 Novembre 1870 (1). )

. . . . . . . . . . . . . . . . . . . . . . .

Un bataillon saxon avait relevé les Wurtembergeois aux avant-postes de Champigny et du Plant ; le régiment d'infanterie wurtembergeois n° 7, placé à Villiers, était prêt à partir quand, à 8 heures, arriva à Villiers la nouvelle apportée par un cavalier que Champigny était pris par les Français. Cette nouvelle ne parut pas tout d'abord digne de foi, mais bientôt elle fut confirmée par les Saxons qui revenaient blessés.

Sur-le-champ, le commandant du régiment, le colonel von Rampacher, conduisit le 7e régiment dans le parc de Villiers disposé pour la défense ; ce parc était à peine occupé, que déjà d'épaisses troupes de flanqueurs français y arrivaient.

Pendant ce temps, à notre aile gauche, vers 7 heures 1/2, le bataillon Schæffer, du 1er régiment d'infanterie, relevé de Champigny, était entré dans Ormesson, et allait s'installer dans ses quartiers, quand arriva au général commandant la brigade, von Reitzenstein, qui était à Ormesson, la nouvelle de l'attaque ennemie. Aussitôt toutes les troupes reçurent l'ordre de prendre immédiatement les positions de combat qui leur avaient été déjà désignées.

Le commandant de brigade vola vers Champigny, mais il rencontra à 800 pas, en avant du village, les derniers Saxons qui se repliaient ; ces derniers, surpris par la vigueur du feu d'artillerie, et ne connaissant pas le terrain, avaient abandonné la première position de défense et le village de Champigny devant l'attaque de l'ennemi, qui était en forces supérieures.

Il s'agissait donc maintenant d'organiser seulement la défense de la position principale.

Les troupes occupaient, vers 9 heures 1/2, les positions suivantes :

Le 2e bataillon de chasseurs, commandé par le lieutenant-colonel von Knörzer, occupait, avec les compagnies von Groll et Schuckhardt, la lisière ouest du village de Chennevières, avec la compagnie Wolff, l'auberge de la Vénerie (*A Mon Idée*), ferme disposée pour la défense, au point de croisement des routes de

---

(1) Extrait de l'*Allgemeine militär Zeitung*.

la Queue-Champigny et de Chennevières-Villiers ; la 4ᵉ compagnie (Grimm) était en réserve derrière la Vénerie.

Le 1ᵉʳ régiment d'infanterie, princesse Olga, sous les ordres du colonel von Berger, avait occupé avec trois compagnies (1-3) du 1ᵉʳ bataillon Haldenstang, le parc de Cœuilly ; la 4ᵉ compagnie (Faber) était dans les tranchées abris au nord de Cœuilly. Le 2ᵉ bataillon (Schæffer) était en réserve avec trois compagnies derrière le château de Cœuilly ; la 6ᵉ compagnie (Hotz) occupait les tranchées abris entre Cœuilly et Chennevières.

Le 7ᵉ régiment avait occupé le parc de Villiers avec le 1ᵉʳ bataillon (von Egloffstein) et la 6ᵉ compagnie (Hörner) ; les 5ᵉ et 7ᵉ compagnies (Haussmann et Beck) étaient à cheval sur le chemin de fer de Villiers, et la 8ᵉ compagnie (Wundt) dans le cimetière neuf.

Des batteries, la 1ʳᵉ de 6 livres (Peyer) était un peu en avant de la Vénerie ; elle devait tirer sur Champigny ; la 2ᵉ de 4 livres (von Wagner) tout près de la lisière sud de Villiers, et la 3ᵉ de 4 livres (Kurz) un peu au nord du parc de Cœuilly, toutes les deux sur des emplacements préparés à l'avance.

Entre Villiers et Noisy-le-Grand, qu'occupaient les Saxons, il y avait environ deux compagnies et demie de Saxons. La compagnie de Saxons, rejetée du Plant, s'était réunie sur le chemin de fer à la 2ᵉ compagnie du 7ᵉ régiment d'infanterie.

Le 4ᵉ régiment de cavalerie wurtembergeoise (Princesse Olga), avait un escadron derrière Villiers et trois escadrons derrière le Bois-l'Abbé en réserve.

Cette position était à peine occupée sous un feu très-vif d'obus par les Wurtembergeois, que vers 10 heures apparurent sur toute la ligne de fortes masses ennemies ; environ dix à douze batteries furent amenées sur les collines situées devant notre position et ouvrirent sur nous un feu très-vif auquel notre artillerie répondit de suite énergiquement.

La direction principale de l'attaque des Français était le long de la chaussée du chemin de fer et sur les hauteurs, vers la clef de la position — *Villiers* — où le commandant de la brigade arrivé depuis 9 heures, dirigeait personnellement le combat. Le choc impétueux des Français qui avaient surpris les Saxons à Bry, et escaladé alors les pentes entre Bry et Villiers, vint échouer devant les feux de salve qu'envoyait tranquillement notre infanterie.

La 1ʳᵉ batterie, qui était à notre aile gauche, fut contrainte par l'infanterie française de quitter sa position avancée et de prendre une deuxième position devant l'allée qui passe au sud de Cœuilly. Vers 10 heures 1/4 arriva comme soutien une batterie saxonne ;

elle s'établit sur le côté nord de Villiers, tout près du nouveau cimetière, et entre énergiquement au combat.

La position la plus mauvaise était celle des compagnies du 7ᵉ régiment qui étaient sur la chaussée et ne pouvaient presque plus tenir devant le vigoureux choc des Français. Aussi les 7ᵉ et 8ᵉ compagnies (Vischer et Haussmann) du 1ᵉʳ régiment d'infanterie, furent-elles amenées de Cœuilly et envoyées sur ce point comme soutien.

Enfin, vers 10 heures 1/2, on réussit à rejeter l'infanterie ennemie, mais le feu d'artillerie redoubla, de nouvelles batteries françaises ayant été amenées.

Alors, afin de chasser ces batteries, on ordonna un mouvement en avant sur toute la ligne, en ayant soin de se relier aux Saxons qui étaient à droite de Villiers.

A l'aile droite avancèrent la compagnie Wundt, du 7ᵉ régiment, et deux compagnies saxonnes sous le commandement du major von Perglas, du 7ᵉ régiment; à cheval sur la chaussée du chemin de fer s'avancèrent les compagnies Wischer et Haussmann, ainsi que la compagnie Kustner, du régiment d'infanterie saxonne nº 104. Du parc de Cœuilly le colonel von Berger sortit avec les six premières compagnies du 1ᵉʳ régiment d'infanterie, marchant séparément en colonnes de compagnie sur les hauteurs, vers la Vénerie.

De Chennevières s'avancèrent contre les pentes de Champigny, deux compagnies (Grimm et Wolff) de chasseurs, sous la conduite du lieutenant-colonel von Knörzer.

Cette attaque fut exécutée vers midi moins le quart avec la plus grande bravoure sous un feu très-vif d'obus et de mitrailleuses, et l'ennemi battit en retraite à l'aile droite.

Au centre, le 4ᵉ régiment d'infanterie réussit, par une course impétueuse, à gravir les hauteurs occupées par l'ennemi qu'il ébranla. Plusieurs batteries furent forcées de se retirer par le feu des compagnies Hotz et Lutzow qui arrivèrent, sans être aperçues, jusqu'à 300 pas d'elles; mais ces compagnies ne purent s'emparer des canons, car l'ennemi les avait emportés, laissant les avant-trains.

Toutefois, quand le plateau eut été gravi, l'infanterie ennemie se montra en forces de plus de quatre fois supérieures et força le régiment à se retirer sous un feu très-vif.

A la tête du régiment tomba le commandant, colonel von Berger, ainsi que le major Schæffer, commandant de bataillon, grièvement blessés; les autres officiers montés eurent tous leurs chevaux tués sous eux.

Le régiment fut repoussé avec une perte de 400 hommes, dans

le parc de Cœuilly, où le major Haldenstang, qui prit alors le commandement du régiment, réussit à occuper vivement les murs du parc et à repousser l'ennemi qui le talonnait, par un feu bien dirigé, et en lui faisant éprouver des pertes importantes.

L'aile gauche avait en même temps rejeté les Français sur Champigny, mais elle se trouvait quelque peu exposée par la marche en avant de l'ennemi sur le centre ; aussi le lieutenant-colonel von Knörzer fit-il exécuter à l'aile gauche une conversion à droite et occuper la vieille route de Champigny ; de la sorte l'ennemi se retirant de nouveau au centre fut accueilli par un feu de flanc très-efficace de l'aile gauche et rejeté dans la plus complète déroute.

A ce mouvement prirent part deux compagnies du 5e régiment d'infanterie wurtembergeoise sous le major Stapf, qui étaient arrivées sur le champ de bataille vers midi et demi sur la demande du commandant de brigade, et qui, s'avançant de la Vénerie, entrèrent réellement au combat.

Les Français tiraillés, avec le plus grand succès, de front par le 1er régiment d'infanterie, sur leur flanc droit par quatre compagnies, battirent en retraite sur toute la ligne vers une heure ; il en résulta un grand répit dans le combat d'infanterie ; mais, par contre, commença un formidable combat d'artillerie auquel prirent part quelques batteries de l'extrême aile gauche des Wurtembergeois.

Dans la marche en avant de notre aile gauche tomba grièvement blessé le lieutenant-colonel von Knörzer, ainsi que le colonel von Hügel, du 5e régiment d'infanterie wurtembergeoise, qui était entré vers midi et demi à Chennevières.

A l'extrême aile gauche avait lieu également vers 10 heures un combat qui fut dirigé sur Montmesly par le général de division, général-lieutenant von Obernitz ; après deux heures de combat, le général réussit à repousser les Français avec une perte d'environ 300 hommes ; de la sorte il lui fut possible d'envoyer le 5e régiment d'infanterie et deux batteries au secours du général de Reitzenstein.

De ces batteries, une batterie de 6 livres, von Wagner II, arriva vers une heure et prit aussitôt position sur la route de Champigny, un peu en arrière de la Vénerie ; elle canonna les Français qui se retiraient. Bientôt après, la batterie prit position au nord de la Vénerie, mais n'y resta pas longtemps, et vers 3 heures elle fut envoyée sur l'emplacement sud de Villiers.

La première batterie (Peyer) prit, à gauche du parc de Cœuilly, une deuxième position et canonna les batteries ennemies qui se trouvaient au four à chaux.

Le combat d'artillerie continua avec une fureur et une activité égale. Vers 3 heures, la 5ᵉ batterie (Holsberg) arriva et prit position au sud de Cœuilly, à côté de la 2ᵉ batterie.

A droite de Villiers arrivèrent, comme soutien, deux batteries saxonnes de la 48ᵉ brigade d'infanterie. Encore une fois, les batteries wurtembergeoises durent renouveler leurs munitions ; les batteries Kurz et Wagner I ne purent faire feu à cause du manque de munitions ; et cela pendant plus d'une demi-heure ; mais elles restèrent en position malgré un feu très-vif d'obus jusqu'à l'arrivée de nouvelles munitions; de sorte qu'en déployant toutes les forces, il fut possible de demeurer maître du champ de bataille, malgré la supériorité des batteries françaises, et forcer plusieurs batteries ennemies à se retirer ou changer plusieurs fois de position.

Pendant ce combat d'artillerie, le 2ᵉ bataillon de chasseurs fut forcé de se retirer ; il occupa l'allée au sud de Cœuilly, pendant que le 5ᵉ régiment d'infanterie allait occuper Chennevières. Les compagnies du 7ᵉ régiment, qui étaient sur la chaussée du chemin de fer à Villiers, furent relevées, vers 3 heures, par le 1ᵉʳ bataillon du régiment d'infanterie saxonne nº 104 (Küstner II), que conduisait personnellement le général de Reitzenstein, et placées en réserve dans le cimetière de Villiers.

Vers 4 heures, les Français avaient, sous la protection du combat d'artillerie, fait passer de nouvelles masses au delà de la Marne,—d'après le dire des prisonniers, environ 25,000 hommes. — Ils firent un nouvel effort sur Villiers, où se faisait sentir en ce moment, dans l'infanterie, le manque de munitions. Les compagnies de réserve, Haussmann et Beck, du 7ᵉ régiment, donnèrent encore offensivement sur l'ennemi, à droite du cimetière de Villiers; de nouvelles munitions arrivèrent, une voiture de munitions saxonne étant arrivée dans le parc, et, après un vif combat de mousqueterie, on réussit à rejeter l'ennemi pour la dernière fois. La 1ʳᵉ batterie avança sur une petite hauteur, entre la Véneric et la chaussée du chemin de fer, et obligea, par un feu d'enfilade, plusieurs batteries françaises à se retirer, pendant que les autres batteries faisaient un feu de plein fouet.

Vers 4 heures et demie, arrivèrent à Cœuilly le 1ᵉʳ bataillon de chasseurs wurtembergeois, sous le lieutenant-colonel de Brandenstein, et le 2ᵉ bataillon (Haas), du 8ᵉ régiment d'infanterie, envoyés comme renfort par le général de division. Le bataillon Haas fut dirigé sur Villiers, mais ne put prendre aucune part à ce combat, car à ce moment, l'attaque de l'adversaire avait cessé sur toute la ligne, et l'ennemi s'était retiré sous la protection de son artillerie.

Vers 5 heures et demie, le combat cessa sur toute la ligne, car l'obscurité arrivant, rendait impossible le pointage des canons.

---

## XXIV.

### Rapport du général Clément Thomas.

ORDRE DU JOUR.
6 décembre 1870.

Désirant satisfaire aux demandes réitérées du bataillon dit des Tirailleurs de Belleville, d'être employé aux opérations extérieures et de se mesurer avec l'ennemi, le commandant supérieur avait donné l'ordre de faire équiper ce bataillon un des premiers, et il l'a envoyé, le 25 novembre, occuper, à côté d'autres troupes, un poste d'honneur en avant de Créteil, à cent et quelques mètres des lignes prussiennes. Ce poste avait été occupé jusque-là avec le calme le plus parfait par une compagnie de ligne.

Des rumeurs fâcheuses sur la conduite des tirailleurs de Belleville étant parvenues, dans l'intervalle, au commandant supérieur, il a demandé, sur les faits, des rapports authentiques.

Dans un premier rapport, en date du 28 novembre, le chef de bataillon Lampérière déclare qu'étant sorti le soir, à huit heures et demie, accompagné de l'adjudant-major Lallemand, il a fait une ronde dans la tranchée et recommandé à ses hommes de ne pas tirailler inutilement. La ronde terminée, il se retirait dans la direction de la ferme des Mèches, lorsqu'il entendit une vive fusillade et aperçut bientôt, fuyant à la débandade, une grande partie des $1^{re}$ et $2^e$ compagnies de son bataillon, de service à la tranchée. Ce ne fut qu'à grand'peine et à force d'énergie qu'il arrêta ses hommes et parvint à les ramener en partie à leur poste.

Cette honteuse échauffourée provoquée, d'après certains rapports, par la fusillade intempestive des tirailleurs, coûta la vie à trois d'entre eux, plus trois blessés. Les hommes rejetèrent la cause de leur panique sur le capitaine Ballandier, qui aurait fui le premier en criant qu'ils étaient tournés.

Le lendemain, les tirailleurs de Belleville ont été ramenés en arrière des avant-postes et cantonnés sous le fort de Charenton.

Ordre leur ayant été donné plus tard de reprendre leur poste à la tranchée, ils s'y sont refusés et ne se sont décidés à s'y rendre postérieurement que sur de nouvelles injonctions.

Le 5, le colonel d'infanterie Le Mains, commandant la brigade, a adressé au commandant supérieur le rapport suivant

« Mon Général,

« J'ai l'honneur de vous demander, d'urgence, le rappel à Pa« ris des tirailleurs de Belleville.

« Non-seulement leur présence ici n'est d'aucune utilité, mais
« elle pourrait occasionner un grave conflit avec les gardes na« tionaux du 147e (bataillon de la Villette), placés à côté d'eux.

« La haine entre ces deux bataillons est telle qu'ils ont établi,
« dans la tranchée, une espèce de barricade qu'ils s'interdisent
« mutuellement de franchir. La présence de M. Flourens, dans ce
« bataillon, a amené de nouvelles difficultés, les officiers ne vou« lant pas le reconnaître pour chef. Ce matin, le rapport du com« mandant de l'aile droite m'informe qu'il a dû faire occuper et
« surveiller particulièrement la tranchée de droite, les tirailleurs
« de Belleville ayant abandonné leur poste.

« Dans les circonstances où nous nous trouvons, un conflit
« entre nos troupes serait désastreux.

« D'un autre côté, le mauvais exemple que donnent, à tous
« moments, les tirailleurs de Belleville, est des plus fâcheux.

« Tels sont les motifs, mon Général, qui me font vous deman« der leur rappel immédiat à Paris. »

Dans un rapport du 4 décembre, le commandant Lampérière déclare que, parti avec un effectif de 457 hommes, son bataillon est réduit aujourd'hui de 61 gardes, rentrés à Paris avec armes et bagages, sans permission.

« Ce bataillon, ajoute le commandant, par son indiscipline et
« les éléments qui le composent, est devenu complétement im« possible. Indiscipline et incapacité dans une partie des officiers
« et des sous-officiers : voilà, mon général, les principales
« causes de notre désorganisation. Formé en dehors de toutes
« les lois qui régissent la garde nationale, ce bataillon s'est
« montré indigne des priviléges qu'il a obtenus, et n'est qu'un
« mauvais exemple pour les troupes qui l'environnent. Ces hom« mes, pour la plupart, se sont refusés à prendre le service de
« la défense. Je demande donc que ce bataillon soit rappelé à
« Paris et dissous.

« De plus, j'ai l'honneur de vous adresser ma démission de
« chef de bataillon, ne pouvant, honnête homme, ancien sous-

« officier de l'armée, rester plus longtemps à la tête d'une troupe
« pareille. Je reprendrai mon fusil et rentrerai dans les rangs de
« la garde nationale, pour me purifier du trop long séjour que
« j'ai fait dans le bataillon des tirailleurs de Belleville.

« Une prompte résolution de votre part est nécessaire, mon
« général, car la moitié des hommes refusent de faire tout ser-
« vice. »

D'autres rapports, qu'il serait trop long de reproduire ici, établissent que le citoyen Flourens, révoqué du grade de commandant qu'il occupait dans le bataillon des tirailleurs de Belleville,
est allé rejoindre ce bataillon dans ses cantonnements, a repris
les insignes du grade qui lui a été retiré et tenté de reprendre
ainsi le commandement.

Il résulte des documents qui précèdent : que deux compagnies
du bataillon des tirailleurs de Belleville, de service dans les
tranchées, ont pris lâchement la fuite devant le feu de l'ennemi;
que le bataillon a refusé de se rendre à son poste sur l'ordre qui
lui a été donné, et que, s'y étant rendu plus tard, il l'a abandonné
au milieu de la nuit.

Il résulte de plus que le citoyen Flourens s'est rendu coupable
d'une usurpation d'insignes et de commandement militaire.

En présence de pareils faits que la garde nationale tout entière
répudie, le commandant supérieur propose :

1° La dissolution des tirailleurs de Belleville;

2° Les 61 gardes de ce corps qui ont disparu seront traduits
devant les conseils de guerre pour désertion en présence de l'ennemi, ainsi que l'aide-major Lemray (Alexis), parti le 28 pour
conduire des blessés à l'ambulance, et qui n'a plus reparu;

3° Une enquête sera faite sur la conduite du capitaine Ballandier, pour apprécier si la même mesure ne lui sera pas appliquée;

4° Le citoyen Flourens sera immédiatement arrêté et traduit
en conseil de guerre pour les faits imputés à sa charge.

Un certain nombre d'hommes du bataillon ayant mérité par
leur conduite de ne pas être confondus avec ceux que frappe cet
ordre du jour, ils formeront le noyau d'organisation d'un nouveau bataillon.

Paris, le 6 décembre 1870, 8 heures du soir.

*Le Général commandant supérieur des
gardes nationales de la Seine,*

CLÉMENT THOMAS.

*P. S.* — Le commandant supérieur reçoit à l'instant même, du commandant Lampérière, un rapport lui déclarant que, le 5 au soir, il n'a pu retenir ses hommes pour le service de l'avancée, la plupart étant absents, et le reste ayant refusé d'obéir. Parmi ceux-ci, quelques-uns donnent pour motif, « et ceux-là n'ont pas tort, » dit le commandant, qu'ils ne peuvent aller à la tranchée avec des hommes dont les mœurs et l'honnêteté leur sont suspectes, et qu'ils demandent l'épuration du bataillon. Le commandant ajoute que lui et le lieutenant Launay ont été menacés de coups de fusil; que les actes d'insubordination envers les officiers et sous-officiers se renouvellent constamment, et que, malgré la plus grande surveillance, les vols de vivres se commettent d'homme à homme.

Ce rapport est visé et transmis par le lieutenant-colonel Le Mains, commandant supérieur de Créteil.

### LICENCIEMENT DU BATAILLON DES VOLONTAIRES DU 147ᵉ.

(*Rapport au Gouverneur de Paris.*)

Paris, le 14 décembre 1870.

Monsieur le Gouverneur,

J'ai l'honneur de vous informer que le bataillon des volontaires du 147ᵉ avait reçu l'ordre de partir ce matin pour Rosny, et qu'au moment du départ, il n'a présenté, sur le lieu de son rassemblement habituel, qu'un effectif de 109 hommes, dont la plupart avaient négligé de prendre leurs armes.

Ce bataillon, d'une formation antérieure au décret du 8 novembre 1870, et dont les éléments avaient été puisés à diverses sources, a motivé son refus de marcher, sur ce que les femmes des hommes mariés qui en font partie n'auraient pas touché, pendant leur absence, les 75 centimes que le Gouvernement de la Défense nationale leur a alloués, et, sans tenir compte des explications données à ce sujet, il a persisté dans son refus.

Une première fois, le 28 novembre, j'avais eu à me plaindre de lui, et il était parti pour Créteil dans un état qui m'avait inspiré un vif mécontentement. Mais sa conduite n'ayant donné lieu à aucune plainte pendant son séjour dans la tranchée, j'avais cru pouvoir oublier ce précédent.

L'acte qu'il a commis aujourd'hui me prouve que je ne saurais compter sur une pareille troupe.

J'ai donc l'honneur de vous proposer :

1° La dissolution de ce bataillon ;

2° La réincorporation des hommes qui le composent dans les divers bataillons d'où ils sortent, les chefs de ces bataillons restant libres de les admettre, et devant être tenus de procéder au désarmement de ceux qu'ils refuseront.

Ces commandants seront comptables des objets d'équipement et de campement des gardes réintégrés dans leurs bataillons, et ils exigeront la rentrée en magasin de ceux délivrés aux hommes qu'ils jugeront opportun de désarmer définitivement.

Des faits tels que celui que je vous signale, Monsieur le Gouverneur, engendrent des abus auxquels il serait urgent de mettre un terme, s'ils se représentaient.

Ainsi, le bataillon dit des volontaires du 147e avait touché hier des vivres pour quatre jours, et c'est grâce au concours énergique et intelligent de quelques officiers de ce bataillon que j'ai pu faire rentrer ces vivres en magasin.

D'un autre côté, voici un commandant chez lequel je n'ai pas rencontré l'énergie que j'étais en droit d'attendre, et quelques officiers qui se sont trouvés sans influence sur leurs troupes, auxquels le Trésor a payé d'avance un mois de solde, tandis que le service extérieur n'a duré qu'une semaine. Il y a là un abus dont souffrent les finances du pays, et auquel je vous proposerais de remédier immédiatement, s'il ne constituait une exception dans les compagnies de guerre de la garde nationale.

J'ai l'honneur d'être, etc.

*Le Général commandant supérieur des gardes nationales de la Seine,*

Clément Thomas.

## XXV.

**Dépêches de Jules Favre à Gambetta, pour les journées du 30 novembre et du 2 décembre.**

*Jules Favre à M. Gambetta, à Tours.*

29 novembre 1870, au soir.

Conformément à l'avis qu'il vous a donné, le Gouverneur avait fixé au mardi 29 sa grande sortie, faite dans les conditions qu'il nous a exposées. Son plan est hardi, savamment préparé, accompagné d'instructions minutieuses ; il doit aboutir au percement des lignes par une armée de cent mille hommes jetés sur la Loire et pouvant vous donner la main. Le Gouverneur a commencé ses mouvements dès dimanche. L'effort principal est confié à M. Ducrot ; il devait être masqué par des attaques de différents côtés, trompant l'ennemi et le tenant en haleine. De sa personne, le Gouverneur s'est porté hier sur un des points principaux où son armée devait passer la Marne sur sept ponts. Malheureusement, à minuit, une crue subite a rendu ce passage impossible. Vinoy, qui devait s'avancer sur Choisy, n'a pas été prévenu à temps ; il a exécuté son mouvement, et, quand il a su que le Gouverneur ajournait le sien, il a été forcé de rétrograder en subissant des pertes assez sensibles. Cet événement a causé un émoi facile à comprendre ; cependant il ne faut pas l'exagérer. Le Gouverneur s'est emparé du plateau d'Avron, où il est solidement établi ; il nous annonce qu'il continue son opération. Le danger est de rencontrer un ennemi averti et concentré. Aussi vous vous figurez nos inquiétudes. Comme le ballon ne part que demain soir, je vous dirai le résultat de la journée. Vous trouverez à l'*Officiel* la proclamation de Ducrot à ses troupes. Elle a causé un enthousiasme bien légitime, mais elle commande un succès. Si nous échouons, nous sommes doublement perdus. Mais ce n'est pas l'heure de se laisser abattre. Paris est dans une agitation extrême ; il souffre beaucoup de l'insuffisance de l'alimentation, mais il a soif de défense et de victoire.

30 novembre, au matin.

L'opération a repris cette nuit, elle continue ; je vous dirai, avant la clôture de cette dépêche, ce qui aura été fait dans la journée.

*M. Gambetta, à Tours.*

30 novembre 1870, 5 heures du soir.

L'opération du Gouverneur s'est accomplie de la manière la plus brillante ; son armée a passé la Marne et livré une série de combats depuis le plateau d'Avron, les sommets de Montmesly, Créteil, au centre, avançant de Joinville-le-Pont sur Champigny, Noisy-le-Grand, Villiers-sur-Marne. Partout nos troupes ont été admirables. Les généraux ont été émerveillés. L'ennemi a fait de grandes pertes ; nous espérons que les nôtres coucheront sur le champ de bataille. Le général Ducrot s'est battu comme un héros.

*M. Gambetta, à Tours.*

2 décembre 1870.

Ce matin, à 7 heures, nos troupes ont recommencé le feu. Assaillies par des décharges furieuses de l'ennemi, elles ont répondu avec énergie, et pendant près de huit heures, héroïquement résisté à une formidable artillerie, mêlée d'obus et de mousqueterie. Toutes ont été admirables. Passant sous le feu devant leur front de bataille, le général Trochu a été acclamé : Ducrot a continué ses prodiges de valeur. A 3 heures, nous avions fait reculer les batteries ennemies et nous venions occuper les crêtes de Villiers, qu'elles nous avaient si vivement disputées. Cette mémorable et glorieuse action s'est concentrée dans l'espace que vous voyez entre Bry-sur-Marne, Noisy-le-Grand, Villiers, Chennevières, Champigny et Cœuilly. Cœuilly et Noisy sont encore à l'ennemi. Nous comptons l'en déloger demain ; la garde nationale a pris une part très-belle à cette brillante journée. L'ardeur de tous est inexprimable. A 3 heures, nous recevions au Gouvernement votre dépêche du 30, elle nous a comblés de joie. Le droit enfin triomphe. Vous vous approchez, nous allons à vous. Nous touchons aux termes des maux de la patrie. Vous aurez une grande part à cette œuvre glorieuse ; c'est pour moi un vrai bonheur. En même temps, nous recevions une dépêche de Bourbaki nous annonçant qu'il a des forces respectables qu'il met à notre disposition. Nous renaissons. Mais c'est le cas de redoubler de calme, de vigilance, de courage. Le froid est devenu très-vif et fait beaucoup souffrir nos troupes. Ai-je besoin de dire la joie de Paris et son excellente attitude ? Nous voilà réhabilités devant cette Europe si dédaigneuse et si cruelle.

Je ne puis vous dire si la bataille recommencera demain. Nous aurons peut-être besoin d'une journée de repos. Nous aurons encore des combats. J'espère que ces combats seront des victoires. Je vous embrasse de cœur.

## XXVI.

**Extrait de l'historique du régiment de mobiles de Seine-et-Marne.**

30 novembre.

A 4 heures du matin, les tentes sont abattues ; à 5 heures, le régiment se met en marche, passe sous un viaduc de chemin de fer en avant de son front, tourne à droite aussitôt, se forme dans la plaine par compagnies, tout en avançant ; à gauche, l'artillerie suit la route. Au croisement des routes, le régiment fait tête de colonne à gauche, se dirigeant sur Neuilly-sur-Marne ; il a à sa droite la grande route qui conduit à Neuilly, l'artillerie marche sur son flanc gauche. Le régiment fait halte à 1,500 mètres environ du village et se forme en bataillons par échelons, la gauche en tête. L'artillerie se met en batterie et ouvre son feu sur Neuilly.

Il est 7 heures environ (le jour commence à peine) ; à 7 heures et demie, le colonel Colonieu ordonne au lieutenant-colonel de Courcy de prendre le commandement des tirailleurs, de s'avancer sur Neuilly, de s'en emparer et de s'y établir.

Le lieutenant-colonel passe le canal, qui le sépare du village, sur une passerelle qui existe encore, à la tête de deux compagnies du 1er bataillon et disperse son monde en tirailleurs, à travers les jardins qui entourent le village sur sa gauche. En traversant le canal, il entend donner l'ordre au génie d'abattre les arbres qui longent le canal, d'en aplanir les chaussées, en un mot, de créer un passage pour l'artillerie.

Quelques coups de feu partent des vergers qui enveloppent le village ; un avant-poste prussien l'occupe encore de ce côté, mais se replie précipitamment en arrière.

Le lieutenant-colonel fait entrer ses tirailleurs de tous côtés au pas de course ; lui-même se porte à droite avec une cinquantaine d'hommes sur la grande route qui donne accès au village ; quelques coups de feu sont tirés, mais sans effet.

Arrivé sur la place de l'Église, le lieutenant-colonel envoie prévenir son colonel qu'il est maître du village et réclame du monde pour l'occuper solidement ; en même temps il se porte avec une compagnie par la rue qui mène à Villa-Évrard, afin de s'éclairer en avant du village ; à la hauteur des dernières maisons, il est accueilli par une fusillade provenant d'une grand'garde ennemie cachée dans la plaine par de petits ouvrages en terre.

Les mobiles ouvrent leur feu dans cette direction, l'ennemi se replie en courant sur Villa-Évrard.

Pendant ce temps le colonel a envoyé le restant du 1er bataillon dans Neuilly. Le lieutenant-colonel donne l'ordre à son chef de fortifier les rues qui donnent accès au village, surtout celle conduisant à Villa-Évrard, puis il se porte de sa personne auprès de son colonel, lui rendre compte et prendre les ordres. Il n'y en a pas. Galopant en arrière, il rencontre le colonel Colonieu, lui annonce l'occupation complète de Neuilly-sur-Marne, la retraite des avant-postes prussiens sur Villa-Evrard.

Il est 8 heures un quart ou 8 heures et demie au plus tard.

Le lieutenant-colonel demande alors ce qu'il doit faire : « Attendre les ordres, répond le colonel Colonieu. » Il retourne alors à Neuilly.

Vers 9 heures et demie, se voyant inactif et inquiet de rester en face de Villa-Evrard, sans au moins connaître la force de l'ennemi, il fait sortir deux compagnies, l'une à droite de Neuilly, l'autre à gauche, les disperse en tirailleurs et les fait avancer de la sorte sur Villa-Evrard. A quelques cents mètres des maisons la fusillade commence, mais sans consistance, et l'on voit l'ennemi se retirer en hâte et disparaître derrière les murs du parc qui est en arrière. Les maisons sont occupées aussitôt par les mobiles; on a fait deux prisonniers, dont l'un est blessé, un Prussien est resté mort dans la plaine; deux mobiles ont été blessés. Pendant le mouvement du lieutenant-colonel, son colonel s'est avancé dans la plaine avec le restant du régiment pour le soutenir au besoin.

Il est 10 heures un quart, Villa-Evrard est occupé, Neuilly, déjà barricadé. Vers 11 heures, le lieutenant-colonel aperçoit de grosses colonnes ennemies sur les hauteurs qui rejoignent de Chelles à Noisy-le-Grand, se dirigeant vers ce dernier village. Il va les faire remarquer à son colonel, qui envoie prévenir le colonel Colonieu.

Jusqu'à midi et demi le régiment reste inactif dans ses positions.

A une heure environ, le lieutenant-colonel reçoit l'ordre de replier ses tirailleurs de Villa-Evrard, de remettre la défense de Neuilly-sur-Marne aux mobiles du colonel Reille; enfin de venir passer la Marne sur le pont de bateaux, en arrière de Neuilly. L'ordre est exécuté, la tête du régiment passe la rivière à 2 heures environ, tout le régiment est massé sur l'autre rive par demi-bataillon en masse, face à Noisy-le-Grand, à sa droite se trouvent les zouaves disposés dans le même ordre; ils ont passé la Marne avant le régiment de Seine-et-Marne.

A 2 heures et demie, le régiment de zouaves se met en mouvement, l'ordre est donné au régiment de le suivre. Le colonel Colonieu est en tête. On fait par le flanc droit et tête de colonne à droite, on entre dans Petit-Bry; aussitôt une très-vive fusillade se fait entendre en avant des zouaves qui sont en tête.

Arrivé au milieu du village, le colonel Colonieu donne l'ordre aux 1$^{er}$ et 2$^e$ bataillons du régiment d'enlever les hauteurs contre lesquelles Petit-Bry est adossé, et envoie le 1$^{er}$ bataillon sur la gauche pour s'emparer des pentes boisées au haut desquelles se trouve Noisy-le-Grand.

Une ruelle étroite donne issue sur les hauteurs qui dominent Petit-Bry ; le lieutenant-colonel, à la tête du 1$^{er}$ bataillon, s'y engage, et sitôt débouche dans les vignes qui couvrent le coteau, espace ses hommes et parvient au pas de course sur la crête ; son mouvement est appuyé par son colonel à la tête du 2$^e$ bataillon.

L'ennemi se retire en désordre dans la direction du parc de Villiers qui se trouve en face des crêtes occupées dès lors par nous.

Les zouaves se trouvent à la droite du régiment, sur le couronnement des hauteurs, ainsi que le Morbihan et le 136$^e$ de marche.

L'ennemi replié, une canonnade des plus violentes couvre les crêtes de projectiles, elle vient en face de Villiers, à gauche de Noisy-le-Grand, qui nous prend de flanc.

On fait coucher les hommes et cesser la fusillade, pour ne pas préciser le tir de l'artillerie ennemie.

Le colonel Fournès tente un effort pour entrer dans le parc de Villiers. Le régiment de Seine-et-Marne exécute le même mouvement offensif en avant de son front ; mais à 100 mètres des murs, un feu meurtrier, tiré par un ennemi à couvert, refoule en arrière l'un et l'autre régiment. Ils reviennent se mettre à l'abri derrière les crêtes.

L'artillerie divisionnaire se met en batterie un peu en arrière, à droite du régiment, mais elle attire sur elle le feu des batteries de Noisy-le-Grand et de Villiers.

Les hommes reposés, le lieutenant-colonel tente d'enlever de nouveau le régiment, pour faire un nouvel effort sur le parc occupé par l'ennemi. Il est 4 heures environ. Le général en chef arrive à cheval sur le plateau, arrête le lieutenant-colonel, et lui donne l'ordre de ne pas tenter une attaque sur Villiers avant que de l'artillerie ne soit venue abattre les abris de l'ennemi...

## XXVII.

**Composition détaillée des troupes allemandes qui ont pris part à la bataille du 30 novembre (1).**

---

**Division wurtembergeoise**, lieutenant général **VON OBERNITZ**.

*1re brigade d'infanterie.* — Général major **de Reitzenstein** :
   1er régiment d'infanterie ;
   7e    —    — ;
   2e bataillon de chasseurs.

*2e brigade d'infanterie.* — Général major **de Starkoff** :
   2e régiment d'infanterie ;
   5e    —    — ;
   3e bataillon de chasseurs.

*3e brigade d'infanterie.* — Colonel **de Hügel** :
   3e régiment d'infanterie ;
   8e    —    — ;
   1er bataillon de chasseurs.

*Brigade de cavalerie.* — Général major comte **de Scheler** :
   1er régiment de cavalerie Reiter ;
   3e    —    —    — ;
   4e    —    —    — .

*Artillerie :*
   Régiment d'artillerie de campagne (9 batteries) ;
   2 compagnies de pionniers ;
   Trains.

TOTAL pour la division wurtembergeoise :
15 bataillons d'infanterie, 12 escadrons et 54 bouches à feu.

---

(1) Extrait de l'ouvrage du major Blume.

## 12ᵉ CORPS D'ARMÉE (SAXE ROYALE).

S. A. R. le Prince Royal de Saxe, général d'infanterie, commandant l'armée de la Meuse.

**23ᵉ division d'infanterie**, S. A. R. le Prince GEORGES de Saxe, lieutenant général, commandant en chef le 12ᵉ corps.

*45ᵉ brigade d'infanterie.* — Général major de Craushaar.

1. Régiment de grenadiers de la Garde nº 100;
2.     —        — (Roi Guillaume de Prusse) nº 101;

Régiment de fusiliers nº 108;
1. Régiment de cavalerie Reiter;
1. Division d'artillerie à pied du 12ᵉ régiment.

*46ᵉ brigade d'infanterie* (1) :

3. Régiment d'infanterie (Prince Royal) nº 102;
4.    —      — nº 103.

**24ᵉ division d'infanterie**, gén. maj. NEHRHOFF DE HOLDERBERG.

*47ᵉ brigade d'infanterie.* — Colonel de Leonardi :

5. Régiment d'infanterie (Prince Frédéric-Auguste) nº 104;
6.    —      — nº 105;
1. Bataillon de chasseurs (Prince Royal) nº 12;
2. Régiment de cavalerie Reiter;
2. 1 division d'artillerie à pied du 12ᵉ régiment.

*48ᵉ brigade d'infanterie.* — Colonel de Schultz :

7. Régiment d'infanterie (Prince Georges) nº 106;
8.    —      — nº 107;
2. Bataillon de chasseurs nº 13.

---

(1) Cette brigade, restée sur la rive droite de la Marne, n'a pas pris part à la lutte du 30 novembre ; il faudra donc déduire 6 bataillons du total du 12ᵉ corps.

**12ᵉ division de cavalerie,** général major **Comte de LIPPE.**

*1ʳᵉ brigade de cavalerie.* — Général major **Krug de Nida** :

Régiment de Reiter de la Garde;
1. Régiment de uhlans n° 17.

*2ᵉ brigade de cavalerie.* — Général major **Seufft de Pilsach** :

3. Régiment de Reiter;
4.    —    de uhlans n° 18;
1 batterie à cheval du 12ᵉ régiment.

*Artillerie du corps :*

Division du 12ᵉ régiment d'artillerie;
12ᵉ bataillon de pionniers;
12ᵉ   —   du train.

TOTAL pour le 12ᵉ corps saxon :

29 bataillons d'infanterie (dont il faut déduire les 6 bataillons de la 46ᵉ brigade), 24 escadrons et 96 bouches à feu (dont il faut retrancher l'artillerie de cette brigade).

*7ᵉ brigade d'infanterie de la 4ᵉ division d'infanterie.*

Général major **de Trossel** :

Régiment de grenadiers de Colberg (2ᵉ de Poméranie) n° 9;
6. Régiment d'infanterie de Poméranie n° 49;
Régiment de dragons de Poméranie n° 11;
Division d'artillerie à pied du 2ᵉ régiment d'artillerie de Poméranie.

Soit : 6 bataillons, 4 escadrons, 18 bouches à feu.

Enfin, la brigade mixte du 6ᵉ corps d'armée, amenée par le commandant du corps, général de cavalerie de Tümpling, qui paraît avoir été, d'après les documents officiels, formée en grande partie par la 21ᵉ brigade de la 11ᵉ division de ce corps, et dont voici la composition :

*21ᵉ brigade d'infanterie.* — Général major **de Malachowski** :

1. Régiment de grenadiers de Silésie n° 10;
1.    —    d'infanterie de Posen n° 18;
2ᵉ bataillon de chasseurs de Silésie n° 6;
2. Régiment de dragons de Silésie n° 8;
1 division d'artillerie à pied du 6ᵉ régiment d'artillerie de Silésie.

Soit en total : 7 bataillons, 4 escadrons et 18 bouches à feu environ.

Le total général donne les chiffres suivants : 51 bataillons, 20 escadrons environ présents et 150 bouches à feu, qui se décomposent de la façon suivante :

|  | bataillons | escadrons | bches à feu |
|---|---|---|---|
| Wurtembergeois. . . . . . . . . . . . . | 15 | 12 | 54 |
| Saxons . . . . . . . . . . . . . . . . . | 23 | 8 | 60 |
| 7e brigade de la 4e division du 2e corps. | 6 | » | 18 |
| 21e brigade (brigade mixte) du 6e corps. | 7 | » | 18 |
| Total général. . . | 51 | 20 | 150 |

## XXVIII.

**Détails officiels sur la part prise par le** *corps d'armée* (12e) *de la Saxe royale*, **à la bataille du 30 novembre.** (Tiré du *Journal de Dresde*.)

Dès le 17 novembre, la 24e division d'infanterie du 12e corps d'armée (Saxe Royale) avait été chargée d'appuyer la division royale wurtembergeoise établie entre la Seine et la Marne. La division Saxonne avait été placée à cheval sur les deux rives de la Marne, pouvant ainsi servir de réserve, tant à la 23e division d'infanterie qu'à la division royale wurtembergeoise, et avait occupé les avant-postes de Bry-sur-Marne et en avant de Chelles.

Le 29 novembre au soir, en présence d'indices réitérés, démontrant la possibilité d'une sortie, principalement vers le Sud-Est, le commandant en chef de l'armée de la Meuse, dont dépendait aussi la division royale wurtembergeoise, donna l'ordre à toute la 24e division d'infanterie de se porter, le 30 novembre, sur la rive gauche de la Marne, d'occuper les avant-postes jusqu'à Champigny inclusivement, et de se tenir, comme réserve mobile, en avant et en arrière du gros de la division. La 23e division occupa la ligne d'investissement de Clichy-en-l'Aunai à Chelles, et la Garde s'étendit jusqu'à Livry.

Ces ordres de changement de position n'arrivèrent aux troupes que tard dans la soirée, et sur la demande du général-lieutenant d'Obernitz, commandant la division wurtembergeoise, les avant-postes wurtembergeois, à Champigny, furent relevés, dès 5 heures du matin, par le 1er bataillon du 8e régiment d'infanterie, n° 105, major Thierbach.

Dès 7 heures du matin, la 47e brigade d'infanterie était en mouvement pour occuper ses nouvelles positions, et, à la même heure, la 48e brigade se tenait sur le qui-vive à Noisy-le-Grand et en arrière de ce village, car la veille déjà, l'ennemi avait fait sortir de la ville de fortes masses de troupes de toutes armes, et leur avait fait prendre position en avant des forts; il avait, entre autres, massé 3 brigades de troupes de ligne à Rosny. Pendant presque toute la nuit, les forts du sud et du sud-est entretinrent, sans interruption, une vigoureuse canonnade, et à 7 heures du matin, une batterie de gros calibre, établie sur la partie sud du plateau d'Avron, ouvrit le feu contre Bry, Noisy, Gournay, le pont fortifié de Gournay et Chelles. Dès le point du jour, les troupes de ligne postées au nord de Rosny, se mirent en mouvement dans la direction de la vallée de la Marne, et l'on signala, sur le chemin de fer de Paris à Mulhouse, la présence d'une locomotive, avec deux wagons blindés portant chacun un canon.

Le général commandant le 12e corps d'armée, prince Georges, qui voulait, vers midi, se porter du Vert-Galant à Champs, dut naturellement, en présence de ces démonstrations, supposer qu'une attaque de l'ennemi était imminente dans la direction de Chelles. Aussi, lorsque le général d'Obernitz lui demanda, par le télégraphe, de venir appuyer les Wurtembergeois menacés d'une attaque à l'aile et au centre, dut-il lui répondre que la 48e brigade était à sa disposition, mais que la 47e, menacée elle-même sur son front, ne pouvait se mettre en marche pour passer sur la rive gauche de la Marne. Vers 11 heures du matin, le prince royal se porta en personne sur la hauteur du moulin à vent de Montfermeil.

Dans l'intervalle, les événements avaient suivi leur cours entre la Seine et la Marne. Le général Ducrot, à la tête de la plus grande partie de la 2e armée de Paris, avait opéré une vigoureuse sortie, et ses puissantes colonnes, appuyées par une nombreuse artillerie de campagne, s'étendaient de Montmesly jusque vers Bry. Il avait traversé la Marne, sur plusieurs ponts, à Joinville, Bry et Neuilly-sur-Marne, et, vers 10 heures, il avait repoussé les faibles garnisons de Champigny et de Bry. Le premier de ces villages était occupé depuis le matin par le major Thierbach, qui avait à peine eu le temps de s'y installer; et quant à Bry, position très-avancée et très-exposée, on n'y avait placé qu'un faible poste de sous-officier.

A 11 heures, au moment où le colonel d'Abendroth, commandant la 48ᵉ brigade combinée, venait d'envoyer, de Noisy à Gournay, deux bataillons (1ᵉʳ et 3ᵉ) du régiment nº 106, pour répondre à l'attaque imminente sur Chelles, il reçut du général-major de Reitzenstein, commandant la 1ʳᵉ brigade royale wurtembergeoise à Villiers, l'avis de la prise de Champigny, et d'une violente attaque dans la direction de Cœuilly-Villiers. Immédiatement, il dirigea, sur la partie nord de Villiers, le 3ᵉ bataillon du régiment nº 106, qui se mettait déjà en marche à la suite des deux autres, et, de plus, le 2ᵉ bataillon du même régiment, la 3ᵉ batterie légère, et environ 2 escadrons du 2ᵉ régiment de cavalerie. Ces troupes attaquèrent, vers midi, les ondulations du terrain au nord de Villiers, occupées par l'ennemi, et forcèrent une batterie française à se replier au moment où elle entrait en ligne. Le major Brinckmann, notamment, à la tête du 3ᵉ bataillon 106, refoula brillamment l'infanterie ennemie jusque vers Bry.

Cependant, le régiment nº 104, avec 10 compagnies seulement, la 4ᵉ batterie légère, et un escadron du 2ᵉ régiment de cavalerie, parti de Malnoue, étaient arrivés à Noisy ; recevant de nouvelles demandes de renforts, le colonel d'Abendroth envoya, sur le sud de Villiers et sur Cœuilly, le 1ᵉʳ bataillon 104, les 3ᵉ et 4ᵉ batteries légères, et un escadron, sous les ordres du major Schœnberg, du 2ᵉ régiment de cavalerie, les six autres compagnies 104, les 2ᵉ et 3ᵉ bataillons du régiment 106, ayant déjà été envoyés au nord de Villiers.

Pendant tout ce temps, l'artillerie française, qui commandait la position de Villiers, l'écrasait de ses feux sur le flanc droit et à revers. Nos troupes fondaient visiblement, sans toutefois faiblir un seul instant. Vers 1 heure et demie, le feu sur Villiers se ralentit, pendant qu'une batterie française venant de Rosny défilait sur le pont jeté sur la Marne à Neuilly et se dirigeait contre Noisy-le-Grand.

Pour garantir cette position, faiblement défendue, le 1ᵉʳ bataillon 106 et le 3ᵉ bataillon 107 prirent position à l'est et au nord du village, et les 4 bataillons 104 et 106, qui garnissaient les crêtes des hauteurs au nord de Villiers, les abandonnèrent pour se porter au haut du cimetière de Villiers.

Le général en chef, qui s'était porté sur les hauteurs de Montfermeil, puis sur celles de Chelles, avait, dès midi, reconnu le caractère démonstratif des opérations dans la vallée sur la droite de la Marne et envoyé la 4ᵉ section d'artillerie à pied, major von der Pforte, rejoindre par Pomponne la partie de la 47ᵉ brigade, retenue sur la rive droite de la Marne. En même temps, il envoyait le régiment de fusiliers nº 108, et le 3ᵉ bataillon du régiment des grenadiers de la Garde, nº 100, comme nouveau renfort, à Chelles et à Gournay, et faisait prendre position, sur la hauteur en arrière de Chelles, à la 3ᵉ section d'artillerie à pied. Vers 4 heures moins un quart de l'après-midi, simultanément avec l'attaque sur Noisy-le-Grand et la concentration des troupes au nord de Villiers, la 4ᵉ section d'artillerie à pied arriva à Noisy-le-Grand et reçut du commandant de la 24ᵉ division d'infanterie, général-lieutenant Nehrhoff de Holderberg, l'ordre d'entrer en ligne entre Noisy et Villiers, avec 3 batteries de l'artillerie de la division. A 4 heures, 42 pièces d'artillerie tiraient sur l'ennemi, qui, s'avançant de Bry, escalada la crête des hauteurs, et y ouvrit le feu de ses batteries. Bien qu'il commençât à faire sombre, l'effet de notre artillerie fut rapide et brillant. L'ennemi se replia, ses batteries se retirèrent, et, vers 5 heures et demie, le combat prit fin.

Le 2ᵉ bataillon de chasseurs et le 2ᵉ bataillon n° 105, sous les ordres du colonel d'Elterlein, commandant la 47ᵉ brigade d'infanterie, étaient arrivés, vers 4 heures, de Chelles à Noisy. Ils essayèrent, mais en vain, de s'avancer plus à l'ouest de cette dernière position, pour atteindre l'ennemi dans sa retraite. Quant au général-major de Reitzenstein, avec les détachements précédemment cités du major de Schœnberg, et appuyé par les troupes wurtembergeoises que le général d'Obernitz lui avait amenées après l'heureuse issue du combat de Montmesly, il avait réussi, au prix de pertes considérables, et grâce à l'héroïque bravoure de ses soldats, à repousser énergiquement l'ennemi de Villiers et de Cœuilly.

Au dire des prisonniers, les Français, sous les ordres du général Ducrot, étaient au nombre de 50,000 pour l'attaque de nos positions entre Cœuilly et Bry seulement.

Le général Trochu avait, plusieurs fois de suite, ramené ses troupes en avant. Il avait, néanmoins, été repoussé par l'armée allemande, cependant bien moins nombreuse.

Les pertes du corps d'armée de la Saxe royale furent considérables; elles s'élevèrent à 10 officiers et 869 hommes pour les 10 bataillons et demi, les 7 batteries et les 3 escadrons de la 24ᵉ division d'infanterie et du corps d'artillerie, qui avaient pris part à la bataille du 30 novembre. Les nombreux prisonniers restés entre nos mains appartenaient tous aux troupes de ligne, et principalement à la 3ᵉ division du 2ᵉ corps de la 2ᵉ armée. Ils étaient abondamment pourvus de vivres pour plusieurs jours.

Dans la journée du 30 novembre, les forces ennemies, à droite de la Marne, s'étendaient jusqu'au delà de Saint-Denis. — Dans les environs de cette dernière localité, les Français se bornèrent à quelques démonstrations offensives. Entre Avron et Neuilly-sur-Marne, ils ne purent s'emparer que de la Villa-Evrard, position où nous n'avions depuis longtemps qu'un poste avancé peu important, et qui leur permit néanmoins de cerner deux bataillons du 105ᵉ régiment de la 21ᵉ division, qui, sous les ordres du colonel de Tettan, occupait les avant-postes de Chelles.

Il faut ajouter que la Villa-Evrard fut reprise le 2 décembre, ce qui rétablit notre ligne d'avant-postes entre la Marne et le canal de l'Ourcq dans sa position principale. La Maison-Blanche fut aussi évacuée le 30 novembre, lors de la marche en avant de l'ennemi, mais elle fut réoccupée par nous le soir même.

Le télégramme suivant, adressé par le général d'Obernitz au roi de Wurtemberg à Stuttgard, constate l'acharnement du combat :

« Château le Piple, 30 novembre. — Les 2ᵉ et 3ᵉ brigades, appuyées par la 7ᵉ brigade prussienne, ont aujourd'hui repoussé, après un violent combat de cinq heures, une sortie opérée contre Montmesly par une division de troupes de ligne. La 1ʳᵉ brigade a maintenu depuis le matin jusqu'à la nuit la position entre Villiers et Cœuilly-sur-Marne contre l'attaque énergique d'une division ennemie.

« Les Français ont également été repoussés sur ce dernier point, en laissant plus de 300 prisonniers entre nos mains. Nos pertes sont de 6 officiers tués et de 34 blessés, et 700 hommes tant tués que blessés. Parmi les blessés se trouvent les colonels Berger et Hügel, le lieutenant-colonel Linck, et le major Schœffer. »

---

## XXIX.

### Composition de l'artillerie de la 2ᵉ armée aux batailles de la Marne.

---

Commandant de l'artillerie, général de division **FRÉBAULT**.
Chef d'état-major, colonel **VILLIERS**.
Sous-chef d'état-major, lieutenant-colonel **DE COSSIGNY**.

---

#### 1ᵉʳ CORPS D'ARMÉE (GÉNÉRAL **BLANCHARD**).

Commandant de l'artillerie, général de brigade **d'UBEXI**.
Chef d'état-major, lieutenant-colonel **LUCAS**.

### 1re division (Général DE MALROY).

| Commandant BRIENS. | 1re batterie d'artill. mar. | 4 | capit. | Révillon. |
| --- | --- | --- | --- | --- |
| | 2e id. id. | 4 | id. | Bernard. |
| | 12e id. id. | mitr. | id. | Chaule. |

### 3e division (Général FARON).

| Commandant MAGDELAINE. | 3e batterie du 9e régim<sup>t</sup> | 4 | capit. | Lourdel-Hénaut. |
| --- | --- | --- | --- | --- |
| | 4e id. 13e id. | 4 | id. | Party. |
| | 3e id. 13e id. | mitr. | id. | Torterue de Sazilly. |

### Réserve du 1er Corps (colonel HENNET).

| Commandant GUIZE. | 3e batterie du 6e régim<sup>t</sup> | 12 | capit. | Paret. |
| --- | --- | --- | --- | --- |
| | 4e id. 6e id. | 12 | id. | Salle. |
| | 16e id. 8e id. | 12 | id. | Jacob. |
| Commandant DORAT. | 4e batterie du 12e régim<sup>t</sup> | 12 | capit. | Salin. |
| | 16e id. 9e id. | 12 | id. | Michel. |
| | 15e id. d'artill. mar. | 12 | id. | Caris. |

---

## 2e CORPS D'ARMÉE (Général RENAULT).

Commandant de l'artillerie, général de brigade **Boissonnet**.
Chef d'état-major, lieutenant-colonel **Viguier**.

### 1re division (Général DE SUSBIELLE).

| Commandant MATHIEU. | 7e batterie du 21e régim<sup>t</sup> | 4 | capit. | Deschamps. |
| --- | --- | --- | --- | --- |
| | 8e id. 21e id. | 4 | id. | Jenny. |
| | 17e id. 4e id. | mitr. | id. | Perrault. |

### 2e division (Général BERTHAUT).

| Commandant LADVOCAT. | 9e batterie du 21e régim<sup>t</sup> | 4 | capit. | Simon. |
| --- | --- | --- | --- | --- |
| | 5e id. 22e id. | 4 | id. | Lapâque. |
| | 3e id. 21e id. | mitr. | id. | Trémoulet. |

### 3e division (Général DE MAUSSION).

| Commandant DE GRANDCHAMP. | 10e batterie du 21e régim<sup>t</sup> | 4 | capit. | Nismes. |
| --- | --- | --- | --- | --- |
| | 4e id. 22e id. | 4 | id. | Courtois. |
| | 3e id. 21e id. | mitr. | id. | Mahieu. |

### Réserve du 2e corps (Colonel MINOT).

| Commandant DÉTHOREY. | 4e batterie du 21e régim<sup>t</sup> | 12 | capit. | Buloz. |
| --- | --- | --- | --- | --- |
| | 15e id. 10e id. | 12 | id. | Fly-S<sup>te</sup>-Marie. |

## DÉFENSE DE PARIS.

Commandant WARNESSON. { 8e batterie du 3e régim$^t$  12  capit. Moriau.
5e    id.        21e id.   12   id.  de Chalain.
16e   id.        14e id.   12   id.  Solier. }

### 3e CORPS D'ARMÉE (GÉNÉRAL D'EXEA).

Commandant de l'artillerie, général de division **Princeteau**.
Chef d'état-major, lieutenant-colonel **Grévy**.

**1re division** (Général DE BELLEMARE).

Commandant TARDIF DE MOIDREY. { 16e batterie du 2e régim$^t$  4  capit. Malfroy.
16e   id.        10e id.   4   id.  Dardenne.
15e   id.        11e id.  mitr. id.  Malaval. }

**2e division** (Général MATTAT).

Commandant LEFRANÇOIS. { 3e batterie du 10e régim$^t$  4  capit. Eon Du Va.
4e   id.        10e id.   4   id.  Duchâteau.
3e   id.        11e id.  mitr. id.  Clavel. }

**Réserve du 3e corps** (Lieutenant-colonel DELCROS).

Commandant DAVID. { 12e batterie du 3e régim$^t$  12  capit. Larquet.
18e   id.        3e id.   12   id.  Lesage.
3e   id.        22e id.   12   id.  Mignon. }

Commandant FONCIN. { 17e batterie du 10e régim$^t$  12  capit. Godinot.
2e   id.        7e id.   12   id.  Vaucheret.
20e  id.        11e id.   4   id.  Millescamps. }

### RÉSERVE GÉNÉRALE (LIEUTENANT-COLONEL LUCET).

Commandant LEFÉBURE. { 3e batterie du 14e régim$^t$  8  capit. Gros.
4e   id.        14e id.   8   id.  Malherbe.
6e   id.        22e id.   8   id.  Bajau.
7e   id.        22e id.   8   id.  Froment. }

Commandant BABINET. { 11e batterie d'artill. mar.  12  capit. Geoffroy.
8e   id.  du 22e régim$^t$  12  id.  Delagreverie.
10e  id.        22e id.   12   id.  Vabre. }

Ces trois batteries à la disposition du général FAVÉ, dans la presqu'île de Saint-Maur. { 15e batterie du 7e régim$^t$  12  capit. Brasilier.
16e  id.        15e id.   12   id.  de Donato.
10e  id.        7e id.   4   id.  André. }

## XXX

### Protestation de M. Maurice Jolly.

Dans son numéro du 2 février dernier, le *Figaro* a reproduit notre récit des événements du 31 octobre 1870; à cette occasion, M. Maurice Jolly a protesté contre l'exactitude de certains détails (1).

Cette protestation est fondée, nous le reconnaissons; nous en avons trouvé la preuve dans le procès-verbal de la séance du 31 octobre, rédigé sur place par M. Dréo, gendre de M. Garnier-Pagès. Dans l'intérêt de la vérité, nous croyons devoir reproduire textuellement cet important document historique.

LUNDI 31 OCTOBRE (3 h. 1/4 du soir).

M. le lieutenant-colonel CHEVRIAU, commandant de l'Hôtel-de-Ville, est appelé pour donner des explications sur les dispositions de la foule qui a, dès le matin, commencé à s'introduire dans le rez-de-chaussée de l'aile droite de l'Hôtel-de-Ville (côté de la mairie).

M. CHEVRIAU annonce que malgré tous ses efforts, qu'il prie de reconnaître, la foule a déjà envahi la moitié de l'Hôtel-de-Ville et menace d'envahir également les appartements réservés au Gouvernement. Des bataillons de la garde nationale appelés sur la place ont mis la crosse en l'air en face du peuple. Il se déclare impuissant à protéger le Gouvernement.

M. ÉT. ARAGO, maire de Paris, lit une délibération prise par les vingt maires de Paris, de se prononcer pour des élections municipales immédiates; il supplie, dans les circonstances actuelles, d'avoir égard à cette délibération et d'y donner satisfaction.

M. PICARD fait une proposition qui se subdivise en trois parties:
1º Le Gouvernement se met aux voix;
2º Les conseillers municipaux sont élus;
3º Aucune décision sur l'armistice ou sur la paix ne sera prise sans que la population ait été consultée.

M. ARAGO déclare qu'à aucun titre il n'accepterait la première

---

(1) Détails empruntés au rapport officiel de M. Chaper et à la déposition de M. le préfet de police Cresson.

proposition de M. Picard; il n'accepterait en principe que les élections municipales.

M. Ferry espère concilier les deux opinions en accordant les élections municipales, avec facilité pour les membres du Gouvernement de présenter leur candidature.

M. le général Trochu fait observer que si l'on procède à ces élections avec tant de précipitation, on verra éclater les désordres qui ont gâté les élections des officiers de la garde nationale.

M. Ét. Arago fait observer que c'est là une erreur; presque tous les maires actuels devant être, suivant lui, réélus.

M. Picard croit en effet que ces élections pourront bien être un peu désordonnées; mais mieux vaut ce désordre partiel que le désordre général qui est menaçant.

M. Ferry propose que l'on déclare seulement qu'il y aura des élections municipales sans en fixer la date. Cette proposition, mise aux voix, est approuvée par 5 voix contre 3.

Ont voté pour : Arago, Picard, Favre, Ferry, Pelletan.

Ont voté contre : Trochu, Garnier-Pagès, J. Simon.

M. Ét. Arago, maire de Paris, quitte le Conseil pour aller annoncer cette résolution à la foule qui a déjà complétement envahi la grande salle de la République.

M. Picard renouvelant sa proposition, demande qu'on fasse voter sur chacun des membres du Gouvernement.

MM. J. Favre et Ferry s'opposent à cette proposition, qui leur semble incompatible avec les élections municipales; d'ailleurs il est impossible d'exposer le Gouvernement actuel à des divisions funestes.

M. Ferry persiste à croire que les membres du Gouvernement doivent prendre part comme candidats aux élections municipales. MM. Favre et Arago repoussent cette idée comme impraticable.

M. Ferry déclare qu'il lui paraît certain que la municipalité élue voudra être Gouvernement; en conséquence, il croit que tous les membres devraient en être élus, par scrutin de liste, pour tout Paris.

M. Picard insiste pour que le Gouvernement lui-même se soumette à l'élection.

A ce moment, le tumulte qui règne dans les salles voisines arrive jusqu'aux oreilles des membres du Conseil dont il trouble les délibérations. On entend la foule qui frappe aux portes.

*MM. les chefs de bataillon, Charles-Louis Chassin, Cyrille, suivis de MM. Maurice Jolly, Le Français, et de quelques autres* citoyens, s'introduisent violemment dans la salle. *Ils affirment qu'ils sont poussés par la foule qui avance, mais ils réclament énergiquement la Commune et la formation d'un nouveau cabinet par les soins de M. Dorian.*

M. J. FAVRE leur fait observer que le Conseil ne peut délibérer ainsi sous le coup de la violence. Faites de nous, dit-il, ce que vous voudrez, mais ne croyez pas nous arracher quoi que ce soit par la crainte.

*MM. Chassin et Maurice Jolly protestent de nouveau de leurs bonnes intentions à l'endroit du Gouvernement, près duquel ils insistent, prétendent-ils, pour éviter une collision menaçante.*

M. le général TAMISIER entre vivement à ce moment. Il déclare ne plus savoir à quoi s'en tenir; il entend proclamer partout qu'il n'y a plus de Gouvernement. Presque au même moment, on entend la porte de la première salle céder bruyamment sous l'effort de la foule qui se précipite dans la salle des séances en poussant des cris de : « Vive la Commune! » et en insultant les membres du Gouvernement.

MM. le général TROCHU, J. FAVRE, GARNIER-PAGÈS, J. SIMON, PELLETAN, FERRY, ARAGO restent à leur place autour de la table du Conseil (M. Picard s'est retiré). La foule les entoure et les serre de toutes parts sans même leur permettre de pouvoir se lever. M. Garnier-Pagès ne peut parvenir à se faire entendre. C'est à peine si M. J. Favre peut prononcer quelques mots. Des orateurs furieux se précipitent sur la table, du haut de laquelle ils essayent de haranguer la foule dont ils ne peuvent eux-mêmes dominer le tumulte. Le désordre est à son comble, *et dure jusqu'à 5 heures 1/2, entremêlé de menaces de mort à l'adresse des membres du Gouvernement, dont l'arrestation est demandée par les plus modérés. M. Flourens fait entrer.* (Les mots en italique sont barrés sur l'original.) On demande simultanément la démission et l'arrestation des membres du Gouvernement qui se refusent à la concession.

M. Flourens fait entrer ses tirailleurs volontaires, auxquels il confie la garde des membres du Gouvernement, qui se trouvent être ainsi ses prisonniers.

Les motions violentes s'entre-croisent de plus en plus : le désordre allant toujours croissant, il devient impossible de reproduire les phases des diverses scènes qui se suivent.

## XXXI.

**Extrait de l'historique de l'artillerie du 3e corps de la 2e armée.**

Le 3e corps se mit en mouvement avant le jour, pour venir se masser au rond-point de Plaisance.

A 8 heures du matin, la division de Bellemare se forme en bataille face au village de Neuilly, perpendiculairement à la route, la 10e batterie du 22e, qui avait été mise à sa disposition, à droite, la 16e batterie du 2e avec la 1re brigade, et à gauche, la 16e batterie du 10e avec la 1re brigade.

La batterie de mitrailleuses, 15e du 11e, était en réserve sur la route, un peu en arrière de la 10e batterie du 22e.

La division Mattat prenait position avec son artillerie à la droite de la 1re division, dans l'angle formé par les routes de Strasbourg et de Bry-sur-Marne.

L'artillerie de réserve était groupée près du rond-point de Plaisance ; l'équipage de pont arrivait près du fort de Nogent.

Ces dispositions prises, le général commandant l'artillerie fit rechercher l'emplacement le plus convenable pour l'établissement du pont ; il désigna un endroit d'un accès facile, situé un peu en deçà du canal d'assainissement qui longe l'usine à chaux ; il reconnut, en même temps, que le nombre des bateaux mis à la disposition du 3e corps, et qui n'avait pas été indiqué à l'avance, permettait d'établir deux ponts au lieu d'un, et il détermina l'emplacement du deuxième pont à 100 mètres en aval du premier ; enfin, il remarqua, chose importante, que l'écluse de Neuilly était fermée, et qu'il existait une différence de 3 mètres au moins entre les niveaux de l'eau dans le canal de Chelles et dans la Marne.

Dès que le mouvement de la division de Bellemare fut suffisamment prononcé, le général d'artillerie, pour protéger la construction des ponts, fit disposer, en amont et en aval des endroits choisis, 4 batteries de 12, qui reçurent l'ordre de fouiller Noisy-le-Grand, Neuilly et Bry, ainsi que les oseraies placées entre ces deux derniers villages, que l'ennemi devait occuper, et d'où il pouvait inquiéter les travailleurs. En amont, s'établirent : la 8e batterie du 12e et la 11e batterie de marine ; en aval, la 6e batterie du 21e, et la 12e batterie du 3e.

Mais avant d'entreprendre l'établissement des ponts, il était nécessaire qu'on fût maître du village de Neuilly et de l'écluse, afin d'empêcher l'ennemi de déverser l'eau du canal dans la Marne, et on dut attendre que la division de Bellemare eût occupé ces positions. Ce premier résultat fut facilement obtenu : la brigade Colonieu fut bientôt solidement établie dans Neuilly avec la 16e batterie du 10e, qui prit position en avant de ce village, le long de la route qui conduit de Neuilly à Gagny.

Commencés à 11 heures et quart, les deux ponts furent terminés à midi, grâce au zèle que déployèrent les 85 pontonniers de la 10e compagnie du capitaine Saint-Remy, aidés par 80 zouaves donnés comme auxiliaires.

Pendant ce temps, deux nouvelles batteries de 12, la 10e du 22e et la 3e du même régiment étaient établies dans des positions dominantes sur la rive droite de la Marne, dans l'intérieur du village du Perreux, pour protéger le passage des troupes du 3e corps, et soutenir l'aile gauche du 2e corps de la 2e armée, déjà avancée sur les hauteurs entre Bry et Villiers, et qui commençait à plier : les deux dernières batteries de 12, 11e du 21e, et 2e du 7e, et la batterie de 4, 20e du 11e de la réserve, étaient tenues prêtes à partir, dans une position centrale et bien défilée des vues de l'ennemi, au rond-point de Plaisance; les batteries de la division Mattat avaient aussi pris position sur les hauteurs du Perreux.

Vers une heure, le groupe Reille et une section de la 8e batterie du 22e vint remplacer à Neuilly la brigade Colonieu, ainsi que la 16e batterie du 10e; et à 2 heures, la division de Bellemare franchit la Marne avec son artillerie, sur les ponts construits par le capitaine Saint-Remy, pour attaquer le flanc droit de l'ennemi, en gravissant les hauteurs occupées par lui ; la 16e batterie du 2e, la 16e du 10e et la 15e du 11e, traversèrent Bry-sur-Marne et prirent position au-dessus de ce village. Les deux batteries de 4, 3e et 4e du 10e de la division Mattat, qui avaient traversé la Marne au pont de Petit-Bry, vinrent aussi se joindre à elles (la raideur des pentes à franchir avait fait renoncer à envoyer des batteries du calibre de 12), accompagnant la portion de la brigade Daudel de la 2e division, envoyée pour appuyer la division Bellemare.

## XXXII.

**Note complémentaire donnée par le général Princeteau, le 15 mai 1872, sur l'établissement des ponts de Neuilly, le 30 novembre 1870.**

Les seuls ordres émanés de M. le général Ducrot que j'aie reçus sont les deux ordres généraux que le commandant en chef a fait paraître à Neuilly, les 25 et 26 novembre 1870, pour déterminer les mouvements préparatoires et les opérations contre les plateaux d'Avron et de Villiers.

Les opérations au delà de la Marne n'ayant pu commencer le 29, ainsi qu'il avait été prescrit, par suite du retard survenu dans la construction des ponts, les dispositions d'abord adoptées ont dû être modifiées; mais je n'ai reçu à ce sujet que l'ordre précédent, dicté à 4 heures de l'après-midi par M. le général d'Exea, commandant le 3e corps de la 2e armée.

Quant aux dispositions prises pendant les opérations des 30 novembre, 1er et 2 décembre, il en est rendu compte dans l'historique ci-après, dont copie a été adressée au Ministre :

### ÉTABLISSEMENT DES PONTS SUR LA MARNE.

L'équipage de pont de réserve, mis à la disposition du 3e corps, était, dès 8 heures et demie du matin, le 30 novembre, sur la route qui descend du fort de Nogent au rond-point de Plaisance; les emplacements où devaient être construits les ponts avaient été reconnus, à la même heure, par un officier de mon état-major, et le travail pouvait commencer immédiatement; les ponts, dans tous les cas, pouvaient être en place pour 10 heures du matin.

M. le général commandant le 3e corps a prescrit d'attendre ses ordres pour l'établissement des ponts; commencée à 11 heures et quart, cette opération était terminée à midi; et c'est vers 2 heures que la division Bellemare a commencé à passer la Marne.

Je me rappelle, à ce sujet, qu'un officier de l'état-major général était venu, vers midi et demi, trouver le général d'Exea, pour l'engager à presser son mouvement; mais, à ce moment, la gauche du 2e corps d'armée commençait à plier, et le général d'Exea demanda s'il devait néanmoins faire son mouvement. L'officier d'ordonnance répondit que lorsqu'il avait quitté le général Ducrot, il y avait une heure environ, les troupes marchaient en avant, que les conditions avaient peut-être changé, mais qu'il ne pouvait modifier en rien, de lui-même, les instructions qu'il était chargé de transmettre.

Un officier de l'état-major du 3ᵉ corps accompagna alors l'officier d'ordonnance du général Ducrot, près de cet officier général, et c'est, je crois, après son retour, que la division Bellemare franchit la Marne.

Versailles, le 15 mai 1872.

*Le général de division,*

*Signé :* Princeteau.

FIN DU TOME DEUXIÈME.

# TABLE DES MATIÈRES

## LIVRE V

CONTINUATION DES TRAVAUX DE DÉFENSE. — AFFAIRE DU BOURGET. — INSURRECTION DU 31 OCTOBRE. ENTREVUE DU PONT DE SÈVRES & PROPOSITION D'ARMISTICE

### PREMIÈRE PARTIE

| | PAGES. |
|---|---|
| **Continuation des travaux de défense (fin octobre)** | 1 |
| Positions du 14ᵉ corps; Travaux exécutés | 6 |
| Positions du 13ᵉ corps; Travaux exécutés | 8 |
| Positions des troupes du contre-amiral Saisset; Travaux exécutés | 9 |
| Positions des troupes du général de Bellemare; Travaux exécutés | 10 |
| Résumé et résultat de tous nos travaux défensifs | 11 |

### DEUXIÈME PARTIE

| | |
|---|---|
| Prise et perte du Bourget | 13 |

## TROISIÈME PARTIE

Pages.

Désordres intérieurs dans Paris; — Insurrection du 31 octobre. . . . . . . . . . . . . . . . . . . . . . . . . . 28
Chap. I<sup>er</sup>. — Désordres intérieurs dans Paris . . . . . . 28
Chap. II. — Arrivée de M. Thiers à Paris. . . . . . . . 36
Chap. III. — Insurrection du 31 octobre. . . . . . . . . 39
Chap. IV. — Entrevue du Pont de Sèvres et proposition d'armistice (5 novembre). . . . . . . . . 71

# LIVRE VI

PLAN DE SORTIE PAR LA BASSE-SEINE. — ORGANISATION DES ARMÉES. — NOUVEAUX PLANS ADOPTÉS.

## PREMIÈRE PARTIE

Préparation du plan de sortie par la Basse-Seine . . . . 81
    Nos travaux offensifs et défensifs . . . . . . . . . 81

## DEUXIÈME PARTIE

Répartition des troupes de la défense en trois armées. . . 88
    Composition nouvelle de l'armée de Paris (8 novembre 1870) . . . . . . . . . . . . . . . . . 94

## TROISIÈME PARTIE

Plan du Gouvernement de Tours . . . . . . . . . . . . 101

TABLE DES MATIÈRES. 449

PAGES.

Chap. I<sup>er</sup>. — Le plan de sortie par la Basse-Seine est repoussé par la Délégation de Tours. . . . 101
Chap. II. — Les deux plans rationnels pouvant être adoptés par la Délégation de Tours . . . 107

## QUATRIÈME PARTIE

Nouveau plan de sortie . . . . . . . . . . . . . . . . 114
Chap. I<sup>er</sup>. — Nouvelles du succès de Coulmiers. . . . . 114
Chap. II. — Nouveau plan adopté . . . . . . . . . . . 119

# LIVRE VII

PRÉPARATIFS DES BATAILLES DE LA MARNE ET OPÉRATIONS PRÉLIMINAIRES.

## PREMIÈRE PARTIE

Préparatifs des batailles de la Marne . . . . . . . . . . . 119
Chap. I<sup>er</sup>. — Ordre de mouvement pour la deuxième armée . . . . . . . . . . . . . . . . . 125
Chap. II. — Ouvrages construits en vue des combats de la Marne . . . . . . . . . . . . . . . 141
Chap. III. — Démonstrations qui doivent seconder l'effort principal . . . . . . . . . . . . . 145

## DEUXIÈME PARTIE

Concentration de la deuxième armée et opérations du 29 novembre . . . . . . . . . . . . . . . . . . . . . 147

CHAP. Ier. — La deuxième armée se concentre sur le plateau de Vincennes.—Derniers préparatifs.  147
CHAP. II. — Crue de la Marne. — Les ponts ne peuvent être établis le 29 novembre au matin . .  157
CHAP. III. — Occupation du Plateau d'Avron (29 novembre).  166
CHAP. IV. — Attaque de l'Hay (29 novembre) . . . . . .  170
CHAP. V. — Prise de la Gare-aux-bœufs . . . . . . . .  181
CHAP. VI. — Démonstration au Nord et à l'Ouest de Paris.  185
CHAP. VII. — Ordre de mouvement pour le 30 novembre .  189

# LIVRE VIII

**BATAILLES DE LA MARNE** (30 novembre-2 décembre). — BRY. VILLIERS. — CŒUILLY. — CHAMPIGNY.

## PREMIÈRE PARTIE

**Batailles de Champigny, Villiers, Cœuilly** (30 novembre) .  193
CHAP. Ier. — Passage de la Marne et premières opérations.  193
CHAP. II. — Opérations du deuxième corps sur le plateau de Villiers . . . . . . . . . . . . . . .  202
CHAP. III. — Attaque des hauteurs de Cœuilly . . . . . .  219
CHAP. IV. — Opérations du 3e corps, jusqu'à deux heures de l'après-midi. . . . . . . . . . . . . .  233
CHAP. VI. — Attaque de Villiers par la division de Bellemare . . . . . . . . . . . . . . . . .  247
CHAP. VII. — Combat de Montmesly (30 novembre). . . .  251
CHAP. VIII. — Attaque de la Gare-aux-bœufs (30 novembre).  274
CHAP. IX. — Attaque et prise d'Epinai (30 novembre) . .  278
CHAP. X. — Résumé de la journée du 30 novembre . . .  283
CHAP. XI. — Positions de la deuxième armée le 30 novembre au soir . . . . . . . . . . . . . . .  289

## DEUXIÈME PARTIE

PAGES.

**Nuit du 30 novembre et journée du 1er décembre** . . . . . . 294

CHAP. 1er. — Nuit du 30 novembre au 1er décembre . . . 294

CHAP. II. — Journée du 1er décembre . . . . . . . . . . 297

# TABLE

DES

# PIÈCES JUSTIFICATIVES

                                                                                                  PAGES.

| | | |
|---|---|---|
| I. | — Rapport du général de Bellemare sur la prise du Bourget (28 octobre 1870). | 321 |
| II. | — Extrait des *Opérations du génie allemand*, par Gœtze, capitaine du génie prussien. | 323 |
| III. | — Extrait de *Mode d'attaque de l'infanterie prussienne dans la campagne* 1870-1871, par le duc Guillaume de Wurtemberg. | 324 |
| IV. | — Extrait des procès-verbaux du Gouvernement de la Défense nationale (séance du 27 octobre). | 326 |
| V. | — Extrait de la déposition de M. de Legge, commandant le 3ᵉ bataillon de garde mobile du Finistère, dans l'enquête parlementaire sur les actes du Gouvernement de la Défense nationale. | 326 |
| VI. | — Extrait de la déposition du commandant de Legge. | 330 |
| VI bis. | — Enquête parlementaire sur les actes du gouvernement de la Défense nationale. — Déposition de M. de Crisenoy. | 334 |
| VII. | — Extrait de la déposition du commandant de Legge dans l'enquête parlementaire sur les actes du Gouvernement de la Défense nationale. | 337 |
| VIII. | — Extrait de la déposition de M. Dauvergne, commandant le 1ᵉʳ bataillon de l'Indre, devant la | |

## TABLE DES MATIÈRES.

<table>
<tr><td></td><td>commission d'enquête sur les actes du Gouvernement de la Défense nationale</td><td>337</td></tr>
<tr><td>VIII bis.</td><td>— Déposition de M. le colonel Vabre devant la commission d'enquête</td><td>344</td></tr>
<tr><td>VIII ter.</td><td>— Raoul Rigault, commissaire de police, attaché au cabinet du préfet, M. Adam, comme chef de la police publique, prend part à l'insurrection du 31 octobre et n'est pas arrêté.</td><td>351</td></tr>
<tr><td>VIII quater.</td><td>— Extrait du rapport de M. Chaper sur les délibérations du Gouvernement de la Défense nationale (séance du 31 octobre).</td><td>353</td></tr>
<tr><td>IX.</td><td>— Séance tenue au Ministère des Affaires étrangères (1er novembre).</td><td>355</td></tr>
<tr><td>X.</td><td>— Séance du 2 novembre (*chez le Gouverneur*).</td><td>358</td></tr>
<tr><td>XI.</td><td>— Note diplomatique</td><td>360</td></tr>
<tr><td>XII.</td><td>— Rapport de M. Thiers sur ses négociations au quartier général allemand</td><td>362</td></tr>
<tr><td>XIII.</td><td>— Journal de marche du 14e corps et de la 2e armée</td><td>369</td></tr>
<tr><td>XIV.</td><td>— Rapport de M. Krantz</td><td>386</td></tr>
<tr><td>XIV bis.</td><td>— Note sur les ponts de Bry.</td><td>395</td></tr>
<tr><td>XV.</td><td>— Proclamation du Gouverneur (14 novembre).</td><td>396</td></tr>
<tr><td>XVI.</td><td>— Extrait d'*Une page d'histoire*, par le général Trochu.</td><td>398</td></tr>
<tr><td>XVI bis.</td><td>— Discussion sur les événements militaires du 30 novembre et du 2 décembre</td><td>400</td></tr>
<tr><td>XVII.</td><td>— Extrait de *Deux combats d'artillerie sous les forts de Paris*, par le général Favé</td><td>401</td></tr>
<tr><td>XVIII.</td><td>— Ordre du 26 novembre</td><td>403</td></tr>
<tr><td>XIX.</td><td>— Démonstrations qui doivent seconder l'effort principal</td><td>403</td></tr>
<tr><td>XX.</td><td>— Extrait de *Deux combats d'artillerie sous les forts de Paris*, par le général Favé</td><td>411</td></tr>
<tr><td>XXI.</td><td>— Lettres de commandement du général Ducrot et du général d'Exea.</td><td>412</td></tr>
<tr><td>XXII.</td><td>— Constitution d'une section d'artillerie à cheval pour être à la disposition du général en chef.</td><td>413</td></tr>
<tr><td>XXII bis.</td><td>— Constitution d'un corps d'éclaireurs à cheval, pour être à la disposition du général en chef.</td><td>414</td></tr>
<tr><td>XXIII.</td><td>— La division wurtembergeoise à la bataille de Champigny (30 novembre 1870)</td><td>415</td></tr>
</table>

# TABLE DES MATIÈRES.

PAGES

XXIV.— Rapport du général Clément Thomas . . . . . .   420

XXV. — Dépêches de Jules Favre à Gambetta, pour les journées du 30 novembre et du 2 décembre . .   424

XXVI.— Extrait de l'historique du régiment de mobiles de Seine-et-Marne . . . . . . . . . . . . . . .   426

XXVII.—Composition détaillée des troupes allemandes qui ont pris part à la bataille du 30 novembre . .   430

XXVIII—Détails officiels sur la part prise par le *corps d'armée de la Saxe royale*, à la bataille du 30 novembre (tiré du *Journal de Dresde*). . . . .   433

XXIX. — Composition de l'artillerie de la 2ᵉ armée aux batailles de la Marne. . . . . . . . . . . . . .   437

XXX. —Protestation de M. Maurice Jolly . . . . . . .   440

XXXI. —Extrait de l'historique de l'artillerie du 3ᵉ corps de la 2ᵉ armée. . . . . . . . . . . . . . .   443

XXXII.— Note complémentaire donnée par le général Princeteau, le 18 mai 1872, sur l'établissement des ponts de Neuilly le 30 novembre 1870 . . . .   445

www.ingramcontent.com/pod-product-compliance
Lightning Source LLC
Chambersburg PA
CBHW050605230426
43670CB00009B/1278